Annemarie Droß · Die erste Walpurgisnacht

Annemarie Droß

Die erste Walpurgisnacht

Hexenverfolgung in Deutschland

Verlag Roter Stern

CIP-Kurztitelaufnahme der Deutschen Bibliothek

Droß , Annemarie
Die erste Walpurgisnacht : Hexenverfolgung
in Deutschland / mit Zeichnungen von Karl Kunz.
1. Aufl. - 1. - 5. Tsd. - Frankfurt am Main :
Verlag Roter Stern, 1978.
ISBN 3-87877-095-2

Postfach 180147, Frankfurt am Main

Lektorat und Umbruch: Janis Osolin

Inhalt

O Stern und Blume, Geist und Kleid,
Lieb, Leid und Zeit und Ewigkeit!
Clemens Brentano

Einleitung

„Der Marxismus will wissenschaftlich sein, er spricht von einem Geist der Masse, baut aber den Begriff des individuellen Bewußtseins nicht ab, und indem er diesen Begriff intakt läßt, wendet er sich willkürlich, romantisch ans Bewußtsein der Masse. Der Abbau des individuellen Bewußtseins stellt aber einen erhabenen Kulturbegriff dar, es handelt sich dabei um eine tiefe Vorstellung von Kunst, aus der sich eine ganz neue Form von Zivilisation herleiten läßt. Wenn man nicht mehr das Gefühl hat, als Individuum zu leben, bedeutet das, daß man diese furchtbare Form des Kapitalismus vermeidet, die ich Kapitalismus des Bewußtseins nenne, denn die Seele ist Gemeineigentum."[1]

Die Massentheorien Le Bons und Freuds[2] spiegeln die Angst vor dem Verlust des so mühsam durch die Jahrhunderte hindurch errungenen und gestalteten individuellen Bewußtseins, handelt der Einzelne als Teil einer Masse von Menschen.[3] Im Schauer vor dem Verlust des individuellen Bewußtseins, der sich in der Abwehrhaltung gegenüber Menschenmassen überhaupt fortsetzt, mag noch ein Rest vorhanden sein von der Arbeit, die notwendig war, zur Erzeugung des individuellen Bewußtseins und auch der Angst vor der Regression und dem Verlust des mühsam Errungenen (und Erzwungenen), das oft und gerne auch mit Vernunft und vernünftigem Handeln konnektiert wird. Im Gegensatz dazu scheint das Handeln einer Masse und die Handlungen in ihr allzuoft nur das Blinde, Unbewußte, Unvernünftige auszudrücken. Dem aus dem Rausch der Masse Erwachten erscheint das, was er gerade noch getan hat, unverständlich, er distanziert sich davon. ★ Als Massenwahn, Massenhysterie (letztere, wenn auch noch bestimmte allen gemeinsame aber sonst unübliche körperliche Ausdrucksformen hinzukommen wie beim Veitstanz, s.u.) werden nur allzu gern Ereignisse bezeichnet, die von einer Menge Menschen getragen, sich oft durch Grausamkeit und Blutigkeit anderen Menschen gegenüber auszeichnen (wobei die anderen von den ersteren gern oft als Masse bezeichnet werden: die Hexen, die Juden etc.). Die Ereignisse mögen als kurzes sich in Abständen wiederholendes Aufflackern erscheinen wie die Pogrome gegen die Juden in den Städten des Mittelalters oder sich scheinbar konstant über einen langen Zeitraum erstrecken wie Hexenwahn und Hexenverfolgung.

Im Hexenwahn wird das Doppelgesicht der Masse erkennbar: im Wahn der Verfolger, die Tausende foltern und vernichten, aber auch in dem den Verfolgten zugeschriebenen Rausch, dem Fest der Hexen, das beginnend mit gemeinsamem Mahl und Tanz sich auflöst in Orgie und Ekstase, der Aufhebung des individuellen kontrollierten Bewußtseins.[4] Verfolger waren die katholische und die protestantische Kirche, deren Priester- und Hirtenschaft (die großen Organisatoren der Verfolgung), in ihrem Gefolge die weltlichen Gerichte und Hoheiten, soweit sie nicht auch selbst eigenständig an der Verfolgung sich beteiligten. Städte und Länder, Volk, Masse, Prediger, Fürsten und Bischöfe, Richter und Henker, alle beteiligt an der großen Verbrennung der Frauen, Männer und Kinder, die als Hexen bezeichnet wurden. Doch ohne Henker keine Opfer und ohne Opfer keine Henker, sie bilden alle eine grausame, folternde und gefolterte, quälende und gequälte Einheit, in der kaum einer nicht einverstanden war mit dem Hexe-sein. Außerdem stellt die Verfolgung sich dar als die Ausrottung des Aberglaubens der Hexerei bei Verfolgten und Verfolgenden, fällt sie doch in die Zeit des Triumphs des bürgerlichen Bewußtseins, in die Zeit,

★ Das Bild eines doppelten Massenphänomens zeigten die Deutschen, die sich nach verlorenem Krieg von ihrer faschistischen Massenhaftigkeit distanzierten, dies jedoch unter der These von der Kollektivschuld oder auch Gesamtschuld genannt, und so zum zweitenmal eine Masse bildeten, in der der Einzelne der individuellen Verantwortlichkeit enthoben schien.

da man sich von der Vormundschaft Gottes lossagte und die Freiheit des Bürgers und der Vernunft sich anbahnte. Sie fällt in die Zeit der großen sozialen und ideologischen Umwälzung von der Feudalherrschaft zur bürgerlichen und zum Kapitalismus.

Hatte der Dreißigjährige Krieg die Bauern zu Menschenraub und Menschenfraß erniedrigt, denn er hatte ihnen alles genommen, so verbrannte man in der verzweifelten Zeit noch ihre Frauen und Töchter als Hexen und Zauberinnen, denn die Verfolgung tobte auf dem Land länger und schlimmer als in den Städten, die freilich mitnichten verschont blieben. Kaum ein Flecken Erde auf dem Menschen wohnten in Mitteleuropa blieb von der Verfolgung unbehelligt.

Magie wurde von den Menschen seit undenklichen Zeiten betrieben, seitdem sich der Mensch als Teil der Natur begriff und doch ebenso auch als getrennt von ihren übrigen Erscheinungsformen stehend. Magie regelt die Beziehungen der Menschen zu dem, was ihnen äußerlich ist, und zu dem, was ihnen innerlich ist. Sie hält die Welt im Gleichgewicht, stellt das gestörte Gleichgewicht wieder her. Ist der natürliche Ablauf gestört, kommt kein Regen oder kommt zuviel davon, bleiben die Jagdtiere aus, kommen Unwetter und große Krankheiten, so scheint die Welt aus den Fugen geraten und die Ursachen davon können auf magische Weise erforscht und erfahren werden. Der Magier kann aber auch willkürlich in den Gleichgewichtszustand der Welt eingreifen, Unwetter zaubern, Krankheiten hexen, Tod verursachen. Jede magische Handlung findet in dieser Welt der Entsprechungen ihre Gegenreaktion, ist Ursache und Wirkung zugleich. Die Angst vor den Störungen des Gleichgewichts, den Rückwirkungen magischer Handlungen ist es, was die Menschen sich fürchten läßt vor Hexen und Hexerei, Zauberei und schwarzer Magie. Erscheint der Magier als Verbündeter von Dämonen, den Personifikationen schrecklicher Naturgewalten und den Schreckensgestalten, die aus dem Inneren der Menschen auftauchen, die Hexe als Buhlin des Teufels, so wächst die Angst vor ihrer Macht noch an. In diesem Zusammenhang ist die Unterscheidung in schwarze und weiße Magie zu verstehen, in Schadenszauber und Heilung, gleich wie der magische Eingriff intendiert ist, er stört das Gleichgewicht (oder stellt das – vielleicht schon durch Magie – gestörte wieder her).

Magie konnte oder kann nicht beliebig und von jedem ausgeübt werden; in den verschiedenen Gesellschaften und Kulturen sind besondere Kennzeichen des Schamanen, des Zauberers vorgeschrieben, eine besondere Ausbildungszeit, die Berufung ist mit Tabus umgeben. Er ist einer der am meisten mit Macht begabten Menschen in dieser Gesellschaft und seine Stellung in ihr entspricht dem. Manchmal auch erscheint die Fähigkeit zu magischer Handlung mit der die Zukunft zu deuten verknüpft, das muß aber nicht sein. Wie auch immer die Ausübenden genannt werden, die Magie hält die Welt im Gleichgewicht – ist das ursprüngliche des Paradieses und goldenen Zeitalters einmal gestört – und das ist alles. Sie bildet ein System der Entsprechungen und auf der untersten Ebene sozusagen, entspricht dem, daß es für jeden Schadenszauber auch einen Abwehrzauber gibt.[5]

Was aber störte das gesellschaftliche Gleichgewicht so nachhaltig, daß es gegen Ende des Mittelalters zu einer Verfolgung kam, von späteren Zeiten als 'Hexenwahn' bezeichnet, die bis ins achtzehnte Jahrhundert andauerte und deren symbolisches Ende das Datum der französischen Revolution, des Sturms auf die Bastille bezeichnet, 1789. Die Hexen scheinen kein von ihnen selbst verfaßtes schriftliches Dokument hinterlassen zu haben, was hier Hinweise geben könnte. Die Verfolgung und Ausrottung scheint ihr Ziel des Vergessenmachens des Verfolgten erreicht zu haben. Wir wissen von ihnen hauptsächlich aus den Zeugnissen der Verfolger, Ankläger und Richter, aus den päpstlichen Bullen,die die Hexerei zum Verbrechen erklären auf dem als Ketzerei und Zauberei Tod und Scheiterhaufen stehen, von den Gerichts- und Folterprotokollen. Zu bedenken aber bei solcher Lektüre ist „die Unrechtmäßigkeit vom Verbot auf die Natur des Verbotenen zu schließen; denn das Verbot verfährt so, daß es die Schuldigen entehrt, ein verzerrtes oder verstelltes Bild dessen einführt, was wirklich verboten (oder gewünscht) wird."[6]

Die Frage nach den Ursachen der Verfolgung und nach der Identität der Verfolger ist nicht notwendig auch die Frage nach der Idendität ihrer Opfer; dennoch Verfolgte und Verfolger leben in Symbiose, Gehenkter und Henker, der eine nicht ohne den anderen. Von dritter Seite sozusagen sind Schriften gegen die Verfolgung bekannt geworden[7], sie kommen jedoch nicht von den Opfern selbst, die außerdem meistenteils den ärmeren Bevölkerungsschichten angehörten, ungebildet und Analphabeten waren.

„Der Schock dieses ersten Kontaktes zwischen Mutter- und Vaterrechtlern hinterließ bei beiden untilgbare Spuren; bei den Bauernstämmen den Eindruck, daß diese Eindringlinge genau das waren, was die Griechen später alle anderen nannten: Barbaren; bei den Griechen dagegen eine traumatische Unfähigkeit, die Frau je als ebenbürtiges Wesen zu betrachten. Eine eigentümliche Mischung von sexueller Abhängigkeit und menschlicher Verachtung, gekuppelt mit dem schlechten Gewissen, das man diesem fremdartigen Wesen gegenüber empfand, weil man eben doch intim mit ihm verkehrt hatte, all das prägte das Sexualleben der Griechen noch Tausende von Jahren lang."[8] Mit der griechischen Philosophie zog die misogyne Einstellung auch ins Christentum ein, verband sich hier mit jüdischen Vorstellungen und wird nochmals mit der Wiederbelebung der Antike in der Renaissance reaktiviert.

Die in die Ägäis einfallenden Griechen waren Hirtenvölker und als solche patriarchalisch orientiert (wie die Juden). Die Männer zähmten und züchteten Vieh, sie folgten nicht mehr den wilden und halbwilden Herden zur Jagd wie die oft mutterrechtlich orientierten Nomaden, sondern hatten Aufzucht und Bestand der Herden, die das Hauptnahrungsmittel der Gemeinschaft bildeten, unter Kontrolle. Längst hatten sie, gute und genaue Beobachter die sie waren, erkannt, daß für die Aufzucht der Tiere das männliche Tier von derselben Wichtigkeit war wie das weibliche.* Bei einem andern Hirtenvolk, den

* Gegen Ende des vollentwickelten Neolithikums „erfolgte wahrscheinlich bei vielen Sippen der Übergang zum patriarchalgentilen Prinzip. Das stand allem Anschein nach im Zusammenhang mit der vorwiegenden Viehhaltung bei den Stämmen im Verbreitungsgebiet der Trichterbecher-Kultur und ebenso bei denen im Bereich der Michelsberger Kultur. Es kann ange-

nommen werden, daß die Bedeutung des Mannes in der Produktion dort zunahm, da er bei der Viehhaltung die Hauptrolle spielte. Außerdem trat er bei den Tauschbeziehungen, die sich auf der Grundlage des Mehrprodukts an Vieh entwickelten, in der Sippe hervor."[9]

Nach Levi-Strauß[10] beginnt mit dem Tausch, der im Tausch von Vieh und Frauen (Exogamie) besteht, die Kultur. Der Beginn des Tausches von Vieh und Frauen aber bestätigte was in dieser Gesellschaft sich vollzogen hatte: die Beherrschung von Frau und Vieh, verfügbar beide den Bedürfnissen der Männergruppe. Frauen und (Zucht)tiere werden zur gleichen Zeit unterworfen, beherrschbar gemacht, verfügbar gemacht. Von jetzt an wird ihr Körper das Zeichen der Herrschaft tragen. „Der Leib – und alles was den Leib berührt – ist der Ort der Herkunft: am Leib findet man das Stigma der vergangenen Ereignisse . . ."[11]

Und weil ihr der Ausdruck der Verhältnisse in denen sie lebt – das reicht bis in die Diagnose des Kastrationskomplexes der Frau durch die Psychoanalyse – auf den Leib geschrieben steht, so ist ihr Leib auch ihre Sprache und sie selber findet keinen Ausdruck für sich in der schriftlich überlieferten Kultur – noch weniger käme das Tier zu Wort. Sie ist 'sprachlos' in ihr wie auch die Tiere. In der überlieferten Geschichte findet die Frauenbewegung heute nichts, mit dem sie sich identifizieren kann (so wie das Proletariat seinen Kampf als einen der unterdrückten Klasse nach vollziehen kann bis zu den Sklavenaufständen, ja in der Mythologie noch Parallelen zu finden vermag im Kampf der Titanen gegen die Götter).[12]

Sie ist kein Individuum im geschichtlichen Sinne, erkennbar und faßbar, identifizierbar. Sie ist die Andere[13]. Ihr bleibt der Rückgriff auf den Mythos, will sie sich eine historische Existenz und Identität verschaffen – warum eigentlich – auf Amazonen und die schrift- und sprachlosen Zeiten des Matriarchats, der gebannten Gestalten der Danaiden, des Sisyphus, die immer wieder an gleichem Ort, in gleicher Zeit, das gleiche tun, so sind sie aus der Erinnerung getilgt, als sich wandelnde. Oder mit den 'Hexen' als einer Gruppe von Frauen in historischer und nicht mythischer Zeit, die allerdings nicht selbst so sich definierte, sondern, die von einer sie ver-

Juden, wurde der Wille eines männlichen und einsamen Gottes, dessen Braut und Gefährtin aber das Volk seiner Gläubigen darstellt – mit ihr wird er am Ende der Zeit und der Erfüllung vereinigt werden, bis dahin jedoch bleibt sie getrennt von ihm, im Exil – wurde der Wille dieses Gottes seinem Volke zum Ursprungsprinzip der Welt, aus seinem Wort gewordenen Willen heraus schafft er sie, kein Schoß gebiert sie mehr, kein Leib formt mehr das Gerüst der Erde. Er setzt sie als etwas von ihm Abhängiges, ja Zufälliges, nur seinem Willen Unterworfenes (denn notwendig allein ist seine Existenz und nichts existiert außer ihm), die Welt erscheint nicht als kausale Differenzierung, sich aus ihrem eigenen Schoß hervorbringend.

„Könnte die Natur nicht über den Anblick Gottes zu Stein geworden sein? Oder vor Schrecken über die Ankunft des Menschen?"[15] Die Illusion der Geschichtsschreiber (derjenigen für die der Gang des Weltgeists die Legitimation bürgerlicher Herrschaft darstellen muß)* von einer in geradliniger Aufwärts-

folgenden Behörde so bezeichnet wurden.[14] Mit einem neugeformten und intensiv formbar gemachten Leib (und Bewußtsein) nimmt nach der Hexenverfolgung die bürgerlich-kapitalistische (Männer)gesellschaft die Frauen wieder auf und macht sie zu Tauschobjekten. In ihr aber wird jeder zum Tauschobjekt, tauscht seine Ware, die Arbeitskraft, gegen Subsistenz- und Reproduktionsmittel um sie zu erhalten. Die Frau hatte nicht aufgehört Tauschobjekt zu sein, der Mann wird es nun auch.

Indem die Frau sich selber aber gegen Geld tauschen kann, denn neben der Eigenschaft Frau besitzt sie die Eigenschaft Arbeitskraft, so wird sie abhängig nicht länger von Mann und Familie, sondern nur noch von den abstrakten Gesetzen der Kapitalverwertung, des Marktes und den Machtgesetzen der Gesellschaft. Das führt aber zu Zweifeln über die Natürlichkeit ihrer gesellschaftlichen Situation.

* „Wie man allzuoft die Herkunft in einer ruhigen Kontinuität suchen möchte, wäre es ebenso falsch, die Entstehung vom Endpunkt her zu erklären. Als hätte sich das Auge seit jeher für die Kontemplation geöffnet; als wäre die Strafe schon immer

entwicklung verlaufenden Geschichte, an deren Ende der Übermensch steht, der euro-amerikanische Imperialist ist passé. Ihr Aufgang und Anhalten, unerreicht von den vorangegangenen Geschichtsperioden in Naturbeherrschung und -ausbeutung, so gelang z.B. die Konstruktion mechanischer Hilfsmittel, die es den Menschen ermöglichen, die Schwerkraft ihres Planeten zu überwinden und von ihm selbst wegzufliegen; die Entfesselung eines solchen Ausmaßes von Energie um den Planeten auseinander zu sprengen . . . , und doch betrachtet man dies zuweilen mit der Bitterkeit des Lahmen im Rollstuhl, der sich auch fortzubewegen vermag. „So sind an Stelle der kontinuierlichen Chronologie der Vernunft, die man gleichbleibend bis zum unzugänglichen Ursprung, bis zu ihrem Ausgangspunkt zurücklaufen ließ, mitunter kurze, voneinander verschiedene Abstufungen erschienen, die oft Trägerinnen eines Geschichtstyps sind, der jedem von ihnen eigen ist, und die auf das allgemeine

zur Abschreckung bestimmt gewesen. Diese Zwecke sind offensichtlich letzte und bilden nur die gegenwärtige Episode einer Reihe von Dienstbarmachungen: das Auge war anfangs der Jagd und dem Krieg unterworfen; die Strafe diente nacheinander der Rachsucht, der Ausschaltung des Angreifers, der Befreiung vom Opfer, der Abschreckung der anderen. Indem sie die Gegenwart in den Ursprung versetzt, erzeugt die Metaphysik den Glauben an die geheime Arbeit einer Bestimmung, die allmählich zutage tritt."[16]

Der historische Sinn sollte stattdessen „drei Arten der Historie umfassen,die sich jeweils deren platonischen Spielarten entgegensetzten: die wirklichkeitszersetzende Parodie widerstreitet der Historie als Erinnerung oder Wiedererkennung; die identitätszersetzende Auflösung stellt sich gegen die Historie als Kontinuität oder Tradition; das wahrheitszersetzende Opfer stellt sich gegen die Historie als Erkenntnis. In jedem Fall geht es darum, die Historie für immer vom — zugleich metaphysischen und anthropologischen — Modell des Gedächtnisses zu befreien . . ."[17]

Modell eines Bewußtseins sich nicht zurückführen lassen, das erwirbt, fortschreitet und sich erinnert."[18]★ Versagt die bürgerliche Geschichtsschreibung an der Legitimation bürgerlicher Herrschaft als dem Sieg der Vernunft★★, so bleibt doch zumindest die Überlegenheit des menschlichen Trägers dieser Entwicklung, der Weißen. Ihr ökonomisches System macht den Rest der Welt von ihr abhängig, ihre Technik reicht bis zum Mond und darüber hinaus zur Sonne, die Zerstörungskraft ihrer Waffen ist stärker, als der Planet auf dem sie ihr Dasein hat. Hat sie nicht Überleben und den Sieg des Stärkeren demonstriert. Selber aber der Natur verfallen durch seine naturwüchsige Produktionsweise verweist er alles „was nicht der Norm entspricht, nach der man selber lebt . . . aus der Kultur in den Bereich der Natur."[19] Was aber die Hexe betrifft: „Dornenbuschwälder, stachlige Heiden und Steppen, mit Dornen gespickte Orte, das Thema ist hier das Zerzauste, Verquickte, der Zustand einer Natur, von der die Hexe absorbiert

★ Nach Marx aber ist dies alles nur Vorgeschichte, die Geschichte beginnt erst mit der Aufhebung der Herrschaft des Menschen, der Freiheit. Geschichtlich werden erst Beziehungen sein, die nicht mehr verdinglicht und entfremdet sind. Erkennt schließlich der Mensch sich wieder als Teil der Natur, aus der Evolution stammend und ihr unterworfen, als Teil von dem, von was er lebt (und was er durch seine Technologie zu ersetzen scheint), so höbe er den ersten und den letzten Schleier der Herrschaft auf. Sich als Teil der Natur erkennend vermag er sich mit ihr zu versöhnen. Davor aber steht die Aufhebung der Herrschaft des Menschen über den Menschen. Daß immer noch ein Rest bleibe, eine Gruppe, auf die herabzuschauen gilt, täuscht noch den Unterdrücktesten. Kinder und Tiere stehen am Ende der Skala, und daneben die belebte und unbelebte Natur. Die Freiheit begänne mit der Aufhebung der Herrschaft von Menschen über Menschen, ihre Verwirklichung aber bliebe der nächste Schritt, die Aufhebung der Herrschaft des Menschen über die Natur.

★★ so wie Blut und Abstammung zur Legitimation feudaler Herrschaft gehören.

ist, die sich über ihr geschlossen hat. Der schrecklichen Abkapselung der mittelalterlichen Gesellschaft (in ihrer Verfallsphase) entspricht paradoxerweise die Einschließung der Hexe in dem offenen Ort schlechthin: die Natur. Die Natur wird plötzlich zu einem unmöglichen Ort: das Menschliche flieht ins Unmenschliche."[20] ★ Die Natur aber wird dann mit einem Klassifizierungssystem überzogen, systematisiert, wurde sie geschaffen, so ist sie nachvollziehbar.★★ Das gilt für die als unbelebt bezeichnete Natur. Mit den Tieren geht es noch anders. Sie, die Vorgänger und die Gleichzeitigen, werden gejagt und ausgerottet, die Menschen ersetzten die Natur durch eine von ihnen erschaffene Welt und werden übers Zerstörte sentimental. Die Umformung geschieht nach Kriterien, die selektiert werden durch den Verwertungsprozeß des Kapitals, die ideologische Begründung fehlt aber auch nicht. „. . . denn in unseren Gesellschaften . . . ist der Besitz des Diskurses – gleichzeitig das Recht zu sprechen, Kompetenz des Verstehens, erlaubter und unmittelbarer Zugang der bereits formulierten Aussagen, schließlich als Fähigkeit diesen Diskurs in Entscheidungen, Institutionen oder Praktiken einzusetzen, verstanden – in der Tat (manchmal auf reglementierende Weise sogar) für eine bestimmte Gruppe von Individuen reserviert."[21]

„Die Geschichte der Welt als Menschengeschichte zu behandeln, überall nur menschliche Begebenheiten zu finden, ist eine fortwandernde, in den verschiedensten Zeiten wieder mit neuer Bildung hervortretende Idee geworden und scheint an wunderbarer Wirkung und leichter Überzeugung beständig den Vorrang gehabt zu haben. Auch scheint die Zufälligkeit der Na-

★ Sie wird in dem ausgeschlossen, zu dem sie seit den Herdenzüchtern gehört: der Natur.

★★ Es scheint darauf anzukommen, was entsteht zu erkennen und diese Erkenntnis in praktische Tätigkeit zu verwandeln, die Haltung, die der Protestantismus mit 'Weltfrömmigkeit' benennt. So erscheint nicht der Teufel sondern der abendländische Mensch als der 'Affe Gottes'. Die Gesetzmäßigkeiten, die zur Nachschaffung führen, unterliegen scheinbar keiner philosophischen oder theologischen Kontrolle mehr, sie gehören zum Macht- und Herrschaftsbereich der Gesellschaft, werden zur zweiten Natur.

tur sich wie von selbst an die Idee menschlicher Persönlichkeit anzuschließen und letztere am willigsten, als menschliches Wesen verständlich werden."[22] „Beinhaus"[23] heißt der Bereich der Natur, aus der das Bürgertum seinc Naturwissenschaften destillierte. Das Argument gegen die Natur ist aber gleichzeitig eins, das patriarchale Herrschaft begründet. Auch bleibe die Natur, soweit man käme, immer „eine furchtbare Mühle des Todes"* , dem menschlichen Verstand aber erscheine jeder Reiz als „ein wachsender Wirbel, der bald sich des Unglücklichen ganz bemächtige und ihn dann durch eine schreckensvolle Nacht mit sich fortreiße."[26] In diesem dunklen Rausch und zermalmenden Triebwerk stellt die Natur gleichsam ihre hinterlistigste Falle auf, um den menschlichen Verstand, ihren großen Gegenspieler zu vernichten.** Die Paranoia, die genuinste Ausdrucksform des Patriarchats nimmt ihren Lauf.

Den größten Triumph feiert die Erschaffung einer künstlichen Natur im fin de siecle*** in den Romanen Oscar Wildes,

* Die Mühle ist das Symbol des ständig sich aufrechthaltenden inneren Dialogs, des Flußes der Gedanken, der ständig die Welt rekonstruiert. Denken, das beständig in sich kreist und so keinen Ausweg weiß. Steht die Mühle still, stoppt der Fluß der Gedanken, so tritt das Gefürchtete ein: der Tod.

Die Mühle ist aber auch Vulva-Symbol, samt dem Wasser, das sie treibt und dem Müller, der in ihr wohnt. Folgt einer dem Wasser, so verliert er sich in den Tod, das Klappern der Mühle bannt den Müllerburschen, seit er vermeinte den Gesang der Nixen zu hören. Erschaffen aber tut er sich seine Todeswelt durch seinen inneren Dialog, der um den Preis des Verstummens ständig in Beziehung stehen muß zu einem interpretierten Außen.[24]

Die Mühle aber wird vom Wasser um und um getrieben, Gedanke, der dem Ursprung, dem Kreis nicht entfliehen kann.[25]

** Die Individualisierung des Menschen scheint einen Grund zu haben in der Angst vor der Regression, dem bewußtlosen Einswerden mit der Natur.[27]

*** „ . . . eine schlanke Palme, die aus einer dichten Gruppe Mastixbäume herausragt, wird mit allem, was sie umgibt, zu einem Bild, das ein Marilhat hätte entworfen haben können."[28]

Karl Huysmans, auch ihre Spiegelung in Walter Benjamins Passagenarbeit. Topfpflanzen und Edelsteine sind auf eine ästhetische Interieursebene gebracht, die nicht mehr an Natur erinnert. Es könnte ebenso aussehen im Inneren eines Computers, einer Rakete, eines Satelliten. War es die Angst vor dem Ähnlichwerden, dem Rückfall, nachdem die unendliche Mühsal des aufrechten Gangs einmal unternommen war, die Nase nicht mehr schnüffelnd der Spur des Wilds und des menstruierenden Weibchens folgte, war es das, was jede Rückkehr, jede Regression mit schwersten Tabus belegte?[29] „Umgang mit Naturkräften, mit Tieren, Pflanzen, Felsen, Stürmen und Wogen müsse notwendig die Menschen diesen Gegenständen verähnlichen und diese Verähnlichung, Verwandlung und Auflösung des Göttlichen und Menschlichen in unbändige Kräfte sei der Geist der Natur, dieser fürchterlich verschlingenden Macht."[30] Die Angst vor der Mimesis[31] bestimmt das Denken und den gesellschaftlichen Diskurs des Bürgers.*

Mit der Naturalisierung des Menschen und der Humanisierung der Natur[32] wird „die Geschichte . . . zum Traum einer unendlichen, unabsehlichen Gegenwart."[33] Leitet die Versöhnung mit der Natur ins Reich der Freiheit und der Vernunft, so leistet im Bereich der Vorgeschichte die Magie in einer Welt der Beziehungen die Vermittlung zwischen Natur und Mensch.

* Bestimmte das scholastische Denken die Haltung des Gläubigen noch in der analogia entis, der Gegenwart Gottes in seinen Geschöpfen, waren dem Franziskus von Assisi noch alle Lebewesen Geschwister, so bleibt im Calvinismus kein Hälmchen mehr übrig, es sei denn das, das die fleißige Ameise in ihr Nest trägt, Bürgerfleiß. Der Mensch ist allein wie sein Gott, die kahle Kirche spiegelt sein nacktes Gewissen, sein Gang in der Welt, die Möblierung seiner Wohnung wird ihm zum Spiegel ob er sich nun im Stand der Gnade befände. Auch der Kirchenraum bietet ihm keine Zuflucht in gotischem Rankenwerk und Fabelgetier, wo hätte sein Gott ein Haus, seit der Vorhang im Tempel zerriß? Es gibt nur noch den Versammlungsraum, den Raum der Prüfung und der Lehre.

Der Magier, die Hexe sind die Mittler zwischen den beiden Ufern eines unabsehbaren Stroms.★ [34]

„Das Differential der Aussage bildet den Ort, die Bedingung, das Feld des Auftauchens, die Differenzierungsinstanz der Individuen oder der Gegenstände, der Zustände der Dinge und der Relationen, die durch die Aussage selbst ins Spiel gebracht werden; es definiert die Möglichkeiten des Auftauchens und der Abgrenzung dessen, was dem Satz seinen Sinn, der Präposition ihren Wahrheitswert gibt"; „die Bedingung dieser Aussageebene" kann nur „durch die Analyse der Verhältnisse zwischen der Aussage und dem Raum der Differenzierung, worin sie selbst die Unterschiede auftauchen läßt" vollzogen werden.[35] Die Aussage „ist das, was diese Bedeutungseinheiten in einen Raum stellt, worin sie sich vervielfachen und anhäufen."[36] Die Aussage bedarf „einer Substanz, eines Trägers, eines Ortes und eines Datums."[37] Das System aber „der Materialität, dem die Aussagen notwendig gehorchen, gehört also mehr der Institution zu als der räumlich-zeitlichen Lokalisierung; es definiert Möglichkeiten der Reinskription und der Transkription (aber auch Schwellen und Grenzen) mehr als begrenzte Individualitäten. Die Identität einer Aussage wird einer zweiten Menge von Bedingungen und Grenzen unterworfen: derjenigen, die ihr durch die Gesamtheit der anderen Aussagen auferlegt sind, unter denen sie auftaucht, durch das Gebiet, in dem man sie benutzen oder anwenden kann, durch die Rolle oder Funktionen, die sie zu spielen hat."[38] Wie sah der Diskurs der Hexen aus? Welcher umgab sie, was ist nachvoll-

★ Eine Analogie findet sich in vielen Märchen: der Held muß in der Vollstreckung seiner Aufgabe einen Fluß überqueren, der unabsehbar breit erscheint und allzu oft nur ist der Fährmann widerwillig und verlangt seinerseits eine Probe vom Können des Helden. Es kommt auch vor, daß der Fährmann der Tod ist und sein Schiff, seine Fähre das Seelenschiff. Kehrt der Held zurück aus dem Bereich jenseits des Stroms, so ist er gefeit und siegreich, in seinen Händen trägt er das Wasser des Lebens oder die goldenen Haare des Teufels, was auch immer seine Aufgabe darstellte.

ziehbar von ihrer prekären Stellung zwischen Magie, Heidentum, Aberglauben, Inquisition, Geschäftsinteressen, Krankheit und Verachtung? Wie steht es mit der Rezeption der Natur zu einer Zeit, in der alles zur Maschine geworden ist?*

Jedes Argument, das in der Arbeit erscheint, „wird als Ausdruck einer Totalität gefaßt, zu der es gehört und über die es hinausgeht."[41] Das bedingt eine „Überfülle der Bedeutungselemente im Verhältnis zu diesem einzigen Signifikant."[42] Das Aussagegebiet selbst aber „ist völlig an seiner eigenen Oberfläche befindlich"[43], jede Aussage in ihm nimmt einen bestimmten Platz ein, der sich danach sondert, „welche Verzweigungen im System der Formationen ihre Lokalisierung gestatten, wie sie sich in der allgemeinen Streuung der Aussagen isoliert."[44] Sinn der Arbeit: von den im Faden der Zeit aufbewahrten und durch den Raum hindurch verstreuten Aussagen zu jenem inneren Geheimnis aufzusteigen, das ihnen vorangegangen ist, sich in ihnen niedergelegt hat und sich darin verraten findet. So mag der Kern der solches Interesse begründenden Subjektivität befreit werden. „Man braucht . . . nicht zu hoffen, eine Geschichte der gesagten Dinge schreiben zu können, die mit Fug und Recht gleichzeitig in ihrer Form, in ihrer Regelmäßigkeit und in ihrer Natur die Geschichte eines individuellen oder anonymen Bewußtseins,

* „Es funktioniert überall, bald rastlos, dann wieder mit Unterbrechungen. Es atmet, wärmt, ißt. Es scheißt, es fickt. Das Es . . . überall sind es Machinen im wahrsten Sinne des Wortes: Maschinen von Maschinen, mit ihren Kupplungen und Schaltungen angeschlossen eine Organmaschine an eine Quellenmaschine: der Strom von dieser hervorgebracht wird von jener unterbrochen. Die Brust ist eine Maschine zur Herstellung von Milch und mit ihr verkuppelt die Mundmaschine. Der Mund der Appetitlosen hält die Schwebe zwischen einer Eßmaschine, einer Analmaschine, einer Sprechmaschine, einer Atmungsmaschine."[39] So aber wie der Blick auf jene der Vergangenheit angehörende Natur verstellt ist, so das Erfassen der neuen Technik getrübt: "Dem Geheimnis der planetarischen Übermacht des ungedachten Wesens der Technik entspricht die Vorläufigkeit . . . des Denkens, das versucht diesem Ungedachten nach zu denken."[40]

eines Vorhabens, eines Systems von Absichten, einer Menge von Zielrichtungen wäre. Die Zeit der Diskurse ist nicht die Übersetzung in sichtbare Chronologie der dunklen Zeit des Denkens."[45] Was läßt über die Hexen überhaupt sich sagen, was nicht offen zu Tage liegendes Vorurteil schon wäre, in ihrer Schönheit und in ihrer abergläubischen Häßlichkeit? Was interessiert an ihrem Bild, das einmal so beschworen wurde: „Magierkönigin Persiens, bezaubernde Circe, erhabene Sybille, was bist du geworden und welche entsetzliche Verwandlung! – Diejenige, die vom Thron des Orients herab die Eigenschaften der Pflanzen und den Lauf der Sterne lehrte, diejenige, welche auf dem Dreifuß zu Delphi, überstrahlend vom Gott des Lichtes, ihre Orakel der auf den Knien lauschenden Welt gab, sie war es, die man nach nur tausend Jahren hetzt wie ein wildes Tier, das man verhöhnt, hin und her zerrt, steinigt, auf glühende Kohlen setzt."[46]

Die Magie

„Wären es die Menschen von Natur so gewöhnt, daß sie nur das wahrhaft Vernünftige verlangten, so brauchte die Gesellschaft keine Gesetze, sondern es genügte die Unterweisung der Menschen in den moralischen Lehren, um freiwillig und von selbst das Nützliche zu tun . . . aber alle begehren in der Regel nur die Dinge im Antrieb von Lüsten und Affekten der Seele, ohne Rücksicht auf die Zukunft und andere Dinge . . .
. . . daß jeder einzelne das Recht auf alles hat, was er vermag, oder daß das Recht eines jeden sich soweit ausdehnt, als seine besondere Macht sich erstreckt . . . Auch erkenne ich hier keine Unterschiede zwischen den Menschen und den anderen Geschöpfen der Natur an und auch nicht zwischen den vernünftigen Menschen und anderen, welche die wahre Vernunft nicht kennen; auch nicht zwischen den Blödsinnigen, Wahnsinnigen und Gesunden . . ."[1]

Hexe und hexen, Verb und Substantiv sind identisch. Eine Hexe ist eine Frau die hext, und wer hext,ist eine Hexe. Beiden Wörtern haftet der Ruch des Bösen. Zauberer klingt neutraler, Magier orientalisch geheimnisvoll, beides eigentlich nicht böse, doch Hexe ist noch heute ein Schimpf, besonders 'alte Hexe'. Hexe, das ist eine Frau, alt und böse oder jung, schön, rothaarig und noch böser, der Buckel und die Warzen fehlen, der gebeugte Gang und die kinderfressenden Augen; als Fanal – und Vorwegnahme der Flammen – aber leuchten die roten Haare der jungen. Was ist denn hexen, wenn die Person der Hexe schon so verwirrend, so abstoßend und so verführend erscheint? Setzt man für hexen einmal das allgemeinere Wort Magie ausüben, so erscheint ein Hinweis: Magie ist „die Kunst der Veränderungen".[2]

Mit der Veränderung oder Verwandlung aber hat es seine besondere Bewandtnis. Veränderung scheint bei den Menschen mit Angst verbunden zu sein.[3] Ist diese Angst anthropologisch abzuleiten und zu erklären oder erscheint sie historisch, gebunden an bestimmte und entsprechende Gesellschaftssysteme, Teil einer Ideologie, verknüpft an eine bestimmte Produktions- und Lebensweise?

Alle Stadien der Veränderung im Leben eines Menschen sind (magischen) Riten unterworfen.* Geburt, Pubertät, Heirat, Tod. Auch räumliche Veränderungen, Reisen, das Überqueren von Flüssen und von Grenzen (was manchmal identisch ist). Die-

* "We grow up through magic, and we can never outgrow the illusions of magic. Our first response to the frustrations of reality is magic; and without this belief in ourselves, in our specific ability or magic, we cannot hold our own against the environment and against the superego. The infant does not know the limits of its power. It learns in time to recognize the parents as those who determine its fate, but in magic it denies its dependencies. The ultimate denial of dependency comes from the all-powerful socerer who acts out the role he once attributed to the projected images."[4]

se Veränderungen haben alle eine nicht ganz gewöhnliche Stellung im Leben der Menschen.* Sie sind mit einer Aura der Bangigkeit, der ungesicherten Zukunft vielleicht umgeben. „Die Fähigkeit des Menschen zur Verwandlung, die ihm soviel Macht über alle übrigen Geschöpfe gegeben hat . . . gehört zu den größten Rätseln: jeder hat sie, jeder wendet sie an, jeder hält sie für ganz natürlich."** Die Fähigkeit zur Verwandlung stellt sich also auch als Macht über andere Lebewesen dar.

* Roheim sieht darin eine Wiederholung des Trennungstraumas und in dem Ritus, der die Veränderung begleitet, den Versuch der Wiedervereinigung mit dem Mutterersatz. So ist Veränderung auch mit Regressionsangst verknüpft. Und die Angst vor der Verwandlung in ein Tier, z.B., die Angst aus den Mythen und Märchen[5], scheint eher die Angst vor der Rück-verwandlung in ein Tier, als die Angst ein Tier zu werden. Die Verwandlung schafft oft einen Zwischenzustand, einen Zustand der Prüfung, der Sühne, der Reife (s. Grimms Märchen: Brüderchen und Schwesterchen, Schneeweißchen und Rosenrot, Die sieben Raben, Die sieben Schwäne, usw.), auch liegt ein Todesmoment in der Verwandlung, angedeutet durch den tiefen Schlaf (Dornröschen, Schneewittchen), der Tod erscheint als der Augenblick des Übergangs von einem Zustand in den anderen.

** „Aber wenige legen sich Rechenschaft darüber ab, daß sie ihr das Beste was sie sind verdanken."[6] Identität ist also nicht der versteinerte Kern des Individuums, um den herum das Rollenspiel sich mehr oder minder gehemmt vollzieht." In Wirklichkeit ist kein Ich, auch nicht das naivste, eine Einheit, sondern eine höchst vielfältige Welt, ein kleiner Sternhimmel, ein Chaos von Formen, von Stufen und Zuständen, von Erbschaften und Möglichkeiten. Daß jeder einzelne dies Chaos für eine Einheit anzusehen bestrebt ist und von seinem Ich redet, als sei dies eine einfache, fest geformte, klar umrissene Erscheinung, diese jedem Menschen . . . geläufige Täuschung scheint eine Notwendigkeit zu sein . . ."[7] Vielleicht wurde gerade das 'Wesen' – dieses Stückchen Versteinerung – zum Ausgangspunkt der Identität der bürgerlichen Person, über die von Staatswegen ein Verwandlungsverbot bzw. -einschränkung verhängt und erlassen ist.

Die Hexe verwandelt sich in Katze, Hund, Eule. Sie macht sich unsichtbar; außer daß sie ihre Gestalt wandelt, verwandelt sie andere: Tiere und Besen in Flugobjekte, sie entfremdet Menschen sich selber.*

Da ist aber auch die soziale Verwandlung die Angst erzeugt (und sicher nicht auf Magie zurückzuführen ist). Aufstieg und Abstieg des Einzelnen in gesellschaftlichen Klassen, wobei meist eher der soziale Abstieg mit offener Angst besetzt ist. „Das Grauen, das die Reichen vor den Arbeitern empfinden, die Panik, die die Kleinbürger bei der Vorstellung ergreift, in die Lage der Arbeiter zu geraten, beruhen darauf, daß die Armen, in ihren Augen stärker als sie selbst, unter der Peitsche des Todes stehen. Bisweilen mehr als der Tod selbst, sind diese trüben Spuren des Schmutzes, der Ohnmacht, des Verderbens, die auf ihn zugleiten, Gegenstand unseres Abscheus."[8] Die durch die Armut und die in ihr vermehrt hervortretenden Spuren und Formen des körperlichen Verfalls und des Verfalls und der Fäulnis der Dinge, die den Menschen umgeben, die Häßlichkeit und Vergänglichkeit erscheinen im Leben des Armen eher als in dem des Reichen. Ihre Welt erscheint als eine der ewigen Jugend.

Durch Verwandlung werden Tiere und Menschen fruchtbar oder unfruchtbar. Durch ihre Verwandlungsmagie vermag die Hexe Menschen mit Brunst zu erfüllen, deren Verlangen ihnen vielleicht nicht (bewußt) danach stand (Liebeszauber). Sie selbst wird verwandelt, durch den Beischlaf mit dem Teufel verwandelt sich eine Frau in eine Hexe. Die eigentliche Sünde der Hexe „ist die geschlechtliche Verbindung mit dem Teufel. Was immer

* Aus Straßburg ist eine Erzählung einer Begebenheit bei der dies geschah überliefert. Der Geselle liebt die sehr schöne Tochter des Meisters. Noch vor der Hochzeit beginnen sie ein Liebesverhältnis, das beiden höchste Freude schenkt. Einander treu läßt der Geselle sich doch einmal von den Freunden überreden, mit ihnen ein öffentliches Haus zu besuchen. Er ist aber unfähig den Geschlechtsakt mit den Frauen dort zu vollziehen. Der unglückselige Mensch verfällt auf den Gedanken, daß ihm seine Liebste diese Unfähigkeit angehext habe. Das Mädchen wird als Hexe angeklagt und verbrannt.

sie sonst treiben, ihre geheime Existenz mündet in Orgien an denen der Teufel beteiligt ist.[9] Sie sind Hexen, weil sie es mit ihm halten; zu ihrer Verwandlung aber gehört als wesentlicher Bestandteil die Tatsache, daß sie ihm geschlechtlich ergeben sind."[10]★

In einer Zeit der Einschränkungen der Verwandlung und des Verwandlungsverbots erhält sich die katholische Kirche eine Art Verwandlungsmonopol. Dem Akt des Teufels mit der Hexe entspricht der Hierogamos Christi mit seiner Braut, der Kirche; der Priester, Mittler zwischen Gott und Mensch verwandelt die Hostie in den Leib Christi, der Sünder vermag sich dank der Gnade Gottes und der Kirche in einen Heiligen zu verwandeln usw. Doch auch die Erscheinungen, und das heißt die Verwandlungskünste, des Teufels sind vielfach; dennoch behauptet die Kirche die Merkmale zu kennen, die das 'wahre Wesen', die 'Urnatur' des sich Verwandelnden offenbaren.

So erweist sich eine Hexe darin, daß sie ein Hexenmal trägt, das ihr der Teufel zum Zeichen des Bundes aufgeküßt oder aufgedrückt hat. Der Teufel trägt einen Klump- oder Pferdefuß an dem er zu erkennen ist. Ist er auch noch so herrschaftlich geklei-

★ „Die Vorstellung einer Verwandlung durch Beischlaf ist uralt. Da jedes Geschöpf sich für gewöhnlich nur mit dem anderen Geschlecht seiner eigenen Art abgibt, ist es sehr wohl denkbar, daß ein Abweichen davon als Verwandlung verboten wird."[11]

(Im Mittelalter wird der Beischlaf mit Tieren als Akt der ketzerischen Unzucht mit dem Feuertode bestraft.) In den Mythologien erscheint es oft anders; der Gefährte der Göttin ist der Sterbliche.[12] Eva hält es mit der Schlange, die Inkagöttin mit dem Tapir, aus dem Verhältnis der Dämonin zum Affen(gott) leiten die Tibeter ihre Abstammung her. Die geschlechtliche Vereinigung selbst ist schon Verwandlung, sie hebt die Teilung zwischen Mann und Frau wieder auf. Die Verwandlung in ein Tier, aus dessen Gestalt sie sich nicht mehr lösen können, scheint hauptsächlich Männer zu betreffen.[13] Noch etwas wird affiziert durch die Abfolge von Verwandlungen: der Begriff der Zeit (s. u.).

det, er hinterläßt Gestank, sein Glied ist eiskalt oder auch glühend heiß, er verbreitet insgesamt Hitze oder Kälte, sein Samen ist von unterschiedlicher Temperatur. An all diesen Merkmalen ist er als der Teufel identifizierbar.*

* Das Motiv der Verwandlung, der ein Ende gesetzt wird, findet sich auch in der Sage von Proteus und in vielen Märchen aus allen Teilen der Erde. Da ist ein Kampf zwischen einem bösen Zauberer und dem magiekundigen Helden. Die Verwandlung kann Schutz bieten (so in Fundevogel, einem der Grimmschen Märchen), sie mag Hilfsmittel sein, die gestellte Aufgabe zu lösen, sie kann ausgelöst worden sein von einer anderen Person, erwünscht oder unerwünscht. Verwandlung aber wird auch Strafe, sie wird zum unentrinnbaren Zwang, dem der Mensch dann unterworfen ist (so steht auf Menschenfresserei die Verwandlung in einen Werwolf), die Verwandlung wird zum Starren, zum Immergleichen; nur die Kirche, die im Besitz der größeren Magie gedacht wird, kann den Bann lösen. Das Barock wußte noch um die Verwandschaft von Verwandlung und Identität. „Höre mein Kind, und wisse gewiß, daß dein Herr dich aller Vernunft zu berauben und zum Narren zu machen entschlossen, maßen er zu solchem End bereits ein Kleid vor dich verfertigen läßt, morgen muß du in diejenige Schul, darin du deine Vernunft verlernen solt; in derselben wird man dich ihne Zweifel so greulich trillen, daß du, wenn anders Gott und natürliche Mittel solches nicht verhindern, ohne Zweifel zu einem Phantasten werden mußt."[14] Der Pfarrer gibt Simplicius nun eine Salbe, die soll er sich einreiben, und ein Pulver, das soll er einnehmen, um seinen Verstand zu stärken. In der Nacht wird Simplicius dann aufgeweckt und drei Männer suchen mit ihren Handlungen allen Anschein zu erwecken, als sei er gestorben und in der Hölle gelandet. Er wird danach von drei alten Frauen gewaschen, das ist das Fegefeuer, um danach im Himmel aufzuwachen, später aber findet er sich in einem Bretterverschlag oder Koben bekleidet mit einem Kalbsfell und mit Eselsohren. Er hat die Prozedur hinter sich, die aus ihm einen Narren hätte machen sollen, auch nimmt er sich vor, sich zunächst als ein solcher zu verhalten und die wahre Sachlage nicht zu verra-

Drei Elemente machen die Magie aus[17] : zum einen der Magier. Er ist der Akteur der magischen Riten. „Es sind nervöse, erregte oder, für die sehr beschränkte Umgebung in der man an die Magie glaubt, anormal intelligente Menschen. Auch können abrupte Gesten, eine stoßweise Rede, rednerische oder poetische Gaben einen Magier bezeichnen . . . Zum Magier sind auch bestimmte Gestalten ausersehen, die die allgemeine Aufmerksamkeit, Furcht und Feindseligkeit durch physische Besonderheiten oder auch eine außergewöhnliche Geschicklichkeit auf sich ziehen . . .

Vergessen wir nicht, daß alle diese Individuen, Krüppel und Ekstatiker, Nervösen und Vagabunden in Wirklichkeit Arten sozialer Klassen bilden. Was ihnen magische Fähigkeiten verleiht, ist nicht so sehr ihr individueller physischer Charakter, als vielmehr die von der Gesellschaft ihrer ganzen Art gegenüber eingenommene Haltung. Dasselbe gilt für Frauen. Es sind weniger ihre physischen Charaktere als die von ihren Eigenschaften bedingten sozialen Gefühle, aufgrund derer man sie überhaupt für die Magie eher geeignet hält als die Männer."[18]★ „Vor allem aber ist man der Überzeugung, daß sie für die Magie sei es Mittel ihrer

ten, daß er nämlich noch bei Verstande ist und sehr wohl die artifizielle Induziertheit seines jetzigen Zustand erkennt und um sie weiß.

Die Aufklärung zählt was die Vernunft beherrscht zur Identität der Person, der andere Teil, der 'fremde' wird ausgesondert. „Die Idee des Menschen in der europäischen Geschichte drückt sich in der Unterscheidung vom Tier aus."[15] Das bürgerliche Individuum erscheint als die Vernunft, als mit ihr identisch. Daran macht sich dann die Marx'sche Erkenntnis von der Wurzel des Menschen als dem Menschen fest. Götter und manches andere sind Projektionen nach außen. „Das menschliche Wesen charakterisiert sich nicht durch eine bestimmte Beziehung zur Wahrheit, sondern enthält als ihm eigen eine gleichzeitig dargebotene und verborgene Wahrheit."[16]

★ „Die kritischen Perioden ihres Lebens rufen Staunen und Ahnungen hervor, die ihnen eine Sonderstellung geben. Die magischen Fähigkeiten der Frauen erreichen ihre größte Intensität

Realisierung oder eigentliche Träger ihres Vollzugs sind."[20]★ Aufgrund ihrer Physis – durch den Menstruationsrhytmus, den Mondrhythmus scheint sie mit der Natur in Einklang zu stehen – und gesellschaftlichen Übereinkommens ist die Frau der Natur zugeordnet. „... alles an ihr macht sie für eine große Mittlerfunktion geeignet: wer sich in ihr festsetzt, der taucht in die ganze Natur ein wie in einer Substanz und Lebensumwelt."[22] Die Frau wird zur Vermittlerin und als Vermittlerin muß sie besonders leicht der Verwandlung zugänglich sein.★★ Die magische Kraft des Schamanen, der Hexe beruht auf seiner/ihrer „allgemeinen Macht über die Din-

im Moment ihrer Heiratsfähigkeit, während der Regel, zur Zeit der Schwangerschaft und des Kindbetts und nach der Menopause."[19]

★ „Die alten Frauen sind Hexen, die Jungfrauen gelten als wertvolle Gehilfen und das Menstruationsblut und andere Ausscheidungen werden allgemein als Spezifikum benutzt. Bekanntlich sind die Frauen auch in besonderem Maße für Hysterie anfällig, so daß ihre nervösen Krisen sie übernatürlichen Kräften auszuliefern scheinen, die ihnen eine besondere Autorität verleihen. Doch selbst außerhalb kritischer Zeiten, die einen so großen Teil ihres Lebens ausmachen, sind die Frauen Objekt des Aberglaubens, oder von rechtlichen oder religiösen Vorschriften, die deutlich machen, daß sie innerhalb der Gesellschaft eine eigne Klasse bilden. Ihre Verschiedenheit von den Männern wird sogar für größer gehalten als sie es ist, und man glaubt, daß sich in ihnen geheimnisvolle Vorgänge abspielen, durch welche sie in die Nähe der magischen Kräfte gerückt werden." „Der magische Charakter der Frauen hängt so sehr mit ihrer sozialen Bestimmung zusammen, daß er vor allem eine Sache der Meinung ist."[21]

★★ Für Simone de Beauvoir ist die Frau das ganz Andere, die Fremde, das außerhalb Liegende. Verbündet ist sie mit der Natur, aber mit der natura immaculata, der unberührten, nicht der bearbeiteten Natur, dem Werk. In den Mythen geht sie Verbindungen ein mit außermenschlichen Wesen, oder die Menschen-Männer, mit denen sie sich verbindet, sind dem Tod geweiht,

ge."[24], seiner „persönlichen Macht"[25]. Das wesentliche seiner Kraft kommt aus seiner Macht, die er über sich selbst hat.[26] Kraft dieser Macht vermögen sie ihre Unterweltsfahrten anzutreten, und ihre Himmelsreisen, ihre Flüge zu Verwandlungen ermöglicht sie, ihre Fähigkeit zur Wahrsagung und Krankenheilung. Sie läßt Hexe und Zauberer die „andere Realität"[27] erfahren und ihr standhalten. In der Verwandlung vermag die Hexe sich zu verdoppeln und sie schickt diesen Doppelgänger auf die weite Reise.* Nach christlicher Lehre verstärkt sich die Kraft der Hexe, geht sie mit dem Teufel einen mit Blut besiegelten Pakt ein. Der Teufel mag ihr ein Verbündeter sein, allein zur Ausübung der Magie ist er nicht notwendig. „. . . in der Zauberei liegt nun nicht die Vorstellung von einem Gott, von einem sittlichen Gedanken, sondern sie stellt dar, daß der Mensch die höchste Macht ist, daß er sich allein befehlend gegen die Naturmacht verhält. Es ist also nicht von einer geistigen Verehrung Gottes noch von einem Reiche des Rechts die Rede."[31]

wie Attis und Adonis. Es gibt keine Definition, die eigens definierte, was eine Frau sei – in der bürgerlichen Gesellschaft wird sie immer nur in Beziehung zu dem gesetzt, was sie für den Mann bedeutet.[23]

* Wie verhält es sich nun mit der Verdopplung der Hexe? Diese Frage wird von der Inquisition nie eindeutig geklärt. Liegt sie wirklich im Bett oder ist die Gestalt das vom Teufel hineingelegte Scheinbild ihrer selbst um den Ehemann zu täuschen und ihr die Ausfahrt zum Sabbath zu ermöglichen? Es geht um das, was die kirchlichen Experten die 'leibliche Ausfahrt' genannt haben. „In Europa meinte man, die Hexenfahrt durch die Luft geschehe durch eine Verwandlung und beide Themen sind so eng miteinander verknüpft, daß sie in einem einzigen Begriff zusammen gefaßt sind.

Im Mittelalter war striga dieser Begriff . . . die striga, von lateinisch strix, ist zugleich eine Hexe und ein Vogel. Außerhalb ihrer Behausung trifft man die Hexe in Gestalt der schwarzen Katze, als Wölfin und Hase . . . Wenn sich der Hexenmeister und die Hexe irgendwie versetzen, um Schaden zu stiften, tun sie

Mit der Magie greift der Mensch selbst zur Beherrschung dessen, was um ihn ist. Er selbst bestimmt über Wetter, Fruchtbarkeit, Jagdglück, Krankheiten und Tod. Magie ist der Gedanke „der unmittelbaren und grenzenlosen Wirksamkeit der direkten

dies in ihrer Tiergestalt, und man gibt an, sie in diesem Zustand zu ertappen und doch sind beide Gestalten selbst dann noch relativ unabhängig voneinander.

Einerseits behält der Zauberer bei seinen nächtlichen Flügen am Ende seine menschliche Gestalt, indem er einfach auf seiner alten Metamorphose reitet, andererseits kann die Kontinuität zerreißen, wenn der Zauberer und sein historisches Doppel zur selben Zeit bei verschiedenen Aktivitäten wirksam sind. In diesem Falle ist das Tier keine momentane Verdopplung mehr, sondern ein vertrauter Gehilfe, von dem Zauberer oder Hexe verschieden bleiben . . . In allen Fällen, in denen es sich um absolute Metamorphose zu handeln scheint, ist ausdrücklich die Allgegenwart des Magiers mit gemeint, und wenn man die Tiergestalt einer Hexe trifft, weiß man nicht, ob man es mit ihr selbst oder bloß einem Abgesandten ihrer zu tun hat."[28]

Was den magischen Flug angeht so erscheint er als ein „Leitmotiv" der allgemeinen Magie und „speziell der europäischen Hexenkunst."[29] Dieser magische Flug wurde von den Germanen seidr genannt. Freya, die Meisterin des seidr besitzt ein magisches Federkleid mit dem sie fliegt. Odin soll von ihr den magischen Flug gelernt haben. Der magische Flug ist in diesem Zusammenhang aber auch Mittel zur Weissagung und Prophezeiung, und diese ist das Gebiet der Göttinnen und Priesterinnen (obwohl auch in bestimmtem Maße den anderen Göttern zugeschrieben, die die Rater genannt werden; der weiseste und größte Zauberer unter ihnen ist Odin). Er hängt zusammen mit der Schicksalsfunktion die den Frauen und weiblichen Gottheiten von den Germanen zugeschrieben wird. Das Schicksal bestimmend sind sie zugleich auch die Todesgöttinnen (Walküren). Der Schamane der den magischen Flug vollzieht versetzt sich vorher in Trance (durch Tanz, Musik, Getränke, etc.); „während der Trance verläßt die Seele der seidrana den Körper und wandert im Raum herum; sie nimmt meistens Tiergestalt an."[30]

Schöpfung . . . zwischen dem Wunsch und seiner Verwirklichung gibt es in der Magie keinen Zwischenraum."[32] ★ Magie wirkt, nicht unähnlich dem Traum, nach dem Gesetz der Sympathie.[35] Kontiguität, Ähnlichkeit und Kontrast bedeuten soviel wie Simultanität, Identität und Gegensatz. Kontiguität ist die Identifikation des Teils mit dem Ganzen. Für den Magier und seine Praktiken ist die „Persönlichkeit eines Wesens . . . ungeteilt"[36], als Ganzes auch in jedem der Teile enthalten – totum ex parte.★★

★ „Greatness is also based on identification."[33] Der Zauberer übernimmt die Rolle des Überichs und Ichideals als versöhnt mit dem Ich. Alle drei werden miteinander identisch. „Magic is a revolt against the gods. The socerer is the son who claims equal powers with his father . . . In magic mankind is fighting for freedom."[34]

★★ Die Zertrennung der Person in sukzessiv abhängige Teile verfestigt und rechtfertigt in der Theorie vom Subjekt (im doppelten Sinne des Wortes als Souverän und als Untertan) sich und zersplittert so die Macht der Person. „Der Humanismus ist die Gesamtheit der Erfindungen, die um diese unterworfenen Souveränitäten aufgebaut worden sind: die Seele, (souverän gegenüber dem Leib, Gott unterworfen), das Gewissen (frei im Bereich des Urteils, der Ordnung der Wahrheit unterworfen) das Individuum (souveräner Inhaber seiner Rechte, den Gesetzen der Natur oder den Regeln der Gesellschaft unterworfen), die grundlegende Freiheit (innerlich souverän – äußerlich in 'Übereinstimmung mit dem Schicksal'), kurz – der Humanismus ist all das, wodurch man im Abendland dem Verlangen nach Macht einen Riegel vorgeschoben hat . . ."[37]

Das Christentum teilt die Person in zwei fast antagonistische Teile, in einen sterblichen und in einen unsterblichen Teil, Körper und Seele. Der Körper wird zum Gefängnis der Seele werden, die sich seit ihres Gebundenseins an ihn, von ihm weg sehnen wird. Säkularisiert entsteht die Dreiheit von Seele, Geist und Körper, erstere fällt dem Psychoanalytiker zu, der zweite den Schulmeistern, den Körper aber erhält in diesem System der

Als Teile der Persönlichkeit gelten Haare und abgeschnittene Fingernägel, Kot und Speisereste, Speichel, auch alle abgelegten Kleider, sozusagen die Abfallprodukte. „Gleichgültig ob die magische Kontiguität durch eine vorgängige Beziehung des Ganzen zum Teil oder durch direkte Berührung realisiert wird, impliziert ihre Idee die Idee einer Ansteckung.* Die Eigenschaften, die Krankheiten des Lebens, der Zufall und jede Art magischen Einflusses werden so aufgefaßt, als würden sie entlang dieser sympathetischen Ketten weitergegeben."[40]**

Arbeitsteilung die schnöde Rolle, er untersteht dem Verdikt der Arbeit und des Verfalls.[38] (s. u. 2. Kap.)

Der Körper aber ist ausgestattet mit fünf Sinnen plus einem, dem Bewußtsein. Er rezipiert die Welt. Er vermittelt die Unlust und die Lust und so verfällt er der Sterblichkeit. Die Rankünе, die den Körper trifft, ist die (selbstzerstörerisch gewendete) gegen Verfall und Tod. Die moderne medizinische Austauschbarkeit der Organe suggeriert Unsterblichkeit; ewige Jugend aber würde erscheinen in der Ersetzung der Körperteile, durch Maschinenteile.[39]

* Im Februar '78 verbrachte ich einige Tage im Tessin. Nebenan wohnte ein Architektenehepaar mit seiner Tochter. Diese war als kleines Kind sehr von Warzen entstellt gewesen, die hauptsächlich das ästhetische Empfinden der Mutter affektierten. Man ließ einige durch einen Arzt unter örtlicher Betäubung wegätzen, doch an ihrer Stelle kamen noch mehr neue nach. Die Mutter hörte von einer Frau im italienischen Teil des Tessin, die sollte Warzen besprechen können. Sie machte einen Termin mit ihr, zu welchem die Tochter jedoch unpäßlich war. Die andere Frau meinte, das mache nichts, die Mutter solle ein Kleidungsstück der Tochter mitbringen, dies genüge. Die Mutter nahm ein gebrauchtes Taschentuch der Tochter mit. Die Frau murmelte etwas über dem Taschentuch, rieb es in ihren Händen, gab's an die Mutter zurück und sagte, wenn sie heimkäme, so solle es die Tochter ungefähr 10 Minuten ums Knie binden. Die Tochter tat's, die Warzen verschwanden, auch blieben keine Narben.

** Etwas davon steckt noch in der Berührungsangst des Neurotikers, in der Angst vor Ansteckung. Die Syphilis und Blut-

Der Anspruch des 'Ich' existiert nicht. Alles ist einander gleich und alles gilt gleichviel.* „Während wir bei hellem Bewußtsein, in klaren Begrenzungen bestimmt alles von allem unterscheiden – Subjekt und Objekt, Wirklichkeit und Phantasie, die

vergiftungsphobien nehmen im Antisemitismus mörderische Formen an. „Sie (die Juden) werden von der Herrschaft preisgegeben, wenn diese kraft ihrer fortschreitenden Entfremdung von Natur in bloße Natur zurückschlägt. Den Juden insgesamt wird der Vorwurf der verbotenen Magie, des blutigen Rituals gemacht. Verkleidet als Anklage erst, feiert das unterschwellige Gelüst der Einheimischen, zur mimetischen Opferpraxis zurück zu kehren, fröhliche Urständ . . . Die völkischen Phantasien jüdischer Verbrechen, der Kindermorde und sadistischen Exzesse, der Volksvergiftung und internationalen Verschwörung definieren genau den antisemitischen Wunschtraum und bleiben hinter seiner Verwirklichung zurück . . . Zivilisation ist der Sieg der Gesellschaft über Natur, der alles in bloße Natur verwandelt."[41]

In der Form der Zivilisation, die bestimmt ist von der Herrschaft des Kapitals (dessen Zwängen die Menschen unterliegen, nachdem sie angefangen haben, die Natur auszubeuten und dessen Herrschaftscharakter eben dadurch ideologisch verschleiert erscheint), kommt zur vollen Entfaltung, was im Prozeß der Zivilisation selbst angelegt ist. Alles ist unter das Kapital und seine Verwertungsgesetze subsummiert. Niemand aber „kann sein anderes Selbst (Sklave, Umwelt, Natur, einschließlich dem, was Bilz das „biologisch sinnvolle Gefüge" nennt[42]) zu einem Ding machen, ohne sich damit von dem, was er selbst intimerweise ist, zu entfernen, ohne sich selbst die Grenzen eines Dinges zu geben."[43]

* Der Buddhismus, der in seiner Lehre und Praxis das Ich aufzulösen trachtet, ihm keine Realität beimißt, sondern es nur als zusammengesetztes Phänomen erkennt, erläßt kein Verwandlungsverbot. Sein Ziel jedoch ist, den Verwandlungen ein Ende zu setzen, die Auflösung im klaren Licht der Leere. Alle Lebewesen gelten ihm untereinander gleich und eins steht für das andere. Jedes Leben wiegt gleichviel: Als der Boddhisattva noch auf Erden wandelte und ihm noch die Erfahrung des Geheimnis-

Dinge unter sich usw. – in steter Beziehung auf die empirische Wirklichkeit★ denken, gibt es ein anderes, alogisches, prälogisches 'Denken', das bildhaft, anschaulich, bedeutsam, symbolhaft ist, das alles für alles stellvertretend einsetzt, die Bilder ineinander fließen läßt, so daß in unendlicher Beweglichkeit Erscheinungen heterogenster Herkunft zu einem Bilde werden, dann wieder empirisch Einzelnes in heterogene Beziehungen und Bedeutungen zerfällt, und daß dieser proteusartige Wechsel der Gestalten die eigentliche Wirklichkeit ist, Raum und Zeit als Realitäten ebenso verschwinden, respektive noch ungeboren

ses der Liebe ausstand, kam es, daß eine von einem Geier gehetzte Taube zu seinen Füßen niedertaumelte und ihn um Schutz vor dem Geier bat; den gewährte er ihr. Aber auch der Geier war am Ende seiner Kräfte angelangt und nicht mehr fähig andere Beute zu jagen. Sein Los war es, Tauben zu jagen, diese hatte er gejagt, sie war seine rechtmäßige Beute.Das sah der Bodhisattva ein, aber er hatte auch der Taube das Leben versprochen und so bot er dem Geier von seinem eigenen Fleisch an. Es erschienen eine Waage und ein Messer und er setzte eine Taube in die eine Waagschale und in die andere legte er Stücke Fleisch, die er von seinem Körper schnitt; doch immer blieb die Taube schwerer, wie große Stücke er auch dazu tat. Da stieg er ganz auf die Waage und da erst kamen die Schalen ins Gleichgewicht.

★ Was empirische Wirklichkeit genannt wird, konstituiert sich aus der Wahrnehmung der Sinne und diese können täuschen.[44] Die Welt, die wir wahrnehmen ist schon eine zusammengesetzte. „Die konkrete Welt des Menschen ist immer geschichtlich geworden, steht in einer Überlieferung, besteht jederzeit durch Gesellschaft und Gemeinschaft. Wie der Mensch in der Welt lebt und wie die Welt selber ihm verschieden erscheint, ist daher historisch-soziologisch zu untersuchen."[45]

Wie einer die Welt nun sieht, was für ihn Wirklichkeit ist, „Weltbild ist das dem einzelnen gegenständlich bewußt gewordene der Umwelt. Umwelt und objektive Umgebung umschließen beide mehr als das Weltbild einfängt: das als Umwelt unbewußt Gegenwärtige, faktisch wirkende . . ., das als nur objektive Umgebung . . . wirkende, aber für das Wissen faktisch ausfallende . . ."[46]

sind wie die Kategorien der Wirklichkeit und des logischen Denkens."[47]

Ähnlichkeit und Berührung korrespondieren und ebenso Angst vor Ähnlichkeit und Angst vor Berührung. „Sowohl beim Aberglauben als auch bei der paranoischen Psychose handelt es sich gewissermaßen um einen Mangel an kritischer Redlichkeit, an Logos . . . Mißtrauen ist immer angebracht."[48] *

Die Gegenstände, die der Magier, die Hexe benutzen sind voll mit ihrer persönlichen Kraft. Ihre Kessel, Kräuter und oft gehört dazu auch eine Schädelschale als Symbol der Vergänglichkeit, Eingedenk sein des Todes.** Alle Toten aber haben Eigenschaften „die verwendet werden können, Todesqualitäten . . . die Toten (selbst sind) magische Geister."[50] *** Zwischen ihnen und den Lebenden ist der Zauberer, die Hexe Bindeglied. In der Frau selbst symbolisiert sich die Einheit von Geburt und Tod. Sie ist die Trägerin des ewigen Kreislaufs, und hieraus ergibt sich eine besondere gesellschaftliche Position der Frauen. „Die Regel, die geheimnisvollen Vorgänge und die Schwangerschaft sind nichts als Zeichen der Qualitäten, die man

* „In jenem Abgrund der Ungewißheit, die jeder objektivierende Akt überbrücken muß, nistet sich die Paranoia ein . . . Die Paranoia ist der Schatten der Erkenntnis."[49]

** Da ist die Berührungsangst vor den Toten, die Scheu vor dem Leichnam. Da sind die unerfüllten Hoffnungen und Wünsche des Verstorbenen, die uneingelösten Versprechen; bleiben sie nicht als Gespenster dem Ort verhaftet, an dem er lebte, mit dem er als Lebender verbunden war? Da sind Liebe und Haß der Lebenden, die noch eine Weile andauern. Der Tod stört die Ordnung, ist selbst das Unordentliche, der Körper löst sich auf, stinkt, geht in Verwesung über, der Leichnam ist ein Klotz, starr und unhandlich. Die Hexe aber, beiden Bereichen zugehörend, weiß damit umzugehen, sie ist Hebamme und Totenfrau zugleich.

*** Die Wahrheit liegt im Menschen selber verborgen und er bringt sie ständig aus sich hervor. Der Ursprung der Dinge liegt in dem Mechanismus, der sie ständig hervorbringt, dies affiziert auch die Vorstellung von der Zeit.

ihnen zuspricht.* Die Gesellschaft ... hegt den Frauen gegenüber starke soziale Gefühle ... daraus ergibt sich ihre rechtliche und insbesondere verschiedene oder untergeordnete religiöse Lage. Gerade darin jedoch ist begründet, daß sie der Magie geweiht sind und daß diese ihnen eine Stellung zuweist, die eine gerade Umkehrung ihrer Stellung in der Religion ist."[51]

Die Religionen stellen sich dar als Überwinder des Todes, Bringer des ewigen Lebens, ihnen ist der Tod ein dem Leben feindliches Prinzip, das Christentum formt den Kreislauf um in Geschichte, in Zeit als Heilsoffenbarung.[52] Im Weltbild der Magie jedoch dreht sich das Rad. „Das Männliche bleibt dem großen Weiblichen, das ihm als Schicksalsmacht entgegentritt, ausgeliefert und unterlegen ... Das Symbol des am Schicksalsbaum hängenden Wodan ist typisch ... Das Männliche, das auf dieser Stufe weitgehend unbewußt ist, lebt in einer fatalistischen Welt des Erfaßt- und vom Schicksalswind getrieben werdens."[53]** Die zerrissene Einheit, der Mann, ausgeliefert der Zufälligkeit des Winds, die Frau aber gebunden aufs Rad des ständigen Kreislaufs. Kali, die große schwarze Göttin Indiens, das ist die alles verschlingende Zeit. Die Mütter aber stehen am Rande der Begriffslosigkeit, ohne Ort, dem sie zugeordnet, ohne Zeit, der sie unterworfen wären.***

Am Anfang stände der deus otiosus, der ferne Gott, der vergessene, der nicht Schöpfer ist.[56] Ihm gilt kein Kult und keine Anbetung. Ihm folgt die große Mutter oder große Göttin, die Erdmutter, die Herrin des Himmels: aus sich selbst hervor bringt sie ihre Söhne, die auch ihre Liebhaber sind, Bruder, Sohn und Gat-

* Zeichen und Bezeichnetes stehen füreinander, so wie der Name einer Person dieselbe zu beschwören vermag, dem Macht über sie gibt, der ihn kennt. Dadurch, daß die Frau fruchtbar ist, wird sie zur Fruchtbaren überhaupt, zur Mutter alles Lebenden.

** „Dies ist so furchtbar/daß es mich zum Wahnsinn treibt . ./ alles ist ein Knäu'l, Unordnung/und Verwesung einerlei/Lallen von verliebten Lippen/wie das Rascheln dürrer Blätter/alles könnte sein auch nicht . . ."[54]

*** „ . . . in Einsamkeit, um sie kein Ort, noch weniger eine Zeit", doch „umschwebt von Bildern aller Kreatur", das sind die Mütter.[55]

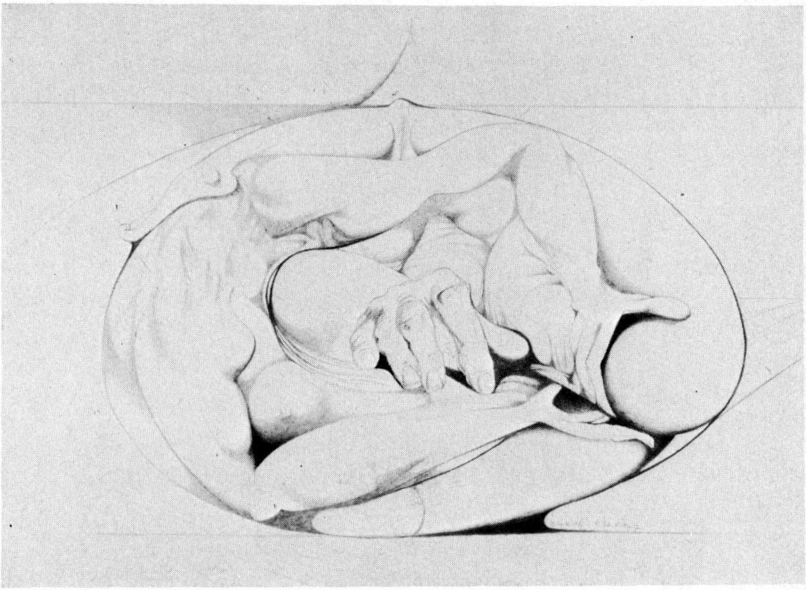

te, sterblich sind sie. Ihnen folgt sie, die Trauernde, bis in die Welt der Toten, so sie zurückholend; der Mythos, der alljährlich in den Frühlingsfesten gefeiert wird. An diesen Göttern wird nicht ihre himmlische Abkunft verehrt, sondern ihre Zeugungsfunktion. „Ihre Sakralität leitet sich aus der Hierogamie mit der großen Ackermutter."[57] Die Welt der Götter aber ist abhängig von den gesellschaftlichen Wandlungen der Menschen. In vielfältiger Gestalt und verwirrender Form bevölkern sie den Kosmos. Zeus erschlägt den Kronos (er, der befruchtende und Kindermachende, die Verkehrung der großen Mutter, er, der zu den Frauen der Menschen und Könige kommt) und usurpiert dessen Herrschaft. Der Getötete aber war selbst keine eindeutige Gestalt. Seine Zeugungskraft war furchtbar und wuchs ins fürchterliche. Lauter Ungeheuer brachte er hervor, die die Mutter, die Erde dann in ihrem Schoß verbergen mußte. Warum „erzeugt er . . . jene Monstren, die er haßt und die er im Tartarus oder im Bauch der Erde anzuketten bemüht ist? liegt darin eine ins Negative umgewertete Erinnerung an jene mythische 'Zeit', in der die Schöpfung noch keine Normen kannte, wo alles aus allem geboren werden konnte, wo der Wolf neben dem Lamm und der Leopard neben dem Zicklein schlief?

Eines der Merkmale dieser paradiesischen Morgenzeit war tatsächlich die absolute Freiheit auf allen Stufen des Seins, also auch der Arten. Zahlreiche Traditionen sprechen uns von dem verfließenden, monströsen Chrakter der Wesen, die am Beginn der Welt geschaffen wurden. War die theogenetische Absonderlichkeit Uranos ein rationalisierter Kommentar, der den Wert der von Aphrodite begonnenen* und später von Zeus beherrschten Ordnung dartun sollte, eine Ordnung, die durch Unveränderlichkeit der Arten, Maß, Gleichgewicht und Hierarchie . . . charakterisiert war.** Oder muß man vielmehr im Kampf

* Aphrodite entsteht aus dem Schaum des abgeschnittenen Zeugungsglieds des Uranos, mann-gezeugt und geboren, so wie Athene später dem Haupt des Zeus entspringt, sie beide ohne Mutter.

** Der jüdische Gott Jahwe behält sich seinerseits Eingriffe in die Ordnung vor. Sarah, 'der es nicht mehr nach der Weiber Re-

der Uraniden den Prozeß der Ersetzung der vorhellenischen Gottheiten durch die griechischen Götter sehen?"[58] Uranos aber zeugte seine sonderlichen Kinder mit Gäa, der Erde, die Mitleidsvolle, Trauernde, die das unglückselige Schicksal ihrer Kinder – nicht Geschöpfe – nicht abwenden kann und so verbindet sich wieder das Bild von der Todesmutter, der Pieta mit dem der Mutter.*

Das (archetypische) Bild der Mutter umfaßt den „Nachthimmel, Erde und Unterwelt ebenso wie das Urmeer".[60] Es scheint als das „Dunkel umfassende".[61] Das Dunkel ist aber das Dunkel aus dem alle kommen, das Dunkel des Schoßes. Alles Lebendige entsteht aus und in der Ursprungsdunkelheit. „Erst dieses Urhafte gebiert dann das Licht als Mond und Sterne und als den Tag mit der Sonne . . . von dieser Gemeinsamkeit her, dem Dunkel der Urnacht als dem Symbol des Unbewußten, ist die Identität von Nachthimmel, Erde, Unterwelt und vorlichthaftem Urwasser zu verstehen. Denn das Unbewußte ist die Mutter aller Dinge und alles 'Entstandenen', das im Licht des Bewußtseins steht, ist dem Dunkel gegenüber kindhaft, wie das Bewußtsein selber, das ja auch ein Kind dieser Urtiefe ist."[62]**

gel geht', erwartet einen Sohn; er verkehrt den Tau zur Trockenheit und umgekehrt.

* Noch im Ödipuskomplex verbinden sich beide Aspekte der Mutter. Die Sphinx gibt das Rätsel auf. Wer könnte es je lösen als der von der Mutter verstoßene, dem Tod preisgegebene um des Vaters und seiner Herrschaft willen? Dadurch aber, daß sich die Mutter um den Preis der Vernichtung vom Kind trennt, erwächst diesem die Sehnsucht nach dem Glück. „Das männliche Kind erfährt eine 'Bindung' von seiten der Mutter und von seiten des mit der Mutter ursächlich zusammenhängenden Ödipuskomplexes . . . hält man sich . . . vor Augen, daß es sich um das Bild der Mutter schlechthin handelt, so will dieses Begehren viele Dinge auf einmal zum Ausdruck bringen. So befaßt es in sich das heiße Verlangen nach restloser Wiedererringung jener Glückseligkeit . . ."[59]

** „Alles Trachten der Menschheit ging daher nach der Befestigung des Bewußtseins. Diesem Zweck dienten die Ri-

Ist dieser dunkleren Form, die in sich alles birgt der Tod verhängt, wie der Tiamat, die Marduk besiegte und zerstückelte, so bleibt sie als geteiltes Ganzes erhalten. „Sie bleibt, selbst in ihrem Tod, die obere und untere Welt, die in sich auseinander gespalten wird, und es ist als Großes Rundes, Urwasser, Urgebährendes, Himmel, Erde und Unterwelt, Erbarmendes und Rächendes zugleich. Marduk dagegen ist Gesetzgeber, weist den Himmslkräften ihren festen Ort an, und ordnet wie der Gott des Schöpfungsberichts, die Welt nach rationalen Gesetzen, die dem Bewußtsein und seiner Sonnennatur entsprechen."[64] Die Urmutter wird zur großen Göttin. Ihre Embleme sind Feuer, das ist Tod und Verbrennung aber auch Beginn der Erkenntnis und Schlange. Sie ist die Sonne und ist Mondgöttin (so Sechmet und Bastet in Ägypten), sie ist „Tochter und Mutter, die ihren Erzeuger schufen."[65]

Sie ist die Schlange, die sich häutet als Symbol für ein Wesen, das ständig selbst sich erneuert. Aufgrund ihres doppelten, doppelgeschlechtlichen Charakters* wird sie zur Herrin der Magie

ten . . . Es sind diese seit Urzeiten errichteten Mauern, welche später zu den Fundamenten der Kirche werden. Es sind darum auch diese Mauern, die einstürzen, wenn die Symbole altersschwach werden. Dann steigen die Wasser höher und uferlose Katastrophen brechen über die Menschheit herein . . . Das heißt, es wird Nacht, das Licht des Bewußtseins erlischt und das dunkle Meer des Unbewußten bricht herein . . . "[63]

* Im Geschlechtsakt teilt sich das Doppelgeschlechtliche in Mann und Weib. Dem Geschlechtsakt, ja der Sexualität insgesamt, kommt so eine „kosmologische Funktion" zu. „Immer und überall – außer in der modernen Welt! – war die Sexualität eine 'Erscheinung des Heiligen' und war der Geschlechtsakt ein allumfassender Akt – also auch ein Hilfsmittel im Dienste der Erkenntnis."[66] „ . . . das Wort, welches wir der Sexualität erteilt haben, ist durch Zeit und Struktur dem verwandt, mit dem wir uns selber den Tod Gottes verkündet haben . . ."[67]

„ . . . auf dem Grund der Sexualität und des Diskurses über Gott also zeichnet sich eine einzigartige Erfahrung ab: die Erfahrung der Überschreitung. Vielleicht wird es eines Tages

und des Webens.* Mit den vier Punkten und den vier Weltreichen wurde die Göttin Hathor identifiziert[69] ** , die Quaternio der Hathor ist das „Symbol des Großen Weiblichen als der die Welt beherrschenden Ganzheit in all ihren Aspekten."[71] Die Ganzheit umfaßt das Leben wie den Tod, er ist die andere Hälfte der uroborischen Schlange. „Die Göttin Nut, die den Toten auf

offenkundig sein, daß sie für unsere Kultur ebenso entscheidend ist, wie noch vor nicht allzu langer Zeit für das dialektische Denken die Erfahrung des Widerspruchs . . . Die Überschreitung setzt nicht eines dem anderen entgegen, sie will nichts dem Spott ausliefern, sie sucht nicht die Festigkeit der Grundlagen zu erschüttern; sie läßt nicht die andere Seite des Spiegels jenseits der unsichtbaren und unüberschreitbaren Linie aufglänzen. Denn sie ist nicht Gewalt in einer geteilten Welt (in einer ethischen Welt), sie ist auch nicht Triumph über Grenzen, die sie auslöscht (in einer dialektischen oder revolutionären Welt): im Innersten der Grenze ermißt sie die unermeßliche Distanz, die sich in ihr auftut, und zeichnet die leuchtende Spur, die das Sein der Grenze ausmacht. Nichts in der Überschreitung ist negativ. Sie bejaht das begrenzte Sein, sie bejaht jenes Unbegrenzte, in welches sie ausbricht und das sie damit erstmals der Existenz erschließt. Doch kann man auch sagen, daß diese Affirmation nichts Positives hat: kein Inhalt kann sie binden, da keine Grenze sie zurückhalten kann. Vielleicht ist sie nichts anderes als die Affirmation der Teilung . . ."[68]

* In dem Augenblick, in dem Marduk die Tiamat zerreißt, vollfüllt sich die Voraussetzung für Magie. Ihr zerstückelter Körper wird zu Erde, Himmel, Sterne, Sonne, Tiere, Pflanzen, Menschen, Berge, Mond usw. Weil sie alles ist, weil alles Teile von ihr sind, deshalb sind alle Teile gleich untereinander. Gleich und ähnlich und so wird die Abfolge der Verwandlungen möglich.

** „Die Drei gibt das Unvollendete, Weiterstrebende, Ruhelose wieder . . . Eine spätere Entwicklung der Zahlensymbolik schuf dann die Vier und die sie ergänzende Fünf (Zahl des Menschen nach der Kabbala, A.D.),welche als Zentrum in der Mitte der Vier-Ecken liegt. Dieses Symbol drückt das Umgrenzte, Abgeschlossene, Überschaubare und darum Gesicherte aus".[70]

dem Boden des Sarges in ihre Arme nimmt, ist die gleiche Todesmutter, die wir aus dem christlichen Kreis als Pieta kennen, als Madonna, die den toten Christus auf dem Schoß hält (s.u. 2.Kap.), das Todeskind, das wieder zu ihr zurückgekehrt ist, und die als primitives Gefäß und als Urne das Kind und den Erwachsenen in sich birgt."[72]

Die Nacht ist die Geburts- und Todessphäre des Monds und der Tag ist Geburts- und Todeshimmel der Sonne, der Tag ist die von der Nacht am Anfang und am Ende eingehüllte Lichtspanne des Lebens, innerhalb derer der Lichtsohn seinen immer tödlich endenden Lichtbogen abzuschreiten hat. Hatte sie das Licht in Erschrecken empfangen, so hält die Mondfrau Maria den toten Sonnensohn in Schmerz und Dunkelheit (bei seinem Tod verfinsterte sich der Himmel) auf dem Schoß. Der Nachthimmel ist der Spiegel der Erde, beide zusammen bilden sie die Urhöhle, aus der die Menschen, die Pflanzen und Tiere, die Lichtgottheiten kommen. Huitzilonochtli, der aztekische Sonnengott muß immer wieder zu Knochen werden, d.h. sterben an der furchtbaren Mutter des Erd- und Nachtdunkels. „Die Lichtgötter sind aber von den jugendlichen Göttern der Vegetation, denen des Maises und der Blumen ununterschiedbar. Denn wie die Sterne Blumen und Maispflanzen des Himmels sind, sind auch die Blumen und Maispflanzen der Erde Sterne. Diese sterbenden Vegetations- und Lichtgötter Mexikos entsprechen dem Adonis, Tammuz, u.a., den sterblichen Göttern der Blumen und des Kornes im Abendlande in allen Zügen, besonders aber in ihrer tödlichen Abhängigkeit von der großen Mutter."[73]★

Daß der Morgen zum Anfang und zur Geburtszeit werde, zu Neubeginn, zum Zeichen des Auferstandenen und Überwinder des Tods beginnt erst mit patriarchaler Herrschaft. Die Zuordnung des Nacht- und Sternhimmels als Entsprechung dessen, was auch auf der Erde sich findet, „bestimmt das ganz frühe

★ Die Reihe läßt sich fortsetzen bis zu Christus, dem Licht- und Gottessohn, der starb. Seinen Teil am sterblich-menschlichen hatte er erhalten, als sich Gott als Mensch gebären ließ und zur Mutter kehrt er als toter Sohn zurück, nachdem im Sterben ihn der Vater verlassen hatte.

Weltbild, ob wir nun von der Milch-Straße sprechen oder dieser Teil zur nordischen Herrin der Nacht, der Hel, gehört und Hilden-Straße oder Helweg heißt."[74] Ist die Göttin die Herrin der Nacht, so finden ihre Mysterien und Feste nächtlich statt, im Dunkel finden sie statt, die Hexensabbathe. Die Nacht aber ist feindlich in der Vater-Sohn-Religion, sie ist die ausgestoßene, unversöhnte, die Gespenster der besiegten Götter erhalten in ihr ihren Ort, sie wird zur Zeit des Widersachers und des Tods. Die nächtlichen Feste sind Riten, Anbetung und Heiligung der großen Göttin, auch ist die Nacht der Magie und dem Zauber günstiger als der Tag.*

Wasser und Zeit gehören zum Großen Weiblichen. „Von der Menstruation und ihrer Mondgebundenheit bis zur Schwangerschaft und darüber hinaus ist das Weibliche zeitzugeordnet, zeitabhängig und darum auch mehr als das Männliche, das zur Zeitüberwindung, Zeitlosigkeit und Ewigkeit tendiert, zeitbestimmend."[76] Der Mond wird erster Zeitmesser, seine Phasen Maßstab. Die Zeit selbst wird zyklisch gedacht, in Zeitaltern. Die Welt erfährt sich in periodischer Wiederkehr, Schöpfung und Zerstörung. Geburt, Tod und Wiedergeburt und die darum sich konzentrierende Mondsymbolik machen das in zahlreichen Mythen und Riten sichtbar.[77]** Sie mögen als Rad dargestellt sein, ewige Wiederkehr der Mayas, ewige Abfolge, deren Schleier es zu durchdringen gilt; Seligkeit ist dem Bereich des kosmischen Rads zu entrinnen in Leere, Nicht-Zeit, Nicht-Raum,

* Die Magie ist gott-los und zeit-los. Nach Castaneda[75] entfaltet sie ihre höchste Wirkung im Zwielicht, der Abend- und Morgendämmerung, dem Übergang der beiden Welten. Verschiedenen Phasen des Tags werden verschiedene magische Wirkungen zugeschrieben. Im Christentum wird die Tiefe der Nacht zum Ort der alten Götter, die sich nun in Dämonen verkehrt haben. Die Umrisse verwischen sich wieder und das Ungeformte des ersten Zustands scheint wieder hergestellt.

** Murray behauptet für die Hexen einen Glauben an Sterben und Wiedergeburt. Nachdem sie gestorben ist, geht sie in eine Art Paradies um dann später unter denen, die sie liebt, wiedergeboren zu werden.

Nicht-Dasein. „Für die Inder des nachvedischen Zeitalters, das heißt für die mit 'dem Schmerzencharakter des Daseins vertraut gewordenen' indischen Menschen, wird die ewige Wiederkehr gleichbedeutend mit dem unendlichen, vom Karma★ regierten Kreislauf der Wanderungen. Diese . . . Welt des Samsara, diese Welt des Leidens und der Unwissenheit ist es, die ihr Leben zubringt unter dem verdüsternden Fittichen der Zeit. Das Freiwerden aus dieser Welt des 'hienieden', die Erringung des Heils fällt in eines zusammen mit einem Sich-Befreien aus den Banden der kosmischen Zeit."[78]★★

Zur Zeit gehört die Wirklichkeit, das von den großen Weberinnen Gewebte, Gewirkte, die Verstrickung. Flechten, Weben, Knüpfen, Knoten, diese Tätigkeiten gehören zum „schicksalbestimmenden Tun des Weiblichen, welches als Natur . . . die große Weberin und Spinnerin ist!"[80]★★★„Das Spinnen des Schicksals findet sich bei den großen Weltmüttern, ob sie Neith, Netet, Isis, Eileithya oder Athene, Urd, Holda, Percht oder Ixchel hei-

★ Karma, d. i. das Gesetz von Ursache und Wirkung. Die Unwissenheit über es bringt das Leiden in die Welt und setzt damit erneut das Rad von Ursache und Wirkung in Bewegung. (Rad und Baum (dazu s. u.) gehen eine fürchterliche Vereinigung in dem Hinrichtungswerkzeug, das nach dem Rad benannt ist, ein.)

★★ „Wir finden ein dem . . . Lebensrad ganz entsprechendes Symbol im abendländischen Mittelalter, das negative Lebensrad als Rad der Mutter Natur, auf dem der auf und absteigende Kreislauf des menschlichen Lebens dargestellt ist. Unten wird das Rad von der Erdgöttin gehalten, oben aber thront die dreiköpfige Zeit, deren Flügel die Monate sind, welche mit dem Wechsel von Tag und Nacht das Leben sich drehen läßt. Ebenso thront in der zehnten Karte des Tarot-Spiels die gekrönte Sphinx, ein bekanntes Symbol der großen Muttergöttin auf dem Glücksrad auf- und absteigender Kräfte."[79] (Mit dem Rätsel der Sphinx löst Ödipus das Rätsel seiner Herkunft.)

★★★ In den zwölf heiligen Nächten, die auf Weihnachten folgen, darf nach altem Volksglaube nicht gewebt und gesponnen werden, sie sind den alten Göttern geweiht, in ihnen reitet die wilde Jagd, angeführt von Holda/Diana oder Wotan.[81]

ßen, ebenso wie bei der Hexe im Märchen."[82]★ Das Kreuzen der Fäden in dem Vorgang ist aber das „Symbol der geschlechtlichen Vereinigung. Das Kreuzen der Geschlechter ist die Grundform, in der das Große Weibliche das Lebendige 'wirkt'."[83]★★

Bestimmung der Zeit und Abhängigkeit von der Zeit heißt aber Schicksal, auch Abhängigkeit des Schicksals.★★★ Die große

★ Das Verschlingen und Schlingen der Schicksalsfäden, ihr Spinnen und Weben ist die Aufgabe der Königstochter des Märchens, auch der, die sich noch an der Spindel sticht.

★★ Der Knoten ist selber ein starkes Zaubermittel. „Knoten und Bänder sind Werkzeuge der Verteidigung wider reißende Tiere, Krankheiten, Behexungen, wider Dämonen und den Tod."[84]

Knoten und Bänder sind Abwehrmittel gegen den bösen Blick: „Das Knotenschlingen dient seit alters her dem Heils- wie auch dem Schadenszauber, kann doch magischer Vorstellung zufolge Gutes wie Böses versiegelt oder durch Lösen von Knoten freigesetzt werden. Das Einbinden von Krankheiten ist ebenso bekannt wie das Freilassen nützlicher Kräfte."[85]

Netz und Schlinge sind die Waffen der furchtbaren Macht des Weiblichen zu fesseln und zu binden und das Knüpfen des Knotens ist das gefährliche Werkzeug der Zauberin. „Überall, wo die lebensfeindliche Besessenheit des männlichen Geistprinzips herrscht, wird das weibliche gerade in seinem lebensschaffenden, lebenserhaltenden und lebenssteigernden Aspekt zum Negativen und Bösen. Nun heißt es, das Lebendige – und das Große Weibliche ist ja der Archetyp dieses Lebendigen – fasziniert und hält fest, verlockt und verzaubert, und die Triebe und Instinkte als Natur und als Lust überwältigen den Menschen und das männliche Licht-Prinzip des Bewußtseins mit dem Gespinst des Lebendigen, dem Schleier der Maya, der 'bestrickenden' Illusion des Lebens in dieser Welt . . ."[86]

★★★ „Vorbei und reines Nichts, vollkommnes Einerlei!
Was soll uns denn das ewige Schaffen!
Geschaffenes zu nichts hinwegzuraffen!
Da ist's vorbei! was ist daran zu lesen?

Dreiheit der Moiren und der Nornen ist den entscheidenden drei Zäsuren des Lebens zugeordnet. „Anfang und Ende, Geburt und Tod sind die großen Zeiten dieser Moira und dazu als drittes, die Hochzeit."[89] Diese drei Zäsuren betreffen hauptsächlich das Leben der Frauen, sind Besonderheiten des weiblichen Lebens. Die Schicksalsgöttinnen sind auch die Geburtsgöttinnen. Gebären und Tod und Hochzeit und Tod scheinen wesensmäßig für die Frau zusammenzuhängen.[90] Im männlichen Bereich ergreift die Gewalt der Schicksalsgöttinnen vornehmlich den Krieger. „ . . . ihm webt sie blutigen Tod, so wie die urtümliche mexikanische Symbolik den Krieger mit der gebärenden Frau als der Heldin in Schicksalhafter Einheit zusammen sieht."[91] Das Weben des Schicksals führt in der germanischen Mythologie zu jenem für sie so bezeichnenden Zug, der düsteren und grausamen Todesverfallenheit. Die Madonna aber, das Bild der großen Mutter, das die katholische Kirche gestaltete, wird aus dieser Todesverfallenheit erretten, indem sie lächelnd auf ihren toten und auferstandenen Sohn hinweist.

Die Insel taucht aus dem Meer auf: Bewußtsein aus dem Unbewußtsein. Baum und Blüte folgen. Die Sykomore, die Dattelpalme, die Esche, der Bodhi-Baum. „Osiris ist ein Baumgott und ein im Baum Enthaltener. So wird sein in der Zeder des Libanon eingeschlossener Sarg von der Isis entdeckt . . . "[92] Im Baum werden Muttergöttin und Sohn-Bruder-Geliebter wieder zum Doppelgeschlechtlichen einen. Geburt und Tod verbinden sich, der Baum ist Sarg und Wiege in einem. „Die Baumgeburt

Es ist so gut, als wär es nicht gewesen,
und treibt sich doch im Kreis als wenn es wäre.
Ich liebte mir dafür das Ewig - Leere."[87]

Auf eine andere Aufhebung der Zeit weist Bloch.[88] Nicht mehr werden Lebensrad und erlösendes Nichts gegeneinander gestellt, sondern die Erlösung erfolgt in der geschichtlichen Zeit, der bewahrten, der Zeit, die, weil herrschaftslos, alles vergangene Leid in sich nehmen kann und in ihrem Fortgang versöhnen; die Zeit, die der Zeit übers Haar streicht.

des Osiris kehrt bei Adonis wieder, beide sind 'Vegetationsgötter' wie das in der Holzkrippe liegende Jesuskind, der Korn- und Weizengott, der schon in Babylonien als Ähre zur Jungfrau gehört."[93] Die Weltesche Yggdrasil nährt die Götter, unter ihren Wurzeln entspringt der Brunnen, an ihm sitzen die Nornen, über ihren Wurzeln liegt die Höhle der Hel, der Nacht- und Totengöttin, die Krone ragt in den Himmel, dort sitzt der Weltwächter und die Ziege Heidrun, die die Götter mit dem Trank der Unsterblichkeit versorgt, findet dort ihre kostbare Nahrung. Als Gehängter hing Odin am Baum und so heißt er Roß des Ygg, des Odin. Der Baum wird zum Galgen, zum Kreuz, wird Todesbaum und zum Baum des Lebens. Die Geburt des Buddha findet statt unter einem Baum und das Blut, das die Mutter dabei vergießt, färbt die Blüten des Baums auf immer rot. Unter dem Baum setzt er das Rad des Dharma, der Lehre in Bewegung, unter einem Baum erfuhr er die Erleuchtung und unter einem Baum legt er sich zum Sterben. „Das Holz, das als Krippe und Wiege die gebärende Mutterbedeutung des Baumes, der Hyle, repräsentiert, ist auch die Todesmutter, der Sarko-phag, die Fleischfresserin, der Sarg."[94]★

★ „Das Bild, des mit der ihn nährenden Erde fest verbundenen Baumes, der in den Luftraum aufsteigt und in ihm seinen Wipfel entfaltet, bewegte die Menschheit von jeher. In seinem Schatten und Schutz birgt sich das Lebendige, das er mit seinen Hunger und Durst stillenden Früchten nährt, die wie Sterne in ihm hängen. In seinen Zweigen nisten die Vögel, die Himmelsbewohner, die aus ihm aufsteigend mit ihren entfalteten Flügeln in der Mitte schweben zwischen der Entfaltung der Baumzweige unten und den die Welt bedeckenden Flügelzweigen des Himmelsbaumes oder Himmelsvogels oben".[95]

Die Schicksalsbedeutung des Himmels und des Baums „gehören nicht nur darin zusammen, daß wie in gegenseitiger Spiegelung, der Himmel als Baum erscheint und der Wipfel des Weltbaums in den Himmel ragt. Gerade weil der Baum in der Tiefe wurzelt, hat er Schicksalsbedeutung, seine Wurzelung im Dunkel des Unbewußten ist mit seiner Wurzelung im Himmels-Nachtraum identisch . . . Deswegen heißt es beim kabbalistischen Baum ebenso wie beim christlichen und indischen, er habe seine Wurzeln im Himmel bei den höheren Gewalten, seinen Wipfel, seine Entfaltung unten in der Welt."[96]

In der mittelalterlichen Literatur und Kunst stellt der Wald als die Gesamtheit der Bäume die Wildnis vor, das Chaos und Unbewußte.[97]

Bei den germanischen Stämmen noch 'gleichberechtigte' Natur (d. h. nutzbar gemachtes Land wird von ihnen nicht höher bewertet) ist er Aufenthaltsort und Revier der Götter – wie diese überhaupt in Hainen verehrt werden. Eine von Odins Eigenschaften ist die des Wald- und Jagdgottes und noch lange hielt sich die Vorstellung von Odin als dem Anführer der wilden Jagd und des wilden Jägers. Der Wald überwuchert die alten, zerfallenden Römerstädte, die Vorposten der Zivilisation, später werden an ihrem Ort neue Städte gegründet werden. Er ist der unheimliche und unheilvolle Ort für alle, die ihm fremd sind, die überhaupt fremd sind. In alto vallo sieht Tacitus die Knochen der Soldaten der untergegangenen Legionen des Varus, die Römer läßt nicht allein die so hoffnungslos verlorenen Schlacht erschaudern, sondern auch der Ort der Niederlage. Im Wald versagte ihre Kriegskunst, Produkt höchster Zivilisation.

Die höfische Kultur, nicht allein daß die alten Städte wieder gegründet werden, dem Wald wieder genommen, setzt Pfalz und später Stadt der Natur und besonders dem Wald entgegen. Auf den Wandteppichen der Renaissance, den Bildern Botticellis lassen sich gerodete Lichtungen erkennen, kunstvoll ausgerichtete Tafeln mit Speisen, die Baumstümpfe als frische Wunden der geschlagenen Bäume darum herum, die Hofdamen und -herren in kostbarer Kleidung; da bricht eine wilde Jagd herein, die Hunde mit aufgerissenem Rachen, ein Reiter auf einem schön gezäumten Pferd, weiß und edel, und die gehetzte nackte Frau mit den offenem Haar und den Bißwunden, die Hexe getrieben bis vor den Sitz der am prächtigsten gekleideten Damen, die aufspringend zurück weichen; die Hände der Gejagten greifen ins Leere . . . Das Feld bildet den Übergang, die Grauzone, das Niemandsland. In ihm sind die Niemande, die Bauern zu finden, ihre Hütten stehen zwischen Stadt und Wald. Das ist noch bevor die Lehns- und Feudalherren „alle Kreatur zum Eigentum" nehmen („die Fische im Wasser, die Vögel in der Luft, das Gewächs auf Erden, alles muß ihrer sein"[98]).

Das Recht im Walde Holz zu sammeln wird den Bauern als einziger von ihren gesamten Ansprüchen, die sie an die Natur stellten (das Fisch- und Jagdrecht, der Anspruch auf die Ernte, die Wiesen), belassen bleiben als das Recht der Armen sich Reisig für die Winterheizung, oder besser zum Kochen, zu sammeln. Der Wald ist das Gebiet, das zum Herrschaftsbereich des Feudalherrn gehören mag, vielleicht auch Grenze, oder überhaupt Ungeordnetes, Trennung zwischen Zivilisationen. Gehört er dem Herrn, so lebt dieser doch nicht in ihm; er jagt in ihm, doch die Jagd ist jedesmal ein großer Auszug, ein Abenteuer.[99]

Der Wald wird zum Gefährlichen, Fremden, Unheimlichen, Ort der Verbannten. Hierhin rennt in seinem Irrsinn der Ritter Iwein, hier vergißt er seine Identität; er, der von Arthurs Tafel kommt, lebt im Wald als ein Tier, bis er wieder 'zu sich kommt'. So ist der Wald auch Bewahrung, Ort des Schutzes. Herzeleide zieht Parzival im Walde auf.[100] Der Wald ist Schutz und Hort für den Schwachen, noch nicht entwickelten. Er gewährt Schutz den verboten sich Liebenden, Tristan und Isold.[101]

Die Räuber leben im Wald, die Ausgestoßenen, die Heiligen. Der Wald bewahrt sie alle. Er ist der Sitz der alten Götter und das Jenseits. Er ist der Ort des Tods für den Lichtgott[102], Siegfried wird im Wald erschlagen, unter den Bäumen, an der Quelle. Der Tod im Wald kommt überraschend, hier stirbt keiner an Alter oder Krankheit, er ist immer gewaltsam. Im Wald kämpft der Held mit den Ungeheuern, den Drachen und wilden Tieren, hier ins Unbestimmte, Ungeformte, weil wild wuchernde, haben sie sich zurück gezogen. Die Ungeheuer des Walds aber zu bestehen gehört zur Lehrzeit des Helden.

Da die Quellen oft im Walde verborgen liegend gedacht werden, so könnte es sein, daß der Wald, denen, die nicht am Meer wohnen, zum Ort des Wassers und der Tiefe wird, als dem Feuchten und Dunklen, dem Ort der Geburt. (Jungsiegfried wird dem Wasser übergeben und von der Wasserfrau an Land getragen, auf die bewaldete Insel, wo die Hindin zu seiner Amme wird. Im Wald wächst Parzival auf als dem Schoß und der Verdoppelung seiner Mutter. Die Waldfrau sitzt dort, die später zur Hexe wird. Der Wald ist der Ort der Frau im Märchen, sie verfällt ihm nicht, während er alle Gefahren für den Mann bereithält. Der Held im Wald ist wie der Mann im Boot; Bewußtsein, das die Abgründe und Tiefen des Unbewußten, allenfalls monströs Geformten (die monströsen Bewohner des Meeres und des Waldes), überqueren, bestehen muß. Das Wasser aber überquert der Mann im Boot, vertraut er ihm seinen Körper allzu direkt an, so endet dies oft tödlich für ihn (wie in dem Lied von den beiden Königskindern, in der Geschichte von Hero und Leander, der Liebste verirrt und verliert sich in den Strömungen seiner Leidenschaften und Wünsche, das Licht (des Bewußtseins) wird ihm ausgeblasen, erlischt ihm gewaltsam. Das Boot aber ist ihm hölzerne Mutter, zweite, schützende). Durch den Wald jedoch geht der Held zu Fuß. Sein Pferd muß er oft am Waldrand zurücklassen, schickt es auch weg, auf der Jagd nach der Hindin.

Das Christentum verhilft zur Abgrenzung gegen den Wald. Die Mönche kommen und roden den Wald, sie die schon vorher die heiligen Bäume der Götter fällten. Sie legen Klöster an. Sie bringen die organisierte, naturbeherrschende Arbeit in den Wald, während noch die Waldbewohner, die Einsiedler und Köhler sich damit begnügten zu sammeln, was der Wald ihnen gab, nicht anzubauen. Sie hatten ihn nicht verändert. Der Wald aber bleibt auch dann noch Zufluchtstätte der Ausgestoßenen, auch in der christlichen Mythologie.

Im Wald und in seiner Nacktheit – Nacktheit und Wald gehen eine mythische Verbindung ein – kommt der Mensch seiner Tierheit am nächsten. Ja es kommt vor, daß der Mann sich in ihm gar in ein Tier verwandelt, verwandelt wird, von einer Hexe, die dort lebt, eins mit dem, was sie umgibt. Die Frau bleibt Frau im Wald. Es ist, als sei es ihr Ort. Die Tiere helfen ihr, säugen ihr Kind, bringen ihr Nahrung. Sie bleibt die Jägerin, die Herrin des Walds und Getiers. Unveränderlich durchstreift sie ihn, er scheint ihr wesensmäßig zu zu gehören. Die Haare bedecken den Nackten im Wald wie ein Fell, sie sind das Kleid. So lebt die Heilige dort, Genoveva; die Nacktheit transzendiert zur höchsten Reinheit. Und wie der Wald schützt und bewahrt, so bewahrt er außerhalb der Zeit. In ihm herrscht 'magische' Zeit. Er ist fern von Alter und Zerfall als Attributen der Zeit. Außerhalb der Zeit ist er wie das, was er darstellt. So wird er zur Station auf dem Weg zur Selbstverwirklichung. Der Waldaufenthalt Genovevas liegt

Zu Heirat und Ehe gezwungen von den Vettern, bringen die Danaiden in der Hochzeitsnacht ihre Ehemänner um. Für diesen Frevel werden sie bestraft, immer wieder müssen sie Wasser in

zwischen der Zeit ihrer tiefsten Erniedrigung und ihrer höchsten Erhöhung. Der Wald ist der Aufenthaltsort für das Mädchen zwischen Mannbarkeit und Hochzeit, Schneewittchen und Rapunzel leben im Wald, Dornröschens Wald wächst um das Schloß und verbirgt es. Die Dornen schützen vor jeglichem Eindringling, auch vor bösen Geistern.

Der Gang durch den Wald wird zur Metapher für den Gang durchs eigene Innere. Die Riesen, Einhörner, Drachen und Zwerge, sind Spiegel, Projektionen. Die Heide, die unfruchtbare, der Ort der Ödnis ist verwandt mit dem Wald und dessen monströser Fruchtbarkeit. Den Leuten der Heide werden wie den Waldleuten besondere magische Kräfte zugeschrieben.

Im Wald sieht Canetti das Massensymbol der Deutschen: „Der Wald der gemäßigten Zonen hat seinen anschaulichen Rhythmus. Das Auge verliert sich an sichtbaren Stämmen entlang, in eine immer gleiche Ferne. Der einzelne Baum aber ist größer als der einzelne Mensch und wächst immer weiter ins Reckenhafte. Seine Standhaftigkeit hat viel von derselben Tugend des Kriegers . . . Heer und Wald waren für den Deutschen, ohne daß er sich darüber im Klaren war, auf jede Weise zusammengeflossen. Was andern am Heer kahl und öde erscheinen mochte, hatte für den Deutschen das Leben und Leuchten des Waldes. Er fürchtete sich da nicht; er fühlte sich beschützt, einer von diesen allen. Das Schroffe und Gerade der Bäume nahm er sich selbst zur Regel . . . Man soll die Wirkung dieser frühen Waldromantik auf die Deutschen nicht unterschätzen. In hundert Liedern und Gedichten nahm er sie auf, und der Wald, der in ihnen vorkam, hieß oft 'deutsch'."[103]

Später erst wird der Wald zum Ort des Verderbens. Blaubarts Schloß und Räuberhöhlen sind in ihm versteckt, Fallen für die Ahnungslosen, Irrenden und Verführten. Den Bremer Stadtmusikanten aber gewährt er Zuflucht und als sich das Behältnis seiner Bewohner kehrt, trifft die Lady dort den Waldhüter.[104]

ein durchlöchertes Holzfaß füllen, bis dieses gefüllt wäre, dann sind sie erlöst.*

Holz und Wasser, das Schiff, das auf dem Wasser schwimmt, die mütterliche Gestalt des Holzes ist durchbrochen hier und in

* „Das ist aber die Strafe, die in mutterrechtlicher Zeit nur Männern zukam, und zwar den Verächtern der alten Mutterreligion."[105] Ob diese Interpretation Bornemanns zutrifft, sei dahin gestellt. In dieser 'unlösbaren' Aufgabe aber spiegelt sich die gleiche Verzweiflung wie die des Tantalus, der, auch aus altem Titanengeschlecht, die neuen Götter schmäht, in dem er ihnen das Fleisch der eigenen Kinder zum Mahle vorsetzt. Für diesen Frevel muß er den Stein den Berg hinauf wälzen, der immer wieder hinunterrollen wird. In einem Märchen wird dem Jüngling vom Vater der Geliebten die Aufgabe gestellt, ein Faß mit Wasser zu füllen, doch der Löffel ist durchlöchert. Er schläft ein im Schoße der Geliebten und sie erfüllt mittels eines Wunschrings die Aufgabe für ihn.

Die Handlungen der Gestalten aus vor-patriarchaler Zeit scheinen sich um Tun des Immergleichen zu erschöpfen, als hätte die Männerherrschaft sie in diese Geste gebannt. Gebannt sitzen die Sirenen auf dem Stein und singen, lassen das den Mann tödlich lockende Lied immer wieder erklingen. Die Wasserfrau, die Sirene, Loreley, die sich die goldene Haare kämmt und singt, daß die Töne wie Wellen werden und die Haare wie Wasser und Töne.[106]

Dem Mann im Boot verschmelzen die auf dem Fels sitzende Frau, Haare und Wasser und Töne, das Boot kentert, er fällt ins Bewußtlose — es sei denn der Vorüberfahrende mache sich taub gegen den Gesang oder binde sich fest, versetzte sich in eine Lage, die ihm keine Reaktion auf das Lied und die Sängerin erlaubt, wie es Odysseus tat. Oder er setzt dem Zauber des Zurück einen anderen entgegen, einen der Loslösung vom Bann. Als die Argo an den Sirenen vorüber schifft, sang Orpheus und die Sirenen verstummen und gehen zurück ins Wasser, befreit vom Stein, auf den sie gebannt waren, nicht mehr haftend am Fels als ihrem Fluch. Sie vernichten sich nicht, wenn sie sich ins Wasser stürzen, es ihr Element, von dem sie ausgesondert waren,

der Verbindung mit dem Wasser, das beides ist, Tod und Geburt, erstarrt die Gebärde in der immergleichen Wiederholung. Das Hängen am Baum, die Todesverbindung macht Odin zum Zauberer.* Die Hüterrinnen der Quelle zwischen den Wurzeln des Baums, Urd, Wernandi und Skuld – Vergangenheit, Gegenwart und Zukunft – sind die Nornen, die Hüterinnen des Schicksals (und mit ihnen gleichsam alle Frauen). „Mehr als der Mann ist die Frau befähigt, den Gang des Geschehens voraus zu wissen und Rat zu erteilen, um menschliches Tun mit dem Schicksal in Einklang zu bringen. Daher ihre Unverletzlichkeit,

so wie vielleicht die Wasserfrau die erste Aussonderung, Trennung, die erste Verdrängung des Wunsches zurück in Schoß und Wasser symbolisiert. Tödlich aber ist sie in ihrem Bann und Verbannungsort für den vorüberfahrenden Mann, der nicht sich ihr angleicht wie Orpheus im Gesang es tat. Dieser Gesang löst sie vom Fels, vom Ort der Verbannung; sie stürzen sich ins Meer, nicht um unterzugehn, sondern als Heimkunft; nicht länger mehr sind sie vom Wasser und sich selber getrennt, sondern sie sind mit sich und in sich versöhnt. Eher aber kam Odysseus vorbei denn die Argo. Der Wasserfrau aber, der die Stimme genommen wurde damit sie eine Seele haben konnte, der kleinen Meerjungfrau, ist mit der Stimme auch die Macht der Verführung genommen; so sehr sie liebt, sie wird nicht wieder geliebt, Qual und Verstümmelung verdichten sich zu ihrem Tanz, Ausdruck höchster Sublimation.

An den Haaren aber schleift man die Hexen, die Ehebrecherinnen, die Kindsmörderinnen herbei, um sie zu richten; die Haare schneidet man den Mädchen ab, um ihre Unehre öffentlich zu machen, die Haare aber sind das Kleid der Wasserfrau und oft auch der Waldfrau.

* „Spiegelt sich in Odins Verhältnis zu Mimir die Beziehung zum urheiligen Schicksalswasser, so im Mythos von seinem Hängen an Yggdrasil, die Beziehung zum heiligen Schicksalsbaum, und wie die Verbindung mit der Quelle so enge gedacht wurde, daß Odin dort die Gerichtsstätte gründet, so zeugt der Name der Weltesche von der großen Bedeutung des Hängemythos, denn Yggdrasil ist 'Roß des Yggr, des Schreckers Odin'."[107]

ihre bei den Cimbern bezeugte priesterliche Heiligkeit."[108] Einige hundert Jahre später wird diese Einstellung dazu beitragen, sie zur Hexe zu machen,zu jemandem der hext,d.h.bestimmend ins Schicksal eingreift, zum Schicksal wird. In einer Zeit äußerster Verzweiflung und Unsicherheit wird sie noch einmal rebellieren, gegen das von Gott, Kirche und Lehnsherr auferlegte Los, sich mit dem anderen Verstoßenen Gottes, dem Teufel verbünden.[109] Mit den Tieren lebte sie und stumm wie diese war sie geworden und als sie in Verzweiflung und Trotz begann unabhängig zu sein, da verbündete sie sich mit ihnen; den Arbeitstieren wurde sie Heilerin, ihre Katze aber machte sie zu ihrer Vertrauten und tauschte, wenn sie es für nötig hielt, mit ihr die Gestalt. Ausgeschlossen wurde sie in die Natur, diese aber zu Unterwerfung und Tötung freigegeben* , denn „man bildete sich ein, daß, wenn die Natur tot sei, auch die Versuchung getötet wäre."[111] Dort aber traf sie auf den 'Herrn dieser Welt', mit ihm wird sie das große Fest der Kreatur, den Sabbath feiern.

Der Baum mit seiner Doppelnatur von Gut und Böse reicht tief ins Christentum. Das Kreuz wird identisch mit dem Baum des Lebens und dem Baum der Erkenntnis, mit dem Tod.** Das Kreuz war an dem Ort errichtet worden, an dem der paradiesische Baum der Erkenntnis gestanden hatte. Chri-

* „Vögel und Tiere, die der Mensch nur durch die Jagd und den Tod kennt, sind Geächtete wie sie; sie verstehen sich mit ihr; Satan ist der Oberste der Geächteten, und schenkt den Seinigen die Freuden der Freiheiten der Natur, die wilde Freude, eine Welt zu sein, die sich selbst genügt."[110]

** In einem Schweizer Manuskript aus dem 15. Jahrhundert findet sich eine Darstellung des Baums der Erkenntnis. Die beiden Aspekte der mystischen Doppelnatur des Baums „werden durch Judentum und Christentum, Synagoge und Kirche gebildet, wobei . . . zum Judentum der Teufel und der Tod, zum Christentum die Erlösung und das Leben gehören. Um der mythischen, paradoxen und doppeldeutigen Gerechtigkeit willen sind in der jüdisch-lebensbejahenden Seite, der nackten Eva, Leben und Tod so vereinigt, daß ihr Schoß das durch die Fülle der

stus aber ist die Rebe am Weinstock, die mystische Frucht des Lebensbaums.

Das Holz wandelt sich in das mit Geburt, Nahrung und Tod verbundene Weihegefäß. Die Kirche mit dem Kelch, aus dem sie Blut zu trinken gibt, ist das Gefäß des Heils, Eva aber mit dem Apfel, das der Sünde. Aus dem Taufbecken spendet das Wasser das Leben. Von den Hexen aber sagt die Kirche, daß sie auf dem Sabbath aus Pferdehufen tränken. Der Pferdehuf ist ein Merkmal des Teufels; in der Nacht aus ihm getrunken, auf der unfruchtbaren Hochzeit von Hexe und Teufel, bewirkt der Trank, den er spendet, Unfruchtbarkeit und Schaden.

Das Holz wird zum Bett, zum Brautbett und zum Totenbett. „Das Kreuz ist sein Brautbett geworden, der Tag seines bitterarmen Todes gebiert dich zu süßem Leben."[113] Das weibliche Holz, der mütterliche Stoff des Baums, diese „mater-materia ist das Bett des hieros gamos, des Sakralortes des Fruchtbarkeitsrituals, ebenso wie sie als Krippe, Wiege, Galgen, Sarg und Totenschiff Totenbett ist."[114]★

Aber der Baum ist auch doppelgeschlechtlich. Ein Zweig kann seinen Geist symbolisieren. Gerte und Rute, gemacht aus seinen Zweigen, sind befruchtende phallische Symbole; der Besen aber, Baumstamm und Zweige zugleich, ist ein Zeichen der Hexe. Er ist ihr Vehikel zum magischen Flug und er dient ge-

Traube symbolisierte Leben ist, sie aber in der Hand als Frucht des Baums den Totenschädel hält. Die Kirche dagegen, die andre, lebensverneinende Seite, zeigt wenn auch verdeckt, den durch die Kreuzigung gekennzeichneten Todesschoß, denn sie ist der Todesbaum und die Todesbraut. Die Frucht aber, die sie hält, ist die Hostie, das Brot des Lebens. Überhöht wird dieser Doppelbaum von Gut und Böse durch das Kreuz, dessen Zwiedeutigkeit dadurch betont wird, daß es von dem guten und dem bösen Schächer flankiert wird."[112]

★ Der Baum und das Wasser, auf dem Meer das Boot, das Holz, Wiege und Sarg und Brautbett, schwimmt über dem Abgrund, der Tiefe des Wassers; Anfang und Ende der Lebewesen, heißt doch dem fließenden Wasser folgen, dem Tod zu gehn, der Traum vom Wasser aber ist auch der Traum von der Geburt.

lehnt an die Hauswand der Abwehr des bösen Blicks; er ist der Feger.* Die Bedeutung aber des Ausfegens, der großen Reinigung, der Auskehr gehört vielleicht zur tödlichen Seite der großen Mutter.

Die weiblichen Geister hausen in den Quellen, am Wasser, im Meer, im Moor. „Bei den Germanen ist die Wasserfrau nicht nur die Urmutter, sondern auch der sprachliche Zusammenhang zwischen Mutter, Moder, Moor, Marsch und Meer ist ihnen noch evident."[115] Oft liegen die Quellen im Wald. Ihrer aller Mutter ist die Erdmutter, die Mutter aller irdischer Erscheinungsformen, auch der Steine und Steinwerkzeuge, des Feuers und der Metalle.**

Chaos – Nacht – Urwasser – Urhimmel, Licht und Erde, Berg und Stein und dann beginnt das Wachstum des Lebendigen. Es wird als vegetatives Leben aus der Tiefe und Dunkelheit des nächtlichen Anfangs heraus geboren, Tier und Baum, Stern und Blume.*** Am Anfang der Geschichte der Menschen beschaffen die Frauen durch Sammeln von Wurzeln und Knollen und Pflanzen, die Männer durch die Jagd die Nahrung für

* In der Umgangssprache wird eine Frau auch als 'Besen' bezeichnet, daran schließt sich das 'neue Besen kehren gut'; eine gewisse Ideologie führt dies bis zur Drohung mit 'eisernen Besen kehren' zu wollen.

** Die Alchimisten nahmen an, daß die Metalle Früchte der Erde seien, in ihrem Schoße reiften, und die Frucht sei das Gold; und so bestand der alchimistische Prozeß des Goldmachens in einer Beschleunigung des Reifungsprozesses der Metalle.[116] In Novalis' Heinrich von Ofterdingen erzählt der Bergmann vom Wachsen der Metalle im Schoße der Erde: „aber welches köstliche Gewächs blüht ihm auf in diesen schauerlichen Tiefen."[117]

Eine Lust aber an den Steinen und am Bauen mit ihnen wird dem Teufel zugeschrieben, er erscheint recht eigentlich als der Meister der Steine (s. u.).

*** So unterscheidet der Buddhismus vier Arten der Geburt: aus dem Schlamm, aus dem Ei, aus dem Schoß und durch Bewußtseinsübertragung, symbolisch dargestellt durch die Geburt aus der Blüte.

die Gemeinschaft und sich. Sie wird die Vertraute der Pflanzen und die Kenntnis ihrer Eigenschaften macht sie zur Meisterin des Rausches und der Orgie, sie kennt die Mittel zur Ekstase. Die Pflanzen sind ihresgleichen, so die Tiere, die Steine, die Erde. Mit allem steht sie in magischer Beziehung. Alles Einzelne, jede Erscheinung ist nur ein besonderer Aspekt und Teil der Urmutter. In Rausch, Ekstase, Medizin[118] und in der aller sublimiertesten Symbolik des Geistes ist die Frau mit den Pflanzen verbunden. „Die Ganzheit des Seelischen als Blüte, Lotos, Lilie und Rose, ebenso wie die Jungfrau als Blüte im Eleusinischen Bezirk tritt als Symbol blütenhafter Entfaltung höchster geistig-seelischer Entwicklungen auf. So ist die Geburt aus der weiblichen Blüte eine archetypische Form der göttlichen Geburt, sei es in Ägypten die des Ra oder Nefertem, im Buddhismus die des 'göttlichen Kleinodes im Lotos'* oder in China ebenso wie in der Moderne die Geburt des Selbst in der Goldenen Blüte." [119] **

An der Grenze zwischen Tierischem und Pflanzlichem lebt die Biene. Ihr Honig erscheint als die reinste menschliche Nahrung, auch ist sie nicht der Todes- und Jagdsymbolik der tierischen Welt verhaftet, sondern vermag selber den Tod zu bringen, ist auch Todestier.[121] *** Die Bienenkönigin ist die noch

* Die Geburt aus dem Lotos, der sich erhebt aus Schlamm und Wasser und seine reine Blüte über dem Abgrund entfaltet, dem Dunkel, entspricht der Geburt aus dem Bewußtsein. So ruhen die Gestalten, die aus der Meditation geschaffen werden auf dem Lotos.

** „Die tausendblättrige Lotosblume öffnet sich, verwandelt durch Atemkraft. Hundertfältiger Glanz erstrahlt vermitteltst der Kristallisation des Geistes."[120]

*** Der gesamte Stock stammt von einer Mutter-Königin ab; die Gemeinschaft ist gebunden an sie und nicht an den anarchischen Haufen der Drohnen. „Durch diese Eigenschaft ist der Bienenschwarm das vollständigste Vorbild der ersten menschlichen auf der Gynäkokratie des Muttertums beruhenden Vereinigung . . . Daher erscheint nun die Biene mit Recht als Darstellung der weiblichen Naturpotenz. Mit Demeter, Artemis und Persephone ist sie vorzugsweise verbunden . . . An der syrakusischen Thesmophorien werden sogenannte Mülloi herumgetragen. Sie sind aus Sesam und Honig zubereitet und geben das Bild der weiblichen Geschlechtsteile . . . In Deutschland heißt die Honigblume Melissa, das Mutterkraut, und dieses gilt in weiblichen Geschlechtskrankheiten als besonderes Heilmittel. Als Ammen setzen die Bienen ihre Muttereigenschaften fort . . . Das reinste Erzeugnis der organischen Natur, dasjenige, in welchem tierische und pflanzliche Produktion so innig verbunden scheint, ist auch die reinste Mutternahrung, deren sich die älteste Menschheit bediente . . . Honig und Milch gehören dem Muttertum, der Wein dem männlich dionysischen Naturprinzip."[122]

In vielen Märchen weist die Biene dem Prinzen den Weg zur Prinzessin, die Blumen im Haar trägt oder Honig auf den Lippen. Im Essen des Honigs liegt auch die Erinnerung ans Essen von Blumen, ans „Glück an den Rändern der Welt"[123].

„Und neun Tage trieb ich, von wütenden Stürmen geschleudert
über das fischdurchwimmelte Meer; am zehnten gelangt ich
hin zu den Lotophagen, die blühende Speise genießen. . ."[124]

„Wer nun die Honigsüße der Lotosfrüchte gekostet,
dieser dachte nicht mehr an Kundschaft oder an Heimkehr,
sondern sie wollten stets in der Lotophagen Gesellschaft
bleiben und Lotos pflücken und ihrer Heimat entsagen. . ."[125]

Das Essen von Blumen „verheißt einen Zustand, in dem die Reproduktion des Lebens von der bewußten Selbsterhaltung, die Seligkeit des Satten von der Nützlichkeit planvoller Ernährung unabhängig ist."[126] Mag sein, daß in dem Bild die Regression auf die Phase des Sammelns von Früchten erscheint, viel älter als jegliche Produktion der Nahrung in Ackerbau, Viehzucht oder Jagd. „Die Erinnerung des fernsten und ältesten Glücks, die dem Geruchsinn aufblitzt, verschränkt sich noch mit der äußersten Nähe des Einverleibens. Sie weist auf die Urgeschichte zurück. Gleichgültig welche Fülle der Qual den Menschen in ihr widerfuhr, sie vermögen doch kein Glück zu denken, das nicht vom Bilde jener Urgeschichte zehrte."[127]

Aber ich zog mit Gewalt, die Weinenden wieder ans Ufer,
warf sie unter die Bänke der Schiff und band sie mit Seilen –
Also steuerten wir mit trauriger Seele von dannen."[128]

So schifft er denn weiter, der Verwirklichung der Utopie entgegen durch geschichtliche Arbeit. Denn die Regression birgt

auf einen Mann Unbezogene; nach der Begattung werden nicht nur der Gatte, sondern alle Drohnen umgebracht.* Die Entsprechung am Himmel spiegelt sich im Mond als dem Bienenkorb und Stock und den Sternen als den Bienen.[132]

Die Herrin der Tiere. Das griechische Matriarchat erfährt seinen Untergang mit dem Einbruch der Reitervölker aus der Steppe, den Viehzüchtern. Ihnen ist die männliche Rolle bei der Zeugung nicht mehr diffus und unklar, sie wissen Bescheid. Bis anhin war die Frau von numinosen Tieren befruchtet worden, von Schlange und Vogel, Stier und Widder,**oder noch früher durch das Essen von Früchten, durch den Wind und vom Mond, auch von Dämonen und Göttern, Ahnengeistern.[133]

Mit der neuen Stufe von Produktion und Reproduktion entwickelt sich auch die gesellschaftliche Differenzierung und Arbeitsteilung. „Die Entwicklung zum Ich und Einzelnen führt nicht nur zur Erwerbung der individuellen Seele, des eigenen Namens und der persönlichen Ahnenreihe, sondern auch zur Entstehung des Privateigentums,"[134] zum individuellen Schicksal.***Verstörung und Destruktion brechen über die matriarchale Welt herein. Ein Produkt der siegreichen Gesellschaft ist

nur den Schein von Glück, „Glück aber enthält Wahrheit in sich."[129]

* „Aber der Honig ist nicht nur Lebensessenz und köstliche, höchste Nahrung der Pflanzen-Mutter, auch die Todessymbolik ist mit ihm verbunden. Bachofens Hinweis auf den Zusammenhang zwischen dem Begräbnis des Glaukos in Honig und dem matriarchalen Prinzip Lykiens . . ."[130]

Bei Kipling[131] wird der Platz der kleinen schwarzen wilden Bienen von den Tieren des Dschungel als der Platz des Tods bezeichnet und gemieden.

** Zum Initiationsritus der Königstochter (wir hören jedoch immer nur von Krimhilds Mutter Ute) gehört oft ihre Entführung durch den Drachen, aus dessen Höhle und Gewalt sie dann der ritterliche Held befreit.

*** des Mannes vornehmlich, des Herdenkönigs und Völkerfürsten, wobei das Bild des Volks recht eigentlich dem Bild der Viehherde, dem Besitz dieses Mannes, nachgemacht ist.[135]

das Bedürfnis nach Schutz. Der Schutz der Gemeinschaft und die Jagd, ihre Versorgung mit tierisch-fleischlichen Nahrungsmitteln wird zur Aufgabe der Männer. „Eine derartig einseitige Entwicklung des Männlichen führt nicht nur zu einer für den Schutz und die Erhaltung der Frauengruppe notwendigen erhöhten Kampf- und Jagdfähigkeit, sondern verstärkt auch, kraft der entstehenden Polarisierung zwischen Männlichem und Weiblichem, die gegenseitige sexuelle Attraktion. Die Entwicklung der Gegensatzstruktur mit der daraus entstehenden Spannung wird so zur frühesten Form der sozialen Gliederung und die Exogamie ist dementsprechend häufig in der Weise geordnet, daß symbolisch Gleichartiges niemals miteinander gepaart werden darf." [136] „Aber die Macht der Göttin treibt das Männliche auch in die blutige Aktivität des Tötens. Deswegen ist die große Göttin als Jagd- und Kriegsgöttin für das Männliche auch Todesgöttin. Sie entmenschlicht die Männer zauberisch und verwandelt sie in Kampftiere, die als Trabanten der Göttin untergehn."[137] Der Sonnenheld, der Gemahl der Walküre stirbt jung. Die Göttin ist die tödliche Jägerin; „die orgiastische Form ihres Kultes verbindet sich mit der Erregung des raubtierhaft Kriegerischen im Männlichen."[138] Die Göttin ist, die „an der Pauken und Klappern Getön und dem Klange der Flöten / und an der Wölfe Geheul sich freut, an den funkelnden Augen / zorniger Löwen."[139] So sorgt die Göttin nicht nur für Nahrung, die notwendig den sich vermehrenden Menschen gesichert sein soll, sondern auch für den Tod des Gejagten, denn darin besteht die Sicherstellung der Nahrung, und des Jägers.* Sie ist die Herrin der wilden Tiere und der zahmen und besonders der fruchtbaren und anarchisch-sexuellen, des Hunds und des Schweins. Der Held aber, der Mann erscheint nicht als der Herrscher der Tiere, ihm droht die Gefahr in sie verwandelt zu werden, sie

* Um Tiere töten zu können, scheint es, daß der Mann sich erst im magischen Ritus sich ihnen gleich machen muß. Nur gleiches vermag er zu töten, kann ihm Opfer oder Beute sein (so wie das Opfer im Ritual zum Gott wird, dem es geopfert wird). So wird er sich sein eigener Tod.

sind gegenständlicher Ausdruck seiner Lüste und Begierden, er bekämpft sie, kämpft gegen sie, manchmal auch zähmt er sie.

Die Göttin aber beherrscht die Tiere, sie bringt sich nicht in Gegensatz zu ihnen, sie sind ihr Gefolge, die wilden und die zahmen. Sie sind ihre Boten und stehen ihr auf Verlangen zur Verfügung. Auf dem Bock reitet die Hexe zur Walpurgisnacht; die Kröte, die Schlange und die Katze, der Rabe, sie gesellen sich zu ihr und dienen ihr, auch das Pferd, das Tier zwischen Himmel und Erde, das weiße Pferd der Transzendenz, das schwarze des Tods. Auf Pferden braust die wilde Jagd durch die Luft. In Pferdehufen wird der Trank serviert, das Mahl besteht aus Pferdefleisch. Der Teufel erscheint als Pferd und er hinkt, weil sein eigener Fuß gar kein Fuß ist, sondern ein Pferdehuf. Aus dem Blut der Gorgo entspringt das geflügelte Pferd der Phantasie. Das Pferd führt und entführt zur Ekstase, es fliegt und nur allzuoft verwandeln Hexen junge, schöne Männer in Pferde, legen ihnen Zaumzeug an und fliegen mit ihnen zum Sabbath. Am nächsten Morgen nach wirren Träumen aber erwacht er und er, vormals so kräftig, siecht allmählich dahin, und wenn niemand die wahre Ursache zu entdecken vermag, so stirbt er, so jung noch und so schön, aber blaß und schwach an geheimnisvoller Krankheit. Von den Pferden zermalmt werden ist die Strafe für Ehebruch und auf Rat seines bösen Kanzlers verhängt sie der Kaiser Ermanrich gegen seine schöne junge Frau.

Doch die Pferde scheuen vor dem Glanz der schönen Schwanhild, der Tochter Kriemhilds und erst als man ihr, der Reinen, das Antlitz verbindet und verdunkelt, gehen die Pferde über sie hinweg. Auf und ab die Deiche reitet der Schimmelreiter unermüdlich auf der Ausschau nach lecken Stellen und gefährlichen Löchern, warnend und gespenstisch zugleich.

So wie das Pferd dem Zwischenbereich anhängt, den Rossen der Abend- und Morgendämmerung, des magischen Zwielichts, so wird die Herrin der Tiere oft mit Flügeln abgebildet. Ihre Herkunft ist nicht allein aus dem Dunkel, dem Chthonischen, sondern sie ist „das Ganze als Herrin der Gegensätze und enthält die drei Reiche von Himmel, Meer und Unterwelt, die in Griechenland später ihre Söhne Zeus, Poseidon und Hades unter sich teilen."[140]

Die Herrin der Tiere lehrt die Kenntnis der Gesetze der Paarung und Zeugung. „Triebbeherrschung, Triebeinschränkung und Triebe"[141] werden von ihr ausgehn und als das Maß all dessen wird sie den Tod setzen. Im Märchen sitzt sie im Wald als die zauberische, böse Alte und herrscht über die Tiere, jeden Mann, der ihr sich nähert, sei es daß er irre ging, sei es, daß er nicht reinen Herzens ist, in einen Stein oder in ein Tier verwandelnd.* Sie verzaubert das Wasser der Quellen und Bäche und nicht jeder, der daraus trinkt, behält seine menschliche Gestalt. Oft auch ist sie selber ein Tier, eine weiße Hinde und verlockt den königlichen Jäger in die Wildnis und die Liebe. Sie mag aber auch überlistet werden, die schöne Tierhexe (so wie Odysseus sie gewann).** Oder sie frißt als oral verlockende Knusperhexe den Zwillingsgemahl.

* Auch der Erzähler in Apulejus' Goldener Esel wird in das geilste Tier verwandelt als er die Hexensalbe aufträgt, denn seine Geilheit ist es, die ihn beherrscht. Die Gefährten des Odysseus trauern um ihre verlorene Tiergestalt, nachdem Circe sie wieder rückverwandelt hat.

** Kirke verführt die Männer dem Trieb sich zu überlassen, „und von jeher hat man die Tiergestalt der Verführten damit in Zusammenhang gebracht . . ."[142] Kirke ist die Hetäre, „Ungeschieden sind in ihr die Elemente Feuer und Wasser, und es ist diese Ungeschiedenheit als Gegensatz zum Primat eines bestimmten Aspekts der Natur – sei's des mütterlichen, sei's des patriarchalen – welche das Wesen von Promiskuität, das Hetärische ausmacht, widerscheinend noch im Blick der Dirne, dem feuchten Reflex des Gestirns.

(„Le regard singulier d'une femme galante
Qui se glisse vers nous comme le rayon blanc
Que la lune onduleuse envoie au lac tremblant,
Quand elle y veut baigner sa beauté nonchalante;
. . ."[143])

Die Hetäre gewährt Glück und zerstört die Autonomie des Beglückten, das ist ihre Zweideutigkeit."[144]

Kirke tötet ihre Gäste nicht, doch hält sie eine ältere Form von Leben fest. Sie gibt ihnen einen Trank und sie verwandeln sich in wilde Tiere und doch gezähmt, wie die, die dem Spiel des Orpheus lauschen. „So umringten sie dort starkklauige Wölf' und Löwen / wedelnd . . ."[145] „Das mythische Gebot, dem sie verfallen, entbindet zugleich die Freiheit eben der unterdrückten Natur in ihnen. Was in ihrem Rückfall auf den Mythos widerrufen wird, ist selber Mythos. Die Unterdrückung des Triebs, die sie zum Selbst macht und vom Tier trennt, war die Introversion der Unterdrückung im hoffnungslos geschlossenen Kreislauf der Natur . . . Der gewalttätige Zauber dagegen, der an die idealisierte Urgeschichte sie gemahnt, bewirkt mit der Tierheit, wie die Idylle der Lotophagen, den wie sehr auch selber befangenen Schein der Versöhnung."[146] „Zauber und Gegenzauber bei der Verwandlung der Gefährten sind an Kraut und Wein gebunden, Rausch und Erwachen ans Riechen, als den immer mehr unterdrückten und verdrängten Sinn, der wie dem Geschlecht, so dem Eingedenken der Vorzeit am nächsten liegt."[147]

Die Gefährten des Odysseus aber werden nicht mehr in wilde, 'freie' Tiere verwandelt, sondern in — aus Gründen ihrer Nacktheit und auch des Geschmacks ihres Fleisches wegen — menschenähnliche Schweine verwandelt, denen das Riechen nicht mehr aufgenommene Witterung ist, sondern zwanghaftes Schnüffeln am Boden entlang. So erscheint das Glück des Geruchs in verdrängt-verstelltem Bild. „Es ist, als wiederhole die zaubernde Hetäre in dem Ritual, dem sie die Männer unterwirft, nochmals jenes, dem die patriarchale Gesellschaft sie selber immer aufs neue unterwirft . . . Als Repräsentantin der Natur ist die Frau in der bürgerlichen Gesellschaft zum Rätselbild der Unwiderstehlichkeit und Ohnmacht geworden. So spiegelt sie der Herrschaft die eitle Lüge wider, die an Stelle der Versöhnung der Natur deren Überwindung setzt."[148]

Odysseus aber verfällt dem Zauber nicht, da er Triebverzicht leistet, die Natur in ihm verdrängt. „In seinem Verhalten liegt noch einigermaßen offen, als naturwüchsiger Zweck, zutage, was später in der totalen, imperativischen Versagung sich ver-

Odin hängt am Baum als Opfer von sich an sich selbst.*
Im Fall auf den Boden erlangt er Einsicht und Weisheit. Gedanke und Tat, seine beiden Raben, und Kraft und Mut, seine beiden Wölfe, stehen ihm von nun an zur Verfügung, sein Roß, der Blitz, trägt ihn; so kann er die Trennmauern zwischen den drei

steckt, um damit erst unwiderstehliche Gewalt anzunehmen, die der Unterjochung alles Natürlichen."[149]

Um der Herrschaft willen, über die außermenschliche Natur und über andere Menschen, verleugnet Odysseus die Natur in sich. Er entsagt, er bringt sich zum Opfer, damit er bestehe. „Auch Odysseus ist eines, das Selbst, das immerzu sich bezwingt und darüber das Leben versäumt, das es rettet und bloß noch als Irrfahrt erinnert."[150]

* Das Geopferte wird zum Gott, dem geopfert wird; so kann der Gott sich immer nur sich selber opfern, so wie sich einmal Gottes Sohn opfern wird als letztes und endgültiges Opfer. Die Möglichkeit des üblichen Opfers beruht auf der Möglichkeit der magischen Verwandlung, auch der Stellvertretung. „Die im Opfer gelegene Stellvertretung . . . ist nicht zu trennen von der Vergottung des Geopferten, dem Trug der priesterlichen Rationalisierung des Mordes durch Apotheose des Erwählten. Etwas von solchem Trug, der gerade die hinfällige Person zum Träger der göttlichen Substanz erhöht, ist seit je am Ich zu spüren, das sich selbst dem Opfer des Augenblicks an die Zukunft verdankt. Seine Substantialität ist Schein wie die Unsterblichkeit des Hingeschlachteten."[151]

„Bedeutet der Glaube an die Stellvertretung durchs Opfer die Erinnerung an das nicht Ursprüngliche, Herrschaftsgeschichtliche am Selbst, so wird er zugleich dem ausgebildeten Selbst gegenüber zur Unwahrheit: das Selbst ist gerade der Mensch, dem nicht mehr magische Kraft der Stellvertretung zugetraut wird. Die Konstitution des Selbst durchschneidet eben jenen fluktuierenden Zusammenhang mit der Natur, den das Opfer des Selbst herzustellen beansprucht."[152]

Allein in der Opferung des Gottes an sich selbst wäre kein Betrug. Die Frau wird als Hexe zum Altar bei der schwarzen Messe. Sie bietet sich selbst dar. Doch wurde ihr von der Gesell-

Welten durchbrechen, er wird zum Wanderer.* Dem Wanderer ist der Tausch der Gestalt, die Verwandlung nicht fremd. Besonders nicht dem göttlichen Wanderer, der oft in niederer Gestalt unerkannt bleibt, bis er sich entscheidet, sich zu offenbaren. Vischnu und Zeus sind Wanderer, auch Odysseus, der Irrende.** Wandert der Gott unter den Menschen, so verbleibt er meist in menschlicher Gestalt; als Schamane aber, dem Reisenden mit einem Ziel, nimmt er die Gestalt an, die ihm am günstigsten ist für die Erfüllung seiner Aufgabe. Er läßt sich tragen von den Eigenschaften der Tiere, der Zeugungskraft des Stiers, der Schnelligkeit des Hasen, der Gefährlichkeit des Wolfs, des Blicks und der Stärke des Adlers. Die Verwandlung ins Tier wird zum Vehikel der magischen Reise. Das Tier, oft auf sonderbare Weise erworben*** oder als Geliebte gehegt, wird zum Ge-

schaft Selbst und Identität abgesprochen, sie war ausgegrenzt worden in die Natur. Der Abscheu des Leibeigenen vor dem ius primae noctis des Grundherrn entspringt nicht etwa der romantischen Liebe zwischen ihm und der Gefährtin, sondern eher den Regeln des Privateigentums (s.u.). Die schwarze Messe aber „könnte bei ihrem ersten Anblick als die Erlösung der von dem Christentum verdammten Eva erscheinen; die Frau erfüllt am Sabatt jede Pflicht, sie ist Priester, Altar, Hostie, die das ganze Volk bei der Kommunion genießt. Ist sie im Grunde nicht Gott selbst?"[153]

* Vielleicht stammt der Mythos vom Wanderer aus der Zeit, in der der Mann die Muttergruppe verlassen muß und in die neue seiner Frau eintreten, in der er ja zunächst der Fremde ist, der Unerkannte. Das Gastrecht stammt aus matriarchaler Zeit.[154] Die nordischen Götter verletzen das Gastrecht durch List und Täuschung. Damit aber beschleunigen sie ihren eigenen Untergang; denn schließlich steht die Weltesche in Brand und die ganze Welt geht in Flammen unter.

** Odysseus erweist sich als das „Urbild eben des bürgerlichen Individuums, dessen Begriff in jener einheitlichen Selbstbehauptung entspringt, deren vorweltliches Muster der Umgetriebene abgibt."[155]

*** so im Märchen von den beiden Brüdern[156] in dem der Jäger darauf verzichtet das Muttertier zu töten, das ihn bittet: Lieber

hilfen. Held und Hexe verwandeln sich nicht mehr selber sondern schicken ihr vertrautes Tier als Hilfe und Bote aus. Die Hexe nährt ihr Tierlein heimlich an den Hexenmalen und verborgenen Drüsen,[157] gibt ihm von ihrer Milch zu trinken, nährt es von sich selbst, macht es zum Teil, äußeren Teil ihres Selbst. Dies ist der Grund, weshalb es so wichtig ist für ihre Ankläger die Hexenmale an ihrem Körper zu finden. Die Hexe ist dem Tier gleich, und sie kennt die Gesetze der Verwandlung die auf den Gewohnheiten der Tiere beruhen; sie selbst aber ist frei, hat keine Gewohnheiten. Ausgestoßen aus der Gemeinschaft lebt sie, am Ende des Dorfs oder gar in der Einöde, im Wald. Macht sie ihre Identität fest an einem Namen oder einem Amulett, tritt sie in eine feste Beziehung, die sie erkennbar macht, so mag es leicht passieren, daß sie nicht mehr heraus kann aus ihrer zuletzt angenommenen Gestalt, in sie gebannt bleibt, bis zu ihrem Tod oder bis zu ihrer Erlösung.

Mit der Verwandlung in ein Tier hängt auch zusammen die Kenntnis der Sprache der Tiere, besonders die der Vögel, die auch gleichsam die Sprache der Weissagung ist.*

„Die Sprache der Tiere, an erster Stelle die der Vögel, zu erlernen, heißt überall auf der Welt die Geheimnisse der Natur kennen und damit auch prophezeien können."[158] Die Vögel aber sind besondere Tiere, sie können fliegen, ihr Ort ist die Luft, der Himmel. Sie sind die Seelenvögel, die Totenführer. Der Totenvogel, das Käuzchen und die Hexe leben in der Vorstel-

Jäger laß mich leben / will dir auch ein Junges geben . . . Sie bietet das Kind als Ersatz an, das dann in die Gefolgschaft des Jägers aufgenommen wird (die ihm schließlich selbst einmal das Leben retten wird).

* Oft gehört dazu wie auch im oben zitierten Märchen das Essen des Vogelherzens; oder Siegfried aß das Herz des Drachens; manchmal ist es auch ein Stück vom Fleisch der weißen Schlange das genossen werden muß. Die tatsächliche Einverleibung aber eines wesentlichen Stücks des Tiers deutet schon auf spätere Zeiten, so wie der Krieger sich die Stärke des getöteten Feinds in sich aufnimmt – und den Feind selbst – indem er dessen Blut trinkt.

lung und im Märchen in Symbiose. Selber „ein Vogel zu werden oder von einem Vogel begleitet zu sein, bezeichnet die Fähigkeit noch in diesem Leben die ekstatische Reise zum Himmel, ins Jenseits zu tun."[159] Reiten die Hexen auch eher auf Besen und Pferden, als daß sie auf dem Rücken der Vögel fliegen, so sind Rabe und Käuzchen doch ihre Begleiter und es gibt noch mehr Gemeinsamkeiten zwischen Vogel und Besen, vögeln und fegen.

Odin hing am Baum, das machte ihn zum Schamanen. Die Hexe reitet auf dem Besen. Ist der Baum das Holz der Verbindung zwischen den drei mythischen Welten, so wird der Hexenflug, der Schamanenflug ermöglicht durch die Annahme einer direkten Verbindung – auch für den Lebenden (daß die Toten diese Grenzen überschreiten können, wenn auch manchmal nicht ohne Schwierigkeiten, wird angenommen) – zwischen Himmel, Erde und Unterwelt, d.h. aus der Erfahrung des ekstatischen Erlebnisses. „Auf makroskopischer Ebene ist diese Verbindung durch eine Achse (Baum, Berg, Pfeiler) verbildlicht, auf der mikroskopischen durch den Mittelpfahl der Behausung oder das Loch oben im Zelt. Das bedeutet, daß jede menschliche Behausung ins Zentrum der Welt projiziert ist, daß jeder Altar, jedes Zelt, jedes Haus das Durchbrechen einer Ebene und damit die Auffahrt zum Himmel ermöglicht."[160]*

Der Flug der Hexe gilt dem Zauber oder dem Fest, sie holt Regen oder Kunde über die Zukunft, zitiert die Toten, lernt über Ursache und Heilung einer Krankheit. Der Flug führt zur Ekstase und ist Ekstase. Die Auffahrt ist ein „konkretes mystisches Erlebnis".[161] Das italienische Wort für Hexe 'striga' ist dem lateinischen 'strix', die Eule, direkt nachgebildet. In diesem

* Diesen Ort lokalisiert das Christentum an eine Stelle, den Ort des Kreuzes, Golgatha. Der Weltenbaum wird zum Kreuz, die Schädelstätte zum Nabel der Welt. Hier hatte der Baum der Erkenntnis im Paradies gestanden. Christus aber stirbt am Kreuz zwischen den drei Welten; der Himmel verdüstert sich, die Erde bebt und tut sich auf, der Vorhang im Tempel zerreißt. Die Natur trauert, die Nabelschnur ist zerrissen. Im Zeitalter der beginnenden Technik wird die Nabelschnur ersetzt durch das Halseisen, das der Mutter umgelegt wird.

Leben kann der Schamane, die Hexe aus seinem/ihrem Körper heraustreten, und das heißt eigentlich sterben★ , denn nur der Tod allein kann „die übrigen Menschen in 'Vögel' verwandeln ... Dieser magische Flug ist zugleich Ausdruck für die Autonomie der Seele wie für Ekstase★★ ... Dieser Seelenmythus enthält keimhaft eine ganze Metaphysik der Autonomie und geistigen Freiheit des Menschen und hier liegt der Ausgangspunkt für die frühesten Spekulationen über das freiwillige Verlassen des Körpers, die Allmacht der Intelligenz und die Unsterblichkeit der menschlichen Seele ... Der Hauptpunkt ist für uns, daß die den Schamanen und Zauberern eigenen Mythen und Riten des magischen Fluges ein Hinauswachsen über den menschlichen Zustand verkünden: wenn die Schamanen durch die Lüfte fliegen, sei es in Vogelgestalt oder in ihrer menschlichen, verkünden sie gewissermaßen den Niedergang des Menschen, denn vielen Mythen zufolge konnten ja in einer Urzeit alle Menschen zum Himmel steigen, indem sie einen Berg, einen Baum oder eine Leiter erstiegen, oder indem sie aufflogen, sei es aus eigener Kraft oder von Vögeln getragen."[163]

Als Seherin kann die Hexe die geheimen Ursachen der Erscheinungen ergründen. Zukunft, Vergangenheit und Gegenwart, die Zeit selbst wird ihr durchsichtig, fließt ihr in eins, wird magische Zeit, sie kann prophezeien. Um sich in den Zustand zu versetzen, der ihr dies ermöglicht, bedarf sie verschiedener Hilfs-

★ Die freiwillige Aufgabe des Selbst, der Tod, ist die Voraussetzung für die Verwandlung. Sterben und neu geboren werden verspricht die Kirche in der Taufe, die den Getauften teilhaben lassen soll an der Verwandlung Christi.

★★ Zum Flug gehört die Levitation. Das Leichtmachen des Körpers ist die Voraussetzung, ihn zu verlassen. Die Kirche wird den Frauen ihr 'leichtes Gemüt' vorwerfen und die 'leichten Mädchen' stehen noch heute an den Straßenecken der Welt. Ihre Leichtigkeit macht die Frauen für den Teufel anfälliger. „Dein Gnad möcht fragen, warumb tund das nur die alten weib dann die man. Daruff antworten die maister, daß gewohnlich die weib leuchter sind in irem Gemüt und glauben. darumb so weist sich der teufel bester zu in den zu den mannen."[162]

mittel zur Veränderung ihrer 'Normal-Persönlichkeit'. Das geschieht durch Fasten, Einnehmen von Rauschmitteln, Giften und Drogen, Tränke und Salben, Musik und Tanz (während die Kasteiung bei allen außer christlichen Mönchen und Heiligen weniger üblich ist). „Daß derartige Maßnahmen zur mantisch – magischen Verbreitung gehören, wissen wir, seien diese Isolierung, Hunger, Ertragen von Schmerzen, Trinken von Blut, die rauschbringende Vergiftung durch das Kauen von Pflanzen, wie Lorbeer und Efeu, oder die Einnahme von Pflanzengiften wie Opium, Tabak, oder unzählige andere Stoffe der Pflanzenwelt, die aus Früchten, Blättern, Knollen und Samen gewonnen werden.[164] Das Wissen um die Kräfte gehört zum Urwissen des Weiblichen, von der frühesten Herrschaft über die Rituale des Wachstum bis zur Hexe und Kräuterfrau der Zerfallszeit."[165]★

Die Frau ist die Seherin, die Herrin der Wasser und der Tiefe. Sie hört was die Bäume rauschen und die Tiere reden. „Das Murmeln des Wassers der Tiefe ist nur ein Außen des in ihr selber aufmurmelnden Sprechens des Unbewußten . . . Weil die ekstatische Situation der Seherin aus ihrem Überwältigtsein durch den in ihr aufsteigenden Geist stammt, der aus ihr spricht

★ „All diese Hilfsmittel setzten nur eine natürlich vorgegebene Möglichkeit der weiblichen Psyche in Bewegung, durch die sie von jeher als Schamanin, Sybille, Priesterin und weise Frau innerhalb der Menschheit gewirkt hat. Die psychologische Situation wird noch dadurch verstärkt, daß die Männer die in ihnen lebende Anima-Figur auf das Weibliche projizieren, beziehungsweise aus ihm erleben. Die Anima-Figur ist . . . in hohem Maße mitgeprägt durch das Weibliche als die junge Priesterin, die Sophia oder die junge Hexe (während die Psychoanalyse nur die Mutter, die Hure und die Mutter der Kinder des Gemahls zu kennen scheint A.D.). Je unbewußter ein Mann ist, desto mehr bleibt die Anima-Figur mit der Mana-Figur der Mutter oder der alten Frau verschmolzen oder verbunden. Die unbewußte Psyche wird durch eine Einheit von alten und jungen Frauen mit magischer Wirkung dirigiert. Eine derartige Konstellation finden wir in dem äußeren Leben der Primitivmenschheit in der magisch-mantischen Dominanz der Frauengruppe verwirklicht."[166]

oder besser in rhythmisch gesteigerter Sprachbeschwörung aus ihr sich kundtut und singt, ist sie das Zentrum der Magie, des magischen Gesanges und schließlich der Dichtung. Sie ist die Quelle, von der Wotan die Runen der Weisheit erlangt, ebenso wie sie die Muse ist, der Ursprung des aus der Tiefe strömenden Spruchs und die inspiratorische Anima der Dichter."[167]

Die Utensilien: Der Kessel. Gefäß des Lebens und des Todes, Erneuerung und Wiedergeburt*, Behälter des Tranks für Zauber und Inspiration. Der Trank aus ihm löst den Trinkenden auf in der Starre seines Ichs. Er bringt den Tod, führt über das Gewahrsein der Gegenwart des Tods zur Ekstase. Manchmal reiten die Hexen auf dem Kessel zum Fest.

Der Tanz. „Das Ritual ist ursprünglich immer auch Tanz, in dem die Ganzheit der Körperpsyche sich im wahrsten Sinne des Wortes in Bewegung setzt."[168]** Der Hexentanz geht im Kreis herum, verkehrt herum zum Uhrzeiger, die Gesichter der Tanzenden sind nach außen gedreht, die Arme verschränkt miteinander. Auf einem Ast sitzt der Spielmann und spielt und spielt und alles dreht sich und dreht sich. In den Rücken glüht das Feuer und die Gesichter sehen in die Nacht.***

Die Orgie. Die Fruchtbarkeit der Frau hängt zusammen mit der Fruchtbarkeit der Felder und der Tiere, der Haustiere und auch der Jagdtiere. Der Reichtum der Vegetation verhilft ihr zur Empfängnis.[171] In die Zeit der Aussaat und der Ernte fallen die beiden großen orgiastischen Vegetationsfeste. Die Orgie entspricht dem Hieros gamos. „Der Vereinigung des göttlichen Paares muß auf Erden unbeschränkte geschlechtliche Ra-

* So wie das Taufbecken im Christentum.

** „Und so wird gerade im Tanz, besonders im orgiastisch erregten und erregenden Tanz die große Göttin gefeiert"[169]

*** (Zu dem fürchterlichen Tanz des Mittelalters, dem Veitstanz s.u. 4. Kap.) Der Tanz ist aber auch der Ausdruck des Lebens, wie es gelebt wurde[170] und er ist allegorische Darstellung des Lebens wie es das Mittelalter in seinen Totentänzen sah. Auch schrieb man noch im 19. Jahrhundert der wilden rauschenden Umdrehung des Walzers den frühen Tod der Tanzenden zu.

serei entsprechen."[172] Die Ausschweifungen zerbrechen die Schranken zwischen Menschen, Gesellschaft, Natur, Göttern und Tieren. „Sie fördern den Umlauf der Kraft, des Lebens, der Keime, von einer Ebene zur anderen und zwischen allen Bereichen der Realität."[173]★

Das ist der Rausch. „Wem aber regt sich nicht . . . das Herz in hüpfender Lust, wenn ihm das innerste Leben der Natur in das Gemüt kommt! wenn dann jenes mächtige Gefühl, wofür die Sprache keine anderen Namen als Liebe und Wollust hat, sich in ihm ausdehnt, wie ein gewaltiger, alles auflösender Dunst, und er bebend in süßer Angst in den dunkeln lockenden Schoß der Natur versinkt, die arme Persönlichkeit sich in den überschlagenden Wogen der Lust verzehrt und nichts als ein Brennpunkt der unermeßlichen Zeugungskraft, ein verschluckender Wirbel im großen Ozean übrig bleibt. Was ist die überall erscheinende Flamme? Eine innige Umarmung . . . Das Wasser . . . kann seinen wollüstigen Ursprung nicht verleugnen und zeigt sich als Element der Lieb und der Mischung mit himmlischer Allgewalt auf Erden."[175]★★

Die Orgie gehört einem anderen Bereich als die Verrichtungen der Religion an. Sie richtet sich „nicht nach der heilbringen-

★ „Die bei den Erntefesten üblichen Ausschweifungen in Mittel- und Nordeuropa wurden von vielen Konzilen gebrandmarkt, zum Beispiel durch das Konzil von Auxerre 590, und von vielen mittelalterlichen Autoren . . ."[174] Die Teilnahme an solchen Festen galt für die Frauen als Eingeständnis ihrer Hexenhaftigkeit und wurde mit dem Feuertode bestraft (s. u. die Frage aus dem Kehlheimer Hexenhammer).

★★ „Im Durste offenbaret sich diese Weltseele, diese gewaltige Sehnsucht nach dem Zerfließen. Die Berauschten fühlen nur zu gut diese überirdische Wonne des Flüssigen . . . Selbst der Schlaf ist nichts als die Flut jenes unsichtbaren Weltmeers, und das Erwachen das Eintreten der Ebbe. Wieviele Menschen stehn an den berauschenden Flüssen und hören nicht das Wiegenlied dieser mütterlichen Gewässer . . . ein feindliches Wesen schlug die Erde nieder und einige Menschen bleiben geschwemmt auf

den Religion, die aus der zu Grunde liegenden Gewalttätigkeit eines majestätischen, ruhigen und mit der profanen Ordnung zu vereinbarenden Charakter gewinnt: ihre Wirkung liegt auf der unheilvollen Seite, sie erheischt Frenesie, Taumel und Verlust des Bewußtseins. Das ganze Wesen soll mitgezogen werden in ein blindes Gleiten ins Verderben, dem entscheindenden Moment der Religiosität. Diese Bewegung ist eine Folge des Bundes, den die Menschheit sekundär mit der maßlosen Vermehrung des Lebens schloß."[177]

In der Orgie feiert nicht nur was lebendig ist, auch die Toten feiern mit, auch mit ihnen gilt die Verschmelzung, die Versöhnung. Denn in der orgiastischen Ekstase ist die Trennung zwischen Leben und Tod aufgehoben. In dem die Orgie das mystische Chaos des Zustands vor der Schöpfung wiederbringt, macht sie die Wiederholung der Schöpfung möglich. Der Mensch wird vorübergehend in den gestaltlosen nächtlichen Zustand des Chaos versetzt, damit er mit mehr Lebenskraft in seiner alltäglichen Gestalt wiedergeboren werden kann.* Zerfall und Erneuerung werden eins, die Ekelschranke ist aufgehoben. „Die Verwesung war der Inbegriff jener Welt aus der wir hervorgegangen sind und in die wir zurückkehren."[179] **

Was war er denn, der Hexensabbath, ein „Traum von ungeheuerlicher Freude"[182], dieses Vegetationsfest und diese Orgie,

die Klippen der neuen Gebirge in der fremden Welt zurück ... Es ist nicht bloß Widerschein, daß der Himmel im Wasser liegt, es ist eine zarte Befreundung, ein Zeichen der Nachbarschaft und wenn der unerfüllte Trieb in die unermeßliche Höhe will, so versinkt die glückliche Liebe gern in die endlose Tiefe."[176]

* Nach Murray[178] ist bei den europäischen Hexen die Vorstellung von Orgie und Wiedergeburt eng verknüpft.

** „Die schlüpfrigen, übelriechenden und lauen Stoffe, die von Eiern, Keimen und Würmern wimmeln, sind der Ursprung jener entscheidenden Reaktionen, die wir Ekel, Widerwille, Abscheu nennen. Jenseits der kommenden Vernichtung, die auf das Wesen, daß ich bin, vollkommen herabsinken wird ... jenseits der kommenden Vernichtung wird der Tod meine Rückkehr zum gärenden Leben anzeigen."[180] Laut Prozeßakten

die von der Kirche verboten worden war* , das nächtliche Fest des Mittelalters, von dem wir so wenig nur wissen und das dennoch in unseren Träumen zu spuken vermag? „Die Geständnisse der Unglücklichen, die die Richter in der Folter erpreßten,

bestand das Mahl beim Sabbath aus lauter eklen Substanzen, was die Feiernden in der Nacht zunächst nicht bemerkten; brachten sie sich aber ein Stückchen Fleisch für den nächsten Tag mit nach Hause, so war es am Verwesen, wimmelnd von Würmern, stinkend. Für die Richter bewies das den Trug aller Werke des Satans – vielleicht läßt sich darin auch noch etwas von der Symbolik der Vermischung sehen, der Körper, der sich wieder an das gibt, von dem er sich zeit seines Lebens genährt hat.[181]

* „Die Orgie, in der sich die über das individuelle Vergnügen hinausgehende heilige Bedeutung der Erotik erhielt, mußte Gegenstand besonderer Beachtung von Seiten der Kirche werden. Die Kirche widersetzte sich ganz allgemein der Erotik. Aber die Opposition gründete sich auf den profanen Charakter des Bösen, den die sexuelle Aktivität außerhalb der Ehe annahm . . . Der Kampf den die Kirche führte, ist der Beweis für große Schwierigkeiten. Die religiöse Welt, aus der das Unreine entfernt war . . . setzte sich zunächst nicht durch."[183]

Im Judentum hielt sich zumindest noch die Vorstellung vom hieros gamos zwischen Gott und seiner Geliebten, dem Volk Israel, der Schechina.[184]. „Was sich in jenem hieros gamos vollzog, ist vor allem die Verbindung der beiden Sefiroth Tif'ereth und Malchuth, des männlichen und weiblichen Aspekts in Gott, des Königs und seiner Matrone, die nichts andres ist als die Schechina, die mystische Ekklesia Israels. In einem volkstümlicheren Verständnis konnte daher . . . jene heilige Hochzeit auch auf die zwischen Gott überhaupt und Israel gedeutet werden . . . In diesem Sinn war kein Fest geeigneter als eines der heiligen Hochzeit interpretiert zu werden, als das Wochenfest, am 50. Tage nach dem Pessachfeste. Dies Fest ist als das der Offenbarung am Sinai . . . das Fest des Bundes zwischen Gott und Israel . . ."[185]

Zeitlich in Übereinstimmung mit dem Pessach steht das Ostern- bzw. das Auferstehungsfest der Christen, fünfzig Tage nach Ostern aber ist Pfingsten, das Fest der Herabkunft des Heiligen Geistes, die Vermählung Christi mit seiner Braut, die Gründung der Kirche eigentlich. Vielleicht, weil der gesamte sexuelle Hintergrund in der christlichen Theologie nicht einmal mehr angedeutet werden konnte, ist Pfingsten sozusagen das 'abstrakteste' der christlichen Feste geworden. Eines der Lieder, das die Juden an jenem Sabbat sangen, enthielt folgende Strophe: „Ihr Gatte umarmt sie/in ihrem Grunde/schenkt ihr Erfüllung/preßt aus ihre Kräfte . . . Geschwächt und verworfen/die unreinen Kräfte/die Dämonen, die dräuen/sind nun gefesselt."[186]

Diese Heilige Hochzeit wiederholt sich für die Kabbalisten auch jede Nacht nach Mitternacht. Von abend bis Mitternacht ist die Zeit des Gerichts, der Dämonen, die entstehen aus den Handlungen der Menschen und aus diesem Grund über sie Macht erlangen, die sexuelle Vereinigung zwischen Gott und der Schechina und überhaupt jede rituell vollzogene bannt die Dämonen (so wie das Zeigen des Penis oder der Vulva Abwehr gegen den bösen Blick ist[187]).

Das Symbol der Schechina ist der Mond und der sich verkleinerte Mond das der Schechina im Exil[188] und so wird der Neumondtag gefeiert – nicht der des Vollmonds – der Tag an dem der Mond sich regeneriert.[189] Es ist der 'kleine Versöhnungstag', und an ihm wird dem Monde ein Sühnopfer gebracht, ein Ziegenbock, der erinnert an den Ziegen-Sündenbock des Versöhnungstags, der in die Wüste geschickt wird. „Erst in der Erlösung wird der Mond wieder in seinen ursprünglichen Stand restituiert . . . Inzwischen aber schien den Kabbalisten kein kosmisches Ereignis deutlicher mit dem Exil aller Dinge, der Unvollkommenheit und dem Makel, der allem Sein innewohnt, in Verbindung zu stehen als eben dieser periodische Verkleinerung des Mondes."[190]

Beide Feste aber, das der Hochzeit und das des Neumonds und Sündenbocks, sind Versöhnungsfeste, in beiden, dem Fest des umgekehrten Monds und der sublimierten Orgie, denn jede jüdische Hausfrau wird auch wieder mit der Schechina gleichgesetzt „. . . worin anscheinend das Lob der jüdischen Hausfrau und ihres Wirkens verkündet wird, das aber von den Kabbalisten in allen Details als ein Hymnus auf die Schechina interpretiert wurde . . . "[191], sind Feste der Erlösung oder der Vorwegnah-

sind unsere einzigen Informationsquellen. Die Tortur bewirkte, daß die Opfer wiederholten, was ihnen die Einbildungskraft der Richter schilderte.* Wir können nur annehmen, daß trotz der christlichen Wachsamkeit heidnische Feste wenigstens in Gebieten verlassenen Ödlands fortlebten.[194] Man darf sich eine halb christliche Mythologie vorstellen, entsprechend der theologischen Beeinflussung, in der die von den mittelalterlichen Bauern verehrten Gottheiten durch Satan ersetzt werden."[195]

Die Sabbathe scheinen aus der Auflehnung und aus der Verzweiflung, die ihr voranging zu kommen.[196] Allzusehr erscheinen sie als die Umkehrung all dessen, was am hellichten Tag Gültigkeit hatte. Die Nacht war die Kehrseite, für sie war kein Platz in der christlichen Kirche, sie kannte man nur als die fürchterliche der Gefangennahme und Folterung Christi, eingerahmt vom Abend und Morgen des Verrats. In ihr herrschte die Kehrseite Gottes. „Die Sabbathe, in den verlassenen Nächten

me der Erlösung (was aber auch eins sein kann), im Judentum mit Trauer verbunden, bewahrt, während bei den Christen die Erlösung schon vollzogen wurde, stattgefunden hat.

* „Übrigens entsprechen die Sabbathe, ob sie nun nur im Geist existieren oder nicht, einer Form, die sich irgendwie der christlichen Imagination aufdrängte. Sie beschreiben die Entfesselung von Leidenschaften, die zum Christentum gehörten, die das Christentum enthielt: Imaginär oder nicht, sie charakterisieren die christliche Situation."[192] „Die übermäßige Befriedigung, die der Zügellose genießt, entsprach dem Schrecken des Gläubigen. Für den Gläubigen war die Freiheit die Verurteilung des Zügellosen, sie bewies seine Verderbtheit. Doch die Verderbtheit, das Böse und Satan wurden für den Sünder Objekte der Anbetung, die der Sünder oder die Sünderin liebte. Die Wollust versank im Bösen. Sie war ihrem Wesen nach Übertretung, Überwindung des Schreckens, und je größer der Schrecken, desto tiefer war die Freude . . ."[193] Schien Freude sich schon jetzt – Ende des Mittelalters, Beginn der Neuzeit – nur noch aus der Verkehrung zu ergeben, nur noch aus dem Aufstand, dem sehr gewaltsamen, gegen das 'schlechte Gewissen'? (s.u. 5. Kap.)

dem geheimen Kult jenes Gottes geweiht, der die Kehrseite Gottes war, konnten nur die Züge eines Ritus vertiefen, der aus der Umkehrung des Festes hervorging.

Die Richter in den Hexenprozessen konnten ihre Opfer ohne weiteres dazu bringen, sich einer Parodie der christlichen Riten anzuklagen. Aber die Hexenmeister konnten sich diese Praktiken ebenso gut ausgedacht wie die Richter suggeriert haben. Wir können von einem isolierten Detail nicht wissen, ob es aus der Einbildungskraft der Richter oder aus dem wirklichen Kult stammt. Aber zumindest können wir annehmen, daß das Sakrileg das Prinzip seiner Erfindung war. Der Begriff der Schwarzen Messe, der gegen Ende des Mittelalters auftaucht, kann im allgemeinen der Intention des Höllenfestes entsprechen."[197] ★

Wurde der Hexe die Teilnahme am imaginierten oder tatsächlichen Fest kund, durch Denunziation oder dadurch daß ihr Name von einer Leidensgenossin auf der Folter erpreßt wurde, oder daß sie selber sagte, sie sei dort gewesen, sie büßte es mit dem Feuertod. Das Feuer aber soll schon vorher in ihr geflammt haben. Über ihm kochte und brodelte ihr Kessel. Sie bewachte es und hütete es.★★

★ In der offiziellen Literatur, den Histörlein und Schnurren gibt es vier Gestalten über die man lacht: die Verzweiflung des Hahnreis, das Geschrei des Geschlagenen, das verzerrte Gesicht des Gehenkten – und der geprellte Teufel. Sollten sich jene vier nicht zusammen getan haben zu gegenseitigem Nutzen? (s.u. 4. Kap.)

★★ Die Frau, die dem Haushalt vorsteht ist in Nepal verantwortlich für das Feuer und die Feuerstelle. Selten wird es von einem andern Mitglied des Haushalts geschürt. Zu seiner Erhaltung dient nur Holz und manchmal wirft sie eine Handvoll Kiefernadeln hinein wegen des Wohlgeruchs. In der Feuerstelle verbrennt sie keine Abfälle, Zigarettenkippen drückt sie allenfalls in der Asche aus. Aus den Flammen lassen sich Wohl und Weh von Haus und Haushalt lesen, so hält sie es sehr rein. Nach Sonnenuntergang sind die offenen Feuerstellen in vielen Häusern Licht- und Wärmespender zugleich.

Die Erzeugung der Hitze im Körper ist ein Mittel der Vorbereitung zur Ekstase.[198] Auch die magische Kraft wird als Hitze gedacht. Die Hitze ist aber auch eine Eigenschaft des Unteren, zum Übel gewordenen und gemachten, der Hölle. Das Paradies ist heiter und frisch, die Hölle heiß und stickig. Salz erhöht die innere Hitze.* Hat man genügend innere Hitze, so wird man gegen die äußere immun, kann über glühende Kohlen gehn.**
Als die Hüterin des Feuers erscheint die Frau, ihr ist das untere Feuer, das Erdfeuer und verschieden vom Feuer, das vom Himmel fällt, dem Blitz, dem männlichen Feuer, das herausgebohrt werden kann aus dem Holz.[201] „Auch die in der Sexualität aufflammende 'Libido', das innere Feuer, das zum Orgasmus führt und im Orgasmus der Ekstase seine höhere Entsprechung hat, ist in dieser Hinsicht ein 'im' Weiblichen ruhendes Feuer, das vom männlichen nur in Bewegung gesetzt wird.

Diese Zusammengehörigkeit ist wohl so alt wie die Feuererzeugung überhaupt, die oft als sexueller Akt aufgefaßt wird, bei dem das Feuer im weiblichen Holz entsteht oder besser, aus ihm geboren wird. Für die primitive Mentalität 'entsteht' das Feuer nicht durch Reibung, sondern es wird durch sie nur provoziert. So kann archetypisch die 'Hitze' des Weiblichen, seine 'Brunst' auch als verderbliche höllische Macht auftreten, welche das Männchen verbrennt."[202] ***

Das Zeichen der weiblichen Brunst, die Blutspur, der der Mann nicht schnüffelnd mehr folgt, ist die Menstruation. Rot ist

* Nach der Hexenlehre der Kirche jedoch gab es auf den Sabbaten nur Ungesalzenes zu essen,[199]

** Der Schamane ist 'feuerfest'; auch die magische Kraft, die den Schmieden oft zugeschrieben wird, leitet sich aus ihrem Umgang mit dem Feuer (und dem Eisen) her.[200]

*** Licht (männlich-himmlisches Feuer) und Feuer gehen die Heilige Hochzeit ein: durch sie wird das obere und das untere Weibliche entzündet und noch Maria ist 'igne sacro inflammata'. Das Licht erhellt das Dunkle, Weibliche (so „das Licht scheint in der Finsternis" der Bibel) und befruchtet und wird die Licht-Umarmung für das Weibliche zur Todeshochzeit, so überhöht sich sein Tod zu einer neuen Geburt — bis die Hochzeit zwi-

die Farbe von Feuer und von Blut. Junge Hexen haben rote Haare und lichterloh brennen sie in den roten Flammen der Scheiterhaufen.

Verbrennung im Feuer ist magisches Abwehrmittel gegen Verzauberung.* Das Feuer ist Vernichtung, Verzehrung, Reinigung. Es läutert. Opfer an die Götter (und wen sonst noch) werden häufig verbrannt. Opfer aber steigern auch die Macht dessen, dem geopfert wird und die der Gemeinschaft, die opfert, denn mit dem Opfer zwingt sie den Gott, besticht ihn, verpflichtet ihn sich.[205]** Ob die Verbrennung der Hexen nicht auch

schen Flamme und Frau tatsächlich zu ihrer Todeshochzeit wird, ohne mystische Neugeburt, doch mit viel Qual und zuckendem Körper im Tod.

„Das Geheimnisvolle dieses Geschehens besteht darin, daß das Weibliche das in ihm zeugende Licht immer auch als den von ihm geborenen Sohn erkennt und das Mysterium des Mutter-Sohn-Inzestes den heimlich-unheimlichen Hintergrund . . . bildet. So ist auch Christus der Bräutigam der Maria-Kriche, die seine Mutter ist und bleibt."[203] Und die Kirche verbrennt, vielleicht in der Hexe die zurückweisend, verschmähende Braut.

* „On this view the fertility is supposed to follow the application of fire in the form of bonfires, torches . . . it is merely an indirect result obtained by freeing the reproductive powers of plants and animals from the fatal obstruction of witchcraft. And what is true of the reproduction of plants and animals may also hold good for the fertility of human sexes . . . This happy effect . . . may follow indirectly from the power of the fire to remove those obstacles which the spells of witches and wizards notoriously present to the union of man and wife."[204]

Daß die Hexen das Korn verhexten, die Fruchtbarkeit von Vieh und Mensch vertrocknen ließen, das Wetter in Unwetter verkehrten, oder man dies ihnen 'nur' (denn schließlich begründete dies Verfolgung und Tod so vieler, s.u. Kap. 4) suggerierte, kann auch Ursache haben in der Umkehrung, die schon den Sabbath betrifft und ihn zur Schwarzen Messe werden läßt.

** „Es wird für Hekatomben bestimmter Größenordnung je mit dem Wohlwollen der Gottheit gerechnet . . . eine Veranstaltung der Menschen, die Götter zu beherrschen."[206]

zur Macht derer beitrug, die sie verbrannten? (s.u. 5. Kap.) Indem die Frau herausgestoßen wird aus der Ordnung von Gesellschaft und Himmel im Mittelalter in das Ungeordnete, Chaotische, die Natur[207], gerät sie gleichsam in die Totale, Kosmos für sich. Sie steht in der Einsamkeit der Helferin und Hexe, gesucht und gescheut. Sie beschwört die Toten und die Lebenden. Für die Witwe hat sie den Trank bereit, der die Einsamkeit ihrer Nächte aufzuheben vermag, dem Liebenden verhilft sie zum Lächeln der Geliebten und sie hilft denen, die verzweifeln weil sie schwanger sind. Sie kennt die Kräuter und die Beschwörungen für die Krankheiten, so heilt sie Mensch und Vieh (s.u. 4. Kap.). Sie selber aber existiert gleichsam im Nichts und um sie ist Schrecken.*

„Bei ihrer Erscheinung hat die Hexe weder Vater noch Mutter, weder Sohn noch Gatten noch Familie; sie ist ein Ungetüm, ein man weiß nicht woher gekommener Meteor; großer Gott, wer möchte sich demselben nähern?"[209]

* So wird sie dann zur Königin und Priesterin des Sabbaths. Noch einmal flammt sie auf, als Traum beim Fest und tatsächlich auf dem Scheiterhaufen. „Die unzähligen Scheiterhaufen, die Todesqualen aller Art, die die Angst der Priester dieser Bewegung entgegensetzte, zeigen die Bedeutung, die sie hatte. Ihr außerordentlicher Charakter wird noch durch die Tatsache unterstrichen, daß die Völker seitdem die Kraft verloren haben, ihre Träume in Riten zu verwandeln."[208]

Die Kirche

Per me si va nella cittadolente.
Per me si va nell'eterno dolore.
Per me si va alla perduta gente.
. . .
Lasciate ogni speranza voi ch'entrate![1]

Der Weltuntergang des römischen Imperiums und die Vorstellung vom Weltende der frühen Christen spiegeln sich einander, jeder im andern die Bestätigung dessen erblickend, daß das, was passiert, unausweichlich und Gottes Ratschluß sei. „Wir gehen dem Ende der Zeiten entgegen, und deshalb verkünden gewisse Krankheiten der Welt den nahenden Untergang."[2]* Und was in der Skepsis als ideologisch-philosophisches Vorspiel sich gab, gewinnt an Einfluß und Wirkung in den christianisierten Massen. „Im Reich Alexanders oder unter der Herrschaft der römischen Kaiser kündigten sich keine neuen Lebensformen an, die das gebildete Individuum zum Optimismus leiteten. In der skeptischen Philosophie der Alten zeigen sich Hoffnungslosigkeit und Leere, sie hat in der Macht der Imperatoren, vor der sie sich beugt, keinen vernünftigen wesentlichen Inhalt mehr für sich. Es besteht keine begründete Aussicht für das Individuum in der Welt Befriedigung zu finden. Die alte Skepsis bereitet den mystischen Neuplatonismus und die christliche Askese zu."[3]** Die Lust, die aus den Empfindungen der Sinne kommt und aus den Eindrücken, die sie aufnehmen und die das Bewußtsein vermittelt, die Sinnenlust, die

* (Zum Zusammenhang von Krankheiten, die aufeinmal viele zu ergreifen vermögen, Seuchen wie Lepra, Pest, Syphilis usw. und dem Eindruck bei den Betroffenen, das Ende der Welt sei nahe, s.u. 4. Kap.)

** „Die Evangelien sind zu einer Zeit in die Welt getreten, wo allenthalben das Asketentum als religiöses Prinzip den Phallizismus und Sexualismus aus dem Feld schlug und konnten mithin keinerlei Mythos zulassen, der einen Gott in geschlechtliche Beziehungen zu Frauen treten ließ."[4] Und noch eine andre, neue Eigenschaft hat dieser Gott: stammt er doch von einem göttlichen Vater und hat eine menschliche Mutter und das Göttliche und Menschliche in ihm sind nicht vermischt wie in den griechischen Halbgöttern, sondern er ist beides, wahrer Gott und wahrer Mensch zugleich.

schon einengender als Sinnlichkeit begriffen wird, Erotik und Geschlechtliches ist auf dem Rückzug. Es ist, als beschränke sich die Hoffnung der Menschen in jener gewaltigen Auflösung darauf, daß Leid und Schmerz, Elend und Kummer und Erniedrigung einmal ein Ende nähmen, ein Ende dennoch, dessen strahlender Glanz und Erhöhung für die Gläubigen und dessen fortwährende Nacht und Unglücklichkeit und Verdammtheit für die, die nicht glauben, von der christlichen, sich etablierenden Kirche verkündet wird. Hoffnung weist nicht darüber hinaus mehr, sondern findet sich nur noch darin, wie es zugehn wird, und daß man den richtigen Platz darin fände.

Jesus Christus, der neue Gott, weist den Weg. Er ist der Überwinder von Leben und Tod. Durch diese doppelte Überwindung wird er seiner Göttlichkeit inne. Er, der Menschensohn überwindet den Leib in Folter und Tod. In seiner Nachfolge werden Leib und Tod gleichgesetzt, vereinen sich zum tödlich-teuflischen Prinzip, denn der Tod ist der Sünde Sold. Der Leib aber begehrt und reizt auf zur Sünde, begnügt sich nicht mit dem Ende aller Dinge, sondern wirft sich immer wieder auf das Lebensrad, das in Todesverfallenheit sich dreht. Er ist das Gefängnis der Seele, des göttlichen Funkens im Menschen, die Verfallenheit an seine Bedürfnisse und die Mißachtung der Hingabe an die Bedürftigkeiten der Seele, denen des Leibs entgegengesetzt, führen zu Auflösung und Verwesung des Leibs und zur Verdammnis der Seele. Der tödliche unentrinnbare christliche Kreis um den Leib schließt sich. Dem Leib entsagen aber heißt der Welt entsagen. „Das aber sage ich euch, liebe Brüder: Die Zeit ist kurz. Weiter ist das die Meinung: Die da Weiber haben, daß sie seien als hätten sie keine; und die da weinen, als weinten sie nicht; und die, die sich freuen, als freuten sie sich nicht; und die da kaufen, als besäßen sie nicht; und die, die diese Welt gebrauchen, daß sie dieselbe nicht mißbrauchen. Denn das Wesen dieser Welt vergeht." [5]

Das Christentum ist nicht die erste und einzige Religion, die um das Vergehn der Welt weiß.[6] Doch ist die ausgesprochene Welt- und Sinnenablehnung, ja Animosität, nirgends so stark und betont Glaubens- und Lebensinhalt wie hier. Dazu kommt, daß sie von Anfang an den Charakter einer Missionierungsreligion trägt. „Darum gehet hin in alle Welt und lehret alle Völker und taufet sie im Namen des Vaters und des Sohnes und des Heiligen Geistes, und lehret sie alles, was ich euch befohlen habe. Und siehe, ich bin bei euch bis an der Welt Ende." [7] So lautet der Befehl des Gottes. Einige hundert Jahre später hatte das politische Reich, mit dem es sich zunächst in Weltablehnung auf der einen Seite und Weltuntergang von der andern vereinigt hatte, aufgehört zu existieren, doch das „Christentum des Mittelalters ist nicht nur dem Namen nach römisch-katholisch, es ist in der Tat weltweit und universal . . . Es gibt kein Volk, kein Glaube und Aberglaube, keine menschliche Regung und Strebung, die nicht irgendwie sich dem Rahmen der mittelalterlichen römisch-katholischen Kirche hätte einfügen lassen."[8] Die Kirche ist der Schreiber, der dasaß und alles aufschrieb und der die Herrschaft im Haus ergriffen hat.*

Leib. Das Wort steht für den Körper und seine Bedürfnisse, für den Teil am Menschen, der Natur ist. „Der Inbegriff dessen, was uns rührt, nennt man die Natur, und also steht die Natur in einer unmittelbaren Beziehung auf die Gliedmaßen unseres Körpers, die wir Sinne nennen. Unbekannte und geheimnisvolle Beziehungen unseres Körpers lassen unbekannte und geheimnisvolle Verhältnisse der Natur vermuten, und so ist die Natur jene wunderbare Gemeinschaft, in die unser Körper uns einführt, und die wir nach dem Maße seiner Einrichtungen und Fähigkeiten kennen lernen."[10] Das Verdikt der Kirche über die Natur, die doch nur die außerparadiesische ist, die des Sündenfalls, und das Verdikt, das sie über den Körper verhängt, als die sichtbar

* „Unterdessen war im Haus eine traurige Veränderung vorgegangen. Der Schreiber hatte das Gesinde in eine gefährliche Verschwörung verwickelt. Sein feindseliges Gemüt hatte längst Gelegenheit gesucht, sich des Hausregiments zu bemächtigen und sein Joch abzuschütteln. Zuerst bemächtigte sich sein Anhang der Mutter, die in eiserne Bande gelegt wurde. Der Vater ward bei Wasser und Brot ebenfalls hingesetzt." Als Sophie und Fabel ihm entfliehen können, zerschlägt er in seinem Grimm „den Altar in tausend Stücke."[9] (Als später Fabel in seine Gewalt gerät, unterstellt er sie den drei Parzen, für die sie giftige Spinnen fangen muß.)

gewordene Form des Sündenfalls und in seiner Wiederholung, solange die Welt steht, der Sünde, fallen zusammen.

Das Verdikt über den Körper ist aber kein bloß theologisches. Es liegt begründet in der gesellschaftlichen Teilung der Arbeit und der Herrschaft von Menschen über Menschen und über Natur und Dinge, die ihr korrespondiert. Sklaven, Bauern und später noch Arbeiter für die körperliche Arbeit; den Begüterten, Reichen und Gebildeten obliegen die Geschäfte des Staats oder die Muße. „Unter der bekannten Geschichte Europas verläuft eine unterirdische. Sie besteht im Schicksal der durch Zivilisation verdrängten und entstellten menschlichen Instinkte und Leidenschaften.* Von der faschistischen Gegenwart aus, in der das Verborgene ins Licht tritt,** erscheint auch die manifeste Geschichte in ihrem Zusammenhang mit jener Nachtseite, die in der offiziellen Legende der Nationalstaaten und nicht weniger in ihrer progressiven Kritik übergangen wird. Von der Verstümmelung betroffen ist vor allem das Verhältnis zum Körper. Die Arbeitsteilung, bei der die Nutznießung auf die eine

* „Die Geschichte der Zivilisation ist die Geschichte der Introversion des Opfers. Mit anderen Worten: die Geschichte der Entsagung. Jeder Entsagende gibt mehr von seinem Leben, als ihm zurückgegeben wird, mehr als das Leben, das er verteidigt."[11]

** Das Verdrängte, zum Gespenst gemachte kehrt in fürchterlicher Form wieder. Die wahrhaft Schwarze Messe erscheint als der große Faschingsball der Faschisten, bei dem die, die die häßlichen niederen Masken zu tragen haben, wirklich getötet werden. Um des Bestands der Verhältnisse willen und der Vernunft wie sie die Erscheinung ihrer selbst sich gibt, damit sich nichts ändre, auch bei den Kommunisten nicht, kommt die Zeit des tatsächlichen Vatermords[12], die Erfüllung des so lange unterdrückten Wunsches. (Und hatte man nicht unter fürchterlicher Antreiberei, die doch wieder aufs Volk zurückschlug als Hysterie und Massenwahn, schon vorher die Mutter umgebracht?) „Der Faschismus ist totalitär auch darin, daß er die Rebellion der unterdrückten Natur gegen die Herrschaft unmittelbar der Herrschaft nutzbar zu machen strebt."[13]

und die Arbeit auf die andere Seite kam, belegte die rohe Kraft mit einem Bann. Je weniger die Herren die Arbeit der anderen entbehren konnten, als desto niedriger wurde sie erklärt. Wie der Sklave, so erhielt die Arbeit ein Stigma. Das Christentum hat die Arbeit gepriesen, dafür aber erst recht das Fleisch als die Quelle des Übels erniedrigt.

. . . Sie (die Unterdrückten) ahnten dumpf, daß die Erniedrigung des Fleisches durch die Macht nichts anderes war als das ideologische Spiegelbild der an ihnen selbst verübten Unterdrückung."[14]*

Mit der Ausstellung und Verhöhnung des Körpers, seiner Preisgabe, erfolgt gleichsam auch eine ans Auge. Der Körper und

* „Der ausgebeutete Körper sollte den Unteren als das Schlechte und der Geist, zu dem die anderen Muße hatten, als das Höchste gelten. Durch diesen Hergang ist Europa zu seinen sublimsten kulturellen Leistungen befähigt worden."[15] Die Verdrängung rächte sich jedoch fürchterlich, an den Juden. Sie wollte man an ihrer Nase erkennen, dem Riechorgan. „Im Sehen bleibt man, wer man ist, im Riechen geht man auf. So gilt der Zivilisation Geruch als Schmach, als Zeichen niederer sozialer Schichten, minderer Rassen und unedler Tiere. Dem Zivilisierten ist Hingabe an solche Lust nur gestattet, wenn das Verbot durch Rationalisierungen im Dienst wirklicher oder scheinbar praktischer Zwecke suspendiert ist. Man darf dem verpönten Trieb frönen, wenn außer Zweifel steht, daß es seiner Ausrottung gilt. Das ist die Erscheinung des Spaßes oder des Ulks. Er ist die elende Parodie der Erfüllung."[16]

Es gibt ein Lachen, von dem man sagt, 'daß es töten könnte' . . . So sind wir zu der Erkenntnis gekommen, daß der Mobbing-Haß Merkmale einer Heiterkeit aufweist: Man delektiert sich, indem man über den Mobbing-Partner herfällt, den man als lächerlich empfindet.[17]

Die Ahnung des Betrugs am Körper, am Trieb, des Trugs der Zivilisation, „der von Beginn an ruchbar war, hat mit der Kontrolle über den Körper zugleich die unflätige Bosheit, die Haßliebe gegen den Körper verstärkt, von der die Denkart der Massen seit Jahrhunderten durchsetzt ist, und die in Luthers

seine Bewegungen,seine Formen werden Gegenstand des Voyeurismus. Aber eigentlich nur der schöne Körper, der jugendliche, und davon wiederum der der Frauen. Der Körper des Mannes als der des Angehörigen des herrschenden Geschlechts unterliegt einer Art Tabu, seine Form erscheint nicht relevant. Der verkrüppelte Körper wird währenddessen verbannt aus der Sicht. Hat für den feudalen Herrn die Pflege seines Leibs noch ganz naiv ihr gewalttätiges Ziel, so steckt in dieser Pflege auch etwas von Erhaltung und Konservierung, Nicht-Preisgabe an den Tod. Im Anblick des Verkrüppelten aber und im Geruch des schweißtreibenden Körper dessen ,der mit ihm arbeitet, setzt sich Ekel fest, weil in ihm sich seine Arbeitskraft vergegenständlicht darstellt.* Im Feudalismus basiert die Erhaltung der

Sprache ihren authentischen Ausdruck fand. Im Verhältnis des Einzelnen zum Körper, seinem eigenen wie dem fremden, kehrt die Irrationalität und Ungerechtigkeit der Herrschaft als Grausamkeit wieder, die vom einsichtigen Verhältnis, von glücklicher Reflexion so weit entfernt ist, wie jene von der Freiheit . . . Die Haßliebe gegen den Körper färbt alle neuere Kultur. Der Körper wird als Unterlegenes, Versklavtes noch einmal verhöhnt und gestoßen und zugleich als das Verbotene, Verdinglichte, Entfremdete begehrt. Erst Kultur kennt den Körper als Ding, das man besitzen kann, erst in ihr hat er sich vom Geist, dem Inbegriff der Macht und des Kommandos, als der Gegenstand, das tote Ding, 'corpus', unterschieden. In der Selbsterniedrigung des Menschen zum corpus rächt sich die Natur dafür, daß der Mensch sie zum Gegenstand der Herrschaft, zum Rohmaterial erniedrigt hat. Der Zwang zu Grausamkeit und Destruktion entspringt aus organischer Verdrängung der Nähe zum Körper, ähnlich wie nach Freuds genialer Ahnung der Ekel entsprang, als mit aufrechtem Gang, mit der Entfernung von der Erde, der Geruchsinn, der das männliche Tier zum menstruierenden Weibchen zog, organischer Verdrängung anheimfiel. In der abendländischen . . . Zivilisation ist das Körperliche tabuiert, Gegenstand von Anziehung und Widerwillen . . .''[18] Die Regeln für Letzteres aber hängen ab von den Herrschaftsverhältnissen.

* Die treibende Kraft der menschlichen Tätigkeit ist ganz allgemein das Verlangen, den Punkt zu erreichen, der am weitesten

Herrschaft sowohl auf dem trainierten, gepflegten Körper des Herrn wie auf dem geschundenen und vergewaltigten des Beherrschten, der dazu auch noch den Spott und die Verachtung über ihn zu tragen hat.

Der Leib aber, der zum Körper wird, ist zerstückelte Einheit, ist Leiche. „Die Transformation ins Tote, die in seinem Namen sich anzeigt, war ein Teil des perennierenden Prozesses, der Natur zu Stoff und Materie machte."[21] Der Körper, der asketisch dazu noch abgetötet werden soll, der sein Verlangen unter auferlegter Qual vergessen soll, ist schon tot und in seinem tot sein erregt er noch einmal Ekel. Frau Welt ist stets schon halb verwest. Ihr Leib aufgebläht von Dämonen und dämonischer Gier. Aus ihrem Leib gebiert sie neue Leiber, setzt die Reihe, die endlose der Todesverfallenheit, fort, ist selber dem Tod verfallen.

Verwurzelt in skeptischer Philosophie und paulinischer Ethik verstärkt die christliche Sexualfeindlichkeit sich mehr und mehr – als wäre sie der Ausweg, ein Hinweis auf das Ende, wo der Weltuntergang doch noch auf sich warten ließ. Kirchenlehrer und doctor angelici brachten es schließlich soweit, daß die Frau für die Sünde schlechthin gehalten wurde. Der hl. Hierony-

vom Bereich des Sterbens entfernt ist (dem Bereich von Verwesung, Schmutz und Unreinheit): wir tilgen überall in unermüdlicher Anstrengung, die Spuren, Zeichen und Symbole des Todes . . .Das Grauen, das die Reichen vor den Arbeitern empfinden, die Panik, die Kleinbürger bei der Vorstellung ergreift, in die Lage der Arbeiter zu geraten, beruhen darauf, daß die Armen in ihren Augen stärker als sie selbst unter der Peitsche des Todes stehen. Bisweilen mehr als der Tod selbst, sind diese trüben Spuren des Schmutzes, der Ohnmacht, des Verderbens, die auf ihn zugleiten, Gegenstand unseres Abscheus."[19] Der Ekel und die Angst aber kehrt auch bei den Unterdrückten gegen sie selbst sich. „Wut, Hohn und vergiftete Nachahmung sind eigentlich dasselbe"[20] und sie kehren sich gegen den Teil von ihnen selbst, der zur Verfolgung von den Herrschenden freigegeben ist, so immer wieder noch in ihrem Gelächter ihre Unterdrückung reproduzierend.

mus hatte damit begonnen Frauen und Mädchen der Keuschheit zuzuführen, ihnen ein klösterliches Leben aufzuerlegen. Der hl. Augustin erklärt, daß seit dem Sündenfall der Geschlechtsakt nicht mehr dem Willen unterworfen sei und daher Lust produziere, die unwillkürlich sei. So wird auch die Seele ins Aktiv-Sündige einbezogen, der Leib zum Vehikel der Sünde. Johannes Scotus sieht die Trennung zwischen Mann und Weib erst nach dem Sündenfall vollzogen, ohne Sünde ist kein Unterschied des Geschlechts.*

So verkörpert sich in der Frau auch die sündige und gefallene Natur des Manns. So trifft das Verdikt über Natur, Körper und Sexualität die Frau im Besonderen, sie wird zur Handlangerin von Gottes Widersacher, dem es gelingt, Gott immer wieder in der Vollendung seines Heilsplans zu stören. Sie selber wird gar zur Widersacherin des Höchsten, hindert den Mann, hält ihn in den teuflischen Banden, hindert ihn immer wieder daran keusch zu sein oder zu bleiben. Immer wieder ist sie Eva, der Verführung der Schlange erliegend. Aber nicht nur Opfer ist sie, sie ist Verbündete. Weiß man doch, daß alte Frauen Schlangen an ihren vertrockneten Busen nähren, Schlangen heimlich Muttermilch trinken, ja die Frauen kochen sie und essen sie auch, verleiben sie sich ein, haben ein ganz heimliches Verhältnis zu ihnen. Im Bündnis mit der Schlange verführte sie Adam vom Apfel zu essen, der Schlangenfrucht, so befleckte sie ihn mit der Erbsünde und an jedes ihrer Kinder gibt sie sie weiter.

„Träger des Christentums waren Menschen der armen, ungebildeten, unterdrückten Masse des jüdischen Volkes und später auch anderer Völker. Anstelle des immer unmöglicher werdenden Auswegs ihre trostlose Lage mit realen Mitteln zu verändern, trat die phantasierte Erwartung, daß in nächster, kürzester Frist diese Änderungen eintreten werden, daß sie dann das bisher vermißte Glück, die bisher fehlende Befriedigung finden, die Reichen und Vornehmen aber das ihnen gebührende und gewünschte Unglück träfe. Die ersten Christen waren eine Brüder-

* Das Geschlecht erscheint als die Quelle jeglichen Wunsches.[22] Wer aber wahhaftig geschlechtslos ist, der hat für immer vergessen was Wünsche sind.

schaft gesellschaftlich und wirtschaftlich gleich Unterdrückter, von Hoffnung und Haß zusammengehaltener Enthusiasten."[23]★ Diesen Geknechteten, Mühseligen und Beladenen hing aber die Hoffnung auf Seligkeit noch mit einer anderen Hoffnung zusammen, der auf einen neuen Leib, auf einen verklärten Leib, frei von den Stigmata der Arbeit, des Hungers, der Krankheiten. Hatte Jesus nicht die Aussätzigen geheilt, die Lahmen gehen gemacht, die Blinden sehend? Einen Leib erhofften sie sich, einen schönen, einen der schwebte, der der Levitation zugänglich war, nicht mehr die müden Füße, die schwer sich durch den Staub und den Kot schleppten, einen Leib erhofften der nicht mehr fror, und hungerte, noch den Gesetzen des unbarmherzigen Alterns unterworfen war. Sie sollten Teil haben, so das Versprechen, am verklärten Leib Christi, allein durch den Glauben, und ihr Leib sollte sein wie der seine.

Mit dem Schwinden der kurzfristigen Erwartung des Himmelreichs und der Vertagung seiner Herankunft um tausend Jahre (s.u. 4. Kap. Ketzer und Chiliasmus) mußte die Hoffnung auf das Glück auf zumindest bis nach dem Tod verschoben werden und die baldige Aufhebung der miseria des Leibs auf die Wiederkunft Christi in einer Zukunft, die jedoch wiederum stets zu erwarten sein könnte, was sie noch unbestimmter machte, der allen dann einen neuen Leib verleihen würde. Und so verfiel der Körper auch der Verdrängung des Glücks und der Wünsche, die sich an den Gedanken von ihm geheftet hatten. Nicht genug damit, daß seine Schönheit – die bei den Armen ohnehin nur zur Prostitution nützlich sein konnte – verfiel durch Alter, Krankheit, Mühsal und Leid, er selbst verfiel dem Ekel, er wurde zum Inbegriff alldessen, was die Vergänglichkeit und die Schande der Welt ausmacht. Ekel reduzierte den Körper aufs 'Fleisch'. Alles außer Christus, seiner Lehre und den Glauben an ihn, hält Pau-

★ Zusammenhalten mochte sie auch noch das gemeinschaftlich verdrängte schlechte Gewissen nicht doch einen Finger zu rühren – zumindest hatte Jesu die Wechsler aus dem Tempel gejagt – und die dem korrespondierende gegenseitige Bestärkung in geduldigem Aushalten und Erwarten.

lus für tot.★ Die ersten Heiligen aber, die Anachoreten, überwinden Ekel und Leib im Dreck.★★ Der Verachtung der Nahrung, da sie dem Körper ja erlaubte und ermöglichte weiter zu existieren, gehört auch dazu.★★★ Das erste Wunder Christi aber war die Verwandlung von Wasser in Wein auf einer Hochzeit gewesen!

Der Ekel machte sich fest an der stinkigen, schleimigen, fauligen Erscheinung der Verwesung; Verwesung, die tote Körper in die allgemeine Gärung des Lebens zurückführt, Verwesung, der Inbegriff des Eklen. Aristoteles und mit ihm sämtliche Kirchenväter vertrat die Ansicht, daß in der Verwesung bestimmte Lebewesen entstünden.[29] Der Schrecken vor der Verwesung, dem Zerfall des Leibs erhielt ein „Bewußtsein von der Identität des furchtbaren Aspekts des Todes, seiner stinkenden Verwesung und jener ekelerregenden elementaren Bedingung des Lebens aufrecht."[30]★ Dem Glauben an die Zeugungs-

★ „Denn wir sind Gott ein guter Geruch Christi unter denen, die selig werden, und unter denen, die verloren werden; diesen ein Geruch des Todes zum Tode, jenen aber ein Geruch des Lebens zum Leben. Und wer ist hierzu tüchtig?"[24]

★★ „Schenute, ein koptischer Heiliger, der seine Mönche prügelte, bis ihr Geschrei im ganzen Dorf zu hören war, soll Tränen von solcher Fruchtbarkeit vergossen haben, daß die Erde unter ihm zum Mistbeet wurde. Dem hl. Arsenius, der seine Zelle mit Gestank anfüllte, um sich den Pestgeruch der Hölle zu ersparen ... bereits der heilige Antonius ... badete in seinem langen Eremitenleben nie ... Auch in den Klöstern war das Baden später drastisch eingeschränkt, in Monte Casino beispielsweise auf zwei- bis dreimal im Jahr."[25] Der hl. Hieronymus hielt ein verschmutztes Aussehen für ein Zeichen innerer Reinheit.[26]

★★★ Die Eremiten fasten, leben von Gras, Kräutern, rohen Getreidekörnern. Das „goldene Zeitalter der Weidenden"[27] kam allerdings erst im 6. Jahrhundert, wo es bereits ganz natürlich erscheint ein christliches Leben mit Grasessen zu verbringen „Ich bin Petrus, Weidender am heiligen Jordan. Apa Sophronius graste damals siebzig Jahre lang gänzlich nackt am toten Meer."[28]

★ Der Ekel heftet sich vor allem aber auch an den Geruch und das weibliche Sexual-Genitalorgan liegt zwischen zweien,

kraft der Fäulnis – des Sumpfs letztlich – liegt die Vorstellung zu Grunde, „die wir von der Natur hatten, von der bösen Natur, von der Natur, die Schande bereitet: die Verwesung war der Inbegriff jener Welt, aus der wir hervorgegangen sind und in die wir zurückkehren, in dieser Vorstellung verbanden sich Schrekken und Schande gleichzeitig mit unserer Geburt und mit unserem Tod."[31] Der Schrecken vor Verwesung und Leichen ist dem Schrecken und dem Abscheu so nahe, der von den Absonderungen der menschlichen Genitalien ausgeht.[32]★ „Die Fortpflanzung verlangt über kurz oder lang den Tod jener, die zeugen und die immer nur zeugen, um den Bereich der Vernichtung auszuweiten, denn der Tod fordert, wenn eine Generation stirbt, eine neue."[34] Christus aber ist der Überwinder von Sünde und Tod. Er ist der, der den reinen Leib heraufbrachte am dritten Tag aus Verwesung und Hölle.

Im Verhältnis zum Körper verbreitete sich aber in der Christenheit allmählich jene Haltung der Gleichgültigkeit, ja Verzükkung bei Schmerz, Leid und Tod deren Höhepunkt dann die Autodafes der Inquisition werden sollten. „Gibt es denn nichts, was dazwischen läge und wo das menschliche Leben keine Versuchung wäre? Wehe über das Glück der Welt, zweifach Wehe wegen der Furcht vor Unglück und der Verderbnis, die dem Genusse anhaftet! Wehe über das Unglück der Welt, zweifach und dreifach wehe; denn das Verlangen nach Glück ist unausrottbar, das Unglück selbst hart zu tragen und wie leicht zerbricht die Geduld! Ist also nicht eine Versuchung das menschliche Leben auf der Erde, darin es keinen Stillstand gibt? . . . Der 'Tag' hat noch eine andere 'Plage', o daß er genug hätte an ihr (Matth.

die der Ausscheidung dienen: inter urinamet faeces nascimur. Am Körper jeder Frau ist die Verbindung zwischen Empfängnis, Geburt und Verwesung eindrücklich demonstriert. Wer da seine Nase hineinsteckte . . .

★ „Dieser Vergleich ist sinnvoll, da wir einen analogen Schrecken empfinden vor jenen Aspekten der Sinnlichkeit, die wir obszön nennen. Die Sexual-Kanäle haben Ausscheidungen; wir bezeichnen sie als 'Schamteile' und verbinden sie mit dem Anus."[33]

6, 34)! Den täglichen Verfall des Leibes stellen wir her durch Essen und Trinken so lange, bis du 'Speise und Bauch zerstörst' (1. Kor. 6, 13), da du alle Bedürftigkeiten durch wundersame Sättigung aufgehoben und dies 'Verwesliche mit ewiger Unverweslichkeit bekleidet' (1. Kor. 15, 33) haben wirst."[35]★ Das schlägt sich auf alle Funktionen des Leibs, lähmt ihn, seine Wollust und seine Sinnlichkeit, seine Aggressivität,[37] seine Sprache und Gebärde.[38] Denken und Körpersprache, Gebärde, werden voneinander isoliert, das eine wird dem Geist, das andere den Sinnen zugeordnet. Letztere gefriert im Ballett★★ , in der Pein der Folter schreit sie auf (s.u. 5. Kap.), demonstriert sich in den militärisch-zackigen Aufmärschen aller Imperialisten.[40]

Die mittelalterliche Askese stürzt sich in die Verachtung all dessen, was sie sich doch freiwillig untersagt.[41]★★★ Über dem

★ Aurelius Augustinus fährt fort: „Nun aber ist mir Nötigung angenehm. Gegen diese Annehmlichkeit kämpfe ich, damit sie mich nicht gefangen nehme, durch Fasten führe täglich Krieg dagegen . . . aber vertreibe ich meine Schmerzen, so empfinde ich Lust . . . Täglich bin ich bemüht diesen Versuchen (die aus Essen und Trinken bestehen, A. D.) Widerstand zu leisten . . . In diese Versuchungen hineingestellt streite ich täglich gegen die Begierde des Essens und Trinkens, denn anders wie bei den Versuchungen der Sinnlichkeit kann ich hier nicht beschließen, das, was sündhaft ist, ein für allemal abzutun . . ."[36]

★★ Die Gebärde taucht dann wieder auf, eingefroren ins Ritual, höfisch abgesetzt von der Hanswurstelei der Volksbelustigung, reine Bewegung, nur den Vornehmen, dem Adel und den Reichen zugänglich, ohne Sprache, in Symbiose mit der Musik. Für den Bereich des modernen Theaters beschreibt Artaud den Mangel. „ . . . kommt es vor allem darauf an, die Unterwerfung des Theaters unter den Text zu durchbrechen und den Begriff einer Art von Sprache zwischen Gebärde und Denken wieder zu finden."[39] (War die Gebärde im Ballett eingefroren, so war sie im Theater zugunsten des Texts mehr verkümmert, zurückgenommen.)

★★★ Wasser, Felder und Blumen werden zu Kehrricht. Das Irdische ist Unrat und Ekel, usw. (so die hl. Theresia von Avila).

Abscheu aber von Körper, Natur, Genuß, Freude, Heiterkeit, über dem großen Ekel und der großen Verwesung, über Blut und Tränen, Hunger und Not erstrahlt die Glorie Mariens. „Mersterne morgenrot . . ."[42] Bis ins 12. Jahrhundert hatten sich Eva und Maria als einander ausgleichend gehalten. Die Frau, die die Menschen mit der Erbsünde befleckte, und die Frau, die den Sohn Gottes ohne alle Sünde gebar. Eva aber wird von jetzt an immer irdischer, den Menschen verhafteter und Maria himmlischer, leibloser, entrückter.* Eva ist personifiziert in allen irdischen Frauen, und nur die, die ihre Eva-Natur durch ein außerordentlich keusches Leben zu zügeln vermögen, geben zumindest doch die Erbsünde nicht weiter, sondern tragen sie allein.

Die Verklärung Mariens nahm ihren Anfang mit dem Zerfall der eschatologischen Hoffnung seit dem 2. Jahrhundert nach Christi Geburt. Gleichzeitig damit setzte eine Konsolidierung des Verhältnisses der Kirche zur Welt ein. Als 360 Kaiser Konstantin das Christentum annahm, hatte es sich Kaiser und Staat längst würdig erwiesen. „Das Entscheidende war schon geschehn. Die Erscheinung Jesu hatte das Wunder schon bedeutet. Die wirkliche geschichtliche Welt brauchte sich nicht mehr zu

* „Eva braht uns zwiscentot.
der eine ienoch richsenot -
du biz das ander wib -
diu uns brahte den lib -
der tiufel geriet das mort -
Gabrhel chunte dir das gotes wort -
sancta Maria."[43]

und in einer anderen Mariensequenz heißt es:

„jemer magest ein ende -
muoter ane missewende -
frouwe. du hast versüenet -
daz Eva zerstorte."[44]

Eva erscheint als die Sündenmutter, doch Maria ist dafür auch die Erlösermutter, so ist alles noch heilsgeschichtlich recht bestellt.

verändern, äußerlich konnte alles bleiben wie es war, Staat, Gesellschaft, Recht, Wirtschaft, denn das Heil war ein innerliches, geistiges, unhistorisches, individuelles geworden, garantiert durch den Glauben an Jesus. Die Hoffnung auf die reale historische Erlösung ist ersetzt durch den Glauben an die schon vollzogene geistige, individuelle."[45] Diese Ersetzung aber vollzog sich nicht lautlos und nicht ohne Niederschlag. Vollzieht sich die Erlösung individuell und im Geiste, so muß sich jeder einzelne prüfen, wie weit er damit sei, wie nah ihm das Heil schon gekommen – oder aber er muß daraufhin geprüft werden.★ Die verhehlte Wut aber über die ebenso verhehlte Enttäuschung schlug sich nieder in der Grausamkeit gegen das, was ohnehin schon für dergleichen freigegeben war: den Körper. Der Auferstehungsleib Jesu Christi war zu nahe gewesen, zu greifbar, als daß er sich ohne weiteres vergessen ließe. Nun aber war sich zu begnügen in fehlgeschlagener, enttäuschter Hoffnung mit dem gebresthaften eigenen, dem menschlich-kläglichen, mit der Erbsünde behafteten, der auch keinen Teil haben sollte an der Erfahrung des geistigen Heils. Das Urteil über den Körper und seine Erlösung war gefallen. Seine Auferstehung wurde zwar festgehalten aber auf den Tag des Jüngsten Gerichts, der Herabkunft Christi vertagt. Hatte der Sohn aber hier und jetzt den Leib versagt, so blieb doch die Zuflucht zur gnadenreichen Mutter, derjenigen, die ihm seinen Leib gegeben hatte.

Und war das Bestehende nicht zu ändern, war es doch geheiligt durch das Erscheinen Christi in der Zeit, war Heilsgeschichte geworden, nur Gott noch unterworfen und nicht mehr menschlichem Willen, vollzog sich sein Wille. Die soziale Schichtung der Gesellschaft war geheiligt, 'alle Obrigkeit war von Gott', gleich waren sich alle Menschen darin, daß vor Gott sie alle Sünder waren, und hier hielt sich noch eine kleine Rankune

★ Es ist möglich, daß die Gewissensprüfung und Introspektion hier ihren Anfang nimmt. Aurelius Augustinus[46] schreibt seine 'confessiones' oder Bekenntnisse, ein hervorragendes Beispiel von Introspektion zum Zweck der Erfahrung und Überprüfung, ob man nun in der Erleuchtung stehe oder nicht (zu Beichte und Geständnis, s.u. 5. Kap.).

gegen den Privilegierten, denn es war leichter für ein Kamel durch ein Nadelöhr zu gehen, als für einen Reichen in den Himmel zu kommen. Ihre soziale Funktion machte sie nicht mehr mitverantwortlich für das Elend, dafür, daß im Reiche des Sohns keine Freude herrschte. Verantwortlich waren Sünde, Laster, Begierde, denen der Einzelne in der Schwäche seines Leibes unterlag. „In dem man leidet, sich selbst entmannt, findet man einen Ausweg aus dem drückenden Schuldgefühl und hat eine Chance Verzeihung und Liebe zu erhalten."[47] Christus wird zum Kind und Maria zur großen Mutter, die das Kind, und sind nicht alle Kinder, hat Christus nicht gesagt, sie sollen werden wie die Kindlein, an ihrem Busen birgt.*

„Die Bedeutung, die die mütterliche Gottheit für das Christentum vom vierten Jahrhundert an zu spielen beginnt ... wird in zwei Tatsachen deutlich: in der Rolle, die die Kirche (die Braut Christi, A.D.) als solche zu spielen beginnt, und im Kultus der Maria."[49] Dem frühen Christentum ist die Idee einer Kirche noch gänzlich fremd, es lebt in ständiger, gegenwärtiger Heilserwartung. Erst im Laufe der Entwicklung bildet sich eine hierarchische arbeitsteilige Organisation heraus.**

* „Die von Paulus gegründete Kirche in Ephesos blieb ihm nicht lange treu. Sie geriet unter den Einfluß eines Mannes, Johannes ... Die Tradititon ließ ihn mit dem Apostel Johannes zusammenfallen, dem das vierte Evangelium zugeschrieben wird. Nach diesem Evangelium hatte Jesus am Kreuz seinem Lieblingsschüler auf Maria deutend zugerufen: Siehe, das ist deine Mutter, und von diesem Augenblick an nahm Johannes die Maria zu sich. Wenn also Johannes nach Ephesos gegangen war, so war auch Maria mit ihm dahingekommen. In Ephesos erhob sich also neben der Kirche des Apostels die erste, schon im vierten Jahrhundert bezeugte, Basilika zu Ehren der neuen mütterlichen Gottheit der Christen. Die Stadt hatte ihre große Göttin wieder, es hatte sich außer dem Namen wenig verändert ..."[48] Artemis-Diana und Maria, beide sind jungfräuliche Göttinnen.

** Mit der Entwicklung der hierarchischen Struktur hängt auch die Formalisierung der Lehre zusammen. „Nicht als ob der mittelalterliche Katholizismus das Irrationale leugnen würde.

„Im Nestorianischen Streit wird 431 gegen Nestor entschieden, daß Maria nicht nur die Christus-Mutter, sondern auch die Gottes-Mutter ist, und vom Ende des vierten Jahrhunderts an, beginnt man ihr einen eigenen Kultus zu widmen und Gebete an sie zu richten. Zur gleichen Zeit etwa beginnt auch die Darstellung der Maria in der bildenden Kunst eine große und immer wachsende Rolle zu spielen. . . Aus der Begnadigten wird

Als echte Religion, die er zweifellos ist, strömt er davon über. Aber das römische Element in ihm treibt ihn immer wieder zur Rationalisierung des Irrationalen, zur gesetzlichen Regelung des letzten Endes in keine Norm zu zwängenden religiösen Erlebnisses. Man sagt wohl 'credo, ut intelligam' . . ., aber man rastet nicht, bis der ganze Glaubensinhalt in ein philosophisches System gepreßt ist. Man spricht im Anschluß an Paulus und Augustin von der freien Gnadenwahl Gottes, der verdammt und selig macht, wie er will; doch die Praxis unterscheidet kaum noch zwischen Christus, dem Herrn des Himmels, . . . und dem Papste, dem Stellvertreter und Nachfolger . . . Die Hoffnung, jene Hochspannung der Seele, die dem Gefühl entspringt, inmitten überwältigender Gefahren von allmächtiger Huld umschirmt zu sein, wird immer mehr zu einem Rechtshandel herabgedrückt, bei dem Sünde und Sühne, Verdienst und Lohn auf Heller und Pfennig gegeneinander abgewogen werden . . . Zu dieser juristischen und formalistischen Haltung . . . kam dann . . . eine an sich fremde Unduldsamkeit."[50]

„Die Einbürgerung der Logoschristologie in den Glauben der Kirche . . . bedeutet die Umwandlung des Glaubens in eine Glaubenslehre mit griechisch-philosophischem Gepräge, sie schob die alten eschatologischen Vorstellungen zurück, ja verdrängte sie, sie setzte hinter den Christus der Geschichte einen begrifflichen Christus, ein Prinzip, sie wandelte den geschichtlichen in eine 'Erscheinung' um; sie wies den Christen auf 'Natur' und naturhafte Größen, statt auf die Person und das Sittliche, sie gab dem Glauben der Christen definitiv die Richtung auf die Kontemplation von Ideen und Lehrsätzen und bereitete damit das mönchische Leben einerseits, das bevormundete Christentum der unvollkommenen, tätigen Laien anderseits vor; . . ."[51]

sie die Gnadenreiche, die Gnadenspenderin mit einer Milde, wie man sie selbst Christus nicht zutraute. Maria mit dem Kinde wird zum Sinnbild des katholischen Mittelalters."[52] Diese Entwicklung mag auch mit einem recht irdischen Bedürfnis zusammenhängen. Verhungerungsangst und die Glückseligkeit oraler Befriedigung, die Erinnerung daran im Seelenleben des Einzelnen und die Kehrung in ein melancholisches Phänomen. „Die Qualen des Hungers werden zur seelischen Vorstufe der späteren 'Strafen' und über die Schule der Strafen hindurch zum Urmechanismus der Selbstbestrafung, die dann in der Melancholie zu einer so verhängnisvollen Bedeutung gelangt.[53]*

* Schuld- bzw. Versündigungsangst und Verarmungs- resp. Verhungerungsangst bilden nach Bilz zwei „Facetten der Daseins-Angst."[54] Sichtbar werden sie im Krankheitsbild des Melancholikers, der u.a. darüber klagt, „daß er schwere Schuld auf sich geladen hat, und . . . daß sie um ihre Zukunft besorgt sein müssen."[55] Die von der Kirche geschürte Schuldangst verbindet sich so auch noch mit der ständig drohenden Verhungerung. Denn zumindest für die unteren Bevölkerungsschichten war keine ausreichende Ernährungsgrundlage langfristig vorhanden. Die Phantasie und der Traum vom Schlaraffenland wiesen auch darauf hin; in ihnen ist jedoch der Schuld-Zusammenhang getilgt. In ihrer Utopie enthalten sie die Vorstellung, von einem Land, in dem alle gleich sind, denn alle sind gleich gut dran; „es gibt weder Mühe noch Arbeit. Gebratene Tauben fliegen ins Maul, jede Taube auf dem Dach ist bereits wie eine in der Hand, alle Dinge und alle Träume sind als Gebrauchsgüter zur Hand. So leben die Schlaraffen angenehm . . . Fröhlich hat das Volk sein nahrhaftestes Märchen, sein sinnfälliges utopisches Modell weiter ausgemalt . . . die Weinstöcke sind mit Bratwürsten zusammengebunden . . . die Bäche fließen mit bestem Muskatellerwein. Tischleindeckdich . . . sind hier als öffentliche Einrichtung da, als Glückslage schlechthin."[56]

Außer dem Hunger entrinnt man in diesem Land auch den Gebresten des Alters: „Auch ist in dem Land ein Jungbrunn,/ Darin verjungen sich die Alten . . . "[57] Nichts mehr ist zu spüren von der Lebensnot und den Eigenschaften, die sie notwendig

Hinter der maßlosen Verarmungsangst des Melancholikers ist ja auch nur die Angst vor dem Verhungern (also an körperlichem Besitz verarmen)* verborgen, mit der die Vitalität eines normalen Ichrestes auf die lebensbedrohliche melancholische Sühnereaktion reagierte. Das Trinken an der Brust aber bleibt das strahlende Vorbild der unausbleiblichen, verzeihenden Liebeszuwendung. Es ist gewiß kein Zufall, daß die stillende Madonna mit dem Kind zum Sinnbild einer mächtigen Religion und durch ihre Vermittlung zu dem einer ganzen Epoche unserer abendländischen Kultur geworden ist. Ich meine die Zurückführung des Sinnzusammenhanges Schuld-Sühne-Verzeihung auf die frühinfantile Erlebnisreihe Wut-Hunger-Trinken an der Brust erklärt und das Rätsel, warum die Hoffnung auf Absolution und Liebe die vielleicht mächtigste Bindung ist, die wir in den hohen Schichten des menschlichen Seelenlebens antreffen."[59]**

macht, ja, sie sind geradezu unerwünscht. Der Faulste wird König, der Schuldner bekommt noch Geld dazu . . . usw. Es fehlt die Schuld, es fehlt die Angst vor dem Hunger, es fehlt die Religion in jenem Land Schlaraffia.

* Nun war die bloße Erhaltung des Körpers aber selber schon mit Mißtrauen belastet; war sie auch nur nicht mit Genuß verbunden?[58] Es entsteht quasi ein mehrschichtiges, ineinander gewendeltes Schuld -Verhungerungssyndrom.

** „In der Phantasie der großen verzeihenden Mutter liegt der Höhepunkt der Befriedigung, die das katholische Christentum der Phantasie der Massen zu bieten hatte. Je mehr die Massen litten, je mehr ihre reale Situation der des leidenden Jesus glich, desto mehr konnte und mußte in der Phantasie neben der Figur des Leidenden Jesus die des seligen Säuglings treten, desto mehr aber mußten die Menschen zu einer passiven, infantilen Haltung regredieren. Diese Haltung schloß die aktive Empörung gegen die Herrschenden aus, sie war die seelische Verfassung, wie sie dem Menschen der ständisch aufgebauten mittelalterlichen Gesellschaft entsprach, der sich in einer oralen Abhängigkeit von den Herrschenden befand (befanden sich aber nicht vornehmlich die herrschenden Feudalherrn in oraler Abhängigkeit von

Die Trauer aber, die bleibt, wird selber zum Kult. Es ist die alte Trauer über den „unzerreißbaren Kreislauf von Leben und Tod, Gebären und Sterben!"[63] Christus hatte zwar den Tod überwunden★ , aber der Tod ist doch zu allgegenwärtig

ihren Bauern, bestanden doch bis ins 12. Jahrhundert die Abgaben der Bauern an den Lehns- und Grundherrn aus Naturalien. Es mag aber eine der merkwürdigen Verdrehungen auch hier vorliegen, denen man in der Geschichte der Unterdrückten so oft begegnet. A.D.), erwartete von ihnen sein Nahrungsminimum zu erhalten, und für den das Hungern ein Beweis seiner Sünde war."[60] Nicht zufällig greifen die Ketzerbewegungen auf den armen Jesus zurück, sie erwarten das Mana, das einmal in der Wüste auf Gottes Volk in Fülle herabregnete, sodaß es seiner sogar überdrüssig wurde, und das jetzt von der Kirche streng reglementiert verteilt wird, nicht mehr von ihr, sie nehmen es wieder unter sich, verteilen es brüderlich. Sie halten 'Liebesmahle', auf daß allen Brüdern und Schwestern der gleiche Teil an Nahrung zukäme.[61]

Mit der Verteilung der verfügbaren Nahrung an alle erhebt sich auch der Ruf nach 'Gottes Gerechtigkeit'. Sie ist die Losung der Ketzer und aufständischen Bauern. Jesus, ihr armer Bruder hatte den Armen zu essen gegeben, hatte Brot und Fisch unter fünftausend von ihnen verteilt, wo anfänglich nur fünf Brote und fünf Fische vorhanden waren, keiner war je hungrig geblieben, wo er war.[62]

Die dünne Oblate jedoch, die der Priester verteilt, sättigt nicht und allzugroß ist die Macht des Klerus und allzu vielfältig die Verhängung von Kirchenstrafen (deren Verwandlung in Geldabgaben eine gute Einnahmequelle für den nimmersatten Klerus darstellt) und nur zu oft wird dem Gläubigen und Bedürftigen diese geistige Nahrung vorenthalten. Der Wein als das zweite Ingredienz war ohnhin nur dem Priester vorbehalten, denn der Becher mochte in der Hand des scheuen Gläubigen zittern und er auch noch die Schuld der nochmaligen Vergießung des Bluts des Erlösers auf sich laden.

★ Bei Papst Alexander VI, dem Zeitgenossen Savanarolas führte dieser Glaube bis zur Zauberei. Er trug „beständig die

und Christus zu fern, als daß nicht auch der Trost der gnadenreichen Mutter mit dem Kinde an der Brust willkommen wäre. Die göttliche Liebe, deren unendlicher Ausfluß die Gnadenreiche ja ist, Maria, die Reine, die Selbstlose, hingebende Liebe, Agape, sie wird verherrlicht. Den armen Leuten aber wurde damit das Leben auch recht schwer gemacht. Die göttliche war den irdischen nachgebildet, aber wie sah denn ihre irdische aus?* Das existentielle Elend war groß und allumfassend und gerade auf ihm baute die Kirche auf.** Um ihrer Erhaltung

heilige Hostie wie auch verschiedene Reliquien in einer goldenen Kapsel auf dem bloßen Leibe, als Talisman oder Fetisch . . . da ihm von einem Astrologen vorausgesagt worden war, er sei dann gegen den Tod gefeit."[64]

* „Da sie noch nicht wagen ihre Wohnungen in den Einöden, die sie umgaben, zu vereinzeln . . . begaben sie sich jeden Abend mit ihren Tieren unter das Dach einer weiten villa; davon kamen die Ungehörigkeiten her, die denen des alten ergastulum, wo man die Sklaven zusammengepfercht hatte, analog waren. Mehrere von diesen Gemeinschaften bestanden bis ins Mittelalter und noch darüber hinaus; der Gebieter kümmerte sich wenig darum, was daraus entstehen mochte, er betrachtete diesen Stamm, dieses Menschenknäuel, das zusammen aufstand und sich zusammen niederlegte, von einem Brote und aus einem Topfe aß, als eine Familie. In einem solchen Verhältnis, wo durchaus kein Unterschied stattfand, war die Frau nicht gut aufgehoben . . . galt das wirkliche Weib sehr wenig in diesen ländlichen Massen, in diesem Gemisch von Mensch und Vieh."[65]

** „Die Kirche, die katholische und die protestantische, hat durch die Jahrhunderte den Schaden kompensiert, den das Vorbild der Propheten und des Nazareners der Gesellschaft hätte antun können. Indem sie deren gefährliche Lehre usurpierte, bewahrte sie die Menschen davor, ihr nachzuleben, keine Götzen mehr anzubeten, die Gefangenen zu befreien und die Menschen zu lieben. Mit dem Bild des als Aufrührer Gehenkten hat sie Gerichtssäle und Folterkammern geschmückt, die Barbarei gesegnet, an der nicht teilzuhaben, die zu beenden, ja aus der zu fliehen und zu erlösen die Sehnsucht jener war. Die Kirche ist die

willen durfte auch nicht ein Schimmer menschlichen, irdischen Glücks aufleuchten. Das Band, das zwischen Menschen entstehen konnte, durch die Lust und die Freude, die sie sich zu geben imstande waren, unter auch noch so kümmerlichen Verhältnissen, durfte erst gar nicht entstehen. Der Gott war ein eifersüchtiger Gott und seine Kirche eine argusäugige, zuschlagende, solange es um das Vergnügen der Armen ging. Die Zerstörung der Liebe nimmt ihren Anfang gleichzeitig mit dem Beginn der Akkumulation von Eigentum und Macht. Sie steht unter dem Zeichen des liebenden, hingebenden Leidens und so vermögen Spätere die Liebe nur noch in jenem Zustande zu sehen, den einer schon der Seele zugeschrieben hatte. „Wir sehen sie nur in solchem Zustande wie die, welche dem Meergott Glaukos ansichtig werden, doch nicht leicht seine ehemalige Natur zu Gesicht bekommen, weil sowohl seine alten Gliedmaßen teils zerschlagen, teils zerstoßen und auf alle Weise von den Wellen beschädigt sind, als auch ihm ganz neues zugewachsen ist, Muscheln, Tang, Gesteine, so daß er eher einem Ungeheuer ähnlich sieht, als dem, was er vorher war."[67]

Durch all das wurde notwendig auch das Verhältnis von Mann und Frau in der Ehe affiziert. Von der Kirche als die einzige Form der Liebe zugelassen, wird sie von ihr zum Sakrament erklärt.[68]★ Für das christliche Konzept der Ehe als ein Sakrament, die das Ebenbild der mythischen Union zwischen Christi

Maßnahme, durch welche die Menschheit die Erfahrung des heillosen Elends ihrer Existenz zu überkompensieren unternahm, das Elend als Mittel der Seligkeit. Der Versuch ist zu Ende, die heutigen Lenker der Kirche erkennen den schlechten Widerspruch, sie sind im Grunde bereit, die Seligkeit, ja den Gott über den Sternen in Symbole umzufunktionieren. Die Gesellschaft, die einmal die christliche hieß, ist so stumpf geworden, daß die Erfahrung der Propheten sie nicht mehr bewegt."[66] Nicht mehr bewegt auch, weil immer wieder besiegt, solange sie bei den Ketzern noch am Leben war. Spätere Aufstände wurden von anderer Hoffnung getragen als die nach Gottes Gerechtigkeit.

★ „Die rechtliche Form der Eheschließung veränderte sich langsam im Verlauf des Mittelalters, wobei die Kirche danach

und seiner Kirche darstellt, war wohl der „Symbolismus der heiligen Hochzeit als Verbindung zwischen Gott und Mensch eine Vorstufe".[71] Die Kirche selbst ist die Braut Christi, alle Nonnen sind mit ihm verlobt und tragen zum Zeichen dieses Verlöbnisses einen Ring.[72] Als die keuschen Bräute Christi stellen aber gerade sie eine besondere Verlockung für den Teufel dar.* Er fällt über sie her, nimmt Besitz von ihnen, sie sind von ihm und seinen Heerscharen besessen.

strebte, der kirchlichen Segnung der Ehe ein immer größeres Gewicht im Verhältnis zu den weltlichen Akten, Verlöbnis und Beilager, zu verleihen."[69] Zunächst war die Kirche an der Trauung nicht beteiligt. „Dann zog sie diesen Akt räumlich vor die Kirchenpforte, lokalisierte ihn 'ante ostium ecclesiae', wovon solche Denkmäler wie die anmutige Skulptur der ritterlichen Verlobung über der Rottweiler Brautpforte Zeugnis ablegen. Hier also fand nun die Rechtshandlung statt, zunächst noch durch den Vormund, aber doch zumindest in der Gegenwart des Geistlichen, der sie mit seinem Segen, der Benediction beschloß. Dem folgte dann der Eintritt der Hochzeitsgesellschaft in die Kirche und die Brautmesse als eigentlich kirchliche Handlung, nachdem das weltliche Geschäft, die vormundschaftliche Trauung abgeschlossen war. Eine spezifisch kirchliche Trauung gab es also in diesem Stadium, das etwa bis 1200 anzusetzen ist, noch nicht."[70]

* Die Zeit der großen Besessenheiten der Nonnen, der Herrschaft des Teufels in den Nonnenklöstern fällt in die erste Hälfte des 17. Jahrhunderts. „Es war allzuleicht, diejenigen zu täuschen, die getäuscht werden sollten. Das Zölibat war damals schwieriger als im Mittelalter, weil das Fasten und Zuraderlassen im Kloster seltener geworden war. Viele starben an diesem grausam untätigen Leben und an Nervenüberreiztheit. Sie verbargen ihr Martyrium kaum, sagten es ihren Schwestern, ihrem Beichtvater, der Jungfrau. Das ist eher rührend als lächerlich, mitleiderregend. In einem italienischen Inquisitionsregister steht folgendes Geständnis einer Nonne, die in aller Unschuld zur Madonna sagte: 'Um der Gnade willen, Heilige Jungfrau, gebt mir jemanden, mit dem ich sündigen kann.' Das war ein wirkliches

Problem für den Beichtvater, der welchen Alters auch immer, in Gefahr war."[73]

Die meisten Nonnen waren wohl nicht allzu freiwillig in die Klöster eingetreten, sondern befanden sich eher dort aus Gründen der Familienraison und anderer ähnlicher Ursachen. Die Besessenheit war eine Art Hysterie, auch Geschäft, denn sie rückte das betreffende Kloster in den Mittelpunkt der Aufmerksamkeit – wie Loudon[74] zeigt. Die hysterische Nonne taucht aus der Anonymität und Vergrabenheit des Klosters auf, spielt eine Rolle, wenn auch die traurigste in diesem traurig-fürchterlichen Spektakel stets den Frauen zufiel, während die Kirche in Gestalt ihres Priesters ihre Macht über die Teufel und Dämonen bewies. Es mochte aber auch vorkommen, daß auch er einem wunderlichen Schicksal verfiel. (so das des armen Pater Surin, der in Loudon agierte.)[75] Besessenheit, die ganze Klöster erfaßte, rechnet Jaspers[76] unter die „psychischen Epidemien". „Schließlich sind im 16. und 17. Jahrhundert die Klosterepidemien verbreitet gewesen, bei denen die Nonnen scharenweise vom Teufel besessen waren und die mit dem Hin und Her von Teufelsaustreibung und -rückkehr höchst dramatische Verläufe nahmen. Wenn der Bischof Hausarrest und Separierung der Nonnen befahl, erlosch eine Epidemie sofort, während sie rapide wuchs, wenn sie durch öffentliche Teufelsaustreibung seitens priesterlicher Exorzisten bekämpft wurde. All diese Epidemien lassen sich nach einzelnen dabei beschriebenen Symptomen übereinstimmend mit hysterischen Erscheinungen identifizieren, die je nach dem Milieu und den Anschauungen ihre wechselnden Inhalte hatten . . . Wir dürfen annehmen, daß die besondere Zeit durch die ihr eigentümlichen Erlebnisse, Glaubensanschauungen und die dadurch angefachten Triebe und Zwecke die sonst ruhenden Mechanismen in Bewegung setzt, die so ein von gewissen Kulturkreisen benutztes Werkzeug werden, während sie sonst nichts als krankhaft gewertete und isoliert bleibende Phänomene sind."[77]

Besessenheit definiert Jaspers folgendermaßen: „Besessenheit. Daß Geister (Dämonen und Engel, Teufel und Götter) in den Menschen fahren und von ihm Besitz ergreifen, ist eine Vorstellung aller Völker und Zeiten. Die körperlichen Krankheiten wurden durch Dämonen erklärt, erst recht die geistigen, und

Der Kirche gehörte bald ein Drittel des Bodens in Europa. Jeder neunte in Deutschland besitzt die geistigen Weihen. Thomas von Aquin, doctor angelicus, verkündet: Das Weib verhält sich zum Mann wie das Unvollkommene und Defekte (imperfectum, deficiens) zum Vollkommenen (perfectum). Die dreifache Minderwertigkeit der Frau wird festgestellt: die im Werden oder biogenetische Minderwertigkeit, die im Sein oder qualitative und die im Tätigsein, d.i. die funktionale Minderwertigkeit. Doch da sind auch die Ketzerbewegungen, die stellen beides in Frage: die hierarchisierte Kirche und Lehre und die erstarkende Staatsmacht. Die ersten Ketzer sind die Bogomilen, am Ende des 10. Jahrhunderts. Ihr Kampf gegen eine Kirche, die den

hier vor allem solche, in der plötzlich ein Mensch sich in eine andre Person zu verwandeln scheint, Stimme und Haltung, Ausdruck des Gesichts und Inhalt seiner Reden eine andere Persönlichkeit kundgeben, und in denen diese Veränderung auch plötzlich wieder verschwindet. Im engsten und eigentlichen Sinne aber spricht man von Besessenheit, wo der Kranke selber erlebt, daß er zugleich zwei Wesen ist, zwei völlig heterogene Gefühlsweisen mit zwei Ichen vollzieht ... Es ist klar, daß Besessenheit nur eine primitive Theorie ist, und daß die dieser Vorstellung zu Grunde liegende Wirklichkeit höchst mannigfaltig ist ..."[78]

Die Kirche aber erklärte die Besessenheit der Nonnen durch Behexung. In Loudon konnte man sogar den Pakt zwischen dem Teufel und dem Pater Grandier, der die Teufel in die Nonnen gehext hatte vorweisen. Grandier wurde als Hexe verbrannt.

Die Aufklärung rationalisiert die Besessenheit hinweg, sie „wäre nur eine Wirkung der eingeschlossenen, sitzenden, trocknen und langweiligen Lebensweise der Klöster. Die 6500 Teufel der kleinen Madeleine des Gauffridi[79], die Legionen, die sich in dem Körper der erbitterten Nonnen von Loudon, von Louviers bekämpften, werden von diesen Doktoren physische Stürme genannt. Der Chirurg de Cadière[80] sagt trocken: „Es ist nichts weiter, als eine Unterbrechung der Tätigkeit der Gebärmutter."[81] Vielleicht handelt es sich um eins der neuen dem Glaukos zugewachsenen Glieder ...

Heilsanspruch für sich monopolisiert hatte, währt bis 1463, als sich die Bosniaken den Türken freiwillig ergaben. Lieber Moslem als Kirchenchrist. Als sehr tapfere und kühne Kämpfer bekannt ergeben sie sich nach hunderten von Jahren des Widerstands kampflos den Moslems um bei einem Bündnis mit den offiziösen Christen nicht der Inquisition in die Hände zu fallen, für immer. In Frankreich sammeln sich die Katharer, die Albigenser. In Italien sind es die lombardischen Ketzer, die Waldenser, die Arnoldisten und Apostelbrüder. Als „Träger der antikirchlichen Opposition und des Kampfs um Gleichheit und Gerechtigkeit"[82] schlagen die Dolcisten die Schlacht auf dem Berg gegen das Heer der Inquisition 1307. In Böhmen führen Prokop, Zizka, Hus die Ketzer an. Der Berg Tabor, die Gottesstadt wird konkrete Utopie, Reich Gottes. Im 13. Jahrhundert breiteten sich besonders in den Gegenden entlang des Rheins, in Basel, Straßburg, Mainz und Köln bis hin in die Niederlande die „Brüder und Schwestern vom Freien (Hohen) Geist" aus; in ihnen hat der hl. Geist Wohnung genommen und sie damit zu solch hoher Geistesvollkommenheit geläutert, daß sie „im Fleisch und seinen Lüsten"[83] nicht mehr zu sündigen vermögen und so leben sie schon auf Erden im Unschuldszustand des Paradieses.*

* Dazu gehörte auch die Nacktheit bei ihren Zusammenkünften. Von der Nacktheit und der Nacktheit in der Taufe sagt noch der Kirchenvater Cyrill: „welch wunderbares Geschehen. Nackt gewesen seid ihr vor aller Augen und habt es doch nicht als Schande empfunden. Das Bild, das ihr in Wahrheit in der Seele tragt, es ist das Bild des ersten Adam, der im Paradies nackt war und dies nicht als Schande fühlte."[84] „Rituelle Nacktheit ist gleichbedeutend mit Unversehrtheit, mit Fülle, mit dem Paradies ist sinngemäß das Fehlen von Kleidern mitgemeint: Das Nichtvorhandensein jenes 'Verschleißes', der das archetypische Bild der Zeit abgibt. Was die Sehnsucht nach dem Paradies betrifft: sie ist allgemein in der Menschheit . . . jede rituelle Nacktheit schließt ein außer der Zeit befindliches Urbild in sich: ein Paradiesbild."[85] (Zum Vorwurf der Nacktheit gegen die Hexen s.u. 4. Kap.)

Untereinander nannten sie sich 'Adamskinder'. Alle waren sie Nachkommen von Adam und Eva, miteinander verschwistert, so suchten sie einander sich zu erkennen und sich in „Geist und Freiheit zu dem Urzustand der Gottesebenbildlichkeit zurückzuläutern."[86] Ihre Liebe ist deswegen nicht einem individuellen Gegenüber zugeeignet und nur auf ihn oder sie bezogen, sondern ihre Liebe gilt all ihren Geschwistern, ja der Menschheit. So treten sie auch nicht in eine ausschließliche, festgefügte Beziehung zu einem Partner, so gehen sie keine Ehe ein. Für die Kirche war die Ehe ohnehin lediglich ein Zugeständnis an die Schwäche von menschlichem Geist und Fleisch gewesen – aus welchem sie jedoch eine Menge Geld bezog, denn die Vergabe des Sakraments war an eine Gebühr geknüpft. Ehelosigkeit und Enthaltsamkeit waren der ideale sittliche Zustand des Christen. Die weltliche Ehe war eher ein juristisches Verhältnis[87]★ , denn ein Liebesverhältnis und ihre Formen waren nicht so streng, als daß sie sich nicht hätten durchbrechen lassen. Für ein adamitisches Paar wurde zum Anziehungspunkt gegenseitiger Zuneigung nicht Grund und Boden, Verwandtschaft, etc. sondern die 'Wahlverwandtschaft'. „Das theologische System der Adamiten bot eine mystisch-pantheistische Erlösungslehre. Urzeit und Endzeit aneinander knüpfend vereinigten sie drei Gedankenkreise: die Endzeitprophetie des kalabreser Abtes Joachim di Fiore★★ , die Lehre von der 'Wiederbringung aller' des Origines und neuplatonisches Gedankengut, dessen Filiation sich von

★ „Über freie Verbindungen von Mann und Frau herrschten überhaupt im Volk vielfach recht laxe Vorstellungen und uneheliche Kinder gab es das ganze Mittelalter in großer Zahl. Ehebruch findet sich allerdings bei Männern ungleich häufiger als bei Frauen, doch scheint man es zuweilen in dieser Beziehung auch bei den Frauen nicht allzu genau genommen zu haben."[88]

★★ „Die folgenreichste Sozialutopie des Mittelalters wurde von dem kalabrischen Abt Joachim di Fiore aufgestellt (um 1200). Ihm ging es nicht darum, Kirche, gar Staat von ihren Greueln zu reinigen, sie wurden statt dessen abgeschafft . . . Es gibt, lehrt Joachim, drei Stufen der Geschichte und jede ist näher zum betreibbaren Durchbruch des Reichs. Die erste Stufe ist

Johannes Scotus Eriugena, dem ersten Mittler griechischer Spekulation und Mystik an das Abendland bis zum abschließenden Pico della Mirandola erstreckt."[91] Den Staat lehnten die Brüder und Schwestern vom freien Geist ab, wie es später auch die Täufer taten, so kam es, daß sie den politischen Machtansprüchen des Staats und dem seelischen (und allen damit verbundenen irdischen) der Kirche ein Greuel waren. Sie lehnten Krieg, Eid und Beamtung ab und so fielen weltliche und Inquisitionsgerichte über sie her und machten 1330 gegen den 'Bruder Wilhelm' den Prozeß. Er sollte verschiedene Thesen seiner Lehre widerrufen[92]: „. . . zweitens daß der natürliche Geschlechtsakt in einem Sinne vor sich gehen könne, daß er das gleiche wert sei, wie ein Gebet vor Gott . . . sechstens, daß der äußere Mensch den inneren nicht beflecken könne . . ." usw.[93] Für die Liebe und die Nacktheit der Adamiten hatte die Kirche nur den Scheiterhaufen. Sie ertranken im Schmerz gequälten und verbrennenden Fleisches; die Hexenverfolgung aber hatte noch nicht begonnen.★

die des Vaters, des alten Testaments, der Furcht und des gewußten Gesetzes. Die zweite Stufe ist die des Sohnes oder Neuen Testaments, der Liebe und der Kirche, die in Kleriker und Laien geschieden ist. Die dritte Stufe, die bevorsteht, ist die des Heiligen Geistes oder der Erleuchtung aller, in mystischer Demokratie, ohne Herren und Kirche . . . Joachim führt diese Folge vielfach aus, meist mit unmittelbarem Bezug auf seine Zeit, als eine geglaubte Endzeit, und mit der politischen Prognose, daß die Herren und Pfaffen nicht mehr so weiter leben können, die 'Laien' nicht so weiter leben wollen wie bisher."[89] Noch Münzer bezieht sich auf Fiore. „Ihr sollt wissen, daß sie diese Lehre dem Abt Joachim zuschreiben und heißen sie ein ewiges Evangelium mit großem Spott. Der deutsche Bauernkrieg vertrieb den Spott sehr; noch die Radikalen der englischen Revolution, die agrarkommunistischen Diggers, die Millenarier und Quintomonarchisten tragen alle das Erbe Joachims und der Täufer zugleich."[90]

★ J.B. Russell[94] vertritt die These, daß die Hexen aus der Ketzerbewegung hervorgegangen seien, zumindest was die inquisitorische Seite der Angelegenheit beträfe.

Gegen Ende des 12. Jahrhunderts hatten sich Staat und Kirche auf ein gemeinsames Vorgehen gegen die Ketzer geeinigt. „Nach einigem Schwanken über das Vorgehen gegen beide Gruppen (Waldenser und Katharer) griff man gegen Ende des 12. Jahrhunderts auf die römische Gesetzgebung über die Majestätsverbrechen zurück und erklärte, wenn schon das Verbrechen gegen die irdische Majestät mit Todesstrafe und völliger Güterkonfiskation gesühnt werden müsse, so erst recht wohl das gegen die göttliche. Die weltlichen Gewalten, so auch Kaiser Friedrich II, pflichteten bereitwillig dieser kirchlichen Auffassung bei★ und schritten nun ihrerseits mit denkbar größter Strenge gegen die Ketzer ein."[95] Üblich war es, zu Kreuzzügen gegen sie aufzurufen, die Teilnahme am Krieg gewährte dem allerchristlichsten Ritter Ablaß für alle Sünden, und auch vom Hab und Gut der mit Gottes Hilfe besiegten Ketzer blieb ihm noch ein Beuteteil, nachdem Kirche und Kaiser oder König sich den ihren genommen.★★ Gegen die Überlebenden in den besiegten und eroberten Gebieten oder in denen, wo es etwas unruhig wurde um den festen Stand der Kirche, rückte die Inquisition vor.★★★ In der Hauptsache wurde sie von den Mönchen des Dominikaner Ordens ★★★★ betrieben. Ihrer Opfer habhaft wurde sie in den meisten Fällen durch Denunziation[97], Bestätigung erlangte der Verdacht in der Folter, der sie den Verdächti-

★ Wer sich gegen Gott auflehnte, wie leicht konnte dieser sich erst gegen den Kaiser und die sich befestigende Staatsmacht auflehnen? Die Kriege, die Kirche und Staat gegen die Ketzer führen sind ein wichtiger Faktor in der Konsolidierung der Staats- und Kirchenmacht.

★★ Die Auswirkung der Kreuzzüge auf die ursprüngliche Akkumulation ist nicht zu unterschätzen.

★★★ Die Grausamkeit der Inquisition erscheint schon als die Grausamkeit des geschichtlich Überholten; sie „praktiziert schon die Wut darüber, daß die Einführung des Christentums mißlungen ist, die Wut, die dann im Faschismus offen das Christentum widerruft."[96]

★★★★ Domini canes, Hunde des Herrn; welche Perversität resultierte, als man ein Tier der Göttin zum Symbol eines Männerbundes machte.

gen unterwarfen. Reichten die Vorwürfe nicht aus, ihn zu verbrennen, so wurde er eingemauert. 'In pace' lautet der terminus technicus hierfür. War der Leib verloren, so konnte die Seele durch das Eingeständnis der Sünde – und sei es, daß es von den Mönchen erzwungen werden mußte – noch gerettet werden.*

Die Inquisition war das Werkzeug der Kirche zur Stabilisierung ihrer geistigen, seelischen, politisch-ökonomischen (die sie dann allerdings mit dem König von Frankreich und dem römischen Kaiser deutscher Nation teilte) Hegemonie. Sie richtete sich vornehmlich gegen Ketzer, Mauren, Juden und Hexen. Ihre Waffe waren Schrecken und Schmerz.**

* So sagt Tihlmann, der Dechant von Renais „Es ist unerträglich solches Ketzergewürm den Kopf vor seinen Richtern erheben zu sehn. Ihren Leib zu verbrennen ist eine vergängliche Strafe. Man muß ihre Seele retten und sie auf der Folter zwingen ihre Irrtümer zu widerrufen, damit sie dem Volk nicht das gefährliche Schauspiel von Ketzern geben, die in Unbußfertigkeit sterben."[98]

„Wenn die Inquisitoren einst ihr scheußliches Amt im Dienste beutegieriger Herrschaft damit verbrämten, daß sie für das Wohl der irrenden Seele eingesetzt seien oder um die Sünden abzuwaschen, so galt ihnen der Himmel schon als drittes Reich, in das die unsicheren Kantonisten, die Ärgernis Erregenden, nur durch ein Schulungslager zu gelangen hätten."[99] Ähnlich den faschistischen Konzentrationslagern war auch aus den Kerkern der Inquisition kein Ausgang vorgesehen für den Lebenden, den Zeugen.

** „Der Schmerz ist das Urbild der Arbeit in der Klassengesellschaft und zugleich ihr Organon. Philosophie und Theologie haben es seit jeher ausgesprochen. Daß Geschichte Arbeit bisher nur als Bedingung und Folge von Herrschaft kennt, spiegelt die Denker mit dem Loblied des Schmerzes zurück. Sie rechtfertigen ihn, weil er zur Vernunft antreibt, die sich in dieser Welt zu behaupten weiß. 'Lehre uns bedenken, daß wir sterben müssen, auf daß wir klug werden', heißt es in Luthers Übersetzung des 90. Psalms. Der Schmerz ist der 'Stachel der Tätigkeit' sagt Kant, und Voltaire: 'Das Gefühl des Schmerzes mußte sein, um uns an die Selbsterhaltung zu gemahnen'."[100]

Der Schmerz war der Kitt, um die Gesellschaft, die sich im Mittelalter verfestigte und die nach dem Willen ihrer Oberen zumindest bis zur Wiederkunft Christi dauern sollte, zusammenzuhalten★. Er war das physische Korrelat der Drohung, die gegen alle potentiellen Abweichenden sich richtete; eng damit verknüpft erscheint das Verbot, die Zukunft zu erforschen, die Vergangenheit zu beschwören (d.h. letztlich überhaupt Forschung zu betreiben, die das Bild, das die Kirche vom Weltkreis gemacht hatte, in Frage stellten. So wurde Giordano Bruno 1600 in Rom als Ketzer verbrannt, weil er es gewagt hatte, die Lehre des Kopernikus zum Weltbild zu erweitern. 1633 schwor Galilei vor einem Inquisitionsgericht in Rom aus Angst davor, daß es ihm erginge wie seinem Lehrer Bruno, seinem Werke ab.)

★ Der angewandten Pein korrelierte die imaginierte. Die Teufel und Dämonen martern die Seelen der Sünder in der Hölle.[101] Nicht nur, daß sie strafen, ihnen ist auch die Lust an der Qual, davon nähren sie sich geradezu. „Das ist die Lehre, die man in den naiven, an den Kirchentüren angebrachten Skulpturen fand; man lernte daselbst die entsetzliche Lehre von der Wollust des Schmerzes."[102]

Im hiesigen Schmerz schreit die Kreatur auf. Im Leib des Menschen wird auch die Natur gefoltert (so wie man Ziegen und andere Tiere als Hexen anklagen und verbrennen konnte); mit dem Übel geht man auch der Wurzel zuleibe: ist die Natur gestorben, so ist auch die Versuchung tot. Michelet spricht von der „Unfähigkeit der Kirche, etwas zu erzeugen".[103] (Und scheint es nicht so, daß es kaum ein genuin christliches Kirchenritual oder Angedenken gäbe?[104]) Zur Grausamkeit der Inquisition mag auch die uneingestandene Wut über diese 'Zeugungsunfähigkeit' beigetragen haben.

Der jenseitige Schmerz aber wird zu einer Goldgrube für die Kirche, ebenso wie der hiesige. „Die Idee von quälenden Teufeln, die den Seelen der Verstorbenen (und sollte die Hölle den Seelen barmherziger sein als die Kirche den Leibern? A.D.) wirkliche Qualen bereiten, war für die Kirche eine wahre Goldmine. Die Lebenden, verzehrt vom Schmerz, vom Mitleiden, fragten sich: 'Wenn man von einer Welt zur andern diese armen

Seelen zurückkaufen könnte? . . . ' Diese Brücke zwischen den beiden Welten war Cluny, das von seinem Entstehen an (gegen 900) plötzlich zu einem der reichsten Orden wurde.''[105]

Der Ablaßhandel verschaffte der Kirche Bargeld, das in dieser Zeit der überwiegenden Naturalwirtschaft so knapp war und so begehrt, und das die weltliche Macht sich nur in viel geringerem Maße beschaffen konnte, durch Raub (Kreuzzüge etc.) oder durch Besteuerung was nicht vor dem 12. Jahrhundert sich durchzusetzen beginnt.

Im vierzehnten Jahrhundert soll der Bauern dem Grundherrn den Grundzins in Gold entrichten. Wie soll er das machen? Fragt er den Teufel um Rat? Viele Sagen schildern den Teufel als den, der dem verzweifelten Armen in letzter Minute Gold schafft (das er gegen die Seele des Armen zu tauschen vermeint). ,,Die Dämonen beunruhigen die Welt während des ganzen Mittelalters; aber der Teufel nimmt seinen endgültigen Charakter nicht vor dem 13. Jahrhundert an. Die Teufelspakte . . . sind vor dieser Epoche sehr selten . . . wie soll man mit jemanden einen Vertrag schließen, der noch nicht existiert? Weder der eine noch der andere der Kontrahenden war zum Vertrag reif. Damit der Wunsch zu diesem entsetzlichsten Äußersten, sich für die Ewigkeit zu verkaufen, rege wurde, mußten sie in Verzweiflung geraten. Es ist nicht der Unglückliche, der in Verzweiflung fällt; nein es ist jener Elende, der vollkommene Kenntnis von seinem Elend hat, der umso mehr deshalb leidet, als er keine Hilfe erwartet. Der Elende in diesem Sinn ist der Mann des 14. Jahrhunderts, der Mann, von dem man das Unmögliche verlangt (Grundzinsen in Gold).''[106]

Die Kirche aber verkauft den Ablaß. ,,Das Wort des Evangeliums 'Mein Reich ist nicht von dieser Welt' verwandelt sich unter der Hand in das kirchliche 'Die ganze Welt ist unser Reich.' Das Papsttum dehnte seine unmittelbare weltliche Macht soweit als nur möglich aus, und mittelbar beanspruchte es eine Oberaufsicht über alle Reiche und Regierungen. Besitzlosigkeit der einzelnen Mönche, dafür durch kirchliches und weltliches Gesetz besonders geschützter Besitz der Kirche und der Klöster; Losgelöstheit von Familienbanden, dafür Eingliederung in Körperschaften, die Tausende von Mitgliedern zählten; Verzicht auf den eigenen Willen, dafür Werben und Kämpfen für den Willen

Am Ende des 15. Jahrhunderts sieht die Kirche ihre Hauptfeinde in den Hexen und in der Reformation. Die Inquisition war der Hund, der das Errungene bewachte. „Der Glaubensakt

der kirchlichen Obrigkeit, machten weltflüchtige Asketen zu Herren über riesige Latifundien und damit zu Herren in Staat und Wirtschaft."[107]

Noch verbrauchte die Kirche das Geld, das sie einnahm (s. u. 3. Kap.); wie konnte sie die riesigen Summen aber auch für sich arbeiten lassen? Etwas davon spiegelt sich in der Haltung der Kirche zur Zinsgesetzgebung.Eine der wenigen Freiheiten überhaupt etwas zu erwerben war für die Juden das Geldverleihungsgeschäft. „Dabei waren die Juden in ihrem Erwerbsleben denkbar eingeengt, sie durften weder Grundstücke kaufen, noch sich in eine Zunft aufnehmen lassen. Es blieb ihnen nichts anderes übrig als der Hausier- und Trödlerhandel und dann das reine Geldgeschäft. Hierbei waren sie allerdings den Christen gegenüber insofern im Vorteil, als diesen das kanonische Recht das Zinsnehmen überhaupt als Wucher verbot . . . "[108] Die Kirche setzte alle ihre Anstrengungen darein, über Lebloses zu herrschen und das, was in ihre Gewalt geriet, auf Totes zu reduzieren, doch die Schimäre des Toten, 'Geld heckendes Geld' (Marx), hielt sie noch nicht in den Händen.

Hatte vielleicht der Vater dem allzuschlauen Söhnchen ein kleines Schnippchen geschlagen, daß er das Geschenk des Ersatzlebens, Kot/Gold, in den Händen hielt? Stand die Erfüllung aller Wünsche im Zeitalter der beginnenden Geldwirtschaft außer beim Teufel nur noch in der Macht des Juden-Vaters? Die Anhänger des Sohns hielten allerdings sich schadlos durch Verfolgung, Mord und Totschlag, willkürliche Besteuerung und Güterkonfiskation.[109]

Irgendwann jedoch kamen auch die Christen „bei zunehmender Geldwirtschaft ohne das Anlegen von Kapitalien gegen Verzinsung nicht mehr aus . . . und schließlich waren es vorzüglich die Päpste, die der Geldwirtschaft und dem Kapitalismus den Weg bahnten, da sie mit dem Gelde, das aus der ganzen Christenheit in Rom zusammenfloß, rationell zu wirtschaften begannen . . . "[110]

bewirkt ja in der Welt der archetypischen Vorstellungen ein Sich-Abgrenzen. Ist er einmal geleistet, dann bereichern Schlange und Drache, Finsternisse und Satan das Element, dem man widersagt. Man anerkennt dann als einzige zur Heilsvermittlung taugliche Vorstellungen bloß noch jene, die als solche erbracht werden von der geschichtlich gewordenen Religionsgemeinschaft."[111] Island ist das letzte europäische Land, das christlich wird. Für ihren geschlossenen Kircheneintritt konzediert die Kirche den Isländern, daß sie zwar im Geheimen, aber doch weiterhin ihre alten heidnischen Feste feiern dürfen . . . Mönche folgen Kolumbus nach Mittel- und Südamerika. Kaiser und Papst herrschen über ein Reich in dem die Sonne nicht untergeht. Die Welt aber steht nicht zum besten. Schon ums Jahr 1000 war das Schisma mit der Ostkirche gewesen. Die Ketzerbewegungen rissen nicht ab; in Spanien führte die Kirche einen langen Krieg um Glauben, Land und Geld; das heilige Land, so sicher schon als Eigentum geglaubt, mußte wieder aufgegeben werden. Immer wieder suchen große Hungersnöte Europa heim. Im vierzehnten Jahrhundert herrscht die Pest. Die körperzerfressende Lepra scheint unvergängliche Mahnung an die Lehre von der Nichtigkeit des Leibs und seiner Lust. Und als der Aussatz endlich doch verschwindet erscheint die Syphilis, die Lustseuche (s. u. 4. Kap.) Der Halley'sche Komet fährt als flammendes Zeichen des Weltuntergangs über den nächtlichen Himmel. Da beginnt die Kirche mit der systematischen Hexenverfolgung. „Aber in düsteren, unheimlichen Zügen fällt auf diese glänzenden Seiten der Geschichte des Abendlandes der Schlagschatten eines Ungeheuers, das an Furchtbarkeit alle Greuel des frühen Mittelalters weit überragt. Es ist dies der Hexenprozeß. Er gewinnt im fünfzehnten Jahrhundert Abschluß und feste Gestaltung und wird als legitimes Kind der Kirche anerkannt, um eine Barbarei ohnegleichen in stets wachsender Verbreitung auf zwei volle Drittel derjenigen Geschichtsperiode zu vererben, die sich so gern als die der Geistesmündigkeit und Humanität preisen läßt. Und er kontrastiert nicht nur mit dem, was die Zeit bewegt, er wuchert auch dabei."[112] 1484 erscheint die päpstliche Bulle Summis desiderantes, am 5. Dezember. Der Papst der sie ausgibt, Innocenz VIII, hat schon Waldenser und Hussiten verfolgt. „Mit sehnlichstem Verlangen wünschen wir wie es die Pflicht pastoraler Obhut erfordert, daß der katholische Glaube zumal in unseren Zeiten wachse und blühe, und daß alle ketzerische Verworfenheit weit von den Grenzen der Kirche vertrieben werde. Daher erklären und gewähren wir gern alles das, wodurch dieser unser frommer Wunsch verwirklicht werden kann.

Gewißlich, es ist neulich nicht ohne große Beschwehrung zu unseren Ohren gekommen, wie daß in einigen Theilen des Oberteutschlandes, wie auch in den Mäinzischen, Cöllnischen, Trierschen, Saltzbergischen und Bremenschen Ertzbistümern, Städten, Ländern, Orten und Bistümern sehr viele Personen beyderley Geschlechts ihrer eigenen Seligkeit vergessend und von dem catholischen Glauben abfallend, mit denen Teufeln, die sich als Männer (incubis) oder Weiber (succubis)* mit ihnen vermischen, Mißbrauch machen und mit ihnen Bezau-

* „Als Adam nach der Ermordung Abels durch seinen Bruder nichts mehr mit seinem Weibe zu schaffen haben wollte, kamen weibliche Dämonen, Succubi, zu ihm und empfingen von ihm; aus dieser Verbindung, in der das Zeugungsvermögen Adams also mißbraucht und mißgeleitet wurde, stammt eine Art von Dämonen, welche . . . , 'Schadensgeister, die vom Menschen kommen' genannt werden. Von den Kabbalisten wurden diese alten Vorstellungen über die dämonische Zeugung in der Pollution oder in anderen, besonders onanistischen Praktiken aufgegriffen und im Sohar dahin systematisiert, daß Lilith, die Königin der Dämonen . . . die Menschen zu sexuellem Vollzug zu reizen suchen, dem der weibliche Partner fehlt, um auf diese Weise aus dem so ins Leere fallenden Samen einen Körper für sich zu schaffen. Übrigens ist, . . . die Frage ungeklärt, wer eigentlich zuerst diese Folgerungen und detaillierten Formulierungen über Succubi und Incubi entwickelt hat, jüdische oder christliche Kreise . . . sind sie jedenfalls am Ende des 13. Jahrhunderts im Sohar vollentwickelt und spielen in dessen Vorstellungen über die Verbindung der 'anderen Seite' mit dem menschlichen Leben eine sehr beträchtliche Rolle . . . so ist der Mißbrauch der Zeugungskraft . . . ein zerstörerischer Akt, von dem . . . die 'andere Seite' Zuwachs erhält."[113]

berungen, und Liedern und Beschwerungen, und anderen abscheulichen Aberglauben und zauberischen Übertretungen, Lastern und Verbrechen, die Geburthen der Weiber, die Jungen der Tiere, die Früchte der Erden, die Weintrauben und die Baumfrüchte, wie auch die Menschen, die Frauen, die Thiere, das Vieh, und andere unterschiedene Arten Thiere, auch die Weinberge, Obstgärten, Wiesen, Weiden, Korn und andere Erdfrüchte, verderben, ersticken und umkommen machen und verursachen, und selbst die Menschen, die Weiber, allerhand groß und klein Vieh und Thiere mit grausamen sowohl innerlichen als äußerlichen Schmertzen und Plagen belegen und peinigen und eben dieselben Menschen, daß sie nicht zeugen, und die Frauen, daß sie nicht empfangen, und die Männer, daß sie den Weibern, und die Weiber, daß sie den Männern die eheliche Werke nicht leisten können, verhindern. Überdieses den Glauben selbst, welchen sie bey Empfangung der heiligen Taufe angenommen haben, mit eidbrüchigem Munde verleugnen. Und andere überaus viele Leichtfertigkeiten, Funden, und Laster, durch Anstiftung des Feindes des menschlichen Geschlechts zu begehen und zu vollbringen, sich nicht fürchten, zu der Gefahr ihrer Seelen der Beleidigung göttlicher Majestät und sehr vielen schädlichen Exempel und Aergerniß."[114]

1487 entsteht der malleus maleficarum, der Hexenhammer, verfaßt von den beiden Dominikanermönchen Jakob Sprenger und Ulrich Molitoris. Er hat drei Hauptteile.[115] „Im ersten wird die Realität der Hexerei aus der Hl. Schrift und aus dem kanonischen und bürgerlichen Rechte erwiesen. . . Das Leugnen der Hexerei ist – Ketzerei, womit der Satz: 'Es gibt Hexen, die mit teuflischer Hilfe den Menschen schaden' als Dogma hingestellt war. . . Dann folgt die Lehre vom Bunde der Hexen mit dem Teufel, von den Inkuben und Sukkuben. . . die Erörterung, warum vorzugsweise das weibliche Geschlecht sich diesem Verderben hingebe. . .'[116]★ Im zweiten Hauptteil geht es darum, „wie die Zauberer aufgenommen werden, . . . durch die Luft fliegen, mit den Dämonen sich vermischen, Tiergestalt annehmen,

★ Auffallend ist hier die Formulierung des Onanieverbots, das sich in dieser Weise gegen die Frauen richtet, als sei sie von ihnen induziert.

Hagel machen. . ."[117] „Der dritte Teil des Malleus, der das gerichtliche Verfahren behandelt, beginnt mit einer Vorfrage in betreff der richterlichen Kompetenz."[118] Sie soll den Bischöfen und weltlichen Gerichten überlassen sein. „Für das Verfahren selbst liegt im wesentlichen das Direktorium des Eymericus zugrunde, mit den im Laufe der Zeit weiter ausgebildeten Gewohnheiten, Grausamkeiten und Kniffen der delegierten Inquisition."[119]★

Der Hexenhammer ist die Kodifizierung des Unheils, das von jetzt an über die Frauen hereinbrechen sollte. Er gibt die Prozedur genau an. Auch sind von vornherein die weltlichen Gerichte mit einbezogen, so daß auch nach der Reformation in den nun protestantischen Gebieten keine Schwierigkeiten bestehen, die Verfolgung fortzusetzen. Läßt sich doch für jeden, der nicht Angeklagter in dem Verfahren ist, dabei gewinnen, Geld, Land, Befreiung von lästigen Nachbarn, Verwandten usw. Luther hatte mit dem außerweltlichen katholischen Asketentum gebrochen, und der ehemalige Augustinermönch besann recht eigentlich sich auf die confessiones dessen, nach dem der Orden benannt war, dem er angehörte; bei allem verkündete er so etwas wie das Recht jeden Mannes auf eine Frau und leitete zwecks geordneten Hauswesens den Feldzug zur Kreierung der bürgerlichen Hausfrau ein, den Kreuzzug aber eröffnend gegen die dominant-sinnlich gewordene Mutter und Jungfrau Maria, die immerhin noch ganz ohne häuslichen Hintergrund war. „ave . vil lichter meres sterne . ein lieht der cristenheit . Maria . aller magede ein lucerne."[121] Doch beginnt der Weg der Maria nicht mit dem Aufgang des Abendsternes. Nach Celsius lautet die jüdische Überlieferung über den Zustand Marias nach der Empfängnis „verstoßen von ihrem Mann und ehrlos herumirrend, gebar sie in der Dunkelheit den Jesus."[122]

Man erzählte weiter, Jesus sei das Kind Marias und eines römischen Besatzungssoldaten namens Panthera gewesen, das Ganze keine Ausgewähltheit Gottes, Empfängnis durch den heili-

★ „. . . und es ist daher Tatsache, daß gerade die Hexenprozesse späterhin der allmählichen Verdrängung des Anklageverfahrens durch das inquisitorische in Deutschland einen besonders wirksamen Vorschub leisten."[120]

gen Geist, sondern ein ehebrecherisches Verhältnis, dadurch noch ehrloser, da Panthera ja zur verhaßten römischen Besatzungsmacht gehörte. Zu der Zeit sei sie schon mit dem Josef verlobt gewesen, Josef habe sie dann lediglich nur verstoßen und nicht steinigen lassen, wozu er nach jüdischem Recht berechtigt gewesen wäre. „Ein Panther taucht aber auch in der Genealogie des Josef auf, die uns der hl. Epiphanius (geb. 310) in seinem Pancrion, Kapitel sieben, berichtet: 'Dieser Josef wurde nun geboren als Bruder des Klopas, war aber ein Sohn des Jakob, welcher den Beinamen Panther führte."[123] Joseph hatte auch noch später mehrere Kinder mit Maria[124], diese machte jedoch die Kirche zu Neffen und Nichten Jesu. Maria Schoß wurde zur „beszlozzienui capelle"[125] erklärt. Mit Hieronymus wird die Auffassung von der natürlichen Geburt der Geschwister Jesu häretisch. „Die Kirche des ausgehenden 4. Jahrhunderts behauptete Maria sei sowohl vor als in und nach der Geburt Christi Jungfrau geblieben (semper virgo) und habe clauso utero geboren. . . Epiphanius aber stellt die religionsgeschichtlich wichtige und von der Kirche viel erörterte Theorie auf, Josef sei ein Greis und verwitwet gewesen, als er die Jungfrau Maria heiratet. Die Brüder und Schwestern Jesu (Jakob, Simon, Judas, Johannes, und Anna und Salome) stammten aus einer ersten Ehe Josefs."[126] Epiphanius bekämpft auch die häretische Sekte der Kollyridianer, „welche zu Ehren Marias an bestimmten Tagen des Jahres kleine Kuchen (Kollyrides) opfern."[127] Anstößig ist ihm aber vor allem die Form, die diese kleinen Kuchen haben, sie gleichen allzusehr den Gaben für die alte Liebesgöttin und ahmen in der Form ein weibliches Genitale nach. Auf dem Konzil von Ephesus aber, der Stadt der vielbrüstigen Artemis wird am 22. Juni 431 Maria zur Gottesmutter erklärt und das „Volk (zog) jubelnd über die Ehrenrettung der jungfräulichen Gottesgebärerin durch die Straßen und rief: 'Ehre sei der großen, erhabenen Mutter Gottes'."[128] ★ Und so ging der Weg Marias zur regina coeli weiter.

★ Reik meint, daß damit „das Heidentum gesiegt" hatte. „Die dürftigen Ansätze in den Evangelien genügten, um den Inhalt und die offizielle Rechtfertigung zu geben, für eine welthistorische Entwicklung des älteren Christentums in eine der aus-

In Maria entsteht die alte versunkene Muttergöttin wieder, Christus aber ist der auferstandene alte Sohngott und Liebhaber der Mutter. Die Juden, das Volk des Vaters, hatten das Problem anders gelöst. „Die Wüste und das unfruchtbare Land, in das in prähistorischer Zeit die israelischen Stämme wohl unter Druck stärkerer Völker weichen mußten, die Hungersnot, zu welcher der karge Ertrag des Bodens sie zwang, würde ich als bestimmteste Tendenz der Urverdrängung späteren, wichtigen Momenten gegenüberstellen, die in ihrer Zusammenwirkung zu einer veränderten Einstellung zur Frau und zum Sexualleben führen und die man mit Freud als die eigentliche Verdrängung veranlassend bezeichnen müßte. . . die Abneigung der späteren Juden gegen den Ackerbau, der als sexualsymbolische Aktion schon im Fluch der Genesis mit verkehrten, also mit Unlustzeichen erscheint und die noch spät erkennbare Abkehr von der Natur, die sich etwa darin äußert, daß dem, der vom Studium der Thora aufsieht, um zu sagen, 'wie schön ist dieser Baum' der Tod angedroht wird."[130]

Kain, der erstgeborene Sohn bringt ein Opfer von Feldfrüchten dar, Gott aber nimmt es nicht an, ihm ist das geschlachtete Lamm lieber als Früchte, was in merkwürdiger

geprägtesten polytheistischen Religionen, welche die Geschichte kennt. Oder vielmehr, diese polytheistische Religion, in der das 'Heidentum', die religiösen Anschauungen der Massen, in das Christentum eindringt . . . "[129] Die Erhebung der Maria zur Gottesmutter dürfte schon dem Begehren und Verlangen der Masse der armen Gläubigen entsprungen sein. Hinzu kommt jedoch vielleicht auch, daß das Lesen des nun mehr konstituierten Texts des Neuen Testaments den Massen nicht gestattet ist, was rund tausend Jahre später zu revolutionärer Forderung werden soll. Die Kirche aber war auf Festigung ihrer Macht und Staatsbündnis aus, wie konnte sie sich da zuverlässig erweisen, wenn sie vom rebellierenden Jesus predigte? Das Gnadentum Marias aber gab eine Zuflucht ab für die Mühseligen und Beladenen, die allem Aufbegehren den Stachel nahm. Bis aufrührerische Bauern sie zu 'Unserer lieben Frau und Kriegsjungfrau' machten (s.u. 4. Kap.).

Umkehrung den zweiten Mord (denn den ersten hatte Abel am Lamm begangen), den Brudermord nach sich zieht. Der Kain tut dem Abel an, was dieser dem Lamme angetan. Das Lamm aber war schon Ersatz. Der Gott will keine Menschenopfer. Aus dem Brudermord folgt nicht der nächste Tod. Ausdrücklich soll Kain nicht getötet werden. Deshalb trägt er das Mal. Später noch einmal soll der Vater den Sohn töten, Abraham den Issak, der geboren wurde wunderbar von der Greisin, 'der es schon längst nicht mehr nach der Weiber Regel ging', auf dem die Verheißung eines ganzen Volkes liegt. Der Gott selbst aber zeigt auf das Lamm als das Ersatzopfer. Noch später wird sich einer mit dem Sohn und dem Lamm identisch erklären und sich selbst zum Opfer bringen, auch Sündenbock zugleich. Ihm aber wird man eine Mutter geben, die jungfräulich, nicht alt wie Sarah, empfing durch den Geist Gottes. Dieser Sohn ist auch nicht mehr der zweitgeborenen oder gar jüngste und zweitjüngste wie es die Tradition des Alten Testaments will, sondern er ist der Erstgeborene der Maria. Es wird vermutet, daß die Muttergöttin aus dem Judentum verdrängt wurde. „Die Israeliten hatten wie jedes andere semitische Volk eine der Istar, Kybele, Astarte etc. analoge Liebes- und Muttergöttin. In der Nachwirkung einer realen Versagung im Leben der Stämme – wir vermuteten, daß diese schwere narzißtische Schädigung in der Beziehung zum Boden der Heimat stand – und unter dem Druck anderer sozialer, politischer und nationaler Ereignisse wurde dieser Kult in den Hintergrund gedrängt und ließ seine libidinöse Intensität dem immer stärker werdenden homosexuell-femininen Verhältnis zum göttlichen Vater, dem Jahweh, zuströmen. Diese Beziehung zu Jahweh, dem nun auch die früher der Göttin geltende Liebe* zum großen Teile zugewendet wurde, tritt im-

* Das ägyptische Exil wird stets als die Zeit des Diensthauses und der Sklaverei bezeichnet. Ägypten, das Land der weiblichen Gottheiten, das fruchtbare des Stroms, wird für die Juden zum Unterland und Totenland. Hier waren sie Bauern. Zur Initiation aber gehört auch die Reise nach Ägypten (das schlägt sich aber auch in der 'Flucht nach Ägypten' von Jesus und seinen Eltern nieder).

mer deutlicher und stärker hervor. Seit Hosea wird die Ehe zwischen Jahweh und Israel zu einem Lieblingsbild der Propheten. Die Liebe zu Jahweh und die Libidofixierung an den Gott ging wie im Leben des Einzelnen mit der Abwendung von der Frau, mit zunehmender Abneigung gegen die Muttergöttin einher."[131] Die Liebesgefühle zur großen Mutter werden „mit dem ganzen Aufwand haßerfüllter Liebe zu Jahweh, die nun im trotzigen Gehorsam festgehalten wird"[132], unterdrückt. „Geh mein Geliebter, der Braut entgegen, das Antlitz des Sabbath laß uns empfangen."[133] So lautet der Anruf der Schechina im Exil. Die Schechina kommt aus dem Weiblichen Gottes selbst, sie ist seine Braut, die Seele Israels. Das Volk aber befindet sich im Exil „. . .zu Zeiten kostet die Schechina von der anderen, bitteren Seite, und ihr Antlitz ist dann dunkel."[134] Sie ist die barmherzige Mutter Israels und steht mit Mond und Baum in Verbindung.[135]

Mit dem Sohn aber erscheint auch die Mutter. Das irdische Inzestverbot war auf die Götter ausgedehnt worden. „Kein heißblütiger Sohnesgott durfte mehr die schöne Mutter umarmen. Das väterliche, trotzig festgehaltene Verbot des Inzestes bewirkte es allmählich, daß die wiedererstandene Göttin in die ursprünglich sinnlich-zärtlich Geliebte, deren Züge die der Mutter und Geliebten zugleich waren, auf der einen Seite zur Unberührten und Unberührbaren erhöht, auf der anderen Seite zur Prostituierten erniedrigt wird. . . für den psychischen Effekt ist es gleichgültig, ob man zu einer Person nicht vordringen kann, weil sie in der Hölle oder im Himmel weilt . . ."[136] Als Maria aber gegen Ende des Mittelalters in sich die beiden getrennten Strömungen der Zärtlichkeit und der Sinnlichkeit wieder zu vereinigen begann, als die aufständischen Bauern ihr Bild auf ihre Fahne setzten, da begann eine neue Verdrängungswelle. Der Bildersturm des Protestantismus zerschlägt auch das Bild Mariens.

„Herrlich sprossend Reis, sei gegrüßt, daß du dich im Windhauche des Sehnens und Suchens der Heiligen erhobst. Da die Zeit kam, da Du in Deinen Zweigen blühen solltest, klinge dir Gruß und Gruß entgegen, weil Sonnenglut wie Balsamgeruch in dir kochte. Denn in dir blühte die Wunderlampe empor, die allen Gewürzen Duft gab, allen, die vertrocknet waren. Und alle erschienen nun in voller Blüte. Darum ließen die Himmel Tau über das Gras sprühen, und die ganze Erde ward froh, weil ihr Eingeweide Korn hervorbrachte und weil die Vögel des Himmels auf ihr ihre Nester hatten. Und den Menschen ward Speise gegeben und den Speisenden große Freude. Und darum süße Jungfrau hört in dir die Freude nimmer auf. All das verachtete Eva. Nun aber sei Preis dem Allerhöchsten."[137]

Maria, regina coeli, sueze frouwe wurde zur mater dolorosa; die Hexenverfolgung begann.

Der Schatz der Nibelungen

E der künic riche wider waere komen,
die wile hete Hagene den Schatz vil gar genommen:
er sancte in da ze Loche allen in den Rhin
er wande er sold in niezen: des enkunde do niht gesin.[1]

Siegfried, der den Schatz im Kampf gegen den Drachen gewonnen, hatte ihn wieder zurück in die Berge bringen lassen. Doch Hagen, der Sohn der Wasserfrau, versenkt ihn mit Wissen des neidischen Königs in den Rhein. Später wollte er ihn bergen und gebrauchen. Auf mehr denn hundert Leiterwagen war der Schatz, der Zwergenhort aus den Bergen herab transportiert worden; jetzt aber entgleitet er unwiderruflich ins Wasser so wie er von dort gekommen war.* Die Rache der Frau, die mit Hilfe des Goldes bewerkstelligt werden sollte, ist noch einmal aufgeschoben, damit umso dramatischer am Ende alles in Flammen und Blut untergehe. Der Untergang der Nibelungen ist auch der der Götter.** Der Baum grünt nicht mehr. Das Gold

* Ursprünglich schon war der Schatz mit dem Wasser verknüpft. Er war als Sühne der Götter für den Mord an einem Riesen gezahlt an den Vater. Das Gold jedoch erlisteten sich die Götter von den Zwergen, die den Schatz verfluchen, weil die Gier der Götter allzu groß ist. Der Erschlagene pflegte in Gestalt einer Otter zu schwimmen. Ein Otterpelz mit Gold zu füllen war die Sühne für den Mord. Die Götter aber übergeben den Schatz zusammen mit einem Fluch: „Das Gold ist gezahlt; großes Lösegeld / erhieltest du für mein Haupt. / Kein Segen deinem Sohne erwächst: / es kostet euch beider Blut." sagt Loki bei der Übergabe und der Vater antwortet: „Gaben gabst du, nicht Gaben der Freundschaft; / nicht gabst du ohne Arg . . . / Euer Leben hättet ihr lassen müssen, / wußt ich früher den Fluch."[2] Der Zwerg, von dem das Gold erpreßt wurde, Andwari, pflegte in Gestalt eines Hechts in einem Wasserfall herum zu schwimmen.

** Eidbruch, Neid und Gier sind die Ursachen des Endes. Der Held ist schon der reine Tor der stirbt, nicht mehr der geopferte Gott; kam er auch aus mythischem Bereich, so ist sein Tod und der Gram, den er verursacht, allzu tatsächlich, fordert Rache. Die Witwe ist der Gewalt der Brüder ausgeliefert. Ihr Erbe ist der Schatz des Gatten, den er aus anderen Regionen brachte. Doch er wird ihr entzogen. Es bleibt ihr die Planung des Verder-

ist rot wie das Blut. Es wird nicht mehr gesammelt und gehortet, bald wird es in Umlauf sein, Handel ermöglichen, Kapital werden. Der Papst, der einen dürren Stecken als Zeichen seiner Würde in der Hand hält* , lockt zu Gold und Land, köstliches, gelbes und rotes Gold, glänzend und verheißenes Land, wenn auch einmal einem andern Volk,Land in dem Milch und Honig fließt,Kanaan.

„Euer Land ist zu klein für eine große Bevölkerung; es ist auch nicht reich und fruchtbar; es bringt kaum Nahrung genug für seine Bauern hervor. Daher kommt es, daß ihr mordet und untereinander verschlingt, daß ihr Krieg führt und oft an den Wunden zugrunde geht, die ihr einander schlagt. Hört deshalb auf euch zu hassen, beendet euren Streit und eure Kriege, laßt alle Auseinandersetzungen und Wortgefechte einschlafen; betretet die Straße zum Heiligen Grabe, entreißt das

bens aller, einschließlich ihrer selbst. „Die Leute hatten alle Jammer und Not . . ." (Nibelungenlied), das ist das Ende der Geschichte, die damit beginnt, daß Leben nicht mehr für Leben gilt, sondern gegen Gold getauscht werden kann, wenn es auch die Haut des Erschlagenen noch füllen muß. Das Leben des Bauern wird fünf Dreier gelten, dies ist die Sühne, wenn ihn einer totschlägt.[3]

* Siehe die Sage vom Tannhäuser. Der Sänger und Ritter Tannhäuser geht in den Berg der Frau Venus und verbringt dort die Zeit in Glück und Rausch. Doch irgendwann entschließt er sich, diesem Glück zu entsagen, verläßt den Berg und pilgert nach Rom, Verzeihung und Vergebung vom Papst zu erbitten. Doch dieser stößt einen Stab in den Boden und sagt, so wahr dieser dürre Stecken nicht mehr grünen werde, so wahr werde Tannhäusers Sünde nicht vergeben. Der geht zurück in den Berg. Der Stab beginnt zu grünen, die Nachricht davon erreicht den Tannhäuser nicht mehr. Der grünende Stab, wider alles Erwarten und menschliche Ermessen der Natur, die er hier zu seinem Verbündeten in seiner Hartherzigkeit macht, erscheint als das Zeichen der Hoffnung jenseits aller menschlichen Vernunft. (So auch in der Sage vom Kaiser Friedrich s. u. 4. Kap. und in dem Bericht von den grünenden Hexenpfählen s. u. 4. Kap.)

Land dem nichtswürdigen Volk, unterwerft es euch selbst! Das Land darinnen wie die Schrift sagt, 'Milch und Honig' fließt!"[4] Imperialismus als Auslagerung der sozialen Probleme aus dem eigenen Land. So rief Papst Urban II. in Clermont in Frankreich 1095 zum ersten Kreuzzug auf. 1124, neunundzwanzig Jahre später, predigt Otto von Bamberg das erstemal vor den Pommern und öffnet damit die großen Landschaften des Ostens den landlosen Rittern Mitteleuropas, den zweiten und dritten Söhnen der angesehenen und weniger angesehenen Familien. Zusammengefaßt und militärisch organisiert in der kirchlichen Formation der Ritterorden ziehen sie aus zur Kolonialisierung des Ostens. Glaube und Land, Land und Glaube. Seit Abrahams Auszug aus der Heimat schier unauflöslicher Zusammenhang. Das Gold aber war zunächst ins Wasser gesunken, um bald aus den Bergen geholt zu werden, aus den Flüssen gewaschen zu werden. „Aller Reichtum des frühen Mittelalters besteht fast ausschließlich aus Grundbesitz".[5] Die großen Geldvermögen entstehen im 13. und 14. Jahrhundert „rasch und vornehmlich in Italien. Es ist die Zeit, in der die Ausplünderung des Orients beginnt, in der unwahrscheinlich reiche Edelmetalllager in Afrika erschlossen werden."[6]★ Land und Gold. Der Glanz der Mächtigen dieser Welt und des Statthalters der Himmlischen auf Erden beginnt zu erstrahlen. In Samt und Seide, Federn und Damast tauchen die Fürsten und Päpste aus der Zukunft auf, den Mantel funkelnder Macht und Herrlichkeit über ihre Besitzungen breitend, auf denen die Lehnsleute in Verzweiflung über die Geld- und Naturalabgaben verrecken. Noch immer versuchen Alchimisten in ihren Verfahren das Wachstum der Metalle in der Retorte zu beschleunigen, auf daß das Gold sich entwickle, schneller wachse als im Schoß der Berge, da gelangen spanische Soldaten schon in die amerikanischen Goldländer. Gold und Land gleich Macht. Als das Gold sich schon

★ „Was Italien im 13. und 14. Jahrhundert erlebt, erfährt Deutschland im 15. und 16. Jahrhundert. Damals entsteht der große Reichtum in den oberdeutschen Städten: eine Folge der Erschließung der böhmisch-ungarischen Gold- und Silbergruben, dann auch der amerikanischen Silberschätze."[7]

mit Fleiß und Industrie zu Geld verknüpft, steht ein letzter Versuch Gold zu machen im Bunde mit dem Teufel zum magisch-chemischen, alchimistischen Prozeß. Gilles de Rais, Marschall von Frankreich, unermeßlich reich, gebildet, wird hingerichtet, weil laut Anklage „besagter Sire mehrere kleine Kinder gefangen oder fangen lassen und nicht nur zehn oder zwanzig, sondern dreißig, vierzig, fünfzig, sechzig, hundert, zweihundert und mehr, sodaß man keine genaue Erklärung hinsichtlich der Zahl abgeben kann; er hatte fleischlichen Verkehr mit den Kindern und verging sich widernatürlich an ihnen und beging die abscheuliche Sünde der Sodomie, die das Grauen und den Schrecken eines jeden guten Katholiken darstellt. Nicht zufrieden damit, tötete er besagte Kinder oder ließ sie töten und nach der Tötung ließ er sie verbrennen und verwandelte ihren Leichnam in Asche."[8] Gilles de Rais, Bannerträger der 1431 als Hexe verbrannten Jeanne d'Arc, 1920 heilig gesprochenen Jungfrau von Orleans. Schuldig der Häresie* und schuldig des Mords und der widernatürlichen Unzucht mit Kindern.[10] „Rais ist in dem Sinne adlig, in dem es die germanischen Krieger waren. Sein Adel bedeutet eine nichtsachtende Wildheit, vor der alles weicht wie vor den Berserkern. . . gelegentlich unterscheidet sich der Adel in ihm nicht mehr von dem Erschreckenden an ihm; er nimmt schließlich den Reiz der Nacht und der von der Nacht eingeflößten Furcht an. Man erinnere sich an die germanischen Harier und den Ruß mit dem sie sich bedeckten, um besser dem Schrecken der Nacht anzugehören. . . Gleichzeitig schauderte Gilles de Rais vor dem Teufel. Aber der Teufel faszinierte ihn. . . Im Grunde waren die übernatürliche Welt, die des Teufels oder die Gottes, wie er, von adligem Wesen, von souveränem Wesen – wenn man so will.** Die Existenz Gottes oder die des Teufels

* „Urteil gegen Gilles de Rais: Schuldig der Häresie. Im Namen Christi beschließen und erklären wir . . . daß du, obengenannter Gilles de Rais, der du vor unserem Gericht erschienen bist, dich schuldig gemacht hast der ruchlosen Apostasie wie auch der greulichen Beschwörung böser Geister, die du in bösartiger Weise ausgeübt hast . . ."[9]

** „Die Ritterschaft war in erster Linie zweifellos eine Fortsetzung der Gemeinschaft junger germanischer Geweihter (der

Berseker). Der christliche Einfluß auf die Erziehung der Ritter macht sich nur zögernd bemerkbar und reicht kaum bis ins dreizehnte oder äußerste zwölfte Jahrhundert zurück . . . Eine Atmosphäre der Gewalttätigkeiten und Zechgelage, das Gefallen, Entsetzen zu verbreiten, wird noch lange bestimmend sein."[11]

Es ist nicht nur ein Gefallen, Entsetzen zu verbreiten und nicht nur archaisches Erbe, es ist auch eine Notwendigkeit zur Aufrechterhaltung der Herrschaft. „Die Wohnungen dieser Burgen, soweit man sie jetzt noch sehen kann, sagen mehr als alle Bücher. Schildträger, Pagen, Knechte, des Nachts unter niedrigen Gewölben zusammengepfercht, am Tage in den Schießscharten, engen Terrassen versammelt, atmeten und lebten in der trostlosesten Langeweile nur für die Ausbrüche nach unten; nicht mehr Ausbrüche in Kriegen gegen des Nachbars Besitztum, sondern in der Jagd und zwar in der Menschenjagd, ich will sagen, Ausbrüche in Erpressungen ohne Zahl und Beschimpfungen der leibeigenen Familien. Der Herr wußte sehr wohl, daß eine solche Masse ohne Frauen nicht anders friedlich bleiben konnte, als indem man sie auf Augenblicke gänzlich freiließ . . . Das Vergnügen bestand in der Beleidigung und darin, zu schlagen und Tränen zu verursachen . . . "[12]

Für die Herren und ihre Gefolgeschaft existieren nur zwei Arten von Beschäftigung: Kriegen und Jagen. Arbeit ist Schande und über die, die arbeiten müssen, lacht man. Der Adel verschwendet. „Die Güter, die für die Masse der Menschen Arbeit bedeuten, haben für den Privilegierten nur den Sinn des Spiels. Die in den Produkten steckende Arbeit kann ihnen nicht klar werden, da der Adlige, der Privilegierte nicht arbeitet, und niemals arbeiten darf."[13] Arbeit ist Sache der Sklaven, der Leibeigenen, der Hörigen, der Bauern. Wer arbeitet verfügt selbst nicht mehr über seinen Leib und seine Zeit; Gott, Teufel und Adliger arbeiten nicht. Wer arbeitet steht zur Verfügung derer, die nicht arbeiten und die Arbeit selber ist noch nicht geheiligt.[14] So ist die Arbeit noch „eine Dienstleistung, die etwas anderem dient als sich selbst . . . "[15]

Der Adlige spielt, Ritterspiele, hält seinen Körper kampftüchtig. „Wer kein Privileg hat, ist gezwungen zu arbeiten. Der Privilegierte wiederum muß Krieg führen. So wie der Mensch ohne Privileg gezwungen ist zu arbeiten, muß der Privilegierte

hatte nur einen Sinn, nämlich den, den ein Adliger für den Sinn der ganzen Adelsgesellschaft hält: eine Verzauberung. Tagsüber oder nachts, die in ihrer Wirklichkeit der Wirkung ähnelt, die von sehr schönen, betörenden und faszinierenden Bildern aus-

Krieg führen."[16] Wie aber der ausgebeutete Körper, so verfällt auch die rohe Kraft des Adligen dem Verdikt. Stadtluft macht frei und die Bürger der Städte machen die Arbeit gesellschaftsfähig. Das Christentum hilft ihnen dabei. „Es hat die moderne bürgerliche Ordnung . . . durch den Preis der Arbeit eingeläutet . . . Bei Luther und Calvin war das Band, das die Arbeit mit dem Heil verknüpfte, schon so verschlungen, daß die reformatorische Arbeitstreiberei fast wie Hohn, wie der Tritt eines Stiefels gegen den Wurm erscheint."[17]

Der Arbeitende ist der Schlichte, d.h. aber auch der schlechte. „ . . . daß überall 'vornehm', 'edel' im ständischen Sinne der Grundbegriff ist, aus dem sich 'gut' im Sinne von 'seelisch vornehm'; 'edel', von 'seelisch hochgeartet', 'seelisch privilegiert' mit Notwendigkeit herausentwickelt: eine Entwicklung die immer parallel mit jener anderen läuft, welche 'gemein', 'pöbelhaft', 'niedrig' schließlich in den Begriff 'schlecht' übergehen macht. Das beredeste Beispiel für das letztere ist das deutsche Wort 'schlecht' selber: als welches mit 'schlicht' identisch ist . . . und ursprünglich den schlichten, den gemeinen Mann . . . einfach im Gegensatz zum Vornehmen bezeichnete. Um die Zeit des Dreißigjährigen Kriegs ungefähr, also spät genug, verschiebt sich dieser Sinn in den jetzt gebräuchlichen."[18] „Das Urteil 'gut' rührt nicht von denen her, welchen 'Güte' erwiesen wird."[19]

Die Ekstase aber des Berserkers, des Adligen wird destruktiv in der sich wandelnden Gesellschaft, ist unbrauchbar, überholt. (Bei der Ekstase des Berserkers handelt es sich um einen Ritus „bei dem der junge Mann in einen Zustand versetzt wurde, in dem er sich mit einem Bären identifizierte. Der so Eingeweihte pflegte die anderen anzugreifen. Er versuchte sie zu beißen und anstatt zu sprechen, stieß er Laute wie ein Bär aus. Sich in diesen Trancezustand zu versetzen, war die schwierigste Aufgabe bei diesem Ritus; wenn man sie bestanden hatte, so bedeutete dies den Beginn des unabhängigen Mannestums."[20])

geht. Diese Bilder können blutige Schlachten oder Martyrien darstellen. . . aber immer ist der Reiz zutiefst mit Schrecken gemischt."[21]

Noch aber herrscht, wenn auch geschichtlich schon überholt, blanker Schrecken, nackte Angst, Vernunftlosigkeit. „ . . . hier sind wir bei den Antipoden der Vernunft. In Gilles de Rais ist nichts Vernunft. Er ist in jeder Hinsicht monströs. Seine Untaten erinnern an die eines legendären Ungeheuers. Tatsächlich vermischt sich seine Geschichte in den Gegenden, wo er gelebt hatte, mit der Legende vom Blaubart."[22]★ „Das schöne schreckliche der Tat"[24] läßt den späten Leser vielleicht erschaudern; die Tragik Gilles de Rais liegt nicht darin, daß er außerhalb des Vernünftigen steht, vernunftlos ist[25]★★ , wenn Vernunft das Rationale ist, das auf die Erhaltung des Lebens gerichtete★★★. Gilles de Rais' Vernunftlosigkeit bestand in

★ „ . . . Da schloß sie auf, und wie die Thüre aufging, schwamm ihr ein Strom von Blut entgegen, und an den Wänden herum sah sie todte Weiber hängen, und von einigen waren nur die Gerippe noch übrig. Sie erschrak so heftig, daß sie die Thüre gleich wieder zuschlug, aber der Schlüssel sprang dabei heraus und fiel in das Blut. Geschwind hob sie ihn auf und wollte das Blut abwischen, aber es war umsonst, wann sie es auf der einen Seite abgewischt, kam es auf der anderen wieder zum Vorschein; sie setzte sich den ganzen Tag hin und rieb daran . . . endlich am Abend legte sie ihn ins Heu, das sollte in der Nacht das Blut ausziehn . . . "[23]

★★ „Einerseits besteht der Wahnsinn in Beziehung zur Vernunft, oder zumindest in Beziehung zu den 'anderen', die in ihrer anonymen Allgemeinheit die Aufgabe haben, die Vernunft zu repräsentieren und ihr fordernde Kraft zu geben; andererseits existiert er für die Vernunft, in dem Maße, in dem er im Blick eines idealen Bewußtseins erscheint, das ihn als Unterschied zu den anderen perzipiert . . . In seiner Besonderheit entfaltet er sich für die Vernunft, die nicht Beziehungspunkt, sondern Urteilsprinzip ist."[26]

★★★ „Rationalität ist keine formale, sondern eine inhaltliche Kategorie. Vernunft ist der Name für das, was vernünftig ist."

seiner gesellschaftlichen Vernunftlosigkeit, er ist eine anachronistische Erscheinung, ein Fossil, ein Dinosaurier in einem zum Park sich umwandelnden Wald. Er erscheint sentimental und mitleidslos.★ Seine Fühllosigkeit dem Leiden der Kreatur gegenüber, der Kinder, an denen er sich vergeht, die ihm Lustobjekt sind, die er umbringt, nachdem er sie gequält, spiegelt schon das neue wissenschaftliche Interesse.★★ Seine Reue und Zerknirschung, einmal gefangen und in auswegloser Situation, liegt dem Lächerlichen so nahe, nach der Kälte, die er dem von ihm auferlegten Leiden gezeigt hat. Die Aussicht auf eigenes Leiden aber läßt ihn zusammenbrechen. Was aber ist Reue ohne Mitleid?★★★ Nach der „Formalisierung der Vernunft" blieb das Mitleid „gleichsam als das sinnliche Bewußtsein der Identität von Allgemeinem und Besonderem, als die naturalisierte Vermittlung noch übrig."[30] ★★★★ Die große Mitleidige, die Barmherzi-

(in der jeweiligen Gesellschaft). Allenfalls liegt die Sphäre der Vernunft in der „Tendenz zur Anpassung der Gesellschaft an immer höhere Stufen — was Hegel die List der Vernunft nennt."[27] (Wobei die List ihres Agenten bedarf, des handelnden Subjekts.)

★ Wie jene, die das Verschüttete, Heillose und Unbefriedigte, nicht Erlöste zum Unheil wieder ausgruben, die Nazis.

★★ Dieses setzt sich später fort in den Versuchsserien an Tieren.[28] „Es entstünde der Verdacht, daß wir uns zu den Menschen, ja zur Kreatur überhaupt, nicht anders verhielten als zu uns selbst nach überstandener Operation, blind gegen die Qual . . . Die perennierende Herrschaft über die Natur aber, die medizinische und außermedizinische Technik schöpft ihre Kraft aus solcher Verblendung, sie wäre durch ihr Vergessen erst möglich gemacht. Verlust der Erinnerung als transzendentale Bedingung der Wissenschaft. Alle Verdinglichung ist ein Vergessen."[29]

★★★ Garantiert Mitleid nicht die Existenz aller Kreatur — welchen Grund gäbe es, einander nicht umzubringen?

★★★★ Die Bettelei, Existenzgrundlage derer, die nichts haben, die vom Mitleid und der Barmherzigkeit allein anderer leben, wird zum strafwürdigen Verbrechen erklärt. „Die Tudors erließen Gesetze, durch die sie die arbeitslosen Personen zur Arbeit zwangen und die Beschäftigungslosigkeit zu einem Verbrechen stempelten, das sie mit bemerkenswerter Brutalität ahndeten. Ein Gesetz von 1496 bestimmte, daß Vagabunden und Müßiggänger 3 Tage und 3 Nächte in den Stock gespannt werden. In London erging 1524 eine Verordnung, in der es hieß, daß Vagabunden 'an die Rückseite eines Karrens gebunden', 'von den Beamten des Sheriffs ausgepeitscht' und an ihrem Hals 'runde Kragen aus Eisen' befestigt werden (sollen). Die berüchtigte Verordnung Eduards VI. bestimmte, daß jedermann, der die Arbeit verweigerte, 'mit einem glühenden Eisen auf der Brust gebrandmarkt werden soll' und 'zwei Jahre lang demjenigen Sklavendienste leisten muß, der einen solchen Faulpelz anzeigt' . . . In der Regierungszeit der Königin Elisabeth sehen die Gesetze als Strafe für Betteln vor, daß der Knorpel des rechten Ohres durchgebrannt werde; bei der zweiten Zuwiderhandlung drohte der Tod. Diese Strafen wurden 1597 humaner gestaltet, indem man die Bettler bis zur Taille entkleidete und blutig peitschte!"[31]

Auf dem Kontinent sahen die Strafen für Bettelei ähnlich grausam aus. Schon 1532 hatte das Parlament von Paris beschlossen, die Bettler festnehmen zu lassen „und sie zur Arbeit in den Kloaken von Paris zu zwingen". Am 23. März 1534 „wurde den 'armen Scholaren und Bedürftigen' der Befehl gegeben, die Stadt zu verlassen, und außerdem das Verbot ausgesprochen, 'künftig vor den Heiligenbildern in den Straßen Hymnen zu singen' . . . Ein Beschluß des Parlaments aus dem Jahre 1606 sieht vor, die Bettler auf einem öffentlichen Platz auszupeitschen, sie mit einem Brandmal an der Schulter zu zeichnen und sie kahlgeschoren aus der Stadt zu jagen. Um sie an der Rückkehr zu hindern, ergeht 1607 eine Verfügung zur Stationierung von Bogenschützenkompanien an den Stadttoren, die allen Mittellosen den Eintritt in die Stadt verwehren sollen."[32]

„Wir verbieten ausdrücklich allen Personen, gleich welchen Geschlechts, wie alt und woher, welcher Abkunft und welchen Standes sie auch sein mögen, seien sie invalide oder nicht, krank oder gesund, heilbar oder unheilbar, in der Stadt und den Faubourgs von Paris, ebenso wie in den Kirchen und vor deren Toren, an Haustüren, oder auf den Straßen oder an anderen öffentlichen Stellen bei Tage oder bei Nacht zu betteln . . . Bei

ge, die Schmerzensmutter Maria war zu Stein erstarrte Pieta geworden, vom Protestantismus zur Abgöttin erklärt. Der Gott ist in die Tiefe und Höhe des Alls und des Bewußtseins gewichen* , an die Stelle der alles erbarmenden Liebe tritt die Lehre von der Gnadenwahl. Luthers Frage ist nicht die nach dem mitleidigen Gott, dem erbarmenden, der sich seiner Taten und seines Zorns gereuen läßt, und den Regenbogen an den Himmel setzt, zum Zeichen der Versöhnung und daß er seine

Zuwiderhandlung droht Auspeitschung beim erstenmal, beim zweitenmal für Männer und Knaben die Galeeren, für Frauen und Mädchen die Verbannung . . . " Zwei Tage nach der Verlesung dieses Edikts, am Montag den 14. Mai 1657 „beginnt die Miliz, die in der Mythologie des Volkes die 'Häscher vom Hôpital' werden sollte, morgens die Jagd auf die Bettler und pfercht sie in die verschiedenen Gebäude des Hôpital."[33]

* So gilt in Genf, der Stadt des Reformators Calvin, als oberste Verfolgungsmaxime der Satz: „Alles was vor Gott strafbar ist, das muß in einem christlichen Staat, soweit es von Menschen wahrgenommen werden kann, auch vor dem Strafgesetz strafbar sein."[34] Die Gerichtsverfahren ließen in der Folge eine ungewöhnliche Strenge, eine unmenschliche Härte erkennen. „In dem kurzen Zeitraum von 1542-1546 ließ der Rat der Stadt nicht weniger als achtundfünfzig Todesurteile vollstrecken und daneben wurden noch 76 Personen mit Verbannung bestraft — darunter 27, gegen die nur der Verdacht vorlag, ein Verbrechen begangen oder 'beabsichtigt' zu haben. Dabei richtete sich nun die Strafjustiz ganz besonders gegen das Verbrechen der Zauberei, indem man die Pest, die 1542 furchtbare Verheerungen in Genf anrichtete, auf 'Pestbereiter' zurückführte. Auf 'Bündnis mit dem Satan, Zauberei und Pestbereitung' wurden Unzählige in lange und schreckliche Haft, auf die Folter, aufs Schaffot und auf den Scheiterhaufen gebracht. Namentlich zu Anfang des Jahres 1545 häuften sich die Verhaftungen und Prozesse in erschreckendem Maße. Der Kerkermeister erklärte am 6. März dem Rat, daß alle Gefängnisse der Stadt überfüllt wären, und daß er fernerhin Verhaftete nicht mehr unterzubringen wisse. Dabei war das gegen die Verhafteten angewandte Verfahren

Schöpfung von nun an nicht mehr zerstören werde.★ Die Liebe Gottes trug die Welt, Mitleid ließ sie bestehn. Vor der

ein entsetzliches. Man zwickte sie mit glühenden Zangen, man mauerte sie ein und ließ sie verschmachten, wenn sie kein Geständnis ablegten . . . Es ist vorgekommen, daß Angeklagte neunmal die Marter der Estrapade am Schwipp- oder Schnellgalgen ertragen mußten. 'Aber welche Pein man ihnen auch antat', klagt das Ratsprotokoll einmal, 'so wollten sie die Wahrheit doch nicht bekennen.' Mehrere der Unglücklichen endeten während oder bald nach der Tortur unter Beteuerungen ihrer Unschuld. Andere gaben sich, um den furchtbaren Qualen der Kerkerhaft und der Tortur zu entgehen, den Tod, 'auf Eingebung des Satans', wie oft gesagt wird. Der Arm des Henkers ermattete unter der Last der Arbeit, die, wie er am 18. Mai 1545 dem Rat erklärte, eines Mannes Kraft überstieg. Wurden doch in den wenigen Monaten vom 17. Februar bis 15. Mai 1545 vierunddreißig jener Unglücklichen . . . durch Schwert, Scheiterhaufen, Galgen und Vierteilung vom Leben zum Tode gebracht."[35] Das ist ein Teil der Hexenprozesse in der Gottestadt Genf.

★ „Da aber der Herr sah, daß der Menschen Bosheit groß war auf Erden, und alles Dichten und Trachten ihres Herzens nur böse war immerdar, da reute es ihn, daß er die Menschen gemacht hatte auf Erden, und es bekümmerte ihn in seinem Herzen und er sprach: ich will die Menschen, die ich geschaffen habe, vertilgen von der Erde, vom Menschen an bis zum Vieh, und bis auf das Gewürm und bis auf die Vögel; denn es reut mich, daß ich sie gemacht habe."[36] (So stehen die Tiere auch hier im Banne des Menschen.) Nach der großen Flut aber und dem Untergang empfindet Gott Mitleid mit seiner verwüsteten Schöpfung: „Ich will hinfort nicht mehr die Erde verfluchen um der Menschen willen . . . Solange die Erde steht soll nicht aufhören Frost und Hitze, Sommer und Winter, Tag und Nacht."[37]

Der Gott der Gerechtigkeit ist auch der Gott des alles erhaltenden Mitleids; damit er jedoch seines Mitleids sich gemahne machte er einen Bund und setzt ein Zeichen des Bundes: „Und Gott sprach: Das ist das Zeichen des Bundes, den ich gemacht habe zwischen mir und euch und allen lebendigen Seelen bei euch hinfort ewiglich: Meinen Bogen habe ich gesetzt in die

Wolken, der soll das Zeichen sein zwischen mir und der Erde. Und wenn es kommt, daß ich Wolken über die Erde führe, so soll man, einen Bogen sehen in den Wolken."[38] Die Mahnung an die größt mögliche Zerstörung, die Wolken, wird nie mehr zu sehen sein ohne das Zeichen des Mitleids mit Schöpfung und Kreatur, den Bogen. Das Mitleid versöhnt Gott mit der Kreatur. Es versöhnt die Welt. So wird der Regenbogen als Zeichen der Versöhnung zur Brücke zwischen Himmel und Erde. Bei den Germanen ist der Regenbogen die Himmelsbrücke über die die Götter zur Erde reiten, und das Diadem der Göttin Frigg, der Gemahlin Odins. Nach taoistischem Glauben überbrückt er den Abgrund zwischen den Welten. Im Hinduismus ist der Regenbogen der Bogen des Indra, des Königs, der zu den Göttern erhoben wurde. In seiner Hand wird er zur herrlich strahlenden tödlichen Waffe. Denn der Regenbogen ist auch die Brücke, über die die Toten ins Jenseits gelangen, über die kein lebender Mensch gehen kann. Die Bauern, die mit dem Ruf 'Gottes Gerechtigkeit' gegen ihre Entmenschlichung kämpften, versammelten sich unter der Regenbogenfahne.

So wird der Bogen noch einmal historisch und heilsgeschichtlich zum Zeichen der Hoffnung. Unter dem Zeichen des grünen Reises und des dürren Steckens (denn auch das Kreuz ist ein Stab der wieder grünen wird) versöhnt sich mit Gott zum andernmal mit der Welt. Das Mitleid hat sich in Liebe gewandelt.

„Also hat Gott die Welt geliebt, daß er seinen eingeborenen Sohn gab . . ."[39] War der Regenbogen das Zeichen des ersten Bundes, so ist das des zweiten Stern und Kreuz, die geistige Heimholung der Menschen anzeigend. Hinfort existiert alles aus der Liebe. Jesus und Maria, Sonne und Mond sind die beiden Gestirne, die die Welt erleuchten. (Die Sonne vertritt die schöpferische Seite, der Mond die fruchtbare des sinnlich faßbaren Gottesaspekts, der Offenbarung Gottes in der Welt. Maria ist die Mondgöttin, so steht sie in Darstellungen oft auf der Mondsichel. Christus entspricht der Sonne, so malte ihn Matthias Grünewald für den Isenheimer Altar als aufgehende Sonne, umstrahlt von der Gloriole des Regenbogens.) Ihr Licht spendet das Leben und reguliert die Zeit, die Gottes ist, so wie der Raum den Menschen zugehört. Wünsche und Hoffnungen, Glück und Leid sind den vierzehn Nothelfern und den anderen Heiligen unter-

Philosophie aber hält das Mitleid nicht stand.★ Parzival, der reine Tor, der Mensch aus dem Wald, der eigentlich noch garkeiner ist, erst die Possibilität eines Menschen, vermag die Frage, die aus dem Mitleiden geboren wird, nicht zu stellen. Deswegen trifft ihn der Fluch des Irregehns; denn wo Mitleid und Erbarmen nicht als innerster Grund des Handelns erscheinen, da bleibt dem Handelnden nur die Irre, da wird auch sein Geist sich umnachten, denn äußere und innere Irre sind dasselbe.

stellt. Mit den Hexen aber verbrennt die sich aufklärende Gesellschaft auch die Heiligen.

★ Spinoza nimmt es noch einmal auf. ,, . . . denn wer anderen Hilfe zu bringen weder durch Vernunft, noch durch Mitleid bewogen wird, der wird mit Recht Unmensch genannt.''[40] Was die Vernunft betrifft, die Idee, auf die das Bürgertum seine Welt begründet, so sollte sie ,,die Beziehungen der Menschen regeln, jede Leistung begründen, die von Individuen gefordert wurde, es wäre denn Sklavenarbeit.''[41] Darüber sind Aufklärer und Kirchenväter sich einig. ,,Vernunft liege den Ordnungen der Natur zugrunde. Auf die Vernunft sollten die Verfassungen der Völker und ihre Einrichtungen gegründet sein.''[42] Die Vernunft wurde aber im Lauf der Geschichte, in den letzten dreihundert Jahren auf ihre ,,instrumentelle Bedeutung''[43] reduziert. ,,Ihre Bestimmungen, in eine zusammengefaßt, sind die optimale Anpassung der Mittel an den Zweck . . . ''[44] Nutzen, gesellschaftlicher — wobei nicht zu vergessen wäre, daß die Gesellschaften, die nach dem Prinzip der Vernunft sich konstituiert meinen, Klassengesellschaften sind — und Vernunft werden identisch oder: ,,Vernunft ist die Art und Weise wie das Individuum in seinen Handlungen den Ausgleich zwischen seinem eigenen Nutzen und dem der Gesamtheit herstellt.''[45] Dabei aber muß es sich Gewalt antun. ,,Es soll begreifen, daß das Leben der Gesamtheit die notwendige Bedingung seines eigenen sei. Aus vernünftiger Einsicht soll es die widerstrebenden Gefühle und Instinkte meistern.''[46] Durch die Hemmung der Triebe und Instinkte des Einzelnen soll ja nach gängiger Anschauung die menschliche Zusammenarbeit erst sich ermöglichen. Daß die Hemmung aber von außen komme, als Verbot oder Strafe, ist unökonomisch. Der Unterhalt von Gefängnissen, Irrenhäusern und ähnlichen Anstalten, die al-

Das Umherirren und die Mühsal, die er erfährt, lehren ihn Mitleid und nach Jahren des Leids kann er die eine, die wichtige Frage stellen. In der gesellschaftlichen Entwicklung tritt freilich an die Stelle von Mitleid und Erbarmen der Affekt der Selbsterhaltung* , der auch die Vernunft noch für sich zu haben scheint. „Wenn alle Affekte einander wert sind, so scheint die Selbsterhaltung, von der die Gestalt des Systems ohnehin beherrscht ist, auch die wahrscheinlichste Maxime des Handelns abzugeben."[48]** Das Mitleid verschwindet, selbst von dem Ort, der scheinbar frei vom Zwang der Lebensnot und Ökonomie

len Mitgliedern der Gesellschaft Platz böten, ist zu kostspielig. Die Hemmung soll aus dem Individuum selbst kommen, von seinem eigenen Bewußtsein gesetzt sein. Die Rationalität von Opfer und Triebverzicht jedoch „differenzierte sich freiwillig genau nach dem gesellschaftlichen Status. Mit abnehmenden Besitz und geringerem Ausblick auf Glück nahm auch sie ab und der Zwang, das Opfer darzubringen zu. Den Armen gegenüber war es stets vernünftig, der Vernunft durch irdische und himmlische Strafjustiz nachzuhelfen . . . "[47] So wurden auch mehr arme denn reiche Leute als Hexen verbrannt, wenn die Verfolgung freilich auch stets eine Drohung gegen das von der Kirche sich emanzipierende Bürgertum war, die oft und fürchterlich genug wahr gemacht wurde (s. die Hexenverfolgung in Würzburg und Bamberg, 4. Kap.).

* So wird Odysseus, der sich selbst erhaltende, und nicht Parzival, der Mitleidige, zum Symbol der abendländischen Kultur.

** Selbsterhaltung und Vernunft erscheinen komplementär in einer Gesellschaft, in der die Marktgesetze die menschlichen Beziehungen regeln. Der aufkommenden bürgerlichen liberalen Ideologie sind sie fast schon identisch. Die Selbsterhaltung aber mündet in die Selbsterhaltung des Systems. Am Ende des Wegs steht der Faschismus. „Schlaue Selbsterhaltung bei den Oberen ist der Kampf um die faschistische Macht, und bei den Individuen die Anpassung ans Unrecht um jeden Preis."[49] Mitleid, das einzig die unheilvolle Allianz zwischen Vernunft und Selbsterhaltung lösen könnte, wird vertagt auf den Tag nach dem Sieg der Vernunft. „Würde die Menschheit sich ihrer selbst bewußt und bestimmte in größter möglicher Freiheit ihre eigenen Geschicke, es bliebe ihr nur noch, in Hingabe an alle übrige Kreatur, deren Leiden zu mildern."[50] Mit der Unvernunft des Tiers beweisen sich die Menschen ihre Würde. Das Tier wird vorgeführt, so wie man einmal die Irren vorführte, um dem Zuschauer sich seine Vernunft kenntlich zu machen.[51] „Die Welt des Tieres ist begriffslos. Es ist kein Wort da, um im Fluß des Erscheinenden das Identische festzuhalten . . . Wenn gleich die Möglichkeit von Wiedererkennen nicht mangelt, ist Identifizierung aufs vital Vorgezeichnete beschränkt. Im Fluß findet sich nichts, das als bleibend bestimmt wäre, und doch bleibt alles eins und dasselbe, weil es kein festes Wissen ums Vergangene und keinen hellen Vorblick in die Zukunft gibt."[52] Das sind aber auch die beiden Tabus des Mittelalters: die Beschwörung der Toten, d.i. der Rückblick in die Vergangenheit und die Schau, der Blick nach vorn, in die Zukunft. Die Zeit gehörte Gott allein. Noch waren die Kreaturen zu eng mit sich verknüpft, zu ungeschieden. Erst mit dem Abtrennen der Natur, der Ausgrenzung der Tiere, und ihnen folgen die Frauen, verändert sich das Verhältnis. Dem Bürgertum gilt das Tier als Exempel der Unvernunft, gerade weil ihm Vergangenheit und Zukunft mangeln, weil es dehalb nichts als blinder Zwang, immergleiche Wiederholung ist. Es stellt die Tiere zur Schau. Mit Vorliebe die fremden, exotischen. („Auf einem Gemälde von Longhi aus dem 18. Jahrhundert steht ein gefangenes Rhinozeros, das von Herrschaften in einer Stadt Europas angegafft wird. Kaum irgendwo wird die Dummheit der Mensch so deutlich wie auf diesem Bild. Sie sind die einzige Rasse, die Exemplare anderer Rassen gefangen halten oder sonst auf eine Art quälen, bloß um sich selbst dabei groß vorzukommen. Wie weise wirkt das dumme Tier auf dem Bild vor den törichten Menschen, die zu jener Zeit gerade ihre eigenen Gattungsgenossen folterten und verbrannten, vorgeblich, weil sie vom Glauben abwichen, in Wirklichkeit aus Gründen, die sie selbst nicht kannten . . . "[53]) Später wird das exotische Tier dem Bürger zum Traumbild werden, wie die exotische Frau. Vorerst freilich sind sie zusammen ausgesperrt aus der Welt der Vernunft. Die Hexe sitzt mit ihren Hexentieren abseits, am Dorfausgang, im Wald, in der Ödnis. Nach der Hexenverfolgung bleibt die Sorge ums vernunftlose Tier, die dem Vernünftigen müßig ist, den Frauen überlassen. ,,Diese haben keinen selbständigen Anteil an der Tüchtigkeit, aus welcher die Zivilisation hervorging . . . Sie (die Frau) wurde zur Verkörperung der biologischen Funktion, zum Bild der Natur, in deren Unterdrückung der Ruhmestitel dieser Zivilisation bestand. Grenzenlos Natur zu beherrschen . . . war der Wunschtraum der Jahrtausende. Darauf war die Idee des Menschen in der Männergesellschaft abgestimmt. Das war der Sinn der Vernunft, mit der er sich brüstete. Die Frau war kleiner und schwächer, zwischen ihr und dem Mann bestand ein Unterschied, den sie nicht überwinden konnte, ein von Natur gesetzter Unterschied, das Beschämenste, Erniedrigendste, was in der Männergesellschaft möglich ist. Wo Beherrschung der Natur das wahre Ziel ist, bleibt biologische Unterlegenheit das Stigma schlechthin, die von Natur geprägte Schwäche zur Gewalttat herausforderndes Mal.''[54]

Die Madonna war das Zugeständnis der Kirche an matriarchale Restbestände, die stark und fordernd waren. Als sie sich stark genug fühlt, und die Madonna ohnehin von abgespaltener Seite in Frage gestellt wurde, überhaupt alles sich im Lichte neuer Rationalität zu zeigen begann, da machte sie sich an die Ausrottung der anachronistischen matriarchalen Reste, freilich nicht ohne die Madonna vorher in die unerreichbare Höhe des Himmels versetzt zu haben. Nach der Hexenverfolgung verstand sich die Frau, vor allem die bürgerliche, auf Tugend und Sittsamkeit (die armen konnten es so genau nicht nehmen, war doch die Prostitution oft genug die einzige Möglichkeit der Selbsterhaltung für sie, dafür zahlten sie dann damit, daß sie die totale gesellschaftliche Verachtung traf). Die bürgerliche Frau ,,erreichte für die ganze ausgebeutete Natur die Aufnahme in die Welt der Herrschaft, aber als gebrochene. Sie spiegelt, unterjocht, dem Sieger seinen Sieg in ihrer spontanen Unterwerfung wider: Niederlage als Hingabe, Verzweiflung als schöne Seele, das geschändete Herz als den liebenden Busen.''[55] So bleibt ihr die Verzerrung in der ihr Wesen erscheint; ,,Kunst, Sitte, sublime Liebe sind Masken der Natur, in denen sie verwandelt wiederkehrt und ihr eigener Gegensatz zum Ausdruck wird.''[56] Das Tier aber bleibt eingeschlossen in sich selbst, in seinem Zwang, seiner Begrifflosigkeit. ,,Für den Entzug des Trostes tauscht das

noch seine Stätte hätte sein können, es verschwindet aus der Kirche. Vernunft und Selbsterhaltung gehen über ins „Streben nach Resultaten und Effektivität."[60]★

Tier nicht Milderung der Angst ein, für das fehlende Bewußtsein von Glück nicht die Abwesenheit von Trauer und Schmerz."[57] In der Verderbtheit der Kreatur aber sah die Kirche Gemeinsames in Frau und Tier. „So wurde z.B. ein Hund, den man für besessen und ein anderer, den man für einen Zauberer hielt, gehängt."[58] Versöhnung erscheint möglich erst in dem Paar Vernunft und Mitleid, in der Utopie als Liebe. „Daß mit der Vernunft der Mensch aus der Befangenheit der Natur erwacht, nicht freilich wie sie meinen, um diese zu beherrschen, sondern um sie zu begreifen."[59]

★ In dieser Form der Vernunft sieht Bataille „einen Beginn von Menschlichkeit."[61] Effektivität zeigt Bataille am Beispiel der Azteken. Sie erweist sich darin, daß die Gesellschaft nicht mehr die eigenen Mitglieder der Sonne opfert, sondern Kriegsgefangene. (Der Krieg war das Mittel der Selbsterhaltung des Stamms auf seiner Wanderschaft durch längst schon besiedeltes Gebiet.) Am Mythos hält man fest, doch verbindet man ihn mit den Zweckmäßigkeiten des eigenen Bestands (oder rationalisiert diese durch jenen). Die Kriege werden von den Azteken nur geführt, um Kriegsgefangene zu machen, die dann der Sonne geopfert werden können, damit dadurch der Bestand der Welt wenigstens für eine kleine Zeit noch gewährleistet sei. Aber auch der gefallene Krieger gilt als Opfer an die Sonne. „Ihr habt nicht einmal Unrecht zu wollen, daß sie (die Männer, die Krieger) in den Kämpfen sterben, denn zu keinem andern Zweck habt ihr sie in die Welt gesandt, als dazu der Sonne und der Erde mit ihrem Fleisch und Blut als Nahrung zu dienen."[62] Krieger und Kriegsgefangene werden in einem äußerst engen Verhältnis zueinander gesehen. Sie sind wie Vater und Sohn. Der Gefangene ist noch Teil der Identität des Kriegers und doch schon von ihm abgelöst, die List des Selbst zu seiner Erhaltung stellt sich in ihnen dar. Der wohlgestaltetste Gefangene ist Ersatz für das Opfer, in dem der König sich selbst den Göttern darzubringen hat, um Fortbestand und Nahrung für sein Volk zu gewährlei-

Das Christentum bedurfte keiner Ersatzopfer mehr. Sein Gott hatte sich selbst zum Opfer gebracht. Es hatte den Betrug der Heiden an ihren Göttern durchschaut, wie auch die Juden schon nicht mehr des frommen Selbstbetrugs bedurften, indem sie Gott selbst den Hinweis aufs Ersatzopfer zuschoben.[67]*

sten.[63] (Murray[64] vertritt die Theorie, daß der König nach siebenjähriger Regierung am Erntefest erschlagen wird und daß dies zur Fruchtbarkeit des Landes beitragen sollte. Nach Murray wird dieses Opfer im Hexenkult wiederholt, allerdings auch zumeist jedenfalls mit einem Ersatzmann für den König.) Die Frauen der Azteken sind den Kriegern gleichgestellt. Sie schlagen die Schlacht bei der Geburt eines Kindes, bei der sie ihr Leben aufs Spiel setzen, oder in Form des geborenen Kinds dem Sonnengott ein zukünftiges Opfer bringen.[65]

In der Wahl des Ersatzopfers nun sieht Bataille die Veränderung, „die in Richtung der Vernunft des Unternehmens (des Feldzugs) ging . . . im Gegensatz zur grausamen Gewalt der Verzehrung . . . Die Ersetzung des Königs durch einen Gefangenen ist eine offensichtliche, wenn nicht konsequente Abmilderung jenes Opferrausches."[66]

* „Er (der Engel Gottes) sprach: Lege deine Hand nicht an den Knaben . . . denn nun weiß ich, daß du Gott fürchtest, und du hast deines einzigen Sohnes nicht verschont um meinetwillen. Da hob Abraham seine Augen auf und sah einen Widder hinter sich . . . und ging hin und nahm den Widder und opferte ihn an seines Sohnes statt."[68]

Das Tier wird zum Ersatz des Menschen im Opfer. Ersatz aber kann es auch nur sein, weil es dem Menschen ähnlich ist und doch nicht er. Umgekehrt gilt die Gleichung nicht. Noch in den Vivisektionen und Tierversuchen muß die Ähnlichkeit der Anatomie von Mensch und Tier herhalten für die Scheußlichkeiten, die an ihm verübt werden. In dem er sich aber am Tier vergeht, bekundet der Mensch, „daß er, und nur er in der ganzen Schöpfung, freiwillig so mechanisch, blind und automatisch funktioniert, wie die Zuckungen der gefesselten Opfer, die der Fachmann sich zu Nutze macht. Der Professor am Seziertisch definiert sie wissenschaftlich als Reflexe, der Mantiker am Altar hatte sie als Zeichen seiner Götter ausposaunt."[69]

Die christliche Kirche aber verlangt einen anderen Preis als der Gott der Juden für die Freiheit vom Selbst-Opfer, die freiwillige Unterwerfung des Willens des Anhängers der Religion unter den ihres Gottes. Das heißt dann Glaube. Das Opfer des Selbst in der Unterwerfung des Willens macht die Hybris, die Vermessenheit nicht mehr zum Stolz, den die Götter angemessen strafen, sondern sie wird zur Eigenschaft des Bösen schlechthin. Der Mensch, der mit Gott sich mißt, gehört zur andern Seite, ist böse, steht im Bunde mit dem Herrn des Stolzes und der Vermessenheit, Luzifer, Satan.* Der Gläubige lebt nicht der eigenen Herrlichkeit, sondern der Gottes und die offenbart auf Erden sich in den Werken der Kirche zu deren Glanz auch ihr weltlicher Bündnispartner, der Staat beiträgt. Im Dienst an der Kirche vollzieht der Gläubige das gewünschte Opfer.** Auch

* Dem Dr. Faustus war durch seinen Teufelsbund die Vergangenheit und die Zukunft gegeben (die Goethe in eine sittlich-tätige umwandelte und ihn so erlöst sein läßt). Der Dr. Faustus endet mit den Worten „Und so ihr meinen Leib findet, (sollt ihr) ihn zur Erde bestatten lassen. Denn ich sterbe als ein böser und guter Christ . . . Also endet sich die ganze wahrhaftige Historia und Zauberei Doctor Fausti, daraus jeder Christ zu lernen, sonderlich aber die eines hoffährtigen, stolzen, fürwitzigen und trotzigen Sinnes und Kopfs sind, Gott zu fürchten . . ."[70]

Faust stirbt als böser und guter Christ zugleich, trotz allem ist seine Wißbegier nicht mehr ganz so verwerflich. Die Hexen aber, die anderen die dem Willen Gottes und der Kirche sich nicht unterwerfen, sterben als die Bräute des Teufels. Die eigene Verzweiflung und das Mitleid mit der Verzweiflung der Kreatur[71] hatten sie in die Hexerei getrieben. Sie werden verbrannt und ihre Abschiedsreden, soweit sie fähig sind überhaupt welche zu halten, im Rauch des Scheiterhaufens erstickt. Wenn in der Welt ohne Mitleid der einzige Trost darin liegt, „daß der Kreatur für ihr Weh überhaupt eine Stimme gegeben ist"[72], so war selbst das ihnen nicht gestattet. Stumm mußten sie untergehn nach dem Willen ihrer Verfolger.

** Das Opfer besteht quasi in einer Spaltung der Persönlichkeit. Selbst genug, um der und der zu sein, Privatmann sozusagen,

das Geld, das die Kirche einnimmt wird nicht in Opfergaben, die verbrannt werden oder ähnlichem vernichtet, sondern zu Bauzwecken verwandt. Die Dome entstehen sozusagen unter „repräsentativem Bauzwang".[73]* Die Höhe der Kirchtürme repräsentiert innerhalb ihres Sichtbereichs – und je höher sie ragen, desto weiter sind sie zu sehen – die Macht und Größe ihres Bauherrn.** Dazu ist der Bau in „einen Außenbezug

sind sie nun auch noch Träger eines Amtes, einer öffentlichen Funktion. Die Selbstdarstellung einer unpersönlichen Macht wie der Kirche oder des Staats vollzieht sich u.a. auch durch das Medium der Personen, die ihr dienen, die sie repräsentieren. Gilles de Rais ist da noch gänzlich ungeschieden, er selbst unterscheidet noch nicht zwischen den verschiednen Interessen, die er vertritt, die er repräsentiert. Er spielt noch keine Rollen; er ist ein monolithischer, gewaltsamer und gewalttätiger Block. Mit der Spaltung des Individuums in einen öffentlichen und einen privaten Teil (wobei die Kirche immer den Schein des Anspruchs über beide Teile aufrecht erhielt), spaltet sich auch seine Zeit, in private und öffentliche, zu Haus verbrachte und im Amt verbrachte. Als Repräsentant einer Institution tritt der Mensch zurück hinter dem Amt, das er darstellt (und das doch erst kraft seiner Person ist) – wohl kein Richter z.B. wollte 'persönlich' verantwortlich gemacht werden für die Urteile, die er fällt und für das, was sie für andere nach sich ziehen. Als Richter urteilt er nicht in seinem Namen, sondern in dem der Gemeinschaft, die ihn beauftragt hat, deren Mitglied er freilich ist. Die Entwicklung dessen, was Marx 'Charaktermaske' nennt, nimmt ihren Anfang.

* „Um 1030 meinte der burgundische Mönch Rudolf Glaber rückblickend, um das Jahr 1003 habe man beinahe auf der ganzen Erde, insbesondere aber in Italien und Frankreich, damit begonnen, Kirchengebäude zu erneuern; dabei sei, ohne daß ein wirklicher Bedarf bestanden hätte, jede christliche Gemeinde bemüht gewesen, den übrigen eine würdigere Kirche entgegenzustellen."[74]

** „Der Abt Wirilius ließ 1169 die Klostergebäude von St. Trond so ausstatten, daß sie alle Paläste unseres Landes überrag-

gestellt", er konkurriert „mit Bauten außerhalb der Herrschaftsgrenze".[77] Von allen Seiten soll ihm seine Größe und Einmaligkeit bescheinigt werden. Die Legitimation von Bauherrn und Bau* leitet sich nicht etwa aus dem Glauben oder dem Neuen Testament ab, den Schriften der Kirchenväter oder den Bullen des Papstes, sondern die allgemeine Bewunderung, die er findet, wird zu seiner Beglaubigung.** Wichtig sind der Beifall und die Achtung die ihm gezollt werden. So „erschienen einem Autor um 1100 auch die Grabdenkmäler, die der Eroberer Robert Guiscard 1059 seinen Brüdern in Vanusa setzen ließ, in einem Glanz, wie er 'seit Karls des Großen oder gar Caesars Zeiten'

ten."[75] „Über das dem Burgbezirk der Grafen von Flandern zugehörige Westwerk von Saint-Donatien in Brügge, sagte 1127 ein Chronist, es rage 'in seinem würdevollen Glanz wie eine Königsresidenz empor' und signalisiere nach allen Seiten machtvoll gesichertes Recht."[76]

* Der Bau von Kirchen und Domen stellt die Absorption des gesellschaftlichen Überflusses dar. „Der sakrale Großbau stellt die Summe dessen dar, was die mittelalterliche Gesellschaft außer sich setzen konnte, was sie an Überwindung ihrer selbst leisten konnte . . . Die Größe des mittelalterlichen Sakralbaus, die jedes Verfügungsmonopol in eine Kooperationsbereitschaft zwang, beschreibt das Ausmaß an Konsenzfähigkeit, zu der die auseinander strebenden Kräfte der damaligen Gesellschaft gelangen konnten. Sie verwirklicht sich auf einer Zielebene, auf der die aktuellen Ansprüche, Machtpositionen und Normwerte in gleichem Maße eingebracht wie überwölbt scheinen."[78]

** „Die Erfüllung eines objektiven Baubedarfs erscheint . . . als moralische Forderung, die von der nicht-interessierten göttlichen Instanz gedeckt ist. Aus dieser Sicht kann es zu einem Legitimationskriterium für eine Herrschaftsinstanz werden, ob und inwieweit sie imstande ist, irdische Gewinnziele objektiven Bedürfniszielen zu opfern und die subjektiven Motivationen und Interessen in übergeordneten Erfüllungspflichten aufzuheben. Die von außen gesetzten Bauzwänge treten als normative Sollwerte auf, deren Einlösung über die Anerkennung einer hoheitlichen Verfügungsberechtigung mitentscheidet."[79]

nicht mehr gesehen worden sei."[80] Zu den Superlativen für die Größe des Baus und die Herrlichkeit des Bauherrn kommt „ein ostentatives Eintreten in ein hochgeschraubtes Anspruchsniveau", das „den Abstand zu anderen konkurrierenden Machtträgern zu sichern" sucht, „dieser ist nicht durch Rechtsnormen sondern allein durch Willensbehauptung zu stützen. Es zählt nicht nur die Absicht, sondern auch die zügige Verwirklichung. Die Eile mit der, wie behauptet wird, Bauvorgänge oftmals in die Wege geleitet und vorangetrieben werden konnten, stellt selbst einen Ranganspruch dar."[81]* Wie der Kirchenbau so

* „In Cluny beginnt man um 1088 die größte Kirche der Christenheit in einer Eile, die 'auch aller Bewunderung wert gewesen wäre, wenn ein Kaiser sie in so kurzer Zeit vollendet hätte'."[82] Die Eile und Geschwindigkeit beim Bau von Kirchen ist so sagenhaft, daß sie Attribute des Teufels werden. Verzweifelte Baumeister, deren Vorstellung weiter reichte als ihr Vermögen, gehen ihn an, das begonnene Werk zu vollenden. So berichten viele Sagen von mehr als einem Kirchenbau und von mehr als einer Brücke, die mit Hilfe des Teufels gebaut wurde, oder die er gar allein baute. Dieser schleppt oft die Steine von sehr weit an. (Auch das Weithergebrachte der Baumaterialien war ein Kriterium für die Pracht des Baus.) Diese Vorliebe fürs Bauen und für Steine hat er mit den Riesen gemeinsam. Oft ist der Preis des Teufels aus der Bedrängnis zu helfen die Seele des Baumeisters. Er begehrt z.B. das erste Lebewesen, das über die Brücke geht. Und immer wieder gelingt es, den dummen Teufel mit List um sein Opfer zu täuschen. So treibt der Baumeister der Frankfurter Brücke, bei deren Bau ihm der Teufel geholfen hat, einen Hahn vor sich her, anstatt daß er selbst als erstes Lebewesen über die Brücke geht. (Das Ersatzopfer für den Menschen an den Teufel scheint in vielen Fällen ein Hahn zu sein.) Die Hilfe des Teufels steht aber auch für die schier unmöglich erscheinende Überwindung der natürlichen Widerstände, denn die „Aufführung eines Baues gegen die geologischen Bedingungen in seiner Umwelt (ist) selbst schon eine Forderung des überregionalen Standards."[83] Auch das schlägt sich in Sagen nieder, da heißt es dann immer, daß Gott wollte, daß die Kirche just da zu stehen

war der Brückenbau eine der großen öffentlichen Angelegenheiten des Mittelalters.* „Hieronymus von Regensburg erinnert zu Beginn des 12. Jahrhunderts alle Reichen und Mächtigen an ihre Fürsorgepflicht gegenüber den Bedürftigen und nennt in diesem Zusammenhang auch die Brücke. 'Da ihr eure Reichtümer ohnehin andern hinterlassen müßt. . . beeilt euch, himmlische Schätze durch die Hände der Armen zu sammeln. . . Stattet die Kirchen mit Büchern, Kleidern und Schmuck aus, erneuert zerstörte oder verlassene Kirchen. . . Baut Brücken und Straßen und bereitet so euren Weg in den Himmel.'[85]

Barmherzigkeit als Mittel zum Zweck. Die Anhäufung guter Taten bedeutet die Anhäufung von Schätzen im Himmel. Ein Mittel, über das der Reiche Schätze, die ewig währen, ansammeln kann, sind die Armen Leute. (Wie sie schon das Mittel waren irdische Schätze zu erwerben. Ihre Ausbeutung verlängert sich so bis in die Ewigkeit.) Der Protestantismus macht Schluß mit der irdischen Verschwendung zugunsten himmlischer Schätze. Nicht mehr durch Veräußerung gelangt der Fromme in den Himmel, sondern allein durch den Zustand seines Inneren, ja noch weniger, allein durch Gnade, nichts kann er eigentlich mehr tun, die Wahl liegt bei Gott. Ohnehin erschien der Tausch mit der Gottheit – gute Werke gegen Seelenheil – nicht angemessen. Der Tausch untersteht dem Kausalgesetz; wie könnte es der Gott, dessen Eigenschaft es gerade ist, außerhalb desselben

bekäme wo er es aufzeigte und nicht auf einem für das Bauen günstiger gelegenen Grund. (s. die Entstehungssage um die Elisabethenkirche zu Marburg.)

* „Der wachsende Bedarf an Brücken ist ein Symptom für den wachsenden, die Landschaften verbindenden, auf überregionale Tauschbeziehungen angelegten wirtschaftlichen Verkehr. Dieser Verkehr macht aus der Brücke, sei es unmittelbar durch Zölle, sei es mittelbar durch den zunehmenden Handel, eine ertragreiche Einnahmequelle. Zugleich ist die Brücke eine Mittlerin zwischen dem lokal eingegrenzten Verfügungsbereich und den lokalen Bedürfnisstrukturen. Über sie setzen sich lokale Hoheitsbefugnisse überlokalen Einflüssen aus und binden sich an übergreifende Zusammenhänge."[84]

zu stehn, Wunder zu wirken? „Nur die Gnade bewirkt eine Übereinstimmung mit der Gottheit, die nicht wie die Dinge der kausalen Verkettung unterworfen sein kann. Das Geschenk der Gottheit, das der gläubigen Seele von selbst zuteil wird, kann mit nichts bezahlt werden."[86] Luther nimmt Anstoß am Ablaßhändler Tetzel, der Seelenheil für Geld verkauft, um die Finanzierung des Petersdomes in Rom zu gewährleisten, den der Papst baut zu seiner und Gottes Ehre. „Aber indem Rom die Göttlichkeit in den Werken dieser Welt erstrahlen ließ, reduzierte es sie auf armselige Maße. Für Luther lag der einzige Ausweg in einer endgültigen Trennung zwischen Gott und der tiefen Innerlichkeit des Glaubens auf der einen Seite und allem, was man tun und tatsächlich bewirken konnte auf der anderen Seite. Der Reichtum verlor daher seinen Sinn, den er außerhalb seines produktiven Wertes hatte. Der kontemplative Müßiggang, das Almosen[87]* , der Glanz der Zeremonien und Kirchen hatten nicht mehr den geringsten Wert oder galten als ein Zeichen des Teufels."[90]** Die Zuwendung des Heils ist so unergründlich für den Menschen, daß die Suche nach dem Heil als letztendliches Ziel des Menschen, als Rechtfertigung und Sinn-

* So schlägt ein Bischof vor, hartnäckige Bettler zu verhaften und einige Jahre lang zu öffentlichen Sklaven zu machen. „Die Brutalität der Gesellschaft, die entschlossen ist, das unproduktive Elend zu bekämpfen, nimmt die härtesten Formen autoritärer Moral an"[88], denn „die Farmer wie die Inhaber der Manufakturen . . . benötigen konstante Arbeiter – Menschen, die keine anderen Lebensmöglichkeiten als ihre tägliche Arbeit haben, also Menschen, auf die sie sich verlassen können."[89]

** „Die Lehre Luthers ist die völlige Negation eines Systems intensiver Verzehrung der Ressourcen . . . Das Bild, das eine mittelalterliche Stadt von jener Welt hinterlassen hat, macht in einzigartiger Weise sichtbar, wie glücklich die katholische Kirche die Wirkung eines unmittelbaren Gebrauchs der Reichtümer dargestellt hat. Das spielte sich in einem Gewirr von Widersprüchen ab, aber der Glanz, der davon ausgeht, ist noch heute spürbar: über die Welt der reinen Nützlichkeit hinweg, die darauf folgte, wo der Reichtum seinen unmittelbaren Wert verlor und haupt-

gebung seines Lebenswegs abgelehnt wird von Calvin. Das was ihm einzig bleibt zu tun, ist alles was er tut, zum Lobpreis Gottes zu veranstalten, d.h. die „Heilung der Welt durch Arbeit."[92] Kampf und Arbeit aber werden so ihrer göttlichen Immanenz entbunden, Gott ist nicht mehr in ihnen, allenfalls können sie seinen Preis bedeuten; Gott ist ferner, unfaßbarer als je zuvor. Seine Heiligung ist so freilich an die „Entheiligung des menschlichen Lebens gebunden."[93]★ Arbeit als rationale Verkettung, Endresultat von Operationen. Sie begründet von nun an eine Welt der Dinge, in der auch der Mensch die Grenzen eines Dings sich gibt. Für die Zeit seines Tags, seines Lebens wird er selbst zum Ding, zur Ware endlich, durch den Verkauf seiner Arbeitskraft (auch Intelligenz und Geschicklichkeit, nicht nur physischer Kraft). Die gespaltene Identität Ware, Funktionsträger und Privater zu sein und die Verdinglichung

sächlich die Möglichkeit darstellte, die Produktivkräfte zu vergrößern, leuchtet jene glänzende Welt noch immer zu uns herüber."[91]

★ „Nun kann man zwar von der protestantischen Kritik an den heiligen Werken sagen, sie überließ die Welt den profanen Werken, die Forderung nach der Reinhaltung des Göttlichen konnte das Göttliche nur verbannen und so den Menschen gänzlich von ihm trennen. Schließlich kann man sagen: von da an hat das Ding den Menschen beherrscht, insoweit als er für das Unternehmen und immer weniger in der Gegenwart lebte. Aber die Beherrschung durch das Ding ist niemals vollständig und im Grunde nur eine Farce . . ."[94] „Die späte wissenschaftliche Entdeckung, daß die Arbeitsprodukte, soweit sie werte, bloß sachliche Ausdrücke der in ihrer Produktion verausgabten menschlichen Arbeit sind, macht Epoche in der Entwicklungsgeschichte der Menschheit, aber verscheucht keineswegs den gegenständlichen Schein der gesellschaftlichen Charaktere der Arbeit . . . In der Tat befestigt sich der Wertcharakter der Arbeitsprodukte erst durch ihre Betätigung als Wertgrößen. Die letzteren wechseln beständig, unabhängig vom Willen, Vorwissen und Tun der Austauschenden. Ihre eigene gesellschaftliche Bewegung besitzt für sie die Form einer Bewegung von Sachen . . ."[95]

seiner Welt und seiner selbst gehören zueinander. Zurück aber bleibt ihm eine Art Wut wie über einen irgendwie gefühlten Betrug, auch Verlust, die alles auseinander reißen zu müssen scheint und zu zerstören sucht auf der Suche nach dem verlorenen Wesen, dem Sinn; doch sehr weit ist der Gott und schon lange verharrt er in Schweigen, vielleicht schon immer, denn auch seine Antwort wäre die Antwort des Menschen. „Wo wir den Gral zu ergreifen meinen, haben wir nur das Ding ergriffen, was uns in der Hand zurück blieb, ist nur der Kessel."[96]★

★ „. . . Was ist der Mensch,
Wenn seiner Zeit Gewinn, sein höchstes Gut
Nur Schlaf und Essen ist? Ein Vieh, nichts weiter.
Gewiß, der uns mit solcher Denkkraft schuf,
Voraus zu schaun und rückwärts, gab uns nicht
Die Fähigkeit und göttliche Vernunft,
Um ungebraucht in uns zu schimmeln . . ."[97]

„Dies, Hamlets Wort ist wittenbergische Philosophie und ist Aufruhr dagegen. Ein Stück germanischen Heidentums und finsteren Glaubens an die Schicksalsverfallenheit sprach sich in jener überladnen Reaktion aus, die zuletzt das gute Werk schlechthin, nicht seinen Verdienst- und Bußcharakter allein, aus dem Felde schlug. Jeder Wert war der menschlichen Handlung genommen. Etwas Neues entstand: eine leere Welt . . . Welchen Sinn hatte das Menschenleben, wenn nicht einmal . . . der Glaube bewährt werden mußte? . . . Dagegen schlug das Leben selber aus. Tief empfindet es, daß es nicht dazu da ist, um durch den Glauben bloß entwertet zu werden. Tief erfaßt es ein Grauen bei dem Gedanken, so könne sich das ganze Dasein abspielen. Tief entsetzt es sich vor dem Gedanken an den Tod. Trauer ist die Gesinnung, in der das Gefühl die entleerte Welt maskenhaft neubelebt, um ein rätselhaftes Genügen an ihrem Anblick zu haben."[98]

Frÿheit

Die Teutschen wurden wolgemut,
Si giengen in der Ketzer Plut
Als wers ain Mayentawe.[1]

Die Kreuzzüge

1095 ruft Papst Urban II in Clermont in Frankreich die christlichen Ritter zum Kreuzzug auf.

1096-1099 1. Kreuzzug.

1147 ruft Bernhard von Clairvaux zum 2. Kreuzzug auf.

1200 3. Kreuzzug unter Kaiser Friedrich I.

1203-1204 4. Kreuzzug unter Papst Innozenz III.
Insgesamt finden 7 Kreuzzüge ins Heilige Land statt.

1291 räumen die Christen Akkon, die letzte Besitzung in Palästina.
„Nicht unter jene sieben Kreuzzüge wird der Kinderkreuzzug von 1212 gezählt, die traurigste aber sehr charakteristische Ausgeburt der mystischen Stimmung der Zeit. Kinder behaupteten, Gott habe ihnen befohlen, das Heilige Land zu erretten. Unter Führung eines deutschen Knaben zogen mehrere tausend Kinder und Erwachsene aus Frankreich und Deutschland über die Alpen. Aber schon in Italien wurden sie teils aufgerieben, teils bettelten sie sich zur Heimat zurück. Noch schlimmer erging es dem noch weit stärkeren Haufen, die sich in Marseille versammelten, dort von einigen heuchlerischen Unternehmern auf Schiffe verladen und nach Afrika als Sklaven verkauft wurden, soweit sie nicht auf der See zugrunde gingen."[2] ★

12. Jahrh. Deutsche Kolonisation von Meißen, Brandenburg, Pommern und Mecklenburg.

1226 Deutscher Orden zur Eroberung Preußens bevollmächtigt.

★ Jaspers ordnet den Kinderkreuzzug unter die „psychischen Epidemien". „In den Kinderkreuzzügen scharten sich tausende von Kindern (man sagt bis 30 000) zusammen, wanderten, um das heilige Land zu erreichen, drängten mit einer Leidenschaft, der keine Hemmung Einhalt gebieten konnte, von Haus und Eltern fort, um nach kurzer Zeit elend zugrunde zu gehn."[3]

1378-1445 Kirchenspaltung und Reformkonzilien.
1414-1418 Konzil zu Konstanz. Verbrennung des Johann Hus in Konstanz. Seine Asche wird in den Rhein gestreut.
1419-1436 Hussitenkriege. Jan Zizka.
1429 Auftritt der Jeanne d'Arc, genannt la pucelle de France.
1431 Jeanne d'Arc als Hexe verbrannt.
1450 Erfindung der Buchdruckerkunst durch Johann Gutenberg in Mainz.
1473-1543 Nikolaus Kopernikus. (dtsch. Astronom; Domherr in Frauenburg (Ostpreußen); lehrte, daß sich die Planeten um d. Sonne bewegen; Kopernikanisches oder heliozentrisches Weltsystem).

„Die Entdeckung Amerikas und die großen Weltumseglungen erweitern den Gesichtskreis. Das kopernikanische Weltsystem zeigt die Unendlichkeit des Weltenraums. Das aus den spanischen Kolonien einströmende Gold fördert die Entwicklung des frühen Kapitalismus, Bankhäuser der Fugger und Welser in Augsburg, deren Einfluß sogar bei den Kaiserwahlen zu spüren ist.
Entwickung des fürstlichen Absolutismus, unterstützt durch das römische Recht. Ablösung der Ritter durch Söldnerheere (Schießpulver). Druck auf die Bauern, der sich in dauernden Unruhen Luft macht. Entwicklung und Blüte des Städtewesens in Handel, Gewerbe und Handwerk. (Hans Sachs)."[4]

Die Entdeckungen

1492 Entdeckung Amerikas durch Christoph Columbus für Isabella von Kastilien.

„. . . , o ihr Bilder
Der Jugend, als in Genua, damals
Der Erdkreis, griechisch, kindlich gestalte,
Mit Gewalt unter meinen Augen,
Einschläfernd, kurzgefaßtem Mohngeist gleich mir
Erschien

Das bist du ganz in deiner Schönheit apocalyptica.

moments tirees hautes sommeils der Schiffer
Kolumbus aber beiseit Hypostasierung des vorigen orbis
Naiveté der Wissenschaft
. . ."[5]

1498 Entdeckung des Seewegs nach Ostindien durch Vasco da Gama.
„So wurde diese Kuppel der Erde für Kolumbus zum 'indicio del parayso terrenal', so verlegte er sie vom Ceylon der arabischen Geographie (der Weg dorthin wurde nur wenig später entdeckt, A.D.) in das – Ceylon vermeintlich benachbarte – Orinoko-Delta, vielmehr hinter dieses, ins erreicht Unbetretbare, wo die Erde als Eden in die Wölbung des Azur übergeht. . . 'Ich habe mit einem Dienst gedient, wie er nie gehört oder gesehen worden. Vom Neuen Himmel und der Neuen Erde, die unser Herr gebildet, wie Johannes schreibt in der Apokalypse. . . davon machte Er mich zum Boten und zeigte mir wie zu gehen.' "[6]

1500 Entdeckung Brasiliens durch Cabral.

1519-1521 Eroberung Mexikos durch Ferdinand Cortez.
„Wisse und begreife, daß das Haus, wo du geboren bist, nicht deine Bleibe ist. . . Deine wahre Heimat ist woan-

ders; du bist anderen Orten versprochen. Du gehörst den flachen Ebenen, wo sich die Kämpfe abspielen; für sie bist du gesandt worden; dein Handwerk und dein Wissen ist der Krieg, deine Pflicht ist es, der Sonne das Blut deiner Feinde zu trinken zu geben und der Erde die Körper deiner Widersacher zu liefern, daß sie sie verschlinge. Was deine Heimat, dein Erbe, dein Glück angeht, du wirst es im Himmel im Palast der Sonne finden. . ."[7]

1519-1522 Erste Weltumseglung durch Ferdinand Magalhaes.

1532 Eroberung Perus durch Pizarro.

Krankheiten

„Auf die zart phantastische Ikonographie des vierzehnten Jahrhunderts, in der die Schlösser durcheinander gewürfelt sind, in der das Tier immer der traditionelle, von der Jungfrau auf Distanz gehaltene Drache ist, kurz, wo die Gottesordnung und ihr naher Sieg ständig sichtbar sind, folgt eine Vision der Welt, in der jede Vernünftigkeit ausgelöscht ist. Der große Sabbath der Natur ist angebrochen: die Gebirge stürzen zusammen und werden zu Ebenen, die Erde speit Tote, und die Knochen schmücken die Gräber; die Sterne fallen herab, die Erde fängt Feuer, jegliches Leben trocknet aus und kommt zu Tode. Das Ende hat nicht den Charakter eines Übergangs und Versprechens, sondern ist der Beginn einer Nacht in der die alte Vernunft der Welt verschlungen wird. Es genügt bei Dürer die Reiter der Apokalypse zu betrachten, die von Gott selbst geschickt worden sind: es sind nicht die Engel des Triumphes und der Versöhnung, es sind nicht die Herolde der heiteren Gerechtigkeit, sondern die zerzausten Krieger der wahnsinnigen Rache. Die Welt versinkt in der universellen Tollheit."[8]

Um 1350 wird die Bevölkerung ungeheuerlich durch die Pest in Europa dezimiert. Mit den Kreuzzügen war der Aussatz nach Europa gekommen. „Er war unheilbar und das Los der von ihm befallenen das traurigste, da sie wegen der sehr großen Ansteckungsgefahr von der übrigen Menschheit ausgeschlossen wurden und in besonderen, entlegenen Häusern miteinander leben mußten."[9] Über 19 000 Internierungsstätten für Aussätzige soll es damals gegeben haben. Seit dem 14. Jahrhundert treten die Blattern und die Pocken auf. „Influenzartige Epidemien, durch heftiges Fieber, katarrhalische Infektionen und Gesichtsschwellungen charakterisiert, treten seit dem 14. Jahrhundert auf. Dazu kam die gefürchteste aller Volkskrankheiten, die Beulenpest oder der 'Schwarze Tod'. Pestartige Epidemien haben zuerst das Abendland im 6. Jahrhundert heimgesucht; am bekanntesten aber ist die Pestseuche, die um die Mitte des 14. Jahrhunderts alle drei Weltteile so furchtbar verheerte. Das Anzeichen dieser Krankheit sind die dunklen Beulen und Drüsen, die an verschiedenen Teilen des Körpers hervorbrechen; wer davon befallen wurde, entging wohl fast nie dem Tod."[10]

Nach der großen Pestepidemie bricht an verschiedenen Orten Europas die Tanzwut aus, „der in schneller Folge ungezählte Menschen verfielen. Es handelt sich um Erregungszustände mit Krämpfen, um orgiastische Tänze mit szenenhaften halluzinatorischen Erlebnissen, nach denen teilweise oder gänzliche Amnesie bestand. Dabei war manchmal die Trommelsucht der Leiber, die durch gewaltsames Umschnüren mit Tüchern bekämpft wurde, auffallend."[11]*

* In Italien führte man die Tanzwut auf eine Infektion durch den Biß der Spinne Tarantella zurück. Der von ihr Gebissene mußte tanzen, bis er erschöpft umfiel. Je nach der Gemütsart und Geistesverfassung des Gebissenen aber war der Tanz eher melancholisch oder aber fröhlich. So fand man eine Musik, die in ihren beiden Versionen, der melancholischen und der fröhlichen, je nach dem Bedürfnis der Tanzenden aufgespielt wurde. So harmonisierte man die Zuckungen des Körpers zu einem wirklichen Tanz. Der Tanz, der aus dem allem entstand heißt Tarantella. Nördlich der Alpen sah es nicht ganz so sublimiert aus. Die von der Tanzwut befallenen zogen in Zügen und Gruppen durch Deutschland, Flamen und die Niederlande, in Krämpfe und Zuckungen verfallend, dann sprangen die Leidensgenossen auf die Leiber der Zuckenden, schlugen sie und peitschten sie. Der Auftritt der Tänzer, wohin sie immer kamen, war ein sadomasochistisches Fest für alle.[12]

Die Tanzwut vermischte sich hier zum Teil mit der Geißlerbewegung, in der als Reaktion auf die Pest „der Zorn der Gottheit durch maßloses Selbstkasteien"[13] gesühnt werden sollte. „Lawinenartig anwachsend durchzogen Scharen von Büßern das Land, die sich unter Anstimmung düsterer Gesänge öffentlich den entblößten Rücken geißelten. Bald mischte sich unter die Fanatiker allerlei Gesindel, das unter dem Schein des Geißlertums Plünderungen und jeglichen Unfug vornahm; auch ein antikirchliches Element trat bei diesen Umzügen zu Tage, sodaß

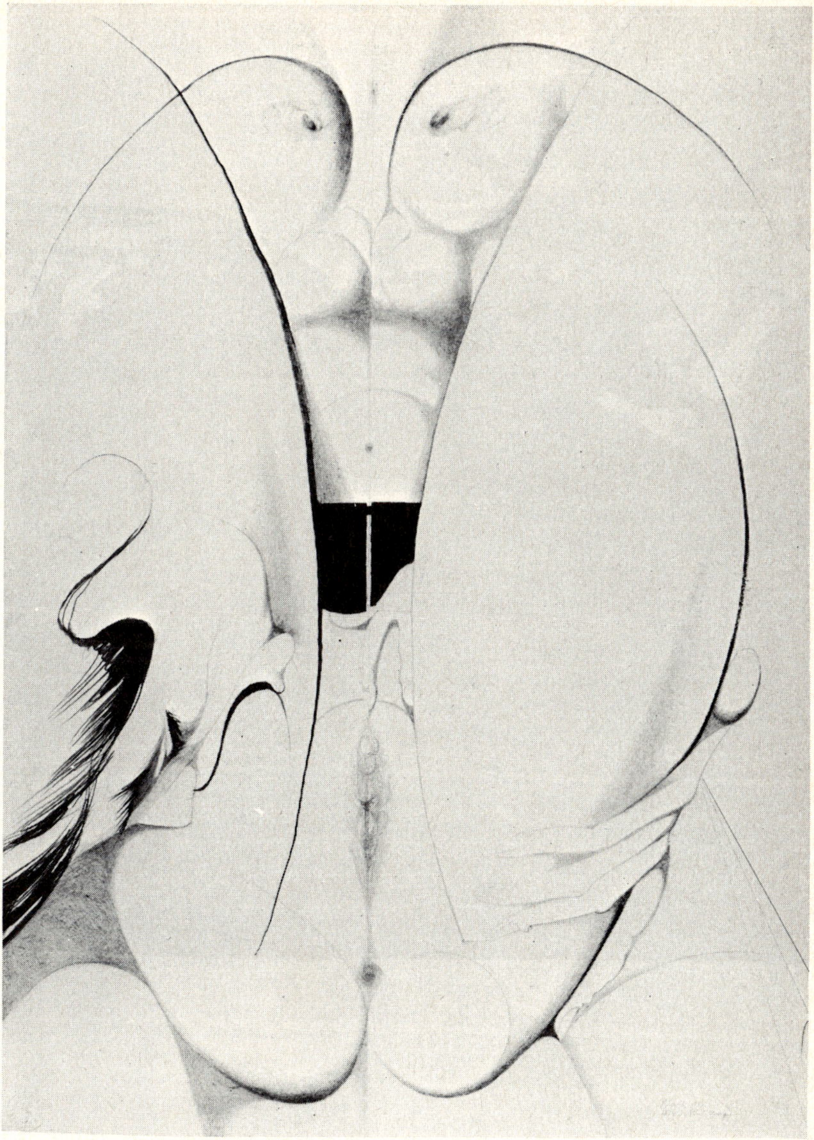

Für den Ausbruch der Pest werden die Juden und die Hexen verantwortlich gemacht. Bald darauf folgte der Englische Schweiß.[15] Dieser war zuerst in England ausgebrochen und kam auf den Kontinent, nachdem dort für drei Jahre lang das Wetter besonders in Deutschland kaum Unterschiede zwischen Sommer und Winter aufgewiesen hatte, es ständig feucht und neblig blieb, im Winter nicht schneite, im Sommer nicht warm wurde. Das Korn verfaulte und trug viel Mutterkorn, was bei den verzweifelten Menschen, die die verdorbene Frucht aßen zu Vergiftungserscheinungen und Krämpfen, oft mit tödlichem Ausgang, führte.[16] Am englischen Schweiß starben hauptsächlich die, die es mit der Schulmedizin probierten, die die fiebernden Kranken noch wärmer einzupacken empfahl. Ließ man sie aber ganz entgegen den klassischen Anweisungen luftig und kühl liegen, so ergab sich nicht selten eine Wendung zum Besseren.[17]

Ähnlich hartnäckig wie die Lepra waren die Geschlechtskrankheiten die ihr folgen sollten. „In verschiedenen Leprosorien nimmt man Geschlechtskranke auf. . . Bald ist die Zahl der Geschlechtskranken so groß, daß man andere Gebäude errichten muß. . ."[18] Oft ziehen die Unglücklichen in Bettlerhaufen durch Europa, wobei das Los der syphilitischen Mönchlein und Nönnchen besonders traurig ist. So gab es in drei Jahrhunderten drei schreckliche Plagen: „im ersten die widerwärtige Veränderung des Äußeren, die Hautkrankheiten, der Aussatz; im zweiten, das innere Leiden, eine wunderliche Nervenreizung, der Veitstanz. Alles beruhigt sich, aber das Blut erhitzt sich, das Geschwür bereitet die Syphilis, die Geißel des 15. Jahrhunderts vor."[19]★

der Heilige Stuhl die Geißler schon 1349 für Ketzer erklärte. Mit dem Zurücktreten der Pest, erlosch dann auch diese Bewegung."[14]

★ Nach Paracelsus (1493-1541) sind die Geschwüre die Vorboten der Syphilis. Die einzige, die sich gegen Aussatz und Geschwüre zu helfen weiß, scheint die Hexe zu sein, mit ihren Planzen, den Trostbringern (Solaneen). „Die Hexe wagte viel dabei, denn niemand glaubte damals, daß äußerlich angewen-

Die studierten Ärzte sind für die Armen zu teuer. Die Klöster bieten Heilige, Reliquien und Weihwasser, gegen Geld versteht sich.[22]★ Die Kirche erklärte im 14. Jahrhundert,

dete oder in sehr geringer Dosis genommene Gifte Heilmittel seine; die Pflanzen, die man alle mit dem Namen 'Hexenkräuter' bezeichnete, schienen Todesmittel zu sein; hätte man deren in ihren Händen gefunden, so würde man sie für eine Giftmischerin oder Fabrikantin von verwünschten Zaubermitteln gehalten haben. Eine blinde je nach ihrer Furcht grausame Menge konnte sei eines Tages steinigen oder sie die Wasserprobe erdulden lassen (das Ertränken), oder man konnte sie sogar . . . mit dem Strick um den Hals vor den Gerichtshof der Kirche ziehen, die daraus eine fromme Festlichkeit gemacht und das Volk erbaut hätte, in dem sie die Unglückliche auf den Scheiterhaufen brachte."[20]

Das Bilsenkraut gibt entspannende, schmerzstillende Umschläge, die Belladonna heilt den Veitstanz und noch manches mehr, sie hilft Krämpfe, die während den Wehen auftreten, beseitigen. „Zu der Zeit, wo das Hexenwesen seinen großen Aufschwung nimmt, machte der ungemeine Gebrauch der Solaneen, hauptsächlich aber der Belladonna, dieses Medikament, das jene Krankheiten (die oben genannten) beseitigt, allgemein."
Paracelsus erklärt, „als er die lateinischen, arabischen und jüdischen gelehrten Bücher der alten Heilkunst verbrennt, alles nur von der populären Heilkunst gelernt zu haben, von den klugen Frauen, den Hirten und Scharfrichtern; diese waren oft geschickte Chirurgen (Einrenker von gebrochenen oder verrenkten Knochen) und gute Tierärzte."[21]

★ „Die Hexen benutzten pharmakologisch aktive Substanzen . . . selbst und versorgten auch andere damit . . . Das legendäre Hexengebräu dient all den komplexen und selbst entgegegesetzten Zwecken, für die sich die pharmakologische Technologie der Hexenkunst eignete . . . man konnte damit Gesunde vergiften und Kranke heilen."[23] Die Hexen heilten einmal dadurch, daß ihre Patienten an ihre Fähigkeit zu heilen glaubten und sie verfügten „über zahlreiche pharmakologisch wirksame Substanzen"[24] und wußten sie auch zu gebrauchen.

daß, wenn eine Frau, ohne studiert zu haben, zu kurieren wagt, sie eine Hexe ist und sterben muß.*

Die Pflanzen der Hexe ließen sich aber nicht nur zum Heilen verwenden und zum Töten. In richtiger Dosierung und Anwendung verursachten sie Rauschzustände.**Auch Zaubermittel und Liebestränke*** kamen aus der Hexenküche. Die Hexe half den Frauen, die gebären sollten und sie half denen – was liegt näher – die kein Kind zur Welt bringen wollten; sie war die Leib- und Seelenärztin der armen Leute.

* „Von 1300 an wird ihre (der Frauen, A.D.) Heilkunst als Zauberei verurteilt, werden ihre Heilmittel als Gifte bestraft. Die unschuldige Hexerei, mit deren Hilfe die Aussätzigen damals ihr Schicksal zu verbessern glaubten, führt die Niedermetzelung dieser Unglücklichen (der als Zauberinnen und Hexen angeklagten Frauen, A.D.) herbei."[25]

** Zumeist scheint es sich dabei um Salben gehandelt zu haben. „Die psychoaktiven . . . Wirkungen dieser Salben liegen auf der Hand und haben bemerkenswerte Ähnlichkeit mit jenen, die heute vielfach dem LSD zugeschrieben werden . . . Die von den Hexen verwendete 'Flugsalbe' wurde nach einem von drei Rezepten verfertigt: 1. Petersilie (wahrscheinlich Schierling, A.D.) Eisen- oder Sturmhut (chemisch Aconit), Pappelblätter und Ruß. 2. Merk, gemeiner Kalmus, Fingerkraut, Fledermausblut, Tollkirsche und Öl. 3. Babyfett, Saft von Merk, Aconit, Fingerkraut, Tollkirsche und Ruß."[26]

*** „Diese Liebesgetränke waren sehr verschieden; mehrere waren anregender Natur und sollten die Sinne verwirren . . . andere waren gefährliche und oft verräterische Tränke voll Blendwerk, die die Personen willenlos überliefern konnten; gewisse endlich waren Proben, wo man – die Leidenschaft herausforderte und wo man sehen wollte, bis wohin das gierige Verlangen die Sinne führen und sie veranlassen könnte, als höchste Gunst oder Gemeinschaft die unangenehmsten Dinge, die von dem geliebten Gegenstand kommen würden, anzunehmen."[27]

Träumer, Ketzer und Rebellen

„Nichts widersteht der Gewalt des Reichtums, alles bückt sich vor seiner Tyrannei. Bist du nicht ein Habsüchtiger oder Räuber? Was du zur Verwaltung erhalten hast, das beanspruchst du als dein Eigentum? Dem Hungernden gehört das Brot, das du zurückhältst, dem Nachbarn das Gewand, das du in Kisten und Kasten hütest, dem der barfuß geht der Schuh, der bei dir verschimmelt, dem Bedürftigen das Geld, das du vergraben hälst."[28] Im frühen Mittelalter ziehen die Vaganten, fahrende Schüler und Studenten ohne Stelle und Geld, wie die Gaukler durch das Land und singen Spottlieder auf die Reichheit des Klerus, die Prasserei der Äbte, ihre Verderbtheit, Käuflichkeit und Geldgier. „Er hatte Speichel nicht genug um auszuspucken, sein Durst war brennend, nicht zu löschen, unstillbar . . ."[29]

Die Ketzer aber erschienen als Leute, denen es ernst ist mit der Bergpredigt. „Wenn ihr sie fragt, so kann es nichts Christlicheres geben als diese Ketzer; was ihre Unterhaltung angeht, so kann nichts weniger tadelnswert sein, und mit ihren Worten stimmen ihre Taten überein. Der Katharer betrügt keinen, bedrückt keinen, schlägt keinen . . ."[30] Thomas von Aquin, der doctor angelicus, legt die Regel fest: „Die Ketzerei ist eine Sünde, durch welche man verdient nicht nur von der Kirche durch die Exkommunikation, sondern auch von der Welt ausgeschlossen zu werden. Bleibt der Ketzer bei seinem Irrtum, so soll die Kirche es aufgeben, ihn zu retten, und soll für das Heil der übrigen Menschen sorgen, indem sie ihn durch ein Exkommunikationsurteil aus ihrem Schoße ausschließt; das übrige überläßt sie dem weltlichen Richter, damit er ihn durch den Tod von der Welt verbanne."[31]

Ende des 10. Jahrhunderts findet die erste Schlacht gegen Ketzer statt. Es geht gegen die Bogomilen auf dem Balkan.

1179 Die Waldenser schicken eine Delegation zum Papst. Sie treten ein für die christliche Gütergemeinschaft, für eine Gleichstellung von Männern und Frauen. . .

1139 entstehen in der Lombardei die arnoldistischen Gemeinden.

1300 folgen ihnen die Apostelbrüder. Ihr Oberhaupt Dolcino wird zusammen mit seiner Gefährtin Margherita am 2. Juni 1307 in Vercelli verbrannt. Die Apostelbrüder waren die erste große Bauernerhebung in Mitteleuropa gewesen.

1209 - 1249 Dreißig Jahre lang kämpfen der Papst und der König von Frankreich gegen die Albigenser.

1381 Wat Tyler Aufstand in England.

1370 wird Johan Hus geboren,

1415 am 6. Juli verbrannt. „Ich glaube zu unserer Zeit gab es in ganz Europa kein Land, in dem so viele, so großartige, so reichgeschmückte Gotteshäuser zu finden waren wie in Böhmen. Himmelaufstrebend waren die Kirchen. Die Altäre belastet mit Gold und Silber, das die Reliquien der Heiligen umschloß, die Priestergewänder mit Perlen bestickt, die ganze Ausschmückung reich, die Geräte aufs kostbarste. Und nicht nur in den Städten und Märkten konnte man derlei bewundern, sondern selbst in den Dörfern."[32]

1419 versammelten sich am 22. Juni zweiundvierzigtausend Menschen am Berg Tabor. Die Feldzüge der Taboriten (Hussiten) gehen bis an die Ostsee.

„Ein schönes Mädchen aus England ging, wie man erzählt, um das Jahr 1300 nach Frankreich, um die Erlösung der Frauen zu predigen; sie hielt sich selbst für den Messias."[33] Die Frau der herrschenden Schicht genießt im 14. Jahrhundert das Erbrecht, bringt Königreiche als Mitgift ein. „Maria hat Jesus verdrängt, und der heilige Franziskus und der heilige Dominikus haben in ihrem Busen die drei Welten gesehen. . ."[34]

Auf dem großen Hexensabbath ist die Frau die Königin, sie ist Priesterin und Braut des Teufels, Altar und Hostie zugleich.[35] Als Leibeigene aber hat sie keine Rechte, nicht ihrem Mann gegenüber und nicht ihren Brüdern, als Mutter nicht gegenüber dem Sohn.*

In diese Zeit des Elends und der Verzweiflung fallen die großen Hexensabbathe, Feste, auf denen sich die ganze Bauernschaft der Gegend traf, auch sollen noch Vornehmere als Bauern teilgenommen haben. Man aß zusammen, trank, tanzte und tat dem Teufel zu ehren alles verkehrt herum.[37] Man leugnet Christi, doch kein Blitzstrahl fährt durch die dunkle Nacht, die Frevelnden zu vernichten, und huldigt dem Satan, vielleicht seinem hölzernen Bild. in dem Augenblick, an dem der Tanz seinen Höhepunkt erreicht, „Altar und Hostie erschienen; in welcher Gestalt? Es war die Frau selbst; sie bot ihren niedergebeugten Körper, ihre demütige Person, ihre unendlichen schwarzen Seidenhaare, die sich im Staub umherwälzten, sie, die hochmütige Proserpina, bot sich selbst dar; auf ihren Lenden verrichtete ein Dämon den Dienst, sprach das Credo und brachte

* „Diese Gesellschaft war eine grausame; die Obrigkeit sagte, 'Verheiratet euch', sie machte dies aber sehr schwierig, sowohl durch das Übermaß des Elends als auch durch die unsinnige Strenge der kanonischen Hindernisse . . . Der Älteste nur verheiratete sich, und die jüngeren Brüder sowie die Schwestern arbeiteten unter ihm und für ihn. In den einsamen Bauernhöfen der Gebirge, des Südens lebten die Brüder, fern von jeder Nachbarschaft und jeder Frau, mit ihren Schwestern, die ihre Dienstmägde waren und ihnen in jeder Beziehung gehörten . . .
Das Schicksal der Mutter war noch empörender . . . zumindest mißhandelte man sie oder entfernte sie vom Herd oder vom Tisch . . .
Will man hierüber Lancre (französischer Hexenrichter, A.D.) und anderen glauben, so rechnete Satan es dem Sohn, als ein großes Verdienst an, wenn er der Mutter treu blieb (in dem inzestuösen Verhältnis zwischen der Mutter und dem unverheirateten Sohn, A.D.) und hielt dieses Verbrechen für eine Tugend. Wenn dies wahr ist, so kann man vorraussetzen, daß die Frau das Weib verteidigte, daß die Hexe in den Interessen der Mutter lag, um sie an dem häuslichen Herd gegen die Schwiegertochter zu erhalten, die sie mit dem Stock in der Hand betteln geschickt hätte. Lancre behauptet noch, 'daß es keine gute Hexe gab, die nicht durch die Liebe von Mutter und Sohn entstand.' "[36]

das Opfer dar. . . . bei der damaligen Not des 14. Jahrhunderts, in den entsetzlichen Zeiten der schwarzen Pest und Hungersnot, zu den Zeiten der Bauernaufstände und der grauenvollen Plünderungen der Freikorps war für dieses gefährdete Volk die Wirkung eine mehr als ernste. Die ganze Versammlung hatte ja soviel zu befürchten, wenn sie überrascht wurde; die Hexe wagte außerordentlich viel und gab in diesem kühnen Akt wirklich ihr Leben hin, ja mehr noch, sie bot einer Hölle von Schmerzen, von solchen Qualen die Stirn. . .”[38]

Die Sabbathe sind zugleich Herde des Aufruhrs. Wagte man denn nicht schon sein Leben, wenn man dorthin ging, so sollte es denn endlich auch besser werden. 1438 erschien eine Schrift unter dem Titel 'Das Reformprogramm des Kaisers Sigismund'. Sie enthielt die Forderungen der deutschen Bauern. „Verlangt wurde die Beseitigung der Leibeigenschaft, Rückerstattung der durch Adel und Kirche den Hofgemeinschaften entzogenen Wälder, Wiesen und Gewässer, Abschaffung der auf Wucher bedachten Kaufmannsgilden und der Zünfte, die das arme Volk ausplünderten. Begründet wurde das Programm aus der Bibel: das letzte Zeitalter sei angebrochen, die Niedrigen werden erhöht und die Reichen erniedrigt.”[39]

1476 am 19. Juni werden in Würzburg zwei gefangene Bauern enthauptet und Hans Böheim, das Pfeiferhänslein aus dem Taubertal, der 'unserer Frauen Botschaft' verkündet hatte, als Ketzer und Aufrührer verbrannt. „Die Mutter Gottes, die hochgelobte Jungfrau Maria – so sagte er – habe ihm befohlen zu predigen, daß hinfort kein Kaiser, kein Fürst, kein Papst, keine weltliche und geistliche Obrigkeit mehr sein sollte. Es müsse ein jeder des anderen Bruder sein, müsse sein Brot mit eigenen Händen gewinnen, und keiner solle mehr als der andere haben. Alle Zehnten, Handlohn, Zinsen, Steuern, Abgaben, Leistungen und Fronden sollen abgetan und Wälder, Wasser, Brunnen und Weiden allenthalben frei sein.”[40]★ Mit seinem Tod endet der erste Aufstandsversuch der deutschen Bauern.

★ Wenn die Mutter Gottes dermaßen die Sache der Unterdrückten zu ihrer eigenen machte, daß sie im Traum dem Böheim selber die Worte der Predigt eingibt, dann steht zu vermuten,

Leistungen des Leibeigenen an Leibherrn und Kirche:

An den Leibherrn:

Für jeden Leibeigenen	ein Huhn pro Jahr Kopfzins.
Pro Leibeigenen	zwölf Tage Frondienst im Jahr.
Als Pacht	von zehn Säcken Korn vier als Pacht für das Land (bei unpünktlicher Ablieferung hatte es die doppelte Menge zu sein).
Hand- und Spanndienste	beim Bau von Schlössern und Wegen.
Als Küchenzins	Eier, Käse und Fleisch.
Beim Tod eines Leibeigenen	ein Stück Vieh an den Herrn.
Beim Tod seiner Frau	ein Kleid an den Herrn.
Heirat	nur mit Erlaubnis des Leibherrn, diesem, sei er weltlicher oder geistlicher Herr, das ius primae noctis auf die Braut.★

daß Luthers Ablehnung der 'Abgöttin' nicht nur rein theologischer Natur gewesen sein mag.

★ Wie über das Eigentum, so schaltete der Herr über die Person des Bauers, über die seiner Frau und seiner Töchter und Söhne. „Er warf ihn in den Turm, wenn's ihm beliebte, wo ihn die Folter erwartete. Er schlug ihn tot oder ließ ihn köpfen. Von jenen . . . Kapiteln der Carolina (dem Gesetzbuch Karl V., A.D.), die da von Ohrenabschneiden, Nasenabschneiden, Augenausstechen, Abhacken der Finger und Hände, Köpfen, Rädern, Verbrennen, Zwicken mit glühenden Zangen, Vierteilen, usw. handeln, ist kein einziges, das der gnädige Leib- und Schirmherr nicht gegen seine Bauern nach Belieben angewandt hätte . . ."[41]

Es mag sein, daß es sich beim ius primae noctis auch um den Rest eines alten Deflorationstabus handelt, doch demonstriert dieses Recht des Leibherrn die totale Verfügungsgewalt über seinen Leibeigenen und dessen Angehörige, bedarf er doch

Indirekte Abgaben an den Leibherrn:

Es ist den Leibeigenen nicht erlaubt das Korn selber zu mahlen, sie müssen beim Bannmüller mahlen lassen und diesen bezahlen, der Müller ist quasi ein Beamter des Feudalherrn; das gleiche gilt für das Brotbacken und Weinkeltern.

zur Heirat auch noch die Einwilligung des Herrn, sind die Kinder, die er zeugt, schon wieder Eigentum des Herrn, so muß dieser Brauch doch als besonders schmählich empfunden werden. Die Braut stand zudem nicht nur dem Herrn zu süßem Getändel zur Verfügung, sondern der ganzen Burg. „Liebe, romantische Liebe wie es heißt, ging im Mittelalter aus derselben historischen Konstellation hervor wie der Handel und die Wissenschaft. Der Einzelne wurde bedeutsam, seine Entscheidungen erhielten Konsequenz, nicht im Jenseits, sondern in der irdischen Zukunft . . . Wahrscheinlich verdankt sich ihr (der Liebe) Erscheinen als gesellschaftliches Phänomen der Negation der Zucht, der Rebellion gegen das Interesse der Familie (es wurde gegen vielmehr noch rebelliert, Grundherrn, Kirche, Weltbild, dies mag ebenso zu der Entwicklung beigetragen haben, auch der Bauer war nicht ausgeschlossen von ihr, wenn er auch der Einfachheit halber von allen, die über ihm standen als unter den Tieren stehend angesehen wurde, A.D.), gegen die Ordnung der Beziehungen, die den Schein der Heiligkeit gewonnen hatte. Indem die Ausschließlichkeit der geschlechtlichen Hingabe nicht mehr von außen verhängt, sondern im Hinblick auf den anderen gewollt war (und was geschah anderes beim Sabbath, A.D.?) wurde die Sexualität aus dem als ewige Sitte verklärten Zweckzusammenhang befreit, und die Person gewann im Diesseits erst den unendlichen Wert, den sie mit dem Rückgang der Theologie im Jenseits verloren hatte. Die tödliche Gefahr, die mit dem durchbrechen des Tabus in jeder einzelnen Begebenheit sich wiederholte, die je geleistete Überwindung der Furcht vor dem Geheiligten und der äußeren Widerstände, geben der Sexualität das Sublime, das sie zur Liebe machte."[42]

Abgaben an die Kirche:

Ein Sack von zehn Säcken, Roggen
Weizen
Hafer
Gerste

Dies ist der Große Zehnte. Von Obst, Gemüse, Vieh wird der kleine Zehnte erhoben. Der Wein- und Wiesenzehnt muß in Geld entrichtet werden.*

1493 wird der 'Bundschuh' gegründet, der Anführer ist Joß Fritz, die Parole: „nichts denn Gottes Gerechtigkeit"; in ihm verbünden sich die Bauern vom Elsaß, Oberrhein und Schwarzwald.
1514 erhebt sich in Württemberg der 'Arme Konrad'.
1521 Aufruhr in Zwickau.

* „Wir wissen nicht, wie unsere Weiber und Kinder zu ernähren, können auch bisweilen unseren Herrschaften, was wir ihnen sonst zu tun schuldig sind, nicht leisten. Und zwar sind dies die unleidlichen Frondienste:
Item, wir müssen einen Tag Hafer, den andern Hanf binden, bewerfen, dann wieder ackern, und säen, item brachen, felgen, Ödland ackern, säen und eggen, schneiden und in die Scheuer fahren, und so gedroschen wird, aus der Scheuer in das Schloß fahren, item hagen, jagen, die Wildseile führen und, so das Wildbret gefangen wird, in das Schloß schaffen. Auch müssen wir das Schloß nicht allein mit Brennholz, sondern auch mit Bauholz versehen und versorgen, item die Äcker roden und säubern, item den Mist auf die Äcker fahren und ausbreiten. Item so wir säen wollen, und es am ungünstigsten ist, davon abzustehen, so müssen wir Wurzeln graben, Morcheln pflücken, Wacholder abschlagen, Berberitzen brechen, damit unsere gnädigen Heerren Schlehenkompott machen können." (Klagelied der Bauern von Stühlingen am Bodensee[43])

„Das rein feudale, auf vergangenen Wirtschaftsweisen aufgebaute Reich zerfiel: im selben Maße also verwandelten sich die großen Reichslehenträger zu fast unabhängigen Fürsten . . . der Kaiser, ehemals Repräsentant einer gleich der Kirche universalstaatlichen Gesamtlage und Idee, wurde selbst immer mehr ein Reichsfürst neben anderen. . . Auch wuchs das Geldbedürfnis der Fürsten noch stärker als der merkantile Aufschwung, es wuchs mit den gemieteten Heeren, mit den Kosten der komplizierten Bürokratie, dem Luxus und der Ausdehnung des Hofhalts; und eben, während Landstadt, Adel, Fürstentum ihre Schwierigkeiten letztlich nur noch an der agrarischen Urproduktion und ihren Überschüssen heilen konnten, lastete schließlich auf dem Bauernvolk der ganze Schichtenbau neuzeitlich formierter Gesellschaft auf der schutzlosen, von allen Reichsständen zugleich ausgebeuteten Kernmasse der Nation. Die Bauern hatten diesem gegenüber, solange es ihnen irgend erträglich ging, geduckt still gehalten, oder aber, sie blickten auf den kaiserlichen Retter, in einem Traum, der sie lange genug lähmte und falsch verbündete. Denn Kaiser Friedrich II. war in der Albingenserzeit und von Abt Joachim als Löser des 'Volks' prophezeit worden; als er indes starb, ohne sein Werk getan zu haben, entstand den Bauern ghibellinisch mitbestimmend, der Glaube, Friedrich II. könne nicht tot sein, er halte sich nur verborgen und kehre dereinst wieder, sein unvollendet gelassenes Werk, die göttliche Reform neu aufzunehmen.* . . Daraus bildete sich nun die . . . deutsche Kaisersage, als Erwartung des großen Friedrich; erst in späterer Zeit wurde dessen Bild auf

* Nach Zeiten furchtbaren Kampfes der beiden Häupter der Christenheit gegeneinander wird Kaiser Friedrich kommen, Frieden und Recht herstellen, Unmündigen, Witwen und Waisen wieder verschaffen, was ihnen geraubt ward, die Herrschaft der Pfaffen brechen und kaum den siebenten Teil von ihnen übrig lassen. Die Klöster wird er zerstören, Mönche und Nonnen verheiraten und sie Korn und Wein bauen heißen. Wenn das geschieht, kommen die guten Jahre. Alle heidnischen Reiche wird er erobern, die Juden beugen, daß sie sich nicht wieder erheben und wird mit dem großen Heer nach Jerusalem ziehen. Dort auf

Friedrich I Barbarossa zurückdadiert, als welcher sich freilich nur einfältigen Leuten aus dem Volk in seinem Berge zeigt und von dessen Wiederkehr die Herrlichkeit des 'Reichs' erwartet wurde, nicht irgendeines Kaiserreichs wie es immerhin bereits bestand, sondern des kommunistisch-apostolischen Reichs Christi. Daß der Kaiser übrigens in einen Berg hineingesehen wurde, zeigt noch ältere Verschlingung an, urtümlichster chthonischer Mythos klingt auf, das Bild der Unterirdischen, des Python, der lunatischen Gottheiten des Mutterrechts, nicht anders wie selbst noch der hebräische Messias als in einem 'Vogelnest' verborgen gedacht wurde."[45]

1525 beginnt am 18. April in Fulda unter der 30 Ellen langen Regenbogenfahne aus Seide der große Aufstand, vom Bodensee bis zum Oberlauf der Werra, von dort bis zum Eichsfeld, in den Grafschaften Gleichen, Henneberg, Hohenstein, Stolberg, Schwarzburg und Mansfeld. Die Gebiete von Nordwest- und Norddeutschland waren von den Bauernkriegen nicht erfaßt worden und auch die Reformation begann dort erst sich nach 1529 auszubreiten.

Die Forderungen des Bundschuh sind in 14 Artikeln niedergelegt. „Kein Herr mehr als der Kaiser und (nach einigen) der Papst; Abschaffung des rottweilschen, Beschränkung des geistlichen Gerichts auf geistliche Sachen; Abschaffung aller Zinsen, die so lange gezahlt seine, bis sie dem Kapital gleich kämen; fünf Prozent Zinsen als höchster erlaubter Satz, Freiheit der Jagd, Fischerei, Weide und Holzung; Beschränkung der Pfaffen auf je eine Pfründe; Konfiskation der geistlichen Güter und Klosterkleinodien für die Bundeskriegskasse; Abschaffung aller unbilligen Steuern und Zölle; ewiger Friede in der gesamten Christenheit; energisches Einschreiten gegen alle Gegner des Bundes; Bundessteuer; Einnahme einer festen Stadt – Freiburgs – um dem Bunde zum Zentrum zu dienen; Eröffnung von

dem Ölberg wird er dem Reich entsagen – oder er wird mit einer zahllosen Menge von Männern und Frauen ins Heilige Land ziehen, doch ohne Waffen, das Land will Gott ihm selbst übergeben. Dort wird er seinen Schild an einen langen von den Heiden gehüteten dürren Baum hängen, der dann wieder grünen soll.[44]

Unterhandlungen mit dem Kaiser, sobald die Bundeshaufen versammelt seien, und mit der Schweiz, im Fall der Kaiser abschlage."[46]

Die zwölf Artikel von Stockach, die Forderungen der Aufständischen von 1525: „Wahl und Absetzbarkeit der Geistlichen durch die Gemeinden, Abschaffung des kleinen Zehnten und Verwendung des großen zu öffentlichen Zwecken nach Abzug des Pfarrgehalts, Abschaffung der Leibeigenschaft, des Fischerei und Jagdrechts und des Todfalls, Beschränkung der übermäßigen Fronden, Steuern und Gülten, Restitution der den Gemeinden und Einzelnen gewaltsam entzogenen Waldungen, Weiden und Privilegien und Beseitigung der Willkür in Justiz und Verwaltung. . ."[47]

Zwischenspiel: Die Schweiz

1273 Schließung des „Ewigen Bundes" zwischen Schwyz, Uri, Unterwalden.
1291 Erneuerung des Bundes.
1332 Erweiterung des Bundes.
1499 „Schwabenkrieg" gegen Maximilian führt zur tatsächlichen Unabhängigkeit vom Reich.
ab 1523 Ausbreitung der Reformation.
1653 Aufstand der Landbevölkerung gegen die städtische Herrscherschicht.

Die Reformation

1483 Martin Luther geboren.
1517 Luthers Anschlag der 95 Thesen gegen den Ablaßmißbrauch an die Schloßkirche in Wittenberg.
1518 Beginn der Reformation in der Schweiz durch Zwingli.
1519-1556 Regierung Karls V.
1521 Reichstag in Worms.
1522-1523 Franz von Sickingen führt Krieg gegen Trier (Ritterkrieg).
1524-1525 Bauernkrieg in Schwaben und Franken.
1526-1532 Türkenkrieg, Belagerung von Wien.
1530 Reichstag von Augsburg.
1525 Bauernaufstände in Salzburg, Steiermark, Oberösterreich, Kärnten, Tirol, Vorarlberg und im Allgäu.
1532 Nürnberger Religionsfriede. Der Kaiser sagt für die Hilfe gegen die Türken den protestantischen Fürsten Religionsfriede zu.
1521-1526 1. Krieg Karl V. gegen Franz I von Frankreich.
1527-1529 2. Krieg gegen Frankreich
1536-1538 3. u. 4. Krieg gegen Frankreich.
1540 Gründung des Jesuitenordens. Beginn der Gegenreformation.
1546 Tod Luthers.
1546-1547 Schmalkaldischer Krieg.
1555 Augsburger Religionsfriede.
1541 Reformation in Genf durch Calvin.
1536 Hinrichtung der Anführer des Wiedertäuferaufstands in Münster.
1568-1648 Freiheitskampf der Niederlande.
1562-1598 Hugenottenkrieg in Frankreich.
1532 wird Münster in Westfalen zur Stadt der Wiedertäufer. „In Münster dagegen erschien, mit nachstoßender plebejischer Wut und Phantasie, das merkwürdigste Unbedingte, alles Kleinbürgerliche erhöhend; es erschien mitten im Narren-

paradies ein Bewußtsein von Ankunft eines letzten Advent. Das Patriziat war abgesetzt, und während ringsum die Bauernfessel schnitt, machte eine Stadt der roten Erde das letzte Abenteuer, wehrhaft und rasend radikal."[48]

1536 am 22. Januar werden Jan Bockelsohn, Bernhard Knipperdolling und Bernhard Krechting in Münster hingerichtet.*

* „Im Juni gefangen genommen, wurden die drei bis zum Januar des nächsten Jahres, in eiserne Halsbänder geschmiedet, durch das Land geschleppt . . . Am 22. Januar 1536 hatte ihr Leiden mit einer letzten Pein ein Ende. Vor vielem Volk, im Beisein der 'Ehrbaren', die ihre Stadt wieder in Besitz genommen hatten, und vor den Augen des Bischofs und seiner Würdenträger . . .
'alsbald haben die Schinder zuerst den König in das Halseisen eingeschlossen und an den Pfahl gebunden, hiernach die glühende Zange ergriffen und denselben an allen fleischigen und übrigen Teilen seines Leibes dergestalt gezwickt, daß die Flamme herausloderte und ein solcher Gestank entstand, daß beinah alle, die auf dem Markt standen, solchen Geruch in ihren Nasen nicht ertragen konnten. Mit gleichen Strafen sind auch die übrigen belegt worden . . . Als man sie aber lange genug gemartert hatte und sie noch lebendig waren, riß man ihnen endlich mit einer glühenden Zange die Zunge aus dem Halse und stieß ihnen einen Dolch in das Herz.' (nach einem Bericht von Gesbeck, der eigentlich auch zu den Wiedertäufern gerechnet wurde, A.D.). Mit Seilen wurden die drei Leichname in drei eiserenen Käfigen auf die Spitze des Turmes der Lambertikirche hinaufgezogen . . . Die Zangen, womit man sie gepeinigt hatte, wurden an einem Pfeiler des Rathauses aufgehängt, damit sie 'allen Aufrührern und Widersetzlichen gegen die ordentliche Obrigkeit zum Beispiel und Schrecken dienen.' "[49]

Der Dreißigjährige Krieg

„Spät an einem Dezemberabend des Jahres 1618 in Straßburg begab sich der Professor der Geschichte Matthias Bernegger mit seinen Schülern zum Münster, um den seit einiger Zeit sichtbar gewordenen Kometen zu betrachten . . . Bernegger (erzählte) von dem Kometen und seiner etwaigen Bedeutung. Viele glauben, sagte er, ein Komet zeige insbesondere den Tod hoher Herren an . . . Andere bezögen die drohende Fackel mehr auf Krieg und Pest . . . einzelne (hielten aber) von solchen Andeutungen nicht viel . . . zum Beispiel der große Kepler . . . indem Kepler auf alle Erscheinungen der Welt die physikalischen Gesetze angewendet wissen wollte, welche wohl Gottes Größe im allgemeinen offenbarten, nicht aber seinen Willen im Bezug auf die menschlichen Geschicke im Einzelnen."[50]

1618-1623 Böhmisch-pfälzischer Krieg. Die Schlacht am weißen Berg. Pfalz und Heidelberg. Tilly.
1625-1629 Dänisch-niedersächsischer Krieg. Tilly und Wallenstein. Holstein, Schleswig und Jütland.
1629 Friede von Lübeck.
1630-1635 Schwedischer Krieg.
1631 Tilly erobert Magdeburg. Gustav Adolf in Nürnberg. Bayern von den Schweden besetzt. Sachsen.
1635 Friede von Prag.
1635-1648 Schwedisch-französischer Krieg.

„Der Ort war so verpestet und verarmt, daß, als nach einigen Tagen das Regiment aufbrach, auch die Kränksten sich mitschleppten, um nicht im Dorfe dem Hunger oder der Seuche anheimzufallen. Nur einer, dem im Winter beide Füße abgefroren waren, mußte in seinem Quartier bleiben . . . Die Witwe, eine hagere gebückte Frau, hatte ihm das Bett ihres Mannes überlassen . . . Nachdem das Regiment fort war, und kein Arzt und keinerlei Unterstützung mehr zur Hand war, starb er . . . In Abwesenheit der Kinder zerhackte sie den Leichnam, machte ein Feuer und briet ein Stück, um es mit den ausgehungerten Kindern zu verzehren, wenn sie heimkämen. Das übrige vergrub sie schweren Herzens unter der Regentonne."

1648 Samstag den 24. Oktober, Westfälischer Friede.

„An einem dunklen, feuchten Vorfrühlingstage des Jahres 1649 kam in Aachen ein Schöffe in den Turm, wo die Gefangenen verwahrt wurden, um die Rechnungen zu begleichen, die der Turmwart zur Beköstigung der Gefangenen und andere Auslagen eingereicht hatte . . . Da aus dem Nebenraume durchdringendes Geschrei ertönte, öffnete der Schöffe die Tür, um zu sehen, was da wäre . . . Vier bis fünf Kinder umtanzten ein blasses, mageres Geschöpf, das nur mit einem Kittel bekleidet und mit einer Kette an der Wand befestigt war, und hielten ihm eine Brotrinde hin, nach der es haschte, soweit die Kette ihm Spielraum gab . . . Auf die Frage des Schöffen, was das vorstellte, und was für eine verwilderte Kreatur das sei, erklärte der verlegene Turmwart, das sei das Hexenkind, das vor vier Jahren zum Feuertode verurteilt, aber dazumal nicht verbrannt worden sei, weil die Richter geurteilt hätten, vor dem zwölften Jahre dürfe ein Kind nicht als Zauberer oder Hexe justifiziert werden. Es sei also beschlossen, daß es im Turme verwahrt werden solle, bis es zwölfjährig und damit zur Strafe herangewachsen wäre . . . Wann denn das Kind das zwölfte Jahr erreicht haben würde, erkundigte sich der Schöffe.

Der Turmwart sagte, er wisse es nicht genau, glaube aber, es möchte bald soweit sein. Dem Aussehen nach, meinte der Schöffe, könne es nicht mehr als sechs zählen.

Es sei an der Kette nicht so recht fortgekommen, sagte der Turmwart.

Der Teufel wird auch seine Hand im Spiele haben, sagte der Schöffe und ging fort, um dem Gericht anheimzugeben, daß der Fall in Ordnung gebracht würde. Es zeigte sich, daß das Kind das zwölfte Jahr kürzlich erreicht hatte und also der Exekution nichts mehr im Wege stand; die Richter zweifelten nur, ob dieselbe sofort vorgenommen werden oder eine nochmalige Untersuchung vorher gehen sollte. Da aber das Urteil damals schon gesprochen und nie aufgehoben war, auch bei Kindern von Hexen, da das Früchtlein gemeiniglich nicht weit vom Stamme falle, das crimen als angeboren vorausgesetzt werden könne, einigte man sich dahin, dem Kind nur noch ein paar schickliche Fragen vorzulegen, und es dann ohne Federlesen auf den Scheiterhaufen zu expedieren, da es die Stadt ohnehin schon soviel gekostet hätte ... wenn man es freiließe würde doch nur eine Bettlerdirne aus dem Kinde werden, da es ja keine Mutter hätte, und die Verwandschaft nichts würde von ihm wissen wollen ...

Gleich am folgenden Tag begaben sich zwei Richter in den Turm, setzten sich vor das angekettete Kind und fragten ob es wisse, daß seine Mutter eine Hexe gewesen sei? Das Kind sah die Herren eine Weile groß an, allmählich zog ein Lächeln über sein Gesicht und es nickte, worauf die Herren sich einen bedeutsamen Blick zuwarfen und spöttisch auflachten. Ob seine Mutter es oft mit zum Tanze genommen hätte, fragten sie weiter. Das Kind nickte mit glänzenden Augen. Als einzige Erinnerung von den Verhören, die vor Jahren stattgefunden hatten, war ihr das nächtliche Tanzen geblieben, von dem soviel die Rede gewesen war, und in ihrer langen, dunklen Einsamkeit hatte sie sich ein liebliches Bild von der Mutter gemacht, wie sie auf duftender Wiese einen Reigen mit ihr tanzte. Jetzt hätten sie den Braten gerochen, sagten die Herren ... mehr bedürfe es nicht ... solle das Kind für den folgenden Morgen herrichten ... Es waren nicht viele Zuschauer in den Straßen; denn seit mehreren Jahren hatten keine Hexenbrände mehr stattgefunden, und dieser vereinzelte Fall wàr nicht recht bekannt geworden. Auch von der Richterschaft waren zur Ersparnis der Tagegelder nur wenige da, und die Holzhütte, in der das Kind verbrannt werden sollte, war klein, weil das Holz teuer war und die Stadt die Kosten tragen mußte ... Der Turmwart und seine Frau weinten ... laut schluchzend sahen sie der kleinen weißen Gestalt nach, wie sie unsicheren Schrittes zaghaft und feierlich, über das Gras hinging und in der qualmenden Hütte verschwand."[51]

Die Verfolgung und Tötung der Hexen

Der Kehlheimer Hexenhammer, Hexenhammer aus den Ratsakten in Kehlheim:[52]

Absoluta Generalia circa Confessionem veneficarum.
Fragstuckh auf alle Articul, in welchen die Hexen vnd vnholden auf das allerbequemist möge Examinirt werden.

I. Absoluta generalia circa Confessionem.*

1. Warumben Sie vermain, das sie hierher gefireth worden?
2. Wie lang es dann herr sey, das sie in dieses hochverdambte Laster der Hexerey geraten?
3. Was sie dazu beweget habe?**
4. In was gestalten anfangs der leidige Teifel zu ihr khumen war, Item zu Morgen, Mitags, abents oder nachts?
5. Was er mit ihr geredt, bey ihr gethan vnd mit ihr verricht habe?
6. Was er hernachen an sie begert vnd warumben sie eingewilligt habe?
7. Was ihr der Teifel versprochen vnd was er ihr geben? Item an was geberden sie ihn erkhendt habe?
8. Warumben er ihr diese Sachen geben vnd sie damit thuen solte?
9. Ob sie schreiben vnd lesen khinde, Vnd ob sie sich dem Teifel verschrieben habe, mit wehme? vnd ob er ihr mit die Hand gefireth und welche?

* dt.: Betreff des Bekenntnisses

** „Er, der Versucher, tritt vor ein einsames, einfältiges, trauerndes oder von der Not bedrängtes Weib, tröstet, droht oder schreckt . . ."[53]

10. Was sie geschrieben vnd was die Dinten für ein Farb gehabt,★ wo sie solche genommen, vnd wer die Handschrifft habe?
11. Ob er sie anderst gedaufft★★ vnd wer sonsten darbey gewesen, wie sie ihren pueldeifel vnd herentgegen sie gehaissen habe?★★★
12. Was der Teifel über sie abgegossen vnd wo ers genommen?★★★★
13. Ob er ihr nit an der Stürrn vmbgangen, vnd sich erzaigt, alß ob ihr waß wollte außkhrazen?

II. Circa punctum malefactorum.★★★★★

1. Was Sie mit ihren Teiflischen Pulver vnd Salben für leith vnd vieh vmgebracht, wie lang diß her seye vnd warumben sie es gethan?
2. Wer darzue geholfen?

★ „Häufig finden sich beim Teufelsbunde eigentliche Verschreibungen mit Blut. Bisweilen ist diese Formalität den Gliedern der höheren Klassen des satanischen Reiches als den gemeinen Hexen vorbehalten."[54]

★★ „Die Taufe wird mit Blut, zuweilen mit Schwefel und Salz vollzogen."[55]

★★★ „Im Elsaß erhalten die Hexen die Namen Saufvessel, Schwarzdesche, Zipperle, Grundt, Krautdorsche, Gänsfüßel, Kräutel, Blümel . . ."[56] Bei der Taufe in des Teufels Namen sind Paten und Zeremonien nötig.[57] Murray gibt an als Hexennamen Jonet, Catherine, Isobel, Elizabeth, Margaret, usw.
Teufelsnamen sind Alexander, Ariel, Urian, Blümlin, Bursian, Junker Hahn, Hundsfutt, Knipperdolling(!), Laub, Läubel, Nüßlin, Valant, Volant, Zumwaldfliehn u.a.[58], Murray gibt Robin, William Simpson, Janicot, etc. an.

★★★★Zuweilen pißt der Teufel Weihwasser, das über die Versammelten ausgegossen wird.[59]

★★★★★Betreff Übeltaten.
„Die Hauptverpflichtung der Hexe gegen den Teufel bestand darin, daß sie bemüht sein mußte, mit Hilfe und nach dem Be-

3. Wo sie diese übel stifftung begangen?
4. Waß leithen vnd vieh für krankheiten zuegefiegt wo, wie lang es sey, warumben vnd wer darzu geholfen?

III. Circa Sacrilegia. ★

1. Wie offt sie im Jahr gebeicht, was für einen Priester vnd zu was Zeiten in dem Jahr?
2. Ob sie allezeit communicirt vnd in welcher khürchen?
3. Was sie der heiligen hostien für vnehr angethann vnd wie offt dieselben aus dem Mund genommen?
4. Wohin, sie diese getragen, wie vnd wo sie solche entvnehret vnd was dariber ervolgt, ob sie auch nit erschrockhen vnd wo ihr pueldeifel inzwischen gewesen sey?
5. Wohin sie solche heilige hostien gelegt, gethann, geworfen oder sonsten vertragen habe?
6. Was sie vnserem lieben Herrn, der heiligen hochgelobten Jungfrauen Maria vnd andern Heiligen Gottes für spöttische nachamen geben, vnd aus was vrsachen?
7. Was sie anstatt des Gebetes für gewise wort gepeppert?

scheid des Teufels die Christen an Leib und Seele, an Hab und Gut zu schädigen und zu verderben. Dabei ist zu beachten, daß die Hexen, wenn sie Schaden stiften wollten, immer vereinzelt, fast nie in Gemeinschaft mit anderen operieren . . .
Das eigentliche Sakrament, durch das die Hexen ihre Wirksamkeit ausüben, ist die Hexensalbe, . . . mit der sie Menschen und Vieh schädigen und töten etc. Außerdem spielen Pulver, Kräuter und allerlei Zauberformeln eine Hauptrolle. Oft aber genügt schon ein Gruß, ein Hauch, ein Blick."[60]

★ Gottesraub. „Der Besuch des christlichen Gottesdienstes ist nicht ganz verboten; vielmehr gilt es als verdienstlich . . . während der Elevation auszuspeien . . . oder zum Abendmahl zu gehen und die empfangene Hostie aus dem Mund zu nehmen, um sie später dem Teufel zur Schändug und Bereitung von Zaubermittel auszuliefern."[61]

8. Ob sie glaubt, daß die hl. Himmelskönigin vnd Junckfrau Maria auch andere auserwählte Gottes für sie bitten vnd fürsprecher sein khönden?
9. Was sie vf die pilder in der khirchen gehalten, vnd vom Weichpronn?
10. ob sie glaubt, wann der priester in dem Ambt der heiligen Meß die hl. hostien vnd den Kelch vfhebt, das es der wahre Leib vnd Blut Jesu Christi sey?
11. Ob sie dieses Laster gebeicht?

IV. Circa punctum: Ausfahren*

1. Wie offt sie ausgefahren?
2. Vf wenn, vnd durch wa sie hinauskhommen?
3. Zue was Zeiten, Item obs sie vorn oder hinden gesessen?
4. Was sie vor dem ausfahren für Wort gesprochen?
5. Ob es balt oder langsam von statten gegangen?

* „Zum Hexensabbath reitet man auf Böcken, Hunden, Ochsen, Schweinen, auf einer Geiß, auf einem schwarzen Pferd, auf einer dreibeinigen Ziege, Stöcken, Ofengabeln, Besen . . . der gewöhnliche Weg geht durch den Schornstein, häufig auch durch die Türe . . . in die Luft. Seltener durchstreift man das Land in Katzen- und Hasengestalt . . .

Zum Flug wie zur Verwandlung ist eine Salbe nötig, meist wird auch eine Formel ('Auf und davon, hui, oben hinaus und nirgend an') gebraucht . . . Erhellt wird die Mahlzeit durch 'Leuchter', d.h. durch Hexen, die gebückt stehend im After brennende Kerzen tragen.

Der Teufel ist indessen bei diesem Feste nicht immer ein mürrischer Gebieter. Oft sitzt er mit einem gewissen Ausdruck der Milde da . . . lacht . . . und spielt dann anmutige Melodien auf der Harfe.

Die Mahlzeiten bei den großen Versammlungen — lauter Schaugerichte — bestehen aus schmaler und ekelhafter Kost . . . Dann wieder müssen die Vorräte der Reichen das Ausgesuchteste und Schmackhafteste liefern, nur fehlt bisweilen Salz und

6. Wan es finster gewesen, wie sie sich in der Luft erkhennen mögen, wo sie seye?
7. An welche örther sie khommen, wie sie haissen?
8. Was sie draußen für sachen gesechen?
9. Was für speisen vor der handt gewesen?
10. Ob sie auch broth vnd Salz gesechen?
11. Was sie zu trinkhen gehabt, vnd auß wem sie getrunkhen vnd in weme man es herfihre?
12. Was sie vnder der Malzeiten mit einander geredt vnd wie man beisammensitze vnd für Rath Schlag mache, wer draußen am besen daran?
13. Was sie für leichter (Leuchter) gehabt, vnd ob nit etliche vf eine sonderbare Manier leichten miessen, ob sie auch geleicht?
14. Wie lang die Malzeit wehre vnd wie vil leith vorhanden seyn, sonderlich bei einer großen Zusammenkhunft?
15. Was man nach der Malzeit thue vnd „ob sie viel gegolten,"
16. Wenn ein Tanz gewesen, was sie für spilleith gehabt?

Brot, oft auch der Wein – drei Dinge, die durch den Gebrauch der katholischen Kirche als geheilgt galten. Als besonderer Lekkerbissen der Hexen bei ihrem Sabbath galten kleine Kinder. Man nahm an, daß die Kinder, die hierbei scheinbar geschlachtet und verzehrt wurden, bald nachher sterben müßten. Übrigens trinkt hier keiner dem anderen zu. Nach dem Essen geht der Tanz an, ein runder Reigen, das Gesicht nach außen gekehrt. Eine Hexe in der Mitte des Kreises dient als Lichtstock und steht auf dem Kopf . . .

Außer der Würde des Königs und der Königin gibt es in der Hexenwelt auch verschiedene Militär-, Zivil- und geistliche Chargen . . ."[62]

Es ist sicher, daß es auf alle Fragen 'genormte' Antworten gab. Die Aussagen der gefolterten Frauen sind mit wenigen Abweichungen uniform. „Wollen wir die Hexerei als ein Ganzes fassen, so erscheint sie, vom Standpunkt der Doktrin betrachtet, als eine in sich vollendete diabolische Parodie des Christentums."[63] Hält man sich an diese 'Faustregel', so läßt sich die Beantwortung mancher Fragen auch vermuten.

17. Ob man auch in der Ordnung herumtanze?
18. Ob nit bißweillen baar vnd par vf die seithen wischen vnd was sie bisweillen zu thuen pflegen?
19. Mit wenne ein yedes Tannze vnd, mit weme sie getanzt habe?
20. Ob nit ainer von der handt seye, deme man ehrerbiettung erweisen miesse, vnd was gestalten? Item ob er sitze oder stehe, vnd wie er beklaidt, auch wer er seye?
21. Wie lang dieser Tannz wehre, vnd waß man alsdann anfange?
22. Wie sie gewüsst, daß sie wiederumben haimb Marschiren (sic) miesse?
23. Ob sie von Essennden speisen niehmalen was eingeschoben vnd was? Item, wie ihr die Speisen draußen geschmeckht haben, ob sie in den claidern oder nackhend ausgefahren?
24. Wie sie die sachen angangen, daß „ihr ehemann inzwischen nicht erwacht ist"?

V. Circa puncta: Keller, Cammer vnd stell (Ställ) fahren.

1. Wie offt sie in die kheller gefahren vnd weme solche kheller zugehört haben: Item obs wein, pier oder Mathkheller gewesen, wie lang es das erstemal her sey?
2. Was für persohnen droben gewesen vnd wie lang Sie mit einander getrunkhen?
3. Auß was für einem geschirr Sie getrunkhen haben, wehr ihnen eingeschenkth und das geschirr mitgebracht habe?
4. Ob man auß allen Vässern Trinkhen khonde vnd warumben nit?
5. Wo intzwischen Ir pueldeifel gewesen, oder ob er auch mit getrunkhen habe?
6. Wann sie einander eins zugebracht, was für Worth sie geredet haben?
7. Ob nit die Ungebühr im Keller vorgeloffen, vnd wie offt?
8. Wie oft sie in die Cämmer gefahren, vnd was sie für Personen gedrukht, vnd wie sie dieses trukhen angestellt habe?★
9. Warumben sie es getruckt, wie lang vnd ob entzwischen die Menschen haben reden khinden?

10. Wo entzwischen ihr Pueldeifel gewesen?
11. Ob sie alle Menschen habe Truckhen khönen vnd warumb nit?
12. Item in was stelle (Viehställe) sie nächtlicherweil fahrendt khommen vnd weme sie vnd was für Vieh abgematet habe vnd warumben? Item auf was für weise?

VI. Circa punctum: Khinder ausgraben.**

1. Wie offt sie zur nachts vnd auf was freithofen khumen vnd khinder ausgraben helfen?
2. Wer dazue geholfen, weme die khinder zuegehört vnd mit weme sie es ausgraben habe, wie lang es herr ist?
3. Wer das khindlein aus dem greblein gehebt, vnd wer es alsdann hinweckh getragen vnd wohin?
4. Was sie mit diesem khindt gethan, ob sie es kocht, was gestalten, gesoten oder gebraten, vnd wo sie es verzährt haben, wer den verzehren beigewohnt, ob es ihnen wohlgeschmeckt habe?
5. Was sie mit dem vberbliebenen fleisch und painern angefangen oder darauß gemacht haben?
6. Zue wehme sie darauß gemachte Materialia gebraucht vnd verwendt haben?

* Mit dem Drücken mag zum Teil auch das Alpdrücken gemeint sein, das den Incubi zugeschrieben wurde, das wollüstige Träume verursachten.[64]

** Kindsmord und ritueller Verzehr von Kindern wurde schon den frühen Christen vorgeworfen und zum Anlaß von Verfolgungen gegen sie gemacht. Den Katharern wird dann von der Kirche vorgeworfen, sie hätten die Kinder verbrannt und deren Asche in Wein genossen. Die Hexen sollen die mit Kinderfett angereicherten Salben hauptsächlich zum Fliegen, verwandeln und unsichtbar machen benutzen.[65]

VII. Circa puncta: wetter, reiffen, vnd Nebel machen.

1. Wie viel sie wether gemacht, wo sie es gemacht, vnd wehr darzue geholfen?
2. Was sie darzu gebraucht, vnd vber was sie gemacht haben?
3. Ob balt dergleichen weter ervolgt vnd was für schäden ervolgt seyen? Item warumben sie es gemacht vnd gestifft?
4. Ingleichen, wieviel sie Reifen und nebel gemacht, was sie darzue gebraucht vnd was schaden ervolgt seye?

VIII. Circa Complices.

1. Was sie dann für leith bei solchen Teiflischen Zusammenkünfften gesechen, wie sie heißen?
2. Wie offt sie es gesechen vnd an welchen orthen?
3. Wo Sy's das erste, vnd Letztmal: Item wo entzwischen gesechen habe?
4. Wie lang es hero sey?
5. Waß diese Persohnen darausen gethonn vnd verybet habe?
6. Wie sye in ihren claidern vfgezogen; Item mit weme sie khundtschaft gehabt habe?
7. Wie ihr poueldeifel vfgezogen?
8. Ob sie ihr darauf alß einer rechten wahrheit getraue zue leben vnd zue sterben?
9. Ob sie ein solches, wann es vonnöthen wehre, diesen Persohnen wollte in das Gesicht sagen?
10. Ob sie darauf beichten vnd das hochwürdige Sakrament empfangen wölle, daß sie ihr vnd diesen Personen mit unrecht gethan habe?

IX. Adoratio Diaboli.*

1. Wie oft der Teifel ausser den Hexen-Tänzen dahaimb oder anderer orthen zu ihr khommen?
2. Um welche Zeit im Jahre?
3. Ob er gesessen oder gestanden, wie sie den Teifel angebetet vnd wie sie ihn erkhennt?

4. Ob sie ihne für ihren Gott angebetet, vnd wann sie sonsten gebetet, weme sie solches Gebet zuegeeignet?
5. Ob sie mit ihme damahlen vnfug getrieben vnd aber solche nach oder vor dem Gebet sey fürvbergangen?

X. . . . mixtura carnalis.**

1. Wie oft der Teifel im Jahr ausser den hexen Tänzen mit ihr vnzucht getrieben, an welchem Orth, im Haus oder sonnsten?
2. Ob zur nachts oder beim Tag geschechen?
3. Wie sie ihne empfunden, vnd ih . . . (unleserlich).

* Anbetung des Teufels.
„. . . die Ketzermacher des Mittelalters lassen ihre Mitchristen dem Teufel selbst den obszönsten Körperteil küssen . . . denn der Kuß ist das Zeichen des Homagiums, nach ihm und durch ihn ist der Mann oder Vasall des Teufels."[66]

Auch bei den Zusammenkünften der Hexen, montags, mittwochs und freitags, dazu an allen hohen Festtagen und noch besonderen Tagen, „gefällt es dem Teufel, gleichzeitig von seinen Anbetern eine besondere Verehrung entgegen zu nehmen . . . Bei Eröffnung der Versammlung wird sich alles nieder, betet den Satan an, nennt ihn Herrn und Gott und wiederholt die bereits bei der Aufnahme ausgesprochene Lossagung vom Glauben; hierauf küßt man ihm den linken Fuß, die linke Hand, den After, die Genitalien . . .

Nach der Messe vermischt sich der Teufel mit allen Manns- und Weibspersonen und befiehlt Nachahmung . . . Hierauf sendet der Teufel alle fort und gebietet jedem, an Menschen und Früchten des Feldes nach Möglichkeit Schaden zu stiften . . . Zuletzt verbrennt sich der als Bock darstellende Teufel zu Asche . . ."[67]

** Unzucht. „Er betört die Arme, vermischt sich mit ihr fleischlich, wobei ihr die unangenehme Beschaffenheit seines Membrum virile und seine kalte Natur auffällt . . . Seltener ist's, daß der Teufel gleich anfangs in Bocksgestalt oder mit Kuhfü-

4. Ob er stüll oder lauth geredt?
5. Wie sie ihne erkhandt?
6. Wie er claidt oder wie er sonsten ausgesechen?

XI. . . . morbi incurabiles.*

Wie sie leithen Krankheiten zugesiegt, das sie nit wiederumben gesund sondern noch Krankher vnd ihnen nimand helfen khönde?

XII. discordia inter conjuges.**

Und in wieviel eheleithen sie vnainigkheit gemacht, das sie einander geraufft vnd geschlagen oder gar nit mehr beysammen bleiben khonden?

Da die Zauberei nach dem Malleus maleficarum ein crimen fori mixti ist, und dem auch andere katholische Autoritäten zustimmen, so gehört der Hexenprozeß, in dem sie forenisch behandelt wird, vor den geistlichen wie vor den weltlichen Richter, „vor jenen, weil am Glauben gefrevelt ist, vor diesen, wegen der an Menschen und Eigentum begangenen Missetaten."[70] In den Ländern der Reformation waren für den Hexenprozeß aus-

ßen und Hörnern einem Mädchen mit seinen Bewerbungen entgegentritt und durch Drohungen oder Gewalttätigkeiten zum Ziele gelangt."[68]

* Unheilbare Krankheiten.

** Zwietracht zwischen den Verheirateten. „Das Bestreben des Teufels war besonders auch dahin gerichtet, durch die Hexen und Hexenmeister unter den Menschen Haß und Zwietracht zu säen, insbesondere Ehegatten einander zu entfremden."[69] (Kindersterblichkeit und Eheprobleme scheinen ein wohl beängstigendes Ausmaß in jener Zeit angenommen zu haben,A.D.)

schließlich die weltlichen Gerichte zuständig, auch trifft man Spezialkomissionen, sogenannte Hexenkomissäre an. Die Beichtväter und Seelsorger, die den als Hexen Angeklagten zugeteilt waren, standen in ständigem Rapport mit dem Gericht und hatten Einfluß auf die richterliche Entscheidung.

Straftaten waren allgemein eingeteilt in Crimina ordinaria und in Crimina excepta. Zu letzteren gehörten: Majestätsbeleidigung, Hochverrat, Falschmünzerei, Straßen- und Seeraub, Ketzerei und Hexerei. Handelte es sich bei einem Verbrechen um eines der letzteren, so war der Richter mit außerordentlichen Vollmachten versehen. Carpzov* nannte die Hexerei gar ein crimen atrox, ja atrocissimum; denn in ihr vereinigen sich Ketzerei, Apostasie, Sacrilegium, Blasphemie und Sodomie. Darum verjährt die Schuld der Ketzerei niemals und die Untersuchung und Bestrafung kann selbst noch an der auszugrabenden Leiche des Angeklagten stattfinden."[72]

Was die Beweise betraf, so war es ja nicht möglich eine Hexe „mit ihrem Malefizien auf frischer Tat zu ertappen."[73] So hing alles vom Geständnis der Angeschuldigten ab. „Als Hauptmittel hierzu wurde, nach dem Vorgange der geistlichen

* „Benedikt Carpzov, der furchtbarste Hexenverfolger auf der protestantischen Seite . . . war erst ausübender Richter an den höchsten Gerichtsstellen des Kurfürstentums Sachsen, dann Professor in Leipzig und starb dort 1666 . . . Die Zahl der Todesurteile, die er unterzeichnet habe, schätzte der hexengläubige P.A. Oldenburger 1675 . . . auf zwanzigtausend . . . Sein (Carpzovs) Einfluß erstreckte sich weit über die Grenzen Sachsens hinaus, auch in anderen deutschen Staaten galt er als Leuchte der Strafrechtswissenschaft und als die maßgebende Autorität auf dem Gebiet des Hexenprozesses . . . Benedikt Carpzov war ein frommer und eifriger Sohn der lutherischen Kirche . . . Aber seine protestantische Glaubensüberzeugung hinderte ihn nicht daran, sich auf die katholischen Hexenverfolger aus früherer Zeit zu berufen und ihre Bücher anzuführen . . . er behandelte das Verbrechen der Hexerei als einen Abschnitt in der Gesamtdarstellung aller Arten von Verbrechen und ihrer gerichtlichen Ahndung."[71]

Gerichte die Folter erkoren, was nach und nach durch die Bamberger Halsgerichtsordnung von 1507 und dann durch die Reichsgesetzgebung, die peinliche Gerichtsordnung Karls V. bestätigt wurde."[74] Der Prozeß, wurde mit einer Abfassung eines Klaglibells vom Ankläger eröffnet, zu der Zeit befand sich die Angeklagte meist schon in Haft, „und war einer übereilten und gewaltsamen Voruntersuchung unterworfen worden, und die Klageschrift war dann oft großenteils aus den so erpreßten Geständnissen konstruiert, auf die man sich denn auch ausdrücklich bezog. Schon Delrio[75] bezeichnet den Inquisitionsprozeß als den gewöhnlichen (ordinarium) in Hexensachen und Carpzov rechtfertigte ihn für dieses wie für alle schwereren und verborgenen Verbrechen."[76] Das geht soweit, daß von Rechtsgelehrten die Ansicht vertreten wird, daß das Geständnis allein genüge, auch wenn über den objektiven Tatbestand nichts bekannt sei. „Carpzov . . . erklärt . . ., eine andere Gewißheit des einbekannten Verbrechens, als die man eben haben könne, sei nicht erforderlich. Bei verborgenen und schwer nachweisbaren Verbrechen genüge es, wenn für ihren Tatbestand die Vermutung spreche. Aus welchen Vermutungen und Anzeigen aber die Gewißheit einer vollführten Hexerei konstatiert werden könne, lasse sich nicht genau bestimmen, sondern müsse durchaus der Einsicht und dem Ermessen der Richter überlassen werden."[77] Der Richter war befugt auf bloße Denunziation hin einzuschreiten. Dann wurde eine Komission in den betreffenden Ort geschickt, um noch mehr Hinweise zu sammeln. Als Indiz galt alles. Auch widersprüchliches. Fleiß und Faulheit, Unwetter und keins, Krankheit und Heilung. Zu den Indizien gehörte auch die Flucht der beschuldigten Person. „Das schrecklichste Indizium war aber die Aussage einer Hexe, die, auf der Folter nach Genossen befragt, . . . irgend jemanden nannte, der dann sofort verhaftet wurde."[78]

Auch der Verteidiger war verpflichtet etwaige Geständnisse und Mitteilungen dem Richter bekannt zu machen.[79] Als einziger nicht zugelassen als Zeuge war der 'Todfeind' der Angeklagten. Was und wer jedoch Todfeind war, war nicht genau definiert. Die Namen der Zeugen wurden, um die Zeugenschaft zu erleichtern, nicht bekannt gegeben.

Die Beschuldigten verbrachten oft Wochen und Monate in den Gefängnissen bis es zu einem Prozeß kam. „Laut den Protokollen wurden einige von Ratten angefressen, andere werden derartig von Ungeziefer bedeckt, daß man ihnen neue Kleider von Sackleinwand geben mußte . . . peinigte man auch die Gefangenen noch dadurch, daß man sie in kupferne Körbe steckte und diese an eisernen Haken an der Mauer aufhängte, damit der Satan seine Macht über sie verliere, was bekanntlich der Fall war, wenn sie nicht den Boden berührten . . . 'Die Gefängnisse sind jetzt überall wüst und schaurig. Meistens liegen sie unter dem Erdboden und sehen aus wie eine übelriechende Pfütze oder eine grauenerregende Höhle. Liegen sie aber zuweilen über der Erde, so gleichen sie eisernen Käfigen . . .!'"[80] Diese Gefängnisse waren keine Strafanstalten sondern dienten lediglich zur Aufbewahrung der Beschuldigten.

„Das Geständnis war der Zielpunkt, auf den alle Hebel des Verfahrens hinwirkten"[81] und so wurde zum wirksamsten Hilfsmittel des Inquisitionsprozesses die Folter oder Tortur. „Die Tortur war die eigentliche Seele des ganzen Prozeßverfahrens. Ohne sie würde es gar nicht möglich geworden sein, die Massen von Hexen aufzuspüren, die man allerorten prozessiert und justifiziert hat. Ohne die Folter wäre der Hexenprozeß niemals das geworden, als was er in der Geschichte der Menschheit dasteht. Die Tortur war der Hauptnerv aller Beweisführung, die Folter war das eigentliche Symbol des Hexenprozesses."[82]*

Der Zweck der Folter ist das Geständnis. In den Hexenprozessen der früheren Zeit war auch die Feuerprobe (ferrum candens), wobei die als Hexe Beschuldigte ein glühendes Eisen anfassen mußte, in Gebrauch und die Wasserprobe. Die Feuerpro-

* „In grausiger Übersichtlichkeit ist das ganze Verfahren von dem Juristen Hartwig v. Dassell zu Lüneburg . . . in einer 1597 herausgegebenen Schrift dargestellt . . . 'Um zu verhüten, daß die der Hexerei Angeklagten nicht das Maleficium taciturnitatis ausüben, soll man vorher die geeigneten Vorsichtsmaßregeln anwenden . . . Man lasse sie sodann binden, wobei der Richter es versuche, bei der Zurüstung und Anlegung der Marterwerkzeuge sie zum Geständnis zu bringen. Hat dieses keinen Erfolg, so be-

be wird schon vom Malleus verworfen (1484). Das Verfahren bei der Wasserprobe bestand darin, daß die Angeschuldigte an ein Seil gebunden, ins Wasser gelassen wurde. Schwamm sie, war sie schuldig, ging sie unter, war sie nicht schuldig. Manchmal war es auch umgekehrt. Dann gab es noch die Waagenprobe, die darin bestand, daß die Beschuldigte gewogen wurde. Sie mußte immer etwas schwerer sein, als sie geschätzt worden war. Die

ginnt die Tortur. Führt auch diese nicht zum Ziel, so ist den Angeklagten ein Termin auf den zweit- oder drittnächsten Tag zur 'Fortsetzung' der Tortur zu setzen . . .

Wenn das alles noch nicht hilft, so darf man die Angeklagten noch nicht freigeben, sondern man schafft sie vielmehr nach einem entfernten Castrum (Hexenturm etc.). Wenn sie dort mehrere Tage zugebracht haben, gibt der Vogt eine weite Reise vor, und läßt inzwischen die Verhaftete durch abgeschickte Weiber besuchen, die sich mit ihnen unterhalten und ihnen versprechen müssen, daß sie ihnen die Freiheit verschaffen wollten, wenn sie ihnen nur etwas Hexerei beibringen wollten. Bleibt aber auch dieses erfolglos, so kann ihnen der Richter das Todesurteil verkündigen und kann sie auch, . . . anscheinend zur Hinrichtung führen, um sie zur Reue zu bringen. Hilft auch dieses nichts, so muß er sie fragen, ob sie die glühende Eisen- oder die Wasserprobe wagen wollten. Antworten sie im Vertrauen auf die Hilfe des Teufels mit Ja, so entgegnet ihnen der Richter, daß er doch eine solche Reinigung als auf ein vom Teufel ersonnenes Blendwerk nicht gestatten könne. Beharren dann die Angeklagten auch jetzt noch bei ihrem Schweigen, so hat sie der Richter in lebenswierige Haft zu nehmen, wobei sie dann vielleicht der Dunst des Gefängnisses zum Geständnis treibt, oder wo sich neue Indizien ergeben, die zu neuer Anwendung der Folter berechtigen. Legen aber die Angeklagten endlich ein Geständnis ab, so hat alsbald die gewöhnliche Hinrichtung durch Feuer einzutreten.' ''[83]

Angewendet wurde auch das sogenannte Tormentum insommniae, die Gefangenen wurden dabei solange herumgetrieben und am Schlaf gehindert, bis sie in ,,einen Zustand vollkommener Verzweiflung und Tollheit gerieten.''[84]

Nadelprobe bestand darin, daß, „fand sich am Körper der Angeklagten irgendeine Warze, ein Mal oder dergleichen, so stach der Scharfrichter ... hinein, und wenn keine Äußerung des Schmerzes erfolgte, oder kein Blut herausdrang, so war man sicher, das Stigma diabolicum gefunden zu haben. Diese Probe war allgemein: sie findet sich in Deutschland, Frankreich, Belgien, England und Spanien."[85]

Die Tränenprobe. „Der Mangel an Tränen während der Folter war Zeichen der Schuld; nach der Tortur konnte auch der reichlichste Erguß nicht helfen. „Wahrscheinlich ist, „daß das Übermaß der Folterqual es nicht zur Tränenergießung kommen"[86] ließ.

Die Bestrafung erfolgte dann meistens so, daß die „verdammten Sentenzen des geistlichen Gerichts ... die Schuld und die Kirchlichen Bußübungen (aussprachen), ... die Abschwörung der Ketzerei (verordneten), verhängten, wenn sich der Fall zur Anwendung besonderer Milde eignete, Kerkerstrafe auf Lebenszeit, oder übergaben, was das Gewöhnlichste war, den Schuldigen der weltlichen Behörde ... Der weltliche Arm strafte mit dem Tod. Die Hinrichtung geschah in der Regel so, daß der Verurteilte in Begleitung von bewaffneten Reitern oder Musketieren auf den Richtplatz geführt oder geschleift wurde, wo dann zunächst die Urgischt, d.h. das Verzeichnis der auf der Tortur erpreßten Geständnisse oder der Verbrechen vorgelesen wurde ... Hierauf erfolgte die Hinrichtung der Verurteilten, d. h. in der Regel 'Einäscherung'."[87]

Jaspers zählt das „Hexenwesen" zur Psychopathologie des Geistes. „Hexenwesen. Seit dem Ende des Mittelalters stand Europa drei Jahrhunderte lang unter dem Alp der Hexenprozesse. Die aus dem Altertum stammenden Vorstellungen gewannen unter dem Einfluß kirchlicher Ketzerpolitik (bei Katholiken und Protestanten gleicherweise) in einer Welt der Angst* aus dem

* Was aber heißt 'in einer Welt der Angst'? Die Fragen des Hexenhammers umfassen die wichtigsten Ereignisse und Vorkommnisse im Leben der einfachen Leute. Das Wetter und die davon abhängende Ernte, was wiederum Hunger oder Sättigung bedeutete, Krankheit von Mensch und Vieh, was die Existenz

Antriebe des Sadismus eine uns heute kaum begreifliche Macht. Die Durchführung des auf lauter Irrealitäten gegründeten Verfahrens war nur möglich durch die Realitäten der Hysterie und der Suggestion. Jederzeit gab es Männer, die den Wahn durchschauten (es gibt keinen den einzelnen Menschen bezwingenden Zeitgeist). Aber wenn etwas Massenphänomen geworden ist, ist die Kraft des klaren und charaktervollen Einzelmenschen ohnmächtig. Die jederzeit bereitliegenden Grundmechanismen der Suggestibilität, der Hysterie und der Triebe zum Quälen und gequältwerden, zu Schmerz und Vernichtung ihrer selber wegen, überfluten in bestimmten, schwer übersehbaren Situationen des Geistes und der Macht alle Widerstände."[88] Und wie sichtbar und hörbar, wie deutlich wird die Existenz des Teufels in den Verhören, des Bösen, das er bewirkt. Wie genau wird er beschrieben, er, der nie gesehen wurde ist doch mit allen Sinnen faßbar. In den durch die Folter unterstützten Fragen und der durch sie erzwungenen Antworten gewinnt er seine ganze Realität. Allein, daß er in dieser Ausführlichkeit von seiner Braut, der Hexe, beschrieben werden kann, macht ihn wirklich (nicht unbedingt auch tatsächlich und existent).

Das alles vollzieht sich zu einer Zeit, in der Kirche und Staat von den Aufgeklärtesten, die in ihr leben, die göttliche Legitimationsgrundlage entzogen werden. Mit aller Schärfe und

der gesamten Familie in Frage stellen konnte. (Auch war ja nicht allzuviel über die Ursachen der Krankheiten bekannt. Warum starb der eine Säugling und der andere überlebte? usw.) Warum zanken die Eheleute miteinander, hassen sich, wo doch die Kirche die Ehe zum Sakrament machte und auf ihr der Segen des Höchsten liegt? Das kann nur durch Zauberei sein. Der Teufel stört die Werke Gottes. Auch die romantische Liebe mag zu Beginn dem Verdachte der Hexerei verfallen sein. Die momentane Erkenntnis, das Aufleuchten eines Teils, eines Zugs an der Gestalt des geliebten Wesens, die Fixierung die momentan und auf immer stattfindet, durch was wäre sie zu erklären? So verfällt die ganze Lebensstruktur dem Blick der Hexe, dem Bann der Hexerei.

Klarheit des Verstands wird bewiesen, daß kein Gott existiert und daß sich auch kein Staat aus Gott gewollter Notwendigkeit in seiner Existenzberechtigung begründen lasse, sondern daß seine Legitimation allein vom Konsens der Bürger abhinge, und gebäre er sich auch noch so absolut, letzten Endes ist's der Wille der Bürger, von dem seine Existenz abhängt. Und es scheint, als wollten sich Staat und Kirche für diese Bedrohung dadurch rächen, daß sie sich an die Ärmsten und Ungebildesten halten, sie verfolgen und bedrohen, für das was ihnen die Gebildet-Wohlhabenden antun, indem sie die göttliche Vermummung als nicht mit der Vernunft zu vereinbaren abtun.

Johann Weyer* und Friedrich von Spee[89], die beiden deutschen Hauptkritiker des Hexenwahns stellen die Unmöglichkeit der Prozesse und des Verfahrens nicht generell in Frage. Spee kritisiert die Folter und vermeint, daß unter der Folter selbst der Papst bekenne, er sei ein Zauberer. Auch in der Habgier der Richter sieht er eine der treibenden Kräfte hinter den Prozessen, „als dem Brocken, davon sie fette Suppen essen wollten."[90] Der Aufwand mancher Richter entging der öffentlichen Aufmerksamkeit nicht. In der Tat konnte es für eine Behörde, die ihre Sache verstand, keine bessere Finanzoperation geben. Die Güter der Verurteilten wurden auf dem Wege der Konfiskation oder unter anderen Titel eingezogen; Inquisitoren und Richter nahmen für sich „entweder eine beträchtliche Quote oder reichliche Sporteln; auch Denunziant, Häscher, Scharfrichter wurden bedacht. Der Offenburger Magistrat versprach 1628 jedem, der eine Hexe einliefere, zwei Pfennig Fanggebühr."[91] Die Hexenrichterei war ein Gewerbe das seinen Mann ernährte und die Hexenrichter waren umso interessierter an dem Fortgang der Sache als sie sozusagen hochspezialisiert waren und lediglich von der Verfolgung und Verurteilung der Hexen leb-

* Weyers Schrift lautet 'De Praestigiis daemonum', mit vollem deutschen Titel: 'Von Teufelsgespenst, Zauberern und Geifftbereytern Schwarzkünstlern Hexen und Vnholden dazu jrer Straf auch von den Bezauberten und wie ihnen zu helfen sey. Ordentlich und eigentlich mit sonderm Fleiß in VI Bücher geteilt . . .'

ten.[92]★ In Deutschland hatten seit eh und je besonders die kleinen ritterschaftlichen Territorien zu hapsen und zu knapsen, sie hatten auch die verhältnismäßig meisten Hinrichtungen an Hexen aufzuweisen, die Konfiskation des Besitzes der Verurteilten und war es auch noch so gering, war immer ein willkommener Landzuwachs.[94]

Weyer argumentierte damit, daß schon der canon episcopi die Hexerei als ein Erzeugnis einer kranken Phantasie ansehe, deswegen seien auch die Hexenbrände eine Ungerechtigkeit. „Unwissende Ärzte und intriguante Kleriker sind die Hauptförderer des Hexenglaubens."[95]★★ Weyer wurde später wegen teuflischer Künste angeklagt und floh 1564 aus Düsseldorf. Bis zu seinem Tod 1588 fand er beim Grafen von Bentheim in Tecklenburg Aufnahme.

★ Der Scharfrichter von Dieburg „verrechnete sich für die Jahre 1628 und 1629 die enorme Summe von 253 Gulden, 13 1/2 Batzen. In dieser Rechnung befinden sich 43 Personen, die a 3 Gulden hingerichtet wurden, und 23 Personen, 'wie es ein Verfahren gehabt, als wären dieselben justifiziert worden'."[93]

★★ „Die Münche rühmen sich der Arznei, deren sie sich aber eben wie ein Kuh Sackpfeifens verstehen. Sie überreden die unverständigen Leute, daß eine Krankheit von Zauberern komme . . . Es hat einer aus dieser beschorenen Rott (Jakob Vallick) kürzlich ein erdichtet, erlogen Gespräch in Druck verfertigt . . .: es sey nämlich vor etlich Jahren einem Weib das Bäuchlein dermaaßen aufgegangen, daß Jedermann, sie gehe schwanger gänzlich vermeinet habe. Und dieweil sie guter Hoffnung, sie würde noch vor Fastnacht des Kinds genesen aber solches wider ihre Hoffnung nicht beschehen, habe sie bei im Rath und Hülf gesucht, da habe er ihr einen Trank eingegeben, dadurch er bei seinem geschworenen Eid zwo Kannen Kirschenstein, die zum Teil schon angefangen grünen, zum Teil aber eines Fingers lang aufgeschossen von ihr getrieben habe. Es wird dieser Kauz die anatomica etwan nicht wohl studiert haben; denn daß es eine lange, breite, dicke Lüge sey, mag ein Jeder dabey wohl leichtlich abnehmen.!"[96]

Weyer hatte die Zauberei zwar zugegeben, die Hexerei und das Teufelsbündnis auf das sich diese gründen soll aber abgestritten. Spee räumt die Möglichkeit der Hexerei zwar ein, versucht aber in den Prozeßablauf soviele Beschränkungen einzubauen, so daß die Richter in der Untersuchung der einzelnen Fälle niemals zu einer Überzeugung der Wirklichkeit der Hexerei zu kommen vermöchten. Spee, der lange Zeit Beichtvater von Hexen in Köln, Würzburg, Worms u.a. war, sagt, er habe nie den Eindruck gewonnen, daß es sich bei diesem zum Teil alten und verschreckten Weibern, halb ums Leben und den Verstand gebracht durch die Folter, um Hexen handle oder um solche, die hexen konnten. Balthasar Bekker, der holländische Kritiker der Verfolgung[97] hatte zwar nicht den Teufel geleugnet, aber doch die Möglichkeit und die Stärke seines Einflusses auf die Menschen. „Weyer beging den Fehler der Inkonsequenz, Spees Buch litt an Prinzipienlosigkeit und Bekker kam mit seinem Prinzip zu früh, um eine vollständige Wirkung zu machen . . . Thomasius[98] schlug einen Mittelweg ein. Er begriff, daß die Theologen den Teufel nicht fallen lassen würden, ja er selbst glaubte an ihn, schränkte aber die landläufigen Vorstellungen von dessen Wesen und Wirksamkeit ein und wußte die Unhaltbarkeit der gangbaren Hexentheorien vom Standpunkte der historischen Kritik einleuchtend zu machen."[99] Thomasius macht sich lustig über die unverhältnismäßig große Jugend des Teufels,[100] ihm gelang tatsächlich eine Bresche in die Verfolgung zu schlagen.

Das Christentum wirkt als Agent der großen Synthese von jüdisch-christlicher, greco-romanischer und celto-theutonischer Kultur.[101] Während es das mediterrane Heidentum assimilierte und absorbierte, so hatte es doch Schwierigkeiten mit den Göttern der transalpinen Seite. Hier wurden die Götter der alten Religion zu den Dämonen und Teufeln der neuen. Der Teufel reitet auf einem Ziegenbock, oder tritt gar als solcher auf. Der Ziegenbock war aber auch das Tier Thors, des alten Bauern- und Gewittergottes, der auf ihm durch die Felder ritt, sie mit seinem Hammer segnend, mit dem er auch die Eis- und Frostriesen bekämpfte. Die Katze war das Tier der Freya, sie wird zur bevorzugten Hexenbegleiterin, besonders die schwarze Katze. Sie huscht wie ein Schatten, unhörbar, geschwind, hat man sie eigentlich gesehen, selber ein kleiner Hausgeist, sieht sie in der Nacht, schläft am Tage.* Bei den Hexenmahlen gibt es oft Pferdefleisch zu essen, das Pferd aber war dem Odin heilig, dem Gott der Weissagung und des Tods.[103]**

Der Hexenglaube wie er sich im Malleus und den anderen theoretischen Werken zur Hexenverfolgung niederschlägt erscheint als eine graduelle Humanisierung des Dämonischen. Die wilde Jagd der Sturmgespenster zwischen Weihnachten und Dreikönigstag in den zwölf heiligen Nächten wird zum wilden Ausritt auf Besen durch die Luft reitender Frauen, angeführt von der Diana oder der Holda, auch der Herodias. Zuerst waren es die alten Götter gewesen, in ihrem Gefolge ritten, die toten Helden, ihnen wiederum folgten alle im vergangenen Jahr verstorbenen Personen, es war das Heer der Toten, das da vorbeiritt.

Die Kirche aber bemühte sich bei allem nicht um klare Distanz sondern bezog viel ihrer Popularität aus dem Ungeschiedenen, Zwielichtigen. Die kirchlichen Feste decken sich mit den alten Festen, den Wintersonnwendfeiern, den Frühlingsfesten, den Totenfesten der Heiden; manche der alten Götter wurden in kirchliche Schutzpatrone umgewandelt, usw. Die kleinen Hausgeister und Wichtelmännchen, die Zwerge, die in der Sage noch ein freundliches und den Menschen hilfreiches Dasein verbunden zuweilen mit allerlei Schabernack fristen, sie wurden zu Hexenbegleitern und unheimlichen Teufeln, zu Gestalten des Alptraums und der verbotenen Masturbation, in welcher Gestalt auch immer. Die Geister der Quellen und Bäume, die kleinen Elfen und Kobolde werden zu minderen Dämonchen, die den Menschen Schaden zufügen können, die sich bei den Hexen als eine Art Haustier und Vertraute aufhalten, die die Hexe an ihrem Körper heimlich ernährt, und die auch identisch werden

* „Übrigens ist sonst das gewöhnlichste Hexentier, in allerlei Beziehung und zu allerlei Beschädigung des Menschen, die Katze. Die Hexen verwandeln sich gern in Katzen, 'denn die Katzen klettern auf dem Dach, kriechen in die Häuser, mögen in den Stuben, Kammern, stehlen, zaubern, die Kinder verletzen.' "[102]

** Murray sieht im englischen Hexenglauben eine Tradierung des alten keltischen Glaubens der Urbevölkerung, der Pikten.[104]

können mit der Hexe oder sie mit ihnen; leicht fällt es ihnen, gegenseitig Gestalt zu tauschen. So eine Katze oder sonst ein kleines Tier kann unauffälliger durch die Gegend huschen, hinein in die Häuser, heraus aus den Ställen; und wer vermag es von den 'normalen' Tieren seiner Art zu unterscheiden? Konsequent wird all diesen kleinen Beschützern der Fruchtbarkeit und des Wassers, der Bäume und Blumen, des Hausfriedens und der Nahrung jegliches Wirken im guten abgesprochen, so wie denen, denen sie dienen, den Hexen. Sie richten nur noch Böses, nur noch Schaden. Gottes wunderbare Kraft und der seiner berufenen Instanz, der Kirche scheint nur noch Schadenszauber, schwarze Magie entgegenzustehn. Die weiße ist ausgelöscht. Die Dämonisierung der Naturgeister aber erscheint als der erste Schritt zur Rückhaltlosen Ausbeutung der Natur und ihrer Unterwerfung unter rein menschliche, d.h. im betreffenden geschichtlichen Verlauf, kapitalistische Bedürfnisse. Dabei vergaßen die Menschen, die es betrifft, daß sie qua ihrer Abstammung und körperlichen Bedingungen selber Natur sind, und mit der Zerstörung der Natur auch sich selbst zerstören.*

* Die Macht des Menschen über die Natur kann immer nur eine beschränkte sein, ist er doch selbst Teil der Natur, und sie dem Menschen immanent. Berherrschbar ist aber nur das, was außerhalb steht, dessen Regeln und Gesetzen man selber nicht unterworfen ist (und nicht nur erscheint). So erfand sich der abendländische Mensch eine zweite Natur, eine gemachte, künstliche, die der Maschinen und Automaten, der Superhirne und Computer, denen er in seinen Phantasien allzugerne Allmacht andichtet. 'Die Rebellion der Roboter' die 'Verselbständigung des Superhirns' etc. sind die Alpträume der science fiction, einer recht weit verbreiteten Literaturgattung, in der die wildgewordenen, die naturgewordenen Maschinen über die Menschen herfallen.

Die Städte – und die Entstehung der transalpinen Städte fällt in denselben Zeitraum wie die Entstehung des Hexenglaubens, d.h. die Dämonisierung der Natur und der Fruchtbarkeit, des natürlichen Lebenskreislaufs – sind mehr oder minder perfekte Gebilde von Anti-Natur. Der Gegensatz Stadt-Land rührt nicht nur aus der Arbeitsteilung her, die Verachtung des Städters für den Bauern ist auch die Verachtung eines Menschen, der sich autonomer dünkt über einen, den er abhängig sieht vom Wetter, den Jahreszeiten, den Bedürfnissen des Viehs, mit dem der Bauer quasi in Symbiose lebt. Für die Arbeit, die in den Städten verrichtet wird, ist es gleich, welches Wetter herrscht. Der Handwerker und die Fabrik später können produzieren, ob's hagelt oder schneit, nichts vertrocknet oder verfault in Nässe ihnen. Die Stadt schließt das Wetter und die Jahreszeiten aus. Sie steht oft gegen die Landschaft, in der eingebettet sie liegt. Ihre Gründung ist schon Natur-Bewältigung, auch Überwältigung, sei es, daß sie aus anderen denn natürlichen Gründen, so zu Zwecken der Verteidigung inmitten eines Sees liegt oder oben auf einem Berg. War sie zunächst von einer Mauer umschlossen, so war das zur Abgrenzung und zum Schutz gegen das Offene, Wilde, seien es Menschen oder andere Erscheinungsformen der Natur, das außerhalb ihrer Mauern, ihrer Abgrenzung lag. Und sie hat die Tendenz stetig über ihre Mauern hinauszuwuchern. Für viele wird die Pfahlbürgerschaft zum ersten Schritt zur Vollbürgerschaft. In ihrem steinernen Schoß entstehen die mechanischen Hilfsmittel der Menschen, die Maschinen, Ausgeburten seines Geistes, zur Verlängerung seines Arms, Vergrößerung seiner körperlichen Kraft, Vorrichtungen zur Überwindung seiner natürlichen Beschränkungen.

In der Stadt scheinen Tag und Nacht aufgehoben, ohne Unterschied. Ja es scheint, als lebe die Stadt in der Nacht erst richtig, erstrahle in ihrem künstlichen Glanz, unabhängig vom Licht der Sonne (und des Monds). Noch immer Zukunftstraum vieler schwebt die totale Stadt, hermetisch abgeriegelt gegen die Witterung unter Wasser oder in der Luft, vielstöckig, selbstversorgende und regenerierende Entität, totale Maschine.

An seinen natürlichsten Teil wird der Mensch in Geburt, Tod und Krankheit erinnert; alle drei Ereignisse könnte man fast als tabuiert in der westlichen Gesellschaft bezeichnen, der technisch entwickeltsten. Sie sind aus dem alltäglichen Leben ausgegrenzt, finden an besonderen Orten statt, unterstehen der Überwachung einer besonderen, eigens dafür designierten Berufskaste mit besonderen Regeln (Ethos). Was die Krankheiten betrifft, so wird in der Heilungstheorie der Körper immer mehr

Das vertraute Tier der Hexe, ihr Genosse, Verwandlung und Hexenflug stammen wohl aus heidnischem Untergrund. Verwandlung und Flug sind Teile der Himmels- und Unterweltsfahrt des Schamanen, Wetter- und Liebeszauber stammen aus

zu einer Art (bio-chemischen) Maschine stilisiert, mit auswechselbaren Teilen. So meint die Medizin die Techniken zur Regulierung des Körpers zu entdecken, die Psychologie die zur Regulierung der Seele, triebökonomisch und zweck- (d.h. gesellschaftlich angemessen) rational. Mit den Maschinen scheint's die Natur zu ersetzen. Die Apotheose der Maschinen aber ist allemal der Krieg, erst recht der moderne. „Der Krieg und nur der Krieg macht es möglich Massenbewegungen größten Maßstabs unter Wahrung der überkommenen Eigentumsverhältnisse ein Ziel zu geben. So formuliert sich der Tatbestand von der Politik her. Von der Technik her formuliert er sich folgendermaßen. Nur der Krieg macht es möglich, die sämtlichen technischen Mittel der Gegenwart unter Wahrung der Eigentumsverhältnisse zu mobilisieren . . . In Marinettis Manifest zum äthiopischen Kolonialkrieg heißt es: 'Seit siebenundzwanzig Jahren erheben wir Futuristen uns dagegen, daß der Krieg als antiästhetisch bezeichnet wird . . . Demgemäß stellen wir fest: . . . Der Krieg ist schön, weil er dank der Gasmasken, der schreckenerregenden Megaphone, der Flammenwerfer und der kleinen Tanks die Herrschaft des Menschen über die unterjochte Maschine begründet. Der Krieg ist schön, weil er die erträumte Metallisierung des menschlichen Körpers inauguriert . . .' "[105]

Benjamin hypostasiert im weiteren für die sozialistischen Gesellschaften ohne sie allerdings beim Namen zu nennen — und ist ihm so vielleicht auch nur Wunschtraum — eine weniger zerstörerische Verwendung technischer Produkte. Wie weit das stimmen mag, der Traum von der Technik als unschuldige Befreiung des Menschen von körperlicher Arbeit, läßt sich nur empirisch beantworten. Mittlerweile hat man mit der Erfindung der sogenannten Neutronenbombe ein Mittel gefunden, die Menschen und alles was der Natur zugehört zu zerstören, ihre künstliche Welt jedoch intakt zu belassen. Fiat ars, pereat mundus.

den Bedürfnissen des dörflichen und menschlichen Lebens. Alles aber was die Hexe tut, verkehrt sich ins Gegenteil, so wie ihr Geliebter der Herr des Gegenteils, des Verkehrten ist. Sie produziert Unwetter, Impotenz und Uneinigkeit zwischen den Eheleuten; überhaupt macht man für alles, was nicht so ist, wie es sein soll, ihre Tätigkeit und sie dafür verantwortlich. Als Verbündete und Geliebte des Teufels ist sie die Störerin und Gegnerin von Gottes Ordnung, in der Natur und zwischen den Menschen. Alle Tätigkeiten und Fähigkeiten der Hexe, ihr Selbst und Sein kulminieren, erfahren ihren Höhepunkt im Sabbath, dem großen, dem nächtlichen Fest der Wollust und der Hingabe, des Tanzes und des Rausches. Das Christentum hatte die Erotik auf die Seite des Bösen verbannt, Eva gehorchte der alten Schlange, dem Widersacher Gottes in der Verführung Adams. Der Widersacher aber war zugleich auch der Stolze, ihm wird als dem König des Sabbaths gehuldigt werden, wo der Stolze und die Ungehorsame Vereinigung feiern.

„Gleichzeitig mit ihrer radikalen Verurteilung wurde die Erotik dem profanen Bereich zugeschlagen. Die Entwicklung der Erotik läuft parallel zu der des Unreinen. Die Gleichstellung mit dem Bösen geht Hand in Hand mit der Verkennung ihres heiligen Charakters. Solange dieser Charakter allgemein erkennbar war, konnte die Gewalttätigkeit der Erotik zwar ängstigen, sogar Ekel erregen, aber sie war nicht dem profanen Bösen gleichgestellt, der Verletzung von Regeln, die die Erhaltung von Gütern und Personen rational und rationell garantierten. Diese Regeln, die ein Gefühl für Verbotenes sanktioniert, unterscheiden sich von den aus dem blinden Impuls hervorgegangenen, insofern sie sich jeweils nach einem vernünftigen Zweck richten. Im Fall der Erotik spielt die Erhaltung der Familie eine Rolle . . . Aber der ganze Zusammenhang bildet sich erst innerhalb des Christentums aus, wo der ursprüngliche Charakter, der heilige Charakter der Erotik verschwand und sich zugleich die Erfordernisse der Arterhaltung behaupteten.

Die Orgie, in der sich die über das individuelle Vergnügen hinausgehende heilige Bedeutung der Erotik erhielt, mußte Gegenstand besonderer Beachtung von seiten der Kirche werden. Die Kirche widersetzt sich ganz allgemein der Erotik. Aber die Opposition gründete sich auf den profanen Charakter des Bösen, den die sexuelle Aktivität außerhalb der Ehe annahm.[106] Es mußte zunächst um jeden Preis das Gefühl, zu dem die Übertretung des Verbotes führte, beseitigt werden. Der Kampf den die Kirche führte, ist der Beweis für große Schwierigkeiten. Die religiöse Welt, aus der das Unreine entfernt war, in der die namen- und maßlosen Gewaltsamkeiten streng verurteilt werden mußten, setzten sich zunächst nicht durch."[107]★

„Wie sie ihne erkhandt?" Buhle und Geliebter der Hexe, oft die Gestalt eines schwarzen Bocks annehmend, auch Ausgeburt des Unbewußten aller zuständigen Richter, Theologen, Theoretiker, Inquisitoren, Folterknechte, Juristen und endlich auch der Gefolterten selbst. Sie gaben ihm alle Attribute dessen, was sonst verboten war zu denken, lediglich gestattet war unter

★ Das Böse war quasi tabuisiert, durfte nicht geschehen in der perfekten Welt Gottes, der Welt, die der Erlöser durch sein Erscheinen schon geheiligt hatte. Es war sozusagen nicht mehr ordentlicher Bestandteil des geregelten Lebens, sondern wurde aus der Integration der Lebenszusammenhänge verbannt. Seine Vertreibung und Verbannung von all seinen angestammten und rechtmäßigen Plätzen, seine Verdrängung scheinbar ins Nichts, scheint die Macht des Bösen und Widersachers erst recht auf den Plan zu rufen. War das 'Nein' aus den Jubelchören der 'Ja's' und 'Hallelujahs', die täglich aus den Kirchen und Domen nach oben drangen, ausgeschlossen, so hallte es umso entschlossener in der Nacht und mied die Behausungen.

(Bei den Tibetern konnte ich beobachten, daß eine Ecke des Hauses dem kleinen Teufel – wie sie ihn nannten – geweiht war. Es war die Ecke, in die der Kehrricht gefegt wurde, tagsüber die Abfälle hingeworfen wurden und lag dem Hausaltar am weitesten entfernt. Am letzten Abend des alten Jahres wurden diesem kleinen Teufel auch alle Krankheiten und Widrigkeiten, die während des vergangenen Jahres den Körper befallen hatten in Form von Teigbällchen, die über den Körper, jedoch nicht den Kopf gerollt wurden, geweiht. Dann opferte man diese Bälle einer kleinen Teigfigur des Teufels, alles zusammen wurde mit einer kleinen Butterlampe versehen in die Dunkelheit hinausgetragen und weit weg vom Haus am Straßenrand niedergestellt.)

dem Deckmantel der zu verfolgenden Verbotsübertretung. Die Bilder des Teufels stehen auch symbolisch für die (besonders sexuellen) Schwierigkeiten dieser Menschen. Sein Glied war hart wie Eisen und schmerzte beim Eindringen, war kalt und schleimig wie eine Schlange, sein Same ergoß sich glühendheiß wie das Höllenfeuer und eiskalt wie der Schrecken, den der Gedanke daran hervorruft. Sein Same war nicht fruchtbar, doch zeugte er mit der Hexe Kinder, Hexenkinder, die wie die Mutter brannten. Für die Verfolgte aber wird er, um dessentwillen sie soviele Qualen erdulden muß, schön, er wird ihr Herr, Symbol der großen Rebellion, der Verachtung, solange sie noch fähig ist, ihre Peiniger zu verachten. Am Ende glaubte sie an ihn, die Folter bestätigt seine Wirklichkeit, hatte sie ihm beim Sabbath nicht wirklich gehuldigt, zu Beginn jenes Tanzes, des tollen sich-im-Kreise-drehen, des Sabbathreigens? Er „genügte vollkommen, um diesen ersten Grad der Trunkenheit herbeizuführen;, man drehte sich Rücken an Rücken, die Arme nach hinten gewendet, ohne sich zu sehen; nach und nach kannte sich niemand mehr, ebensowenig wie die Person an seiner Seite, die Alte war nun nicht mehr alt; es war ein Wunder des Satans, und sie war wieder die Begierde erregende, unterschiedslos geliebte Frau."[108]

Die Hexe lebt in der Vorstellung ihrer Verfolger nicht vereinzelt, sondern gehört einer Organisation an. So heißt es in einer Chronik von 1475 „'Nun komme ich auf die allergrößte Ketzerei und Sekte und heißt ein Irrsal und Sect Gazaiorum, d.i. des Unholden und die bei der Nacht fahren auf Besen, Ofengabeln, Katzen, Böcken oder anderen dazu dienenden Dingen. Ist die allerverfluchteste Sekt und gehört viel Feuers ohne Erbarmen zu.' Wer in diese Sekte kommen will, muß schwören, auf den Ruf eines Mitglieds alles im Stiche zu lassen und mit dem Rufer in die 'Sinagoga'* zu gehen. Dort wird dann der Verführte dem Teufel überantwortet, der in Gestalt einer schwarzen

* Sinagoga oder auch Synagoge und Sabbath sind Begriffe, die auf das Treiben der Hexen angewendet, ursprünglich aus dem jüdischen Kultleben stammen. Die Juden lebten als eine Minderheit hauptsächlich in den Städten und waren immer wieder häufigen und gräßlichen Progromen unterworfen. „Gräßlich

waren vor allem die Judenverfolgungen in der Mitte des 14. Jahrhunderts, als die Gemüter durch die fürchterliche Volkskrankheit des schwarzen Todes geängstigt waren und fanatisierte Geißlerscharen die Länder durchzogen. Man glaubte damals, oder gab vor zu glauben, die Juden hätten die Brunnen vergiftet und dadurch die Seuche hervorgerufen. Auch sonst fehlte es nicht leicht an Vorwänden zur Verfolgung der Feinde Christi, und die jeweils auftauchenden aberwitzigen Gerüchte von jüdischen Freveltaten – Ermordung von Christenkindern, deren Blut sie zu ihren talmudischen Bräuchen benötigen sollten, Verspottung oder Mißbrauch der Hostie und dergleichen mehr – genügten um die Volkswut gegen die Unglücklichen aufzuregen und zu scheußlichen Mordtaten, insbesondere aber zu Plünderrungen der jüdischen Häuser in denen man erwucherte Schätze suchte . . . Anlaß zu geben."[109] Einmal progromartige Aktionen der sogenannten Volkswut, das andere Mal organisierte Verfoggungsbürokratie, Juden und Hexen aber haben mehr gemeinsam, als daß sie Opfer sind.

„The similarity between the persecution of Jews and the persecution of witches, which reached their climaxes in different places at the same time, suggests yet again that the pressure behind both was social. The witch and the Jew both represent social nonconformity. At first both are persecuted sporadically, without much reason given; for the witch is not condemned by the old law of the church, and the Jew, as an unbeliever, is outside it. Then legal grounds are devised to persecute both: the former by a redefinition of terms, the latter by enforced baptism, are made liable to charge of heresy. Finally, when that charge is no longer convenient, it is no longer used. The witch is . . . persecuted simply for 'being a witch', the Jew for 'being a Jew', for reasons not of belief, but of blood, for defect of limpieza de sangre . . . Moreover, it seems that these two types of social nonconformity are interchangeable. In its periods of introversion and intolerance Christian society . . . looks for scapegoats. (Zum Sündenbock muß jedoch gesagt werden, daß das Abladen alles Übels einer Gesellschaft oder Gemeinschaft auf dem Tier oder auch Menschen als Ritus bewußt von der entsprechenden Gruppe vorgenommen wird[110], während bei der Sündenbock Funktion der Juden oder Hexen oder anderer Gruppen

Katze, eines Bocks oder auch eines Menschen erscheint. Er hat zu schwören, daß er dem Ketzermeister und seiner Gesellschaft treu sei, und Fleiß anwenden werde, möglichst viele neue Mitglieder zu werben. Ferner, daß er bis in den Tod verschwiegen sein, alle Kinder unter drei Jahren töten und in die Gemeinschaft bringen, auf jeden Ruf sofort in diese eilen, alle Eheleute verwirren und impotent machen wolle usw. Dann betet er den Ketzermeister an und gibt sich ihm hin. Die Schilderung der nun folgenden gräßlichen Orgie, wobei gesottene und gebratene Kinder gegessen, und die widernatürlichste Unzucht verübt wird, entspricht bis in kleine Einzelzüge hinein den einst gegen die Tempelherren geschleuderten Verleumdungen . . . Weiter wird geschildert, wie das neue Mitglied gelehrt wird, seinen Stab zu schmieren, mit einer aus Fett der gebratenen Kinder und giftigen Schlangen, Eidechsen, Kröten, Spinnen bereiteten Salbe. Durch Bestreichen mit dieser Salbe können sie Menschen töten, durch Pulver aus Eingeweiden die Luft vergiften, und ein großes Sterben hervorrufen. 'Und das ist Ursach, daß in etlichen Dörfern Pestilenz regiert und zu allernächst dabei ist man frisch und gesund.' "[112]★

Zur gleichen Zeit werden Heinrich Institoris und Jakob Sprenger, ersterer für Oberdeutschland, letzterer für die Rheingegenden, als 'Inquisitores haereticae' bestellt vom Papst. Unterstützt von der päpstlichen Bulle' summis desiderantes affectibus'

der neueren Geschichte das bewußte Moment der Sünden- oder Übelübertragung nicht statthat, ja im Gegenteil. A.D.) Either the Jew or the witch will do, but society will settle for the nearest."[111]

★ In der Unfähigkeit der Kirche tröstend auf die Menschen in der Zeit der großen Pest zu wirken, ihnen beizustehn in einer Zeit allergrößter Not und Bedrängnis, liegt vielleicht schon ihr Todesurteil begründet. Sie erweist keinerlei integrierende Kraft in einer Zeit, die aufs äußerste erschüttert und hilflos preisgegeben erscheint. Als sie versagt, verlegt sie sich auf Gewalt und Ablenkung; in einer Ausgeburt sadistischer Phantasien beschuldigt sie zuerst die Ketzer, dann die Juden und die Hexen. Ohnehin stellt die Aufklärung sie dann gänzlich in Frage.

vom 5. Dezember 1484 beginnen sie ihre Tätigkeit. In den nächsten fünf Jahren werden in der Dióziöse Konstanz und in Ravensburg achtundvierzig Personen verbrannt, „weil sie Dämonen als Inkuben zugelassen haben sollen"[113] und in der Grafschaft Wormserbad werden allein 1485 einundvierzig Leute verbrannt.

Die Entdeckung der Buchdruckerkunst wirkt sich akzelerierend auf die Hexenverfolgung aus. In den Jahren 1550-1600 fallen ihr mehr Menschen zum Opfer als in den fünfzig vorangegangenen Jahren und in den folgenden fünfzig sollte es noch schlimmer werden.[114]★ Zwei Jahre nach dem Erscheinen der päpstlichen Bulle publizieren Institoris und Sprenger das Ergänzungs- und Gegenstück, ein Buch mit Namen 'Malleus Maleficarum,' der Hexenhammer. Bald erreicht es die höchsten Auflageziffern eines Buches der damaligen Zeit. Im Malleus wird das Hexenwesen kompiliert, es ist das Standardwerk über alles was Hexen und ihre Verfolgung betrifft.

Quelle für die beiden Verfasser waren Sitten, Bräuche und Vorstellungen der Alpenbauern. Diese wurden jetzt universell als Hexenbräuche anerkannt und bilden die Grundlage des einschlägigen Auskunftswerks. Das Buch fordert außerdem die geistliche und weltliche Obrigkeit zur Verfolgung und Unterstützung der Verfolgung auf, regt selbst zum Gebrauch an, macht die Verfolgung zur Pflicht. Mit dem Erscheinen der päpstlichen Bulle und des Malleus beginnt die systematische Verfolgung der Hexen.

★ „Nor was the craze entirely separable from the intellectual and spiritual life of those years. It was forwarded by the cultivated popes of the Renaissance, by the great Protestant reformers, by the saints of the counter-reformation, by the scholars, lawyers and churchman of the age of Scaliger, Lipsius, Bacon, Grotius, Berulle, and Pascal.
If those two centuries were an age of light, we have to admit, that, in one respect at least, the Dark Age was more civilised."[115]
Die Verfolgung der Hexen ist ein Symptom der gesellschaftlichen Selbstentfremdung, sicherlich, doch die Theorie, die im Hexenwesen nichts als psychische Debilität sehen will, geht vielleicht gerade an dem merkwürdigen, scheinbaren Gegensatz von Aufklärung und Finsternis vorbei.

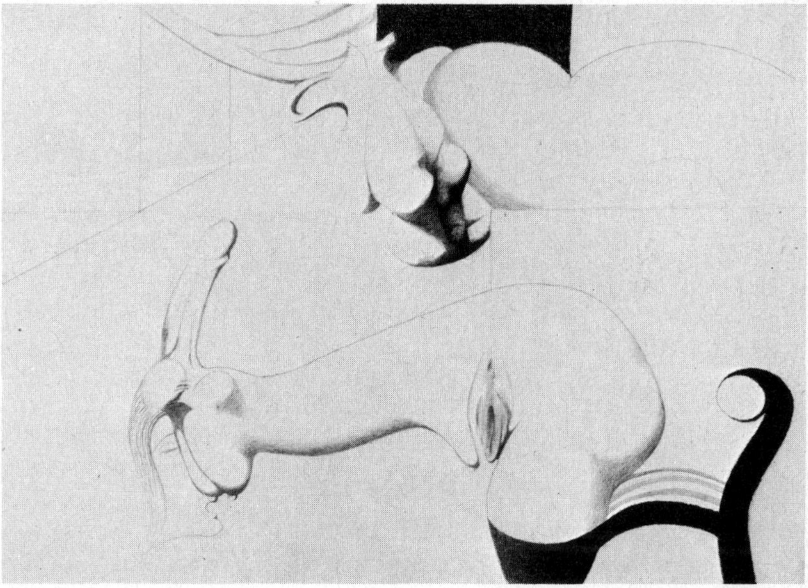

Sie beginnt im Gebirge, in den Alpen und den Pyrenäen. Die Hauptmacht lag, was den katholischen Teil der Verfolgung betrifft, in den Händen der Dominikaner, ein Orden, der aus den Kämpfen der Kirche gegen die Albigenser im Languedoc und den Vaudevois im 12. Jahrhundert hervorgegangen war. Es folgen der Jura und die Vogesen, die umliegenden und angrenzenden Gebiete, Savoyen, Elsaß, die Lorraine, der Velt'in, Tirol Bayern, die Bistümer Norditaliens, Mailand, Brescia, Bergamo, alte Ketzerzentren allesamt, dann Bern, Navarra, Katalonien.

Im folgenden ein fragmentarischer und eigentlich recht zufälliger Überblick über die Verfolgung in Deutschland (Das Heilige Römische Reich Deutscher Nation), soweit sie sich in diesen oder jenen Orten und Gebieten zentriert. Vielleicht, daß sich trotz des zufälligen ein Eindruck vermitteln läßt von der Verbreitung und Schwere der Verfolgung.

Gebiet, Ort	Jahr	Personen	Anklage	Urteil
Wormser-	vor 1484	48 Pers.	Zauberei	verbrannt
bad	1485	41 Pers.	Zauberei	verbrannt
Konstanz u. Ravensburg	1485-90	48 Pers.	Zauberei	verbrannt

„Seit dem Anfang des 16. Jahrhunderts finden sich in Deutschland, abgesehen von Metz, nur noch vereinzelte Spuren der Amtstätigkeit von mit päpstlichen Vollmachten ausgerüsteten Inquisitoren".[116]

Agrippa von Nettesheim, Anwalt der Angeklagten in einem Hexenprozeß berichtet folgendes:
„Als Syndikus zu Metz hatte ich (1519) einen harten Kampf mit einem Inquisitor, der ein Bauernweib um der abgeschmacktesten Verleumdungen willen mehr zur Abschlachtung als zur Untersuchung vor sein nichtswürdiges Forum gezogen hatte. Als ich ihm in der Verteidigung der Angeklagten bewies, daß in den Akten kein genügendes Indizium vorliege, sagte er mir ins Gesicht: Allerdings liegt ein sehr genügendes vor, denn ihre Mutter ist als Zauberin verbrannt worden. Ich verwarf ihm das als ungehörig, er aber berief sich auf den Malleus maleficarum und die peripathetische Theologie und behauptete, das Indizium müsse gelten, weil Zauberinnen nicht nur ihre Kinder sogleich nach der Geburt den Dämonen weihen, sondern sogar selbst aus ihrem Umgang mit den Inkuben Kinder zu zeugen und so das Zauberwesen in den Familien zu vererben pflegen . . . Die Angeklagte wurde befreit, die falschen Ankläger mit einer Geldstrafe belegt . . ."[117]

Zunächst erfolgt die Einführung der Hexenprozesse in Deutschland nur zögernd und allmählich, man sprach im allgemeinen nur von Zauberei und der Begriff der Hexe und der Hexerei gestaltete sich erst langsam unter dem Einfluß des Malleus.

Mark Brandenburg

Angermünde	1336	14 Pers.	Luciferaner	verbrannt

Gebiet, Ort	Jahr	Personen	Anklage	Urteil
Berlin	1339	1 Frau	Zauberei	verbrannt
	1406	Prozesse wegen Zauberei mit Molken und Bier		
Rhinow	1545	1 Frau	Zaubertränke	verbrannt
Berlin	1552	1 Frau	Zauberin	verbrannt
	1553	2 Frauen	Wettermachen	verbrannt
Küstrin	1559	1 Mann	Profet	verbrannt
Mark B.	1565	8 Frauen	Hexen	verbrannt

Außerdem finden in Mark Brandenburg 1551, 53, 54, 63, 69, 71, 72, 76, 77 und 79 Hexenprozesse statt.

„Von Stendal (einem Ort in der Mark) heißt es: 'Besonders waren der Pfarrer zu St. Jakob und früherer Vikar des Domstiftes Johann Wolter mit dem Bürgermeister Jürgen Möring arge Verfolger der Zauberei, deren Spuren sie überall wahrnahmen, wo sich ein Unglück zutrug. Als Georg Möring die Bürgermeisterstelle übernahm (1563) zeigte er dem gleichgesinnten Pfarrer ein Verzeichnis von Hexen und Zauberern, die es auch in Stendal gäbe, so lang, wie der Pfarrer später aussagte, daß, wenn er auch sogleich (es war in der Adventszeit) verbrennen zu lassen anfinge und wöchentlich deren zwei oder drei verbrennen ließe, er doch schwerlich vor Ostern mit dieser Strafvollziehung werde fertig werden . . .' "[118]

Gardelegen	1544-54	14 Frauen	Hexen	verbrannt
Berlin	1573	1 Mann	Zauberei	hingerichtet[119]
Breslau	1456	2 Frauen	Liebesbisse	ertränkt
	1457	1 Frau	Besitz von Zaubermitteln	Stadtverweisung

Gebiet, Ort	Jahr	Personen	Anklage	Urteil
	1458	1 Mann	Kirchenraub und Besitz einer Springwurz	verbrannt
	1481	1 Frau	Zauberin	ertränkt
	1482	1 Frau	Zauberin	Stadtverwsg.
	1485	1 Frau	Zauberin	Stadtverwsg.
	1499	2 Frauen	Zauberinnen	Stadtverwsg.
	1503	1 Frau	Zauberin	Stadtverwsg.
Hannover	1466	2 Frauen	Hexen	Die eine auf der Folter verstorben, die andre verbrannt
	1590	1 Frau	Hexe	verbrannt
	1594	1 Mann	Hexer	verbrannt
	1604	2 Frauen	Hexen	verbrannt
Stadthagen	1605	4 Frauen	Hexen	verbrannt

Bei einer Frau hatte man die Wasserprobe vorgenommen:
„An Händen und Füßen gebunden, setzte sie der Scharfrichter in Gegenwart von sieben Amtspersonen aufs Wasser. Sie schwamm, wie sie sich auch bemühen mochte unterzugehn. Da hat sich's begeben, daß sie sich herumgeschmissen und auf dem Wasser wie ein Hecht etwa vier Ellen lang hingeschossen. Man hörte Krachen im Wasser und Schwirren in der Luft. Meister Christoph (der Henker) wurde durch den Teufel auf einen Weidenbaum geschleudert. Als man die arme Person herauszog fand man, daß sie tot, und ihr der Hals gebrochen war. Die Leiche schleppte man ins Gefängnis und legte sie mit dem Rücken auf Stroh. Doch der Satan drehte sie in der Nacht um, legte sie auf den Bauch und hat ihr das Angesicht im Nacken gestanden."[120]

Nördlingen 1588/89 finden in Nördlingen viele Hexenprozesse statt. Initiatoren sind der Bürgermeister von

Gebiet, Ort	Jahr	Personen	Anklage	Urteil
	Nördlingen, Georg Pferinger, die Doktoren der Rechte Sebastian Röttinger und Conrad Graf, sowie der Stadtschreiber Paul Majer.			
	1590	11 Frauen	Hexen	verbrannt
	1590-94	35 Frauen	Hexen	verbrannt
	Diese vier Jahre werden die 'Schreckensjahre von Nördlingen' genannt. Von ihnen sagt der „Zahlmeister Peter Lemp in seiner Chronik, . . . daß man gesehen habe, wie während ihnen der Verstand in Nördlingen spazieren gegangen sei."[121]			
Dillingen	1587	7 Frauen	Hexen	verbrannt
Donauwörth	1608	2 Frauen	Hexen	verbrannt
Wemding	1608	10 Frauen	Hexen	verbrannt
Schwabach	1505	1 Frau	Hexe	verbrannt
b.Nürnberg	1608	1 Mann	Teufelsbund	enthauptet
Pommern	Beginn der Hexenprozesse in der 1. Hälfte des 16. Jh.			
Schlawe	1538	3 Frauen	Hexen	verbrannt
Stettin	1564	1 Frau	Giftmischerin	hingerichtet
Neustettin	1585-92 herrscht hier der Hexenmeister Landvogt Jakob von Kleist und rottet ganze Familien aus.			

Gebiet, Ort	Jahr	Personen	Anklage	Urteil

Jülich-Cleve-Berg und Mark

	1499-1502 Beginn der systematischen Hexenverfolgung		
Rheinberg		1 Frau	Die Anklage lautet bei allen Frauen auf Teufelsbuhlschaft, Zauberei und Teilnahme an Hexensabbathen. Die Frauen werden alle verbrannt.
Angermund und Ratingen		3 Frauen	
Viersen		2 Frauen	
Gladbach		3 Frauen	
Ahrweiler		1 Frau	
Grevenbroich		1 Frau	
Erklenz		3 Frauen	
Braunweiler		1 Frau	

1509-15
1522-36 finden weitere Prozesse statt. So richtig aber beginnt die Hexenverfolgung hier erst zu Ende des 16. Jh., denn in der Zwischenzeit ist Herzog Wilhelm, dessen Ärzte Johann Weyer und Rainer Solmander beide Gegner der Hexenverfolgung sind, an der Macht.

Jülich-Büderich	Ende des 16. Jh., 1 Frau angeklagt wegen Hexerei; sie verstirbt auf der Folter, die Leiche wird verbrannt.			
Württemberg	1505	300 Frauen	Werwölfe	verbrannt
	Weitere Hinrichtungen in der Mitte des 16. Jh.			
Eßlingen	1551	1 Frau	Hexe	verbrannt, ihre Tochter läßt der Magistrat „durch die Backen brennen" und vermauern
Stuttgart- u. Eßlingen	1562/3	Hexenverbrennungen im Anschluß an ein Hagelwetter		

Gebiet, Ort	Jahr	Personen	Anklage	Urteil
Waldsee	1515 und in den folgenden Jahren nur vereinzelt Hexenbrände, ab 1585 fast jedes Jahr Prozesse, die mit der Verbrennung der Angeklagten enden. 1645 erfolgt das letzte bekanntgegebene Urteil: „Die Verurteilte soll dem Scharfrichter übergeben, an den Richtplatz geführt und soll 'unterwegs zum dritten Male mit glühenden Zangen zu ihr gegriffen, hernach an eine Säule gebunden, daran erdrosselt, hernach verbrannt und die Asche vergraben werden. Gott der Allmächtige wolle ihrer Seele gnädig und barmherzig sein.' "[122]			
Osnabrück	1501	1 Frau	Hexe	verbrannt
	1561 beginnt der Bürgermeister Hammacher, der in Erfurt und Wittenberg studiert hat, „ein systematisches Würgen, dem im Laufe eines Vierteljahres innerhalb des Weichbildes von			
Osnabrück		121 Pers.		
Iburg		20 Pers.		
Vörden		14 Pers.	zum Opfer fielen."[123]	
Osnabrück	1585-89	157 Pers.	Hexen	verbrannt
	1590	10 Pers.	Hexen	verbrannt s
	„ . . . aber vier, so die Schönsten, hat der Teufel lebendig davongeführt in die Luft, ehe sie ins Feuer gekommen sind."[124]			
	1636	34 Frauen	Hexen	verbrannt
	1637	12 Pers.	Hexen	verbrannt
Buxtehude	1580	Hexenprozesse		
Ohlsen	1580	Hexenprozesse		
Vörden	1617	„ . . . wurden vier Zauberinnen von dem leibhaftigen Teufel im Kerker umgebracht."[125]		

Gebiet, Ort	Jahr	Personen	Anklage	Urteil
„zu Braunsberg im Ermelande wurden . . . wegen Hexerei Angeklagte bis über die Mitte des 16. Jahrhunderts nur mit Kirchenbußen und Verbannung bestraft. Erst 1605 wurde in der Altstadt die erste Hexe, 1610 eine andere in der Neustadt verbrannt."[126]				
Erfurt	1530	Hexenbrände		
	1538	Hexenbrände		
	1550	Hexenbrände		
Wittenberg	1540	an einem Tag vier Hexen verbrannt.		
Breisgau	1576	„in etlichen Städten und Flecken an die 136 Unholden gefangen und verbrennt. Nach einer anderen 'Neuen Zeitung' waren es aber nur 55."[127]		
Freiburg	1546	1 Frau	Hexe	verbrannt
	1599	18 Pers.	Hexen	verbrannt
Landvogtei	1557	2 Frauen	Hexen	verbrannt
Ortenau	1573	Hexenprozesse		
	1574	Hexenprozesse		
	1575	Hexenprozesse		
	1595	Hexenprozesse		
	1599	Hexenprozesse		
	1603	Hexenprozesse		
Speyer	1581	1 Frau	Hexe	verbrannt
Mecklenburg	1336 1403/17 1496	vereinzelte Hexenprozesse		

Das ändert sich als in der 1552 „veröffentlichten Kirchenordnung . . . die Bestrafung des Zaubers als Pflicht der weltlichen Obrigkeit hingestellt (wird), und daß nur das Feuer diese Verbrechen sühnen kann, geht aus den Polizeiordnungen von 1562 und 1572 hervor. Allerdings soll dieses nur angewandt werden, wenn der Zauberer 'Leuten Schaden und Unglück zufügen würde'. Daß dies stets der Fall war, dafür sorgte schon die Folter. So züngelten denn allenthalben die Flammen an den Hexen hinan. In einer Schrift vom Jahre 1577 erzählt der Braunschweiger Prediger David Brauner er sei vor 'etzlichen Jahren' im Lande Mecklenburg angestellt gewesen, wo 'damals viele Zauberinnen und Wettermacherinnen verbrannt worden' "[128]

Rostock	1584	17 Frauen	Hexen	verbrannt
Schwerin	1584	1 Mann	Hexer	verbrannt
Rottenburg am Neckar	1583 (12. Juli)	12 Frauen	Hexen	verbrannt
	1585 (7. April)	9 Frauen	Hexen	verbrannt

„Die Anzahl der Hexen wurde schließlich so groß, daß der Stadtrat anfing, 'müde zu werden, solche Leute zu justifizieren, sorgend, daß wenn man weiter fortfahren sollte, fast keine Weiber mehr übrig bleiben sollten'. 'So weit', schreibt der Barfüßmönch Malachius Tschamser, 'kam die teufliche Bosheit bei diesen leichtgläubigen Leuten; allein kein Wunder: der Teufel hatte sie schon in Luthero verblendet.' "[129]

Grafschaft Löwenstein-Wertheim	1591 (23. Okt.)	8 Pers.	Hexen	verbrannt

„Zu einer der Angeklagten sagte der Amtmann während der Folter: 'Du mußt bekennen, und sollte ich drei viertel Jahr mit dir umgehn. Da friß Vogel oder stirb'. "[130]

Gelnhausen	1584	Beginn der Hexenbrände		
	1596/7	16 Frauen	Hexen	verbrannt

In einem Prozeß, der 1597 stattfand, „'hat man bei aller Kunstsinnigkeit, die dem Satanus sunst bei dem Hexengeschwürm zu eigen, doch zum erstenmal aus dem wahrhafttigen Zeugnis der Unholdin erlebt, daß er gar in Gestalt von Flöhen und Würmern sich leibhaftig sehen läßt und agiert! Klara Geißlerin, eine neunundsechzigjährige Taglöhnerswitwe war von einer der Hingerichteten beschuldigt worden als 'eine Buhlerin, so zu gleicher Zeit mit drei Teufeln zu tun und viele hundert unschuldige Kinder ausgegraben, auch viele Menschen gemordet' habe. Daumenschrauben und Fußschienen ließen sie nun gestehen, daß sie das Blut gestohlener Kinder – 'habe wohl bei sechzig gemordet' – trinke, mit dem Teufel, der in Katzengestalt stets um sie sei, als Katze verwandelt, nachts über die Dächer fahre und sich erlustige. Dann nannte sie etliche zwanzig andere Unholdinnen, mit denen sie bei den Tänzen gewesen sei. Nach der Folter widerrief sie alles, wurde aufs Neue gemartert und gestand das Alte und noch viel mehr, um später wieder alles als unwahr zu bezeichnen. Sie wurde dermaßen unsinnig, daß sie Richter und Knechte vor Gottes Gericht rief! Bei der dritten, mehrstündigen Folter gab sie zu, über 240 Personen 'gemördert' zu haben. Sie habe 'aus den Teufeln an die 17 Kinder geboren', die sie alle umgebracht, ihr Fleisch gegessen, und ihr Blut getrunken habe und vieles ähnliches mehr, bis sich der Teufel ihrer erbarmte, da es die Menschen nicht taten. 'Der Teufel hat ihr nichts mehr offenbaren lassen wollen und deshalben (während der Folter) den Hals umgedreht'."[131]

Hessen-Darmstadt	1582	im Juni mehrere Frauen als Hexen verbrannt.

„Der Teufel ist ganz und gar ausgelassen, schreibt der Landgraf (Georg zu Darmstadt) im Jahre 1582 an Otto von Tettenborn . . .' und wütet ebensowohl an anderen Orten, als hier dieses Ortes umher: wie wir dann Euch nicht genugsam zuschreiben können, was für seltsame greuliche Händel mit den Hexen oder Zauberinnen allhier verlaufen und was uns dieselben zu schaffen geben. Dann wir nunmehr die alten fast ganz abgeschafft, und hingerichtet lassen, so kommt es aber jetzt an die jungen, von denen man nichtweniger als von den alten sehr abscheuliche Dinge hört'."[132]

Göttingen	ab 1561	ist der Magistrat „fast unaufhörlich mit Hexenprozessen beschäftigt."[133]

Gebiet, Ort	Jahr	Personen	Anklage	Urteil
Recklinghausen	1514	11 Frauen	Wettermacherinnen	verbrannt
Ersingen u. Bilfingen	1573/74	Hinrichtung mehrer Personen		

1577 bittet Schultheiß, Gericht und Gemeinde „den Markgrafen Christoph von Baden, er möge sie doch um Gottes willen von ihren vielen bösen Weibern befreien, die mit Lähmung und Tötung des Viehs großen Schaden anrichteten."[134]

Der Landgraf Georg stellt eine peinliche Gerichtsordnung auf, „die für dieses Land die erste gegen das Hexenwesen gerichtete Strafbestimmung brachte. In ihr heißt es: 'Die Zauberei ist ein gräuliches, hochsträfliches Laster, das jetziger Zeit fast allenthalben unter den Weibspersonen durch Gottes gerechten Zorn und Verhängnis eingerissen, daher die Beamten mit allem Fleiße inquirieren, alsbald eine Person des Lasters bezüchtigt und ein Geschrei erschollen, da es sich befindet, daß eine publica vox et fama sei, zu haften bringen sollen'."[135]

	1585	17 Pers.	Hexen	hingerichtet
		7 Pers.	Hexen	Verweisung
		1 Pers.	Hexe	Selbstmord
Marburg	1583	3 Frauen (Mutter u. Töchter)		hingerichtet
Dillenburg	bis 1600	16 Frauen	Hexen	verbrannt
		4 Männer	Hexer	verbrannt
Hessen-Montabaur	1592-94	3 Frauen	Hexen	verbrannt

Die Tochter der einen, Entgen Hentgen, war auf Beschuldigung einer mit ihr verfeindeten Verwandten auch verhaftet worden. „Am 29. Juni 1594 wurden ihr die Daumenschrauben angelegt,

Gebiet, Ort	Jahr	Personen	Anklage	Urteil

durch Zangen die Schienbeine zerquetscht, dann die Armknochen aus den Schultergelenken gerissen, ohne daß sie gestand. Zwei Tage später wieder gefoltert, sagte sie, sie hätte den Satan nie erkannt. 'Mit der Zang und den Schrauben zugleich angegriffen, will nichts bekennen, sentiert keinen Schmerz, ist ihr nicht anzukommen, ist am letzten wie am ersten.' lautet das Protokoll. Selbst als sie mit Lichtern oder Schwefel an der Brust, unter den Achseln und an den Fußsohlen gebrannt und mit brennendem Pech beträufelt wird, leugnet sie. 'Entgen', sagen die Akten vom 16. Juli 'abermals mit der Folter sentiert, einmal oder zweimal aufgezogen, mit Feuerwerk sehr geschreckt, will sich nicht zum Bekenntnis geben.' Auf Bürgschaft ihres Mannes wird das standhafte Weib gegen Urfedhe entlassen."[136]

Hamburg	1525	1 Mann, der gegen die Offizial der Mutter Gottes gepredigt hat		verbrannt
	1556	etliche Männer		verbrannt
	1576	6 Frauen	Hexen	verbrannt
	1583			
	(8. März)	1 Frau	Hexe	verbrannt
	(26. Aug.)	5 Frauen	Hexen	verbrannt
	1589	Hexenverbrennungen		
	1591	Hexenverbrennungen		
	1594	Hexenverbrennungen		

„In Hamburg erschien auch damals (1587) die erste niederdeutsche Druckschrift über den Hexenprozeß unter dem Titel: De Panurgia lamarium, sagarum strigum ac veneficarum totiusque cohortis magicae Cacodaemonia LL.III, Dat ys: Nödige vnd nütte vnderrichtinge, 1) van der Töderschen geschwinden list vnd geschicklichkeit quadt to donde, . . ."[137]

Lübeck	1551	1 Frau	Hexe	verbrannt
	1581	1 Frau	Hexe	verbrannt

Gebiet, Ort	Jahr	Personen	Anklage	Urteil
	1591	1 Frau	Hexe	Der Ankläger muß der Verklagten 33 Schillinge Buße bezahlen „für ihre Unkosten."[138]
Nordhausen	1573	2 Frauen	Hexen	verbrannt

Elsaß

Gebiet, Ort	Jahr	Personen	Anklage	Urteil
Schlettstadt	1570	4 Frauen	Hexen	verbrannt
	„. . . und hat man mit brennen nicht nachgelassen, so lang, bis diese Personen ganz und gar zu Pulver und Asche verbrannt worden."[139]			
Straßburg	1582	134 Pers.		an vier Tagen verbrannt
Rufach	1586-97	37 Pers.	Hexen	verbrannt
St. Amarin	1586	200 Pers.	Hexen	verbrannt
Bistum Straßburg	1615-35	5000 Frauen und Mädchen als Hexen verbrannt.		

Thann
„Im Wintermonat 1572 hat man allhier angefangen, vier sogenannte Hexen zu verbrennen, und hat dergleichen Exekution gewährt bis Anno 1620, also daß innerhalb 48 Jahren nur allein hier, teils von hier, teils von der Herrschaft (den umliegenden Vogteien und Meiertümern) bei 152, darunter nu etwa acht Mannspersonen gewesen, eingezogen, gefezt, gefoltert, hingerichtet und verbrennt worden, teils mit, teils ohne Reue. Und während dieser Zeit sind dergleichen Exekutiones so gemein gewesen, daß nur im Elsaß, Schwaben und Breisgau 800 dergleichen Personen verbrannt worden, dergestalten, daß man glaubte,

Gebiet, Ort	Jahr	Personen	Anklage	Urteil

daß je mehr und verbrennt wurden, je mehr dergleichen Hexen und Zauberinnen gleichsam aus der Asche hervorkriechten."[140]

Flandern

Hier währt die Hexenverfolgung in der ganzen zweiten Hälfte des 16. und während des 17. Jahrhunderts. Sie verbindet sich mit dem Widerstand der Flamen gegen Karl V. und dann Philipp II, seinen Sohn und Nachfolger. Als Hexen verfolgt wurden außer den Rebellen auch viele Anhänger des reformierten Glaubens, der als Ketzerei und Hexerei verboten war.

Tirol	1501-05	30 Pers.	Hexen	verbrannt
Calvese				u. ersäuft,
Völs	einige der Beschuldigten können entkommen. 1510 Prozeß gegen 9 Frauen, die beschuldigt werden mit dem Teufel ein Bündnis gemacht zu haben, mit dem Ziel, den christlichen Glauben auszurotten.			

In der ersten Hälfte des 17. Jahrhunderts finden in ganz Tirol zahlreiche Prozesse statt. Bemerkenswert ist bei den Prozessen aus dem „sechzehnten Jahrhundert, daß bei ihnen Geschworene sitzen, die aus dem Bürger- und Bauernstand gewählt waren. Erst im 17. Jahrhundert, wo die gelehrten Richter und das geheime Gerichtsverfahren in der Strafrechtspflege zur Alleinherrschaft kamen, verschwand hier das Institut der Richter aus dem Volk."[141]

Schweiz

Genf	1542-46	58 Todesurteile gegen Hexen		
		76 Verbannungsurteile wegen Hexerei		
Bern	1591-1600	werden im welschen Teil des Kantons		
		311 Hexen		hingerichtet.
	1601-1610	240 Hexen		hingerichtet

Gebiet, Ort	Jahr	Personen	Anklage	Urteil

1609 erläßt der Berner Rat eine Verordnung (wiederholt eigentlich eine von 1600), nach der „auch ein dreimaliges Gesehenwerden einer Person in einer 'Sekte' und eine darauf sich gründende dreimalige Anzeige nichts zu beweisen möchte, weil das Ganze nur auf einen Teufelsspuk hinauslaufen könnte."[142]

Gebiet, Ort	Jahr	Personen	Anklage	Urteil
Waadtland	1610	5 Pers.	Hexen	verbrannt
	1613	60 Pers.	Hexen	verbrannt
	1616	75 Pers.	Hexen	verbrannt

Die Prozesse setzten sich auch noch in den nächsten fünfzig Jahren fort.

Gebiet, Ort	Jahr	Personen	Anklage	Urteil
Basel	1519-50	5 Prozesse		
	ab 1602	erneute Prozesse, insgesamt 14		

Niederlande Die Hexenverfolgung beginnt im ersten Viertel des 16. Jahrhunderts, in

Amsterdam ab 1555

Die Professoren der Medizin und der Philosophie der Universität Leiden werden 1594 (9. Januar) um ein Gutachten zur Wasserprobe ersucht. Sie erklären, daß das Wasser keine Beweiskraft habe. „Denn das Wasser könne doch nichts beratschlagen und beschließen, und 'wenn das Wasser die Hexen für schuldig erkennt, warum trägt sie die Erde, warum gibt ihnen die Luft Lebensatem?' Daß angebliche Hexen sooft auf dem Wasser schwämmen, erkläre sich aus der Art, wie sie kreuzweise zusammengebunden ins Wasser gesenkt würden, in dem sie auf ihm mit dem Rücken wie kleine Schiffchen zu liegen kämen. usw."[143]

Herzogtum Limburg

Gebiet, Ort	Jahr	Personen	Anklage	Urteil
Roermond	1613 (vom 24. Sept.-Okt.) werden		64 Hexen u. Zauberer	gehängt u. verbrannt.

Gebiet, Ort	Jahr	Personen	Anklage	Urteil
Lombardei				
Diözöse Como	seit 1523	jährlich tausende von Inquisitionsprozessen, die jeweils mit der Verbrennung von über hundert Personen enden. In den Alpentälern der Lombardei werden über 100 Leute verbrannt, und die Bauern wehren sich bewaffnet gegen die Inquisitoren.		

Das geistliche Kurfürstentum Trier

Der Kurfürst von Trier, Bischof Johann von Baden, ein Freund des Agrippa von Nettesheim, wird wiederholt von Papst Innozenz VIII. zur Vornahme von Hexenprozessen aufgefordert. Er entgegnet darauf, in seinem Land gäbe es keine Hexen.

Kenn u. Fell	1572	3 Frauen	Hexen	verbrannt

Unter Johann VI. (1581-1599) beginnen die großen Prozesse. Katholische Priester, die in der Dióziöse Trier als Hexen verbrannt wurden:

Mehring	1586	Pastor Johann Weltroch	Hexe	verbrannt
Longuich	1589	Dechant Schweich	Hexe	verbrannt
Waldrach	1590	Dechant Christian	Hexe	verbrannt
Pfalfel	1591	Dechant Peter Hanphaeus	Hexe	verbrannt
St. Martin	1590	Abt Johann Malmuder	Hexe	verbrannt
Tuttenheim	1592	Kapellan J.N.	Hexe	verbrannt
Bescheid	1593	Pastor Matthias N.	Hexe	verbrannt
Büdelich	1593	Pastor Jost	Hexe	verbrannt

„Binsfeld, einer der großen Theoretiker des Hexenglaubens, war der Ketzerrichter des Kurfürsten. Die Bemühungen von Bischof und Richter brachten es schließlich soweit, daß das Land einer Wüste gleich und das Vermögen der Begüterten in die Hände der Gerichtspersonen und des Nachrichters überging. Es sind dort nicht bloß gemeine Leute, sondern auch Doktoren, Kanoniker, Bürgermeister und andere Geistliche verbrannt worden. Laut amtlichen Nachrichten bestiegen nur aus etwa zwanzig Dörfern in der nächsten Umgebung der Hauptstadt in sechs Jahren (1587-1593) 306 Personen den Scheiterhaufen. In zwei Ortschaften blieben nur zwei Frauen am Leben."[144]

Fürstbistum Bamberg

1625 Beginn der Hexenprozesse unter Anleitung des Fürstbischof Johann Georg und seines Weihbischofs Förner. Förner läßt das Bamberger Hexenhaus bauen, über dessen Eingang eine Bildsäule der Gerechtigkeit angebracht war, und unter dieser standen die Worte: Discite Justitiam Moniti et non Temnere Divos. Daneben war ein Vers aus der Bibel, Altes Testament, 3 Könige: „Das Haus wird ein Exempel werden, daß alle die für über gehen werden sich entsetzen vnd Blaßen vnd Pfeiffen und sagen: warumb hat der Herr disem Land, disem Haus also gethan? So wird man antwortten: Darumb, daß sie den Herren ihren Gott verlassen haben vnd angenommen andere Götter vnd sie angebettet vnd ihnen gedient, Darumb hat der Herr all diß übel über sie gebracht."

Über die Zustände in diesem Straf- und Untersuchungshaus läßt sich folgendes berichten (der Bericht stammt aus dem Jahr 1631):
„Designatio welche Persohnen im abscheulichen Hexenhauss zu Bamberg bezichtigter Veneficij (außer etlich hunderdt hingerichten) noch jämmerlich enthalten und unschuldig ellendtlich gequellt werden: (Nun folgen die Namen von 33 Personen, von denen eine schon über vier Jahre im Hexenhaus gefangen gehalten wurde. Da heißt es weiter:) 'Nachfolgendte Persohnen seindt durch unerhörte Speiss allss hering mit lauter Saltz und Pfeffer zum Prey gesotten, so sie ohne ainichen Trunkh essen muessen,

Item mit einem Wannen Baadt von siedheißen Wasser mit Kalch, Salltz, Pfeffer vndt anderer scharpffen Matherie zugerichtet neben anderen neuerfundenen Torturen auch Hungers Noth ohne einichen christlichen Trost, Urtl, oder Rath ellendtlich vmb ihr Leben kommen.' (Nun werden dreizehn Frauen genannt.) 'Was dann solchen noch ligenden Verhafften an ihren Hab und Güettern konfiszirt worden sich in Summa befinden würden über die 500 000 Gulden'."[145]

Bamberg 1625-30 mehr als 900 Prozesse

Nach einer in Bamberg gedruckten Broschüre soll der Bischof über 600 Personen haben verbrennen lassen. Die Bamberger Hexenpfarrer hatten die Kinder in des Teufels Namen getauft. „Es sind auch etliche katholische Pfaffen darunter gewesen, die so große Zauberei und Teufels-kunst getrieben, daß nicht alles zu beschreiben ist, wie sie in ihrer Pein bekannt, daß sie viel Kinder in Teuffels-Namen getaufft haben."[146]

Die Bürgermeister waren aufs Unwetter machen spezialisiert. „Der eine Bürgermeister in der langen Gassen und der andere Bürgermeister Stephan Bawer, die haben bekannt, daß sie viel schreckliche Wetter und große Wunder gemacht, viel Häuser und Gebäu eingeworfen, und viel Bäum im Wald und Felde aus der Erde gerissen und nichts anders vermeint, sie wollten das Wetter und den Wind so arg machen, daß es den Thurm zu Bamberg ubern Hauffen werffen sollt."[147]

Die Frauen stellten Salben her: „Die Becken auf dem Markt haben bekannt, wie sie viele Menschen habe gesterbet, die Wecke mit ihrer teuflischen Salbe geschmieret, daß viele Leute haben müssen verdorren. Die Bürgermeisterin Lambrecht und die dicke Metzgerin haben bekannt, daß sie den Zaubern die Salbe gemacht haben und von einer jeden Hexe wöchentlich zwey Pfennig bekommen, hat ein Jahr sechshundert Gülden gemacht."

„Der Bürgermeister Neidecker hat mit seiner teufflischen Gesellschaft bekannt, wie sie die Brunn vergiftet haben. Wer davon getrunken, hat alsbald die Beul oder Pestilenz bekommen, und viel Menschens dadurch gesterbet."[148]

Schon die Kinder hexten: „Es sind etliche Mägdlein von sieben, acht und neun und zehn Jahren unter diesen Zauberin gewesen, deren zwey und zwanzig sind hingerichtet und verbrannt worden, wie sie denn auch Zetter über die Mütter geschrien, die sie solche Teuffels-Kunst gelehrt haben ..."[149]

Auch an Lustbarkeiten der Hexen hat es nicht gefehlt und was man auf dem Sabbath trank, war besser als das versalzene und verpfefferte Wasser im Hexenhaus. „Es haben auch die Zauberin bekannt, wie ihrer 3000 die Walpurgisnacht bei Wützburg auf dem Kreydeberg auf dem Tanz gewesen, hat ein jeder dem Spielmann einen Kreuzer geben, darmit der Spielmann 40 Gülden zu Lohn bekommen, und haben auf demselben Tanz sieben Fuder Wein dem Bischof zu Würtzburg aus dem Keller gestohlen."[150]

Werden mehrere Personen gleichzeitig verurteilt, so werden sie nicht länger namentlich im Protokoll aufgeführt, sondern mit Nummern versehen: „Auff Clag, Antwortt, auch Gerichtliches vor-undt anbringen und nottürftiger erfahrung unndt sowohl güet alls peinlichselbst aigene bekandtnus unndt aussag, So deßhalb alles nach laut deß Hochwürdigen Unssers Gnedigen Fürsten unnndt Herrns von Bamberg etc. rechtmeßigen reformation geschehen, Ist endtlich zu recht erkandt, daß nachfolgende 8 Personen, deren extrahierte Aussag mit Nris 1,2,3,4,5,6,7 und 8 angehöret worden, wegen mit der hexerey verübten Uebeltaten, indem Sie erstlichen Gott den Allmechtigen und dem ganzen Himmlischen Heer erschrökhlich und unchristlich abgesagt, dem Laidigen Sathan sich mit Laib unndt Seel ergeben, Auch anders Uebel und Unheil mehr gestiftet, Sonderlich Nro. 1,2,4 unndt 5 wegen ihrer Uebeltaten, so Sie mit heiligen Hostien verübt, andern zur abscheü, so offt sie diesselbe dishonorirt, soviel Zwiekh mit glüenden Zangen geben. Nro.4, weilen sie ihr aigen Kindt umbbracht, die rechte Handt abgehieben, wie auch Nro. 2, weilen sie die h. Hostie so vielmahls verunehrt unndt Nro. 5 in solche Hostie zweymahl gestochen, daß das Bluet herauß gangen. Jeder auch zuvor die rechte Hand abgehieben werden.

Alßdann neben den andern mit feüer lebendig zum todt hingericht werden sollen. Actum Bamberg den 12:Octobris 1629.

Richter unndt ganzer Schöpffenstuhl daselbsten."[151]

„Der Einblick in einen Teil der Prozeßakten ließ folgende Eigentümlichkeiten des Bamberger Verfahrens erkennen: die eingezogenen Personen wurden in der Regel dreizehnmal examiniert und die peinliche Frage in folgenden Stufen vollzogen: Zuerst gebunden, dann Anlegung von Daumenschrauben, drittens Beinschrauben, viertens der Zug auf die Leiter, fünftens Geißelung mit Ruten . . ."[152] usw.

Einen Einblick in System und Mechanismus des Verfahrens vermag vielleicht ein Brief eines der Bamberger Opfer, des der Hexerei angeklagten Bürgermeisters Johannes Junius, der 1628 verbrannt wurde, zu geben. Seine Frau war schon vor ihm verbrannt worden, der Brief ist an eine seiner Töchter gerichtet.

„Zu viel hundert tausend gute nacht hertzliebe dochter Veronica. Vnschuldig bin ich in das gefegnus kommen, vnschuldig bin ich gemarttert worden, vnschuldig muß ich sterben. Denn wer in das haus (Hexenhaus) kompt, der muß ein Drudner (Hexer) werden oder wird solange gemarttert, biß daß er etwas auß seinem Kopff erdachte weiß, vnd sich erst, daß got erbarme, vf etwas bedencke. Wil dir erzehlen, wie es mir ergangen ist. Alsß ich das erste mahl bin vf die Frag gestemt worden, war Doctor Braun, Doctor Kötzendörffer und die zween frembde Doctor da . . ., da fragt mich Doctor Braun zu abtswert: schwager, wie kompt ir daher, Ich antwortt: durch valsheit, vnglück. Hört, Ir, sagt er, Ir seyt ein Drutner, wolt Ir es gutwillig gestehen, wo nit, so wird man euch Zeuge herstellen vnd den Henker an die seyten. Ich sagt, ich bin kein Drudner, ich hab ein reines gewissen in der sach, wan gleich taussent Zeug waren, so besorg ich mich gar nicht, doch wil ich gern die Zeug hören. Nun wurdt mir des Cantzlers Sohn (Dr. Haan) vorgestellt, so fragt ich ihn. Her Doctor, waß wißet Ir von mir, Ich hab die Zeit meines lebens weder in gueten noch bössen nie noch (mit Euch?) zu thun gehabt; so gab er mir die Antwort, Herr Collega, wegen des landtgericht. Ich bit euch umb der Zeugen. In der hoffhaltung hab ich euch gesehen. Ja wie aber? Er wißt nicht. So bat ich die herrn Comissarios, man soll ihn beeydig und recht examiniren. Sagt Doctor Braun, man werd es nicht mach, wie Ir es haben wolt, es ist genug, daß er euch gesehen hat. Gehet hin Herr Doctor. Ich sagt, so, herr, was ist das für ein Zeug? Wann es also gehet, so seyt ir sowenig sicher, alß ich oder sonsten ein ander ehrlicher man. Da war kein gehör. Danach kommt der Cantzler, sagt wie sein Sohn; hette mich auch gesehen, hat mir aber nicht vf die Füß gesehen, waß ich war. Darnach die hoppfen Elß (eine angeklagte Taglöhnerin). Sie hatte mich in Haupts mohr (Hauptsmorwald) dantzen seh. Ich frag noch, wie sie sah. Sie sagt, sie wüßt es nicht. Ich bat die Herrn um gottswillen, sie hörten, daß es lauter falsche Zeug waren, man sollte sie doch beeydig vnd sicher examiniren, es hat aber nicht sein wollen, sondern gesagt, ich sollte es guttwillig bekennen oder der hencker sollte mich wohl zwing. Ich gab zur antwort: ich hab wol got niemal verleugnet, so wollt ich es auch nicht htun, gott soll mich auch gnedig dafür behueten. Ich wolt eher darüeber außstehen, was ich sole. Vnd da kam leider, Gott erbarm es in höchstem himmel der hencker und hat mir den Daumenstock angelegt, bede hende zuamen bunden, daß das blut zu den negeln heraußgangen vnd allenthalben, daß ich die hendt in 4 wochen nicht brauch koennen, wie du da auß dem schreiben seh kannst. So hab ich mich Gott in seine heilige funff wunden befohlen vnd gesagt, weyl es Gottes ehr vnd namen anlang, den ich niht verleugnet hab, so will ich mein vnschuld vnd alle diese marter vnd pein in seine 5 wunden leg er wirt mir mein schmertz lindern, daß ich solche schmertz aussteh kann. Darnach hat man mich erst außgezogen, die hendt vf den Rücken gebunden vnd vf die höhe in der Fulter (Folter) gezogen. Da dachte ich, himmel vnd erden ging vnder, haben mich achtmahl auffgezogen, vnd wieder fallen lassen, daß ich ein vnselig schmerzen empfan. (Auf dem Rande quer) Liebes Kind 6 haben auf einmahl auf mich bekennt, als: der Cantzler, sein sohn, Neudecker, Zaner, Hoffmaisters Ursel vnd Hopffen Els alle falsch auß zwang wie sie alle gesagt, vnd mit vmb Gotteswillen eher sie gerichtet abgebetten . . . worden sie wissen nichts alß liebs vnd guts von mir. Sie hetten es sag muß, wie ich selbsten erfahren werde . . . kann kein Priester hab, nimb das schreiben wohl in acht.

Und dießes ist alles faselt nackent geschehen, dan sie haben mich fasel nacket ausziehen lassen. Als mir nun unser hergot geholfen, hab ich zu ihnen gesagt: Verzeihe euch Got, daß ir ein ehrlich man also vnschuldig angreift, wollt ihn nicht allein vmb leib vnd seel, sondern vmb hab vnd guet bring. Sagt Doctor Braun, du bist ein schelm. Ich sagt, ich bin kein schelm, noch solcher man vnd bin so ehrlich, alß ir alle seyt, allein weyle es also zugehet, so wirdt kein ehrlicher man in Bamberg sicher sein. Ir so wenig als ich oder ein ander. Sagt Doctor, er wer nit vom Teuffel angefochten; ich sagt: ich auch nicht, aber eure falsche Zeugen, das sen die Teuffel, eure scharffe marter. Dann laßt ir kein hinweg und wenn er gleich alle Marter austehet. Vnd dieses ist den Freytag den 30. Juny gescheh hab ich mit Gott die Marter aussteh müß. Hab mich also die gantze Zeit nicht anzieh noch die hendt brauch können ohne die andern schmerzen die ich ganz vnschuldig leiden muß. Als nun der Hencker mich wieder hinwegführt in das gefegnus sagt er zu mir: Herr, ich bit euch vmb gotteswillen, bekennt etwas, es sey gleich war oder nit. Erdenket etwas, dan ir könnt die marter nicht ausstehen, die man euch anthut, vnd wann ir sie gleich alle austeht, so kompt ir doch nit hinaus, wann Ir gleich ein graff weret, sondern fangt ein marter wider auf die andre an, bis ir sagt, ir seyt ein Truttner, vnd sagt, eher niht dann lest man euch zufrieden, wie denn auß allen iren vtheylen zu sehen daß eins wie das ander gehet. Darnach kam der Georg vnd sagt, die Komusarii hetten gesagt, mein Herr (Bischof Johann Georg II) wolle ein solches Exempel an mir statuiren, daß man darüber staun solt; so hetten die hencker alleweil zusammen geäußert vnd wolten mich wieder peinigen, wr bette mich vmb gotteswillen, ich sollte etwas erdenken vnd wan ich gleich gantz vnschuldig wer, so keme ich doch niht wieder hinaus; es sagt mir der Candelgießer, Newdecker vnd andere. So hab ich gebetten, ich sei gar übel auf, man solte mir einen tag bedenkzeit geb vnd ein Priester. Der Priester war mir abgeschlagen, aber die Zeit zu bedencken war mir geben. Nun hertzliebe dochter, was meinst du in was für eine gefahr ich gestanden und stehe. Ich sollt sag, ich sey ein truttner, vnd bin es niht, soll gott erst verleugnen nvd hab es zuvor niht gethan. Hab tag vnd nacht mich hoh bekümmert, endlich kam mir in dem noch ein Rat vor. Ich solte unbekümmert sein, weyle ich keinen Priester hab bekommen, mit dem ich mich berathen könne, solte ich etwas gedencken und es also sag. Es war ja besser, ich sag es nur mit dem mauhl und worten, vnd hette es aber im werck niht gethan, sollte es danach beychten vnd es die verantworten lassen, die mich dazu nötigen. Darauf ich dann den Paterprior im prediger Closter begert hab, ihn aber nit bekomen können. Vnd dann ist dieses mein Aussag wie folgt, aber alle erlogen.

Nun folgt, hertzliebes kindt, was ich hab aufßgesagt, daß ich der großen marter vnd harten tortur bin entgangen, welche mir vnmöglich lenger also auszustehen geweßen were. Nemblich alß ich anno 1624 oder 1625 ein comission von Rottweyl gehab, hab ich dem Doctor (dem kaiserl. Hofger. Adv. Lukas Schlee zu Rottweil) vf die Comission in meiner Rottweylisch Rechtfertigung vf die 600fl. geben müß, also daß ich viel ehrliche leut angesprochen, die mir ausgeholfen. Das ist alles war. Itzunder volgt mein außsag mit lauter lügen, die auf befragung der noch großen marter sag muß vnd darauf sterben muß. Nach diesem sey ich vf mein Feldt bey dem Friedrichsprunnen gangen, gantz bekummert, hab mich daselbsten niedergesetzet, da sey ein graß medlein zu mir kommen vnd gesagt: herr was macht ir, wie seyt ir so trawrig. Ich darauf gesagt, Ich wißte es nicht, also hat sie sich neher zu mir gemacht. Sobalt solches geschah, ist sie zu einem Geißbock worden vnd zu mir gesagt: siehe, itzunder siehstu, mit wem du zu thun hast; hat mir an die gurgel gegriffen vnd gesagt, du mußt mein sein oder ich will dich umbbring. Do hob ich gesagt, behüt mich got dafür. Also ist er verschwunden vnd bald wieder komen vnd zwey weiber und drey menner bracht. Ich (solle) gott verleugnen, so hett ich es gethan; Gott vnd das himmlische heer verleugnet, so hett ich es gethan; darauf hat er mich getauft vnd waren die zwey weiber die taufdotten (Paten); hatten mir ein Dukaten eingebunden, were aber ein scherben gewesen. Nun vermeint ich, ich wer gar vorüber, da stellt man mir erst den Hencker an die seyten, wo ich vf dentze gewesen, da wust ich niht, wo auß oder ein; besann mich, daß der Cantzler vnd sein sohn vnd die hopffen Else alte hofhaltung, tahtstube und haubtsmohr genennt hetten, vnd was ich sonsten bey den derartige vorlesen gehört hab, nennet ich solche ort auch. Darnach soll ich sag, was ich für leut allda gesehen hatte. Ich sage, Ich hatte sie nicht gekennet. Du alter Schelm, ich muß dir den hencker über den hals schicken, sag . . . is der Cantzler nicht dagewest so sagt ich ja. Wer mer. Ich hatte niemandt gekennet. So sagt (er) nehm ein gaß nach der andern; fahr erstlich den marck heraus vnd wieder hinein. Da hab ich etliche pesohn müssen nennen, darnach die lange gasse

(jetzt folgen Straßennamen und Personen die der Mann angab)

Darnach solt ich sag, was ich for vebel gestifft hab. Ich sagt nichts.

Hat mich wohl angesonnen (der Teufel) allein weyle ich es nicht thun wolln, hat er mich geschlagen. Ziehet den schelm auf. So hab ich gesagt, ich hette mein Kinder umbbring sollen, so hette ich ein pferdt dargegen vmbbracht. Es hat nicht helfen wollen. Ich hette auch ein hostien genohmen vnd die eingegraben. Wie dieses geredet, so haben sie mich zufride gelassen. Nun, hertzliebes kindt, da hastu alle meine Aussag vnd verlauf, darauf ich sterben muß vnd sein lautter lüg vnd erdichte sach, so war mir gott helff. Dann dieses hab ich alles auß forcht der ferner angetrohenen marter vber die schon zuvor außgestandene Marter sag muß. Denn sie lassen nicht mit den martern nach, biß man etwas sagt, er sey so fromm als er wolle, so muß er ein trudener sein. Kompt auch keiner herauß, wenn er gleich ein graf wär. Vnd wenn gott kein mittel schickt, daß die sach recht an tag kompt, so wirdt die ganze Schwegerschaft verbrendt. Dan muß es ein jedes erst laut bekennen, was man gleich nicht von einem weiß, wie das ich thun muß. Nun weiß gott im himmel, daß ich das geringste nicht kann noch weiß. Sterbe also vnschuldig vnd wie ein martirer. Hertzliebes Kindt, ich weiß, daß du so fromm bist als ich. So hastu eben so wohl schon etliche pein und wann ich dir rathen soll, so sollstu von gelt vnd briefen, was du hast, nehmen vnd dich etwa ein halb Jahr vf ein walfahrt begeben oder wo du dich eine Zeit lang auß dem stifft mach kannst, da rathe ich dir, biß man siehet, wo es hinaus will. Mancher ehrlich man vnd ehrlich weib gehet zu Bamberg in die Kirchen vnd in seine andern geschafften, weiß nicht böß, hat ein gut gewissen, wie ich auch bißhero wie du weißt . . . nichts desto weniger wird in dem Trudenhause angegeben. Wenn er nur seine Stimme (?) hat, so muß er fort, es sei gerecht oder nicht. Es hat der Newdecker, Cantzler sein Sohn, der Candelgiesser, wolff hofmeister dochter alle of mich bekannt vnd die hopffenelse, allvf ein mahl. Ich hab warlich hineingemüst, also gehet es gar vilen und wirdt noch vilen also ergehen, wo got kein mittel schickt. Liebes kindt, dieses schreiben halt verborgen, damit es nicht vnter die leut kompt, sonsten werd ich dermaßen gemartert, daß es zu erbarmen vnd es würden die wechter geköpfet.

Also hoh ist es verboten . . . (Der Vater richtet noch Grüße an einen Vetter aus und an seine andre Tochter und der Brief schließt) Guter Nacht, denn dein vatter Johannes Junius sieht dich nimmermehr. 24. July ao 1628."[153]

In der Folter nimmt der Teufel dem Johannes Junius Gestalt an, die seiner Folterer: „Hat mich wohl angesonnen (der Teufel) allein weyler ich es nicht thun wolln, hat er mich geschlagen . . ." Immer wieder beteuert er seiner Tochter (und sich) daß er kein Drudner sei, sondern gerade das Gegenteil, ein martirer, sagt er, sei er. Noch ist er vor Schmerz nicht wahnsinnig, seine Identität noch nicht gebrochen durch die Pein, mächtig des Ausdrucks, der Sprache, der Schrift.

Stift Würzburg

Grolshofen	1616	99 Frauen	Hexen	verbrannt
	1617	88 Frauen	Hexen	verbrannt

Bischof Johann Gottfried von Aschhausen, der zuvor in Bamberg gewirkt, ließ in dem „neuerbauten Gefängnis in der Münze zu Würzburg acht Kammern und zwei Stuben für Hexen und Unholde einrichten, damit sie nicht mehr über die Straßen zu den Verhören geschleppt werden müßten."[154]

Würzburg 1623-31

Bischof Philipp Adolf von Ehrenberg leitete die Verfolgung. „Personen jeden Alters, Standes und Geschlechts, Einheimische und Fremde, Geistliche, Ratsherren, dann Söhne des fränkischen Adels, Matronen, Jungfrauen und unmündige Kinder sind in rasch aufeinander folgenden 'Bränden' zum Tode geführt worden und das Vermögen der Reichen, die auf diese Weise endeten, ist nicht mehr ins Ausland gegangen."[155]

1627-Feb. 1629	im	ersten	Brandt	vier	Personen
	im	zweiten	Brandt	4	Personen
	im	3.	Brandt	5	Personen
	im	4.	Brandt	5	Personen

Gebiet, Ort	Jahr	Personen	Anklage	Urteil
		im 5. Brandt 8 Personen		
		im 6. Brandt 6 Personen		
		im 7. Brandt 7 Personen		
		im 8. Brandt 7 Personen		
		im 9. Brandt 5 Personen		
		im 10. Brandt 3 Personen		
		im 11. Brandt 4 Personen		
		im 12. Brandt 2 Personen		
		im 13. Brandt 4 Personen		
		im 14. Brandt 2 Personen		
		im 15. Brandt 2 Personen		
		im 16. Brandt 2 Personen		
		im 17. Brandt 6 Personen		
		im 18. Brandt 4 Personen		
		im 19. Brandt 6 Personen		
		im 20. Brandt 6 Personen		
		im 21. Brandt 6 Personen		
Würzburg	1627-29	im 22. Brandt 6 Personen		
		im 23. Brandt 9 Personen		
		im 24. Brandt 7 Personen		
		im 25. Brandt 6 Personen		
		im 26. Brandt 7 Personen		
		im 27. Brandt 7 Personen		
		im 28. Brandt 6 Personen		
		im 29. Brandt 7 Personen		

„Seithero sind noch zwey Brändte gethan worden. Datum, den 16. Febr. 1629.
Bisher aber noch viel unterschiedliche Brandte gethan worden."[156]
Insgesamt sind 58 Männer, 27 Knaben, 4 Mädchen und 75 Frauen und Mädchen („Das Göbel Babelin, die schönste Jungfrau in Würtzburg"[157]) verbrannt worden.

Das geistliche Fürstentum Fulda

Gebiet, Ort	Jahr	Personen	Anklage	Urteil
	1603-05	205 Hinrichtungen		

Fast alle der Hingerichteten waren Frauen und Mädchen aus den geringeren Ständen. (Diese Zahl wird von dem Zehntgraf Balthasar Roß, dem Hexenrichter des Fürstabts Balthasar von Dernbach selbst gegeben, doch ist sie wohl überschritten worden.) Die Ausrottung der Hexen fällt hier in eins mit der des Protestantismus (was auch für Würzburg zu beobachten ist). Roß war ein sehr grausamer Mensch. „Des Steub Hannes Ehefrau zu Neuhof ließ er aus dem Wochenbett hinweg nach Fulda ins Gefängnis schaffen, peinigen und verbrennen, was auch den Tod ihres eben geborenen Kindes zur Folge hatte. Dabei wurde die Tortur von Roß in der unmenschlichsten Weise zur Anwendung gebracht. Viele Gefolterte starben während oder unmittelbar nach der Tortur, Töll Gülls Weib von Neuhof wurde zweimal nachts verhaftet, das eine Mal alsbald aufgezogen, und mit einem scharfen schneidenen Holz, mit brennenden Fackeln und anderen 'bisher unerhörten Tormenten' so furchtbar gepeinigt, daß Roß selbst ihrem Mann hundert Taler versprach, wenn er von diesen Torturen niemand etwas sagen würde. Viele Verhaftete machten aus Verzweiflung im Kerker ihrem Leben selbst ein Ende . . . In den Wetzlarschen Beiträgen zu den Hexenprozessen (von 1847) wird ein Mandat des Reichskammergerichts vom 27. Juli 1603 gegen den Zehntgrafen und die Schöffen des peinlichen Gerichts in Fulda auf Anrufen eines verhafteten Weibes verfaßt, mitgeteilt, woraus das Gerichtsverfahren des fuldischen Hexenrichters zu ersehen ist . . .' und ohne fernere Erkundigung habt ihr sie gewalttätig angreifen, in ein abscheuliches Gefängnis, in einen Hundestall am Backhause des Fuldaer Schlosses einsperren, in grausamer Weise an Händen und Füßen fesseln lassen und sie genötigt, durch ein niedriges Loch auf allen vieren wie ein Hund zu kriechen, worin sie dann gekrümmt und gebückt, elendig hockend, sich weder regen, bewegen, aufrecht stehen, noch des leidigen Ungeziefers erwehren kann . . .' "[158]

Für jede Verurteilung und für jedes Freisprechung hatten die Betroffenen beträchtliche Summen zu zahlen: so „Sebastian Orth zu Fulda für sein Weib 31 Gulden, Hans Herget für sein Weib 42 Gulden, Johann Keller für seine Mutter 50 Gulden, Hans Döler zu Hammelburg für seine Schwiegermutter 80 Gulden . . . wobei die Hauptbeträge für Holz, Reisig und Stroh (zum Scheiterhaufen) und für den vertrunkenen Wein verrechnet wurden."[159]

Gebiet, Ort	Jahr	Personen	Anklage	Urteil
	1604			
	22. Juni	9 Frauen	Hexen	verbrannt
	14. Juli	9 Frauen	Hexen	verbrannt
	11. Aug.	9 Frauen	Hexen	verbrannt
	9. Sept.	11 Frauen	Hexen	verbrannt
	29. Sept.	12 Frauen	Hexen	verbrannt
	17. Okt.	10 Frauen	Hexen	verbrannt
	12. Dez.	8 Frauen	Hexen	verbrannt
	1605			
	21. Mai	13 Frauen	Hexen	verbrannt
	27. Juni	12 Frauen	Hexen	verbrannt
	13. Juli	12 Frauen	Hexen	verbrannt
	22. Aug.	12 Frauen	Hexen	verbrannt
	25. Okt.	10 Frauen	Hexen	verbrannt
	14. Nov.	11 Frauen	Hexen	verbrannt
	1606			
	13. März	7 Frauen	Hexen	verbrannt

Als der Abt am 15. März 1606 starb, liefen bei seinem Nachfolger so viele Beschwerden über Roß ein, daß dieser schließlich verhaftet und nach langen Folterungen enthauptet wurde (1618). Die Beschwerden gingen aber nicht gegen die ungerechten Hinrichtungen, sondern „über das Prozeßverfahren und über die Kosten."[160]

Fürstbistum Münster	1563-65	1. Münsterscher Hexenprozeß, der mit dem Freispruch der Beschuldigten endet.
	ab 1616	viele Prozesse; äußerst selten enden sie mit einem Freispruch für den/die Angeklagten.

Kurfürstentum Mainz

Seit Ende des 15. Jahrhunderts finden hier Prozesse gegen Hexen und Zauberer statt. Zumeist enden sie mit der Verbrennung der Beschuldigten. Die eigentliche Hexenverfolgung aber nimmt ihren Anfang in den letzten 10 Jahren des 16. Jahrh., indem jetzt nicht mehr einzelne Angeklagte, sondern ganze Massen von Beschuldigten mit der peinlichen Frage in Untersuchung genommen werden. „Namentlich scheint von 1593 an im ganzen mainzischen Odenwald überall auf Hexen und Zauberer Jagd gemacht worden zu sein. Dort geriet das ganze Volk in eine wilde Bewegung, die sich allerdings zunächst gegen die Ausrottung 'alles teuflischen Geschmeisses' richtete, dann aber auch die Unzufriedenheit mit den elenden materiellen Zuständen zu erkennen gab."[161]

Dieburg	1627-29	29 Pers.	Hexen	verbrannt
	1629 (Nov.)	21 Pers.	Hexen	verbrannt
Großkrotzenburg u. Bürgel	ab 1626	300 Pers.	Hexen	verbrannt
	(Insgesamt gehen dadurch 1000 Morgen konfiszierter Ländereien an die Kapitularpräsenzkammer des Erzbischofs und Kurfürsten zu Mainz.)			
Miltenberg	1615-17	Hexenprozesse		
Lohr	1602	Hexenprozesse		
	1606	Hexenprozesse		
Stochum	1587	Hexenprozesse		
Oberursel	1613	Hexenprozesse		
Flörsheim u. Hochheim	1618	Hexenprozesse		

Erzdiöziöse Köln

2. Hälfte des 16. Jh. Beginn der Prozesse.

„ . . . der Kanzler stammt der Kanzlerin und des geheimen sectretarili Hausfrau sind schon fort und gerichtet. Am Abend unserer lieben Frauen (7. Sept.) ist eine Tochter allhier, so den namen gehabt, die Schönste und Züchtigste gewesen von der ganzen Stadt, von neunzehn jahren hingerichtet, welche vom Bischof selbst von Kind an auferzogen. Einen Domherrn mit namen Rotensahe habe ich sehen enthaupten und folgends verbrennen sehen, Kinder von drei bis vier Jahren haben ihren Buhlen (Buhlteufel). Studenten und Edelknaben von zehn, von elf, zwölf, dreizehn, vierzehn Jahren sind hier verbrannt . . . Summa es ist ein solcher Jammer, daß man nicht weiß, mit was Leuten man conversieren und umgehen soll."[162]

Gebiet, Ort	Jahr	Personen	Anklage	Urteil
Ellingen in Franken (Landkomturei des Deutschen Ordens)				
	1590	71 Pers.	Hexerei	hingerichtet
Ellwangen	1612	167 Pers.	Hexerei	hingerichtet
Wester-stetten	1612-14	300 Pers.	Hexerei	verbrannt
Frauenstift	1569	Beginn der Hinrichtung der Hexen		
Quedlinburg	1570	c. 60 Pers.	Hexerei	verbrannt
	1574	40 Pers.	Hexerei	verbrannt
Stiftsland	1589	133 Pers. an einem Tag		verbrannt
Zuckmantel		der Bischof von Breslau hält sich schon 1551 acht Henker.		
Zuckmantel	1639	242 Pers.	Hexerei	verbrannt
Freiwaldau Niklasdorf Ziegenhals Neiße				
idem	1654	102 Pers.	Hexerei	verbrannt
Bistum Eichstätt	Hier werden schon im 15. Jahrh. viele Ketzer verbrannt.			
	1590	finden Hexenprozesse, die in vielen Hinrichtungen enden, statt.		
	1603-30			
	1637			
	1723			
Erzstift	1588	Beginn der Hexenverfolgung		
Salzburg	1678	97 Zauberer und Hexen, darunter Kinder von zehn bis vierzehn Jahren mit Feuer und Schwert hingerichtet.		

Gebiet, Ort	Jahr	Personen	Anklage	Urteil
Stift Paderborn	ab 1585 1656	Beginn der Hexenverbrennungen. kommt es durch die ständigen Hexenverfolgungen zu einer ungeheuren Erregung der Gemüter;		

„durch die Hexenverfolgung hervorgerufen, die gräßlichen öffentlichen 'Brände' und die dem Volk dadurch eingeimpfte Furcht vor der Hexerei bewirkte, daß die Seuche nicht nur das ganze Paderborner Land, sondern auch die Grafschaft Rietberg und andere westfälische Bezirke erfaßte, indem ganze Scharen von Frauen und Mädchen das Land durchzogen, sich für vom Teufel besessen erklärten, die seltsamsten konvulsivischen Gebärden zeigten, eine Menge von Personen als Hexen und Hexenmeister verschrien und überall Furcht und Schrecken verbreiteten. Da hierdurch an vielen Orten tumultarische Auftritte hervorgerufen wurden, so schritten die Behörden gegen die Unruhestifter ein. Viele wurden ausgepeitscht oder gebrandmarkt und des Landes verwiesen, einzelne auch am Lebengestraft. In zahllosen Verhören gestanden nicht wenige, daß sie von bestimmten Personen zur Stimulierung der Besessenheit verführt und in dem dazu erforderlichen Gebärdenspiel unterwiesen worden wären."[163]

Göttingen
1561 heißt es in einer Chronik der Stadt, war der Magistrat von Göttingen dermaßen mit Hexenprozessen beschäftigt, daß fast keine alte Frau vor der peinlichen Frage und dem Scheiterhaufen sicher war.

Salzgitter Lichtenberg
1565 ließ der Herzog Heinrich von Wolfenbüttel an einem Tag 10 und später noch einmal 7 Hexen verbrennen. Dem Worte Gottes gemäß bestrafte er die Hexen und Zauberer streng, so „wurden in Wolfenbüttel an einem Tag oft 10-12 Hexen verbrannt."[164]

Braunschweig
1604 am 17. September erfolgt die Hinrichtung des der Hexerei angeklagten Stadthauptmanns Henning Brabant. „. . . Auf der

Richtstätte auf dem Hagenmarkt wurden Brabant durch die Tortur ohnehin schon 'bejammernswert gerissen' erst zwei Finger der rechten Hand abgehaun. Dann wurde er mit glühenden Zangen an den Armen und an der Brust gezwickt, hierauf nackt auf einen Schlachttisch gelegt und entmannt. Damit er nicht durch die Ohnmacht dem vollen Schmerz aller Peinigungen entgehe, hielt man ihm Kraftwasser vor. Der Henker zerschlug ihm dann langsam die Brust mit einem hölzernen Hammer, ritzte den Leib auf, riß das Herz heraus und schlug es dem Sterbenden ins Gesicht. Sein Körper in fünf Teile zerstückelt, wurde an den fünf Toren der Stadt aufgehängt. Die fünf unmündigen Kinder des scheußlich Hingemordeten verloren ihr Vermögen. Sie lebten und starben im Elend."[165]

Hitzacker	1610	10 Frauen	Hexen	verbrannt

„Es ward geurteilt, daß aber viele dieser Leute unschuldig sterben müssen, und daß der Scharfrichter bei der Wasserprobe betrüglich gehandelt, damit er nur viel verdienen möchte."[166]

Man erzählt auch, „daß von den Pfählen (an denen die Opfer zur Verbrennung angebunden waren) wieder etliche gegrünt, was der Regierung einiges Nachdenken verursacht, von solchem Prozeß abzustehen, und eine Untersuchung wider den Scharfrichter vorzunehmen."[167]

Hanau	1564	1 Verhaftung wegen Hexerei
	1567	2 Frauen als Hexen ertränkt

Kur-Brandenburg
Hier finden die Hexenverfolgungen statt bis zum Regierungsantritt des großen Kurfürsten (1640-1688). Seitdem enden hier die Hexenprozesse gewöhnlich mit der Verweisung ins Spinnhaus oder mit Verbannung aus dem Land.

Bayern	ab 1578	Hexenverfolgungen		
Bayreuth/ Wallstein	1591	auf einmal	22 Hexen	verbrannt
Schongau	(unter der Regierung Wilhelm V. u. Maximilian I.)		63 Hexen	verbrannt.

Gebiet, Ort	Jahr	Personen	Anklage	Urteil
		Die Hinterbliebenen der Gerichteten mußten die Kosten des Prozesses bezahlen. Für 30 von ihnen belief sich die Summe auf 3400 Gulden, in einer Zeit, in der ein Tagwerk Wiesmaht für 6 Gulden, ein Jauchert Acker für 10 Gulden zuhaben war.[168]		
Breisgau	Neubeginn der Hexenprozesse während des dreißigjährigen Kriegs.			
Landvogtei Offenburg	1627	4 Frauen	Hexen	verbrannt
	1628			
	Jan.	8 Frauen	Hexen	verbrannt
	Apr.	5 Frauen	Hexen	verbrannt
	Mai	4 Frauen	Hexen	verbrannt
	Juni	3 Frauen	Hexen	verbrannt
	Juli	4 Frauen	Hexen	verbrannt
	Aug.	3 Frauen	Hexen	verbrannt
	Okt.	3 Frauen	Hexen	verbrannt
	1629	29 Frauen/ 4 Männer	Hexen	verbrannt

Württemberg

„Als um das Jahr 1616 auf Befehl der herzoglich württembergischen Regierung die gewaltigsten Hexenbrände in den Stadten Sindelfingen, Dornstadt, Löwenberg und Vaihingen stattfanden, bekannte eine Frau aus Seresheim, die man aller Hexen Mutter nannte, sie habe das Hexenwerk seit unvordenklichen Zeiten betrieben, wohl an die 400 Kinder, auch drei ihrer eigenen Kinder umgebracht. Die seien alle wieder ausgegraben, gesotten, gekocht, teils gefressen, teils zur Schmier- und Hexenkunst gebraucht worden; den Pfeifern habe sie die Knochenröhrlein zu Pfeifen gegeben, ihrem eigenen Sohn habe sie ein Weib und zwei Kinder getötet, ihre zwei Männer viele Jahre lang erlahmt, sie endlich getötet. Ihre Unzucht mit dem Teufel sei unendlich gewesen. Seit 40 Jahren habe sie unzählige schädliche Wetter auf etliche Meilen Wegs dem Heuchelberg entlang hervorgerufen. Auf diesem Berg würde alljährlich fünfmal der Sabbath abgehalten, wobei allezeit an die 2 500 Personen, Arme und Reiche, Junge und Alte, darunter auch Vornehme, beisammen seien. Sie sagte auch: wenn die Hexen nicht wären, würden die würtembergischen Untertanen kein Wasser trinken und im siebten Jahr das Feld nicht bauen dürfen, auch ihr Küchengeschirr würde nicht mehr irden, sondern silbern sein. Als Ursache, daß so viele Frauen der Versuchung anheim fielen, gab sie deren Mißhandlung durch ihre versoffenen Männer an, deutete den Richtern auch die Zeichen woran man sie erkenne."[169]

Auf ihre Anzeige hin wurden dann zahlreiche Personen eingefangen und hingerichtet.

Mömpel-	1582	44 Frauen	Hexen	verbrannt
gard	24. Okt.	8 Männer	Hexen	verbrannt
	Danach wurden noch weitere verbrannt.			

Leonberg 1615

Im Prozeß gegen die Mutter Johann Keplers, die angeklagt wurde, eine Hexe zu sein, fiel das Wort, daß man bei Hexen keinerlei Beweise bedürfe, den̄ „sie schädigen verborgenerweise". Im Ellwangischen seien mehr „als hundert Hexen verbrannt worden, ohne daß die Beschuldigungen bewiesen worden seien."[170]

Kepler verteidigte seine Mutter in diesem Prozeß und es gelang ihm sie zu retten.

Eßlingen Möhringen Vaihingen	1662-65	Prozesse gegen insgesamt 188 als Hexen angeklagte Personen.
Ober-schwaben Saulgau	1612-17 u. 1650-80 1731	wurden viele Hexen hingerichtet, die Verfolgung hörte hier nicht vor auf.

Niederrhein

Angermund	1590	12 Frauen	Hexen	verbrannt
Ossenbrock	1590	150 Pers.	Hexen	verbrannt

Gebiet, Ort	Jahr	Personen	Anklage	Urteil
Elsaß	1658-63	23 Pers.	Hexen	verbrannt
		Die Hexenmeister Remigius und Binsfeld erklären, daß zahllose Kinder an den Hexensabbathen teilnähmen.		
Ingolstadt	1610-18	1 Mädchen (12 Jahre)	als Hexe	verbrannt
		1 Knab (9 Jahre)	als Hexe	verbrannt
Pfalz – Neuburg	1629	1 Mädchen (10 Jahre)	als Hexe	verbrannt
	1699	1 Mädchen (7 Jahre)	als Hexe	verbrannt
	1700	1 Knab (13 Jahre)	als Hexe	verbrannt
	1629	erscheint in Köln der „Newer Tractat von verführter Kinder Zauberei."		
Holstein	1686	18 Hexen an einem Tag		verbrannt.
Salzburg	1677-81	Hexenbrände		
	1678	allein 115 Frauen, Männer und Kinder	als Hexen	verbrannt.
Lothringen	1687-1697	800 Menschen unter dem Hexenrichter Nikolaus Remigius		verbrannt.

Fürstentum Neisse
„In Neisse, das dem Bischof von Breslau gehörte, hatte der Magistrat zum Verbrennen der Hexen einen eigenen Ofen bauen lassen, in dem im Jahre

	1651	42 Frauen und Mädchen		gemordet wurden."[171]
Sachsen	1572	erläßt Kurfürst August seine Kriminalordnung und setzt damit die Hexenprozesse in Gang.		

Gebiet, Ort	Jahr	Personen	Anklage	Urteil
Grafschaft	1612	22 Pers.	Hexen	verbrannt
Henneberg	von			
	1547-1676	insges. 197	Hexen	verbrannt
Bilon	1643	Hexenprozesse		
	1648	Hexenprozesse		
	1681	Hexenprozesse		
	1684	Hexenprozesse		
	1687	Hexenprozesse		
Bilstein in	1592	Hexenprozesse		
Westfalen	1629	32 Pers.	Hexen	hingerichtet
	-1631	Hexenprozesse		
Offenburg	1627-31	60 Pers.	Hexen	hingerichtet
Büdingen	1633-34	114 Pers.	Hexen	hingerichtet
Neuberg				
Reicherts-hofen	1648-52	50 Pers.	Hexen	hingerichtet
Berglengen-feld	1613-20	Hexenprozesse		
	1685/86	Hexenprozesse		
	1718	Hexenprozesse		
	1719	Hexenprozesse		
	1742/43	Hexenprozesse		
	1765	Hexenprozesse		
		Auf dem Hirschelberg bei Eisenach kamen im Jahr 1613 laut Aussagen Vernommener 8 000 Hexen zusammen, davon 1 000 Männer.[172]		
Stolberg	1656	1 Frau	Hexe	enthauptet
	1652	2 Frauen	Hexen	verbrannt

Gebiet, Ort	Jahr	Personen	Anklage	Urteil
Hamburg	1618	14 Frauen	Hexen	enthauptet
		1 Mann	Hexe	enthauptet
Nassau	1629-32	Hexenverfolgungen		
Dillenburg		35 Pers.	Hexen	hingerichtet
Driedorf		30 Pers.	Hexen	hingerichtet
Herborn		90 Pers.	Hexen	hingerichtet

Nassau 1629-32

„Durch die Folter erfuhr man von ihnen die Natur von gewissen Stätten, an denen die Hexen und Zauberer ihre Versammlungen hielten, namentlich die Limburger Heide, zwischen Diez und Limburg, die Herrenwiese bei Dillenburg, die Klippelsheide und die Altenburg bei Idstein, die Deissiger Heide bei der Eiche usw. Dahin kamen die Hexen und Zauberer auf Ofen- und Mistgabeln geritten oder in einem von vier schwarzen Katzen gezogenen Wagen gefahren, tanzten, aßen und tranken und buhlten miteinander.

	1638	und in den folgenden Jahren finden neue Prozesse und Hinrichtungen statt, besonders in Siegen und Umgebung.
Hessen	Ab 1673	läßt die Hexenverfolgung hier nach.

Marburg

„Im Jahr 1672 war auf leeres Geschwätz hin die Katharine, Ehefrau des Opfermanns Lips zu Betziesdorf in Oberhessen in den Hexenturm zu Marburg eingesperrt und in gräßlicher Weise torquiert worden.

Das Tortur'protokoll lautet: 'Hieruff ist ihr nochmals das Urtheil vorgelesen worden undt errindert worden, die warheit zu sagen. Sie ist aber bestendig bey dem leugnen blieben, hatt sich selber hertzhafft und willig ausgezogen, worauff sie der Scharffrichter mit den handen angeseilet, hatt wieder abgeseilet, peinlich Beklagtin hatt gerufen: O wehe! o wehe! ist wieder angeseilet, hatt lautt gerufen: O wehe! o wehe! Herr im Himmel komme zu Hülffe! Die Zähe sind angeseilet worden, hatt umb rach gerufen, undt ihr arme brechen ihr. Die Spanischen Stieffel sindt ihr uff gesetztet, die Schraube uffm rechten Bein ist zugeschraubet, ihr ist zugeredet worden, die wahrheit zu sagen. Sie hatt aber daruff nicht geantworttet. Die Schraube uffm Lincken Bein auch zugeschraubet. Sie hatt geruffen, sie wüste nichts, hatt umbs jüngste gericht gebetten, sie wüste ja nichts und kennte nichts. Die lincke Schraube gewendet peinlich Beklagten ist uffgezogen, sie hatt geruffen! Du lieber Herr Christ, komme mihr zu Hülffe! sie kennte und wüste nichts, wan man sie schon gantz todt arbeitete. Ist hoher uffgezogen, ist stille worden und hatt gesagt, sie wehre keine Hexe. Die Schraube uffm rechten Bein zugeschraubet, woruff sie o wehe! geruffen. Es ist ihr zugeredet worden, die warheit zu sagen. Sie ist aber dabei blieben, das sie nichts wüste, ist wieder niedergesetztet worden, die Schrauben seindt wieder zugeschraubet. hatt geschrien: o wehe! o wehe! wieder zugeschraubet uffm rechten Bein, ist stille worden und hatt nichts antwortten wollen, zugeschraubet, hatt laut geruffen, wieder stille worden undt gesagt, sie kennte undt wüste nichts, nochmahls uffgezogen, sie gerufen: o wehe! o wehe! ist aber bald gantz stille worden, ist wieder nieder gesetztet undt gantz stille blieben, die Schrauben uff geschraubet. Es ist ihr vielfeltig zugeredet worden, sie ist dabey blieben, dass sie nichts kennte oder wüste. Die Schrauben hoher und zugeschraubet, sie lautt geruffen undt geschrien, ihre Mutter unter der Erden solte ihr zu Hülff kommen, ist baldt gantz stille worden undt hat nichts reden wollen. Hartter zugeschraubet, woruff sie anfangen zu kreischen undt geruffen, sie wüste nichts. An beyden Beinden die Schrauben hoher gesetztet darn geklopfet, sie geruffen: Meine liebste Mutter unter der Erden, o Jesu komme mihr zu Hülffe!

Am Lincken Bein zugeschraubet, sie geruffen undt gesagt, sie wehre keine hexe, das wüste der liebe Gott, es wären lauter Lügen, die von ihr geredet worden. Die Schraube am rechten Bein hartter zugeschraubet, sie anfangen zu ruffen: aber stracks wieder gantz stille worden. Hieruff ist sie hinausgeführt worden von dem Meister, umb ihr die Haare vom Kopf zu machen. daruff er, der Meister kommen und referiert, dass er das stigma funden, in welchem er ein Nadel über gliedts tief gestochen, welches

sie nicht gefühlet, auch kein Blut herausgegangen. Nachdem ihr die Haare abgeschoren, ist sie wieder angeseilet worden an handen und fuessen, abermahls uffgezogen, da sie geklagt undt gesagt, sie müste nun ihr liebes Brot heischen, hatt lautt geruffen, ist wieder gantz stille worden, gleich als wann sie schliefe. Indem fienge sie hartt wieder an zu reden. Die Schraube am rechten Bein wieder zugeschraubet, da sie lautt geruffen, stracks gantz stille worden, undt ihr das Maul zugangen. Am lincken Bein zugeschraubet, woruff sie gesagt, sie wüste von nichts, wan man sie schon todt machete. Besser zugeschraubet am rechten Bein, sie gekrischen, endlich gesagt, sie könte nichts sagen, man solte sie uff die Erde legen und todt schlagen. Am lincken Bein zugeschraubet, uff die Schrauben geklopfet, hartter zugeschraubet, nochmahls uffgezogen, endtlich gantz wieder losgelassen worden.
(gez.) J. Jakob Blanckenheim (gez.) Friderich Bauuod
(gez.) J. Hirschfeld (gez.) M. F. Rang."[173]

Die Frau war nicht geständig, wurde entlassen, wurde 1673 erneut verhaftet, erneut gefoltert, machte auch diemal keine Aussage und wurde dann des Lands verwiesen. Die Zahl der Hexenprozesse in Hessen verringerte sich, doch dauerten sie noch bis zum Ende des 17. Jahrhunderts an.

Die Ordnung der Dinge und Menschen

„Ich will dir zeigen", sagte die Gestalt, „wie ich sie vernichte." Ein Sarg wurde durchsichtig – im weichen Gehirn des darin zusammenfallenden Menschen blickte noch das lichte Ich, vom Moder überbauet, von einem kalten finstern Schlaf umwickelt und vom zersprungenen Herzen abgeschnitten. Ottomar rief: „Lügende Gestalt, das Ich glimmt noch – wer zertritt den Funken?" – Sie antwortete: „Das Entsetzen! – Sieh hin!"[1]

Nachdem die Ketzer erschlagen und verbrannt, die Bauern besiegt und erschlagen, lodern die Reste des Heidentums und manches mehr auf: die Kirche läßt die Hexen verbrennen. Institoris und Spengler legen den Kodex der Verfolgung fest. Er spiegelt zunächst nur die Reste alten Heidentums in den paranoischen Projektionen seiner Verfolger – doch gleichzeitig erwächst der Kirche ein neuer Feind, die Aufklärung. Das Neue wird sie in Frage stellen: cogito, ergo sum, vor der kometengleichen Einsicht wankt die Rechtfertigung ihres Baues. Noch triumphiert sie, wird das kommende Licht mehr geahnt als gesehen; und doch wüten ihre Diener schon als die, welche nichts mehr zu verlieren haben. „Bleibt kein Ausweg, so wird dem Vernichtungsdrang vollends gleichgültig, worin er nie ganz fest unterschied: ob er gegen andere sich richtet oder gegens eigene Subjekt."[2]

Aber nicht nur die Kirche (katholische wie dann auch protestantische) verfolgt die Hexen, sondern Landesfürsten und Reichsstädte. Für alle diese verschiedenen Verfolger ist es recht nützlich und fruchtbar, denn ihnen fällt das Vermögen der Opfer zu und sei es noch so klein. Die Verfolgung verschleiert Herrschaft und deren Strukturen und je fadenscheiniger ihre Rechtfertigung wird, desto grausamer die Gewalt, mit der sie ausgeübt. Die Verfolgung lenkt ab von Mißständen, sozialen, gesellschaftlichen, interpersonellen und persönlichen, sie verweist auf den metaphysischen Feind und straft an der Physis seiner Bräute, verstümmelt auf Jahrhunderte* (auch: was versöhnte je das ausgestandene Leid?).

* Was übrigbleibt ist der „weibliche Charakter (als) ein Abdruck des Positivs der Herrschaft. Damit aber so schlecht wie diese. Was überhaupt im bürgerlichen Verblendungszusammenhang Natur heißt, ist bloß das Wundmal gesellschaftlicher Verstümmelung. Wenn das psychoanalytische Theorem zutrifft, daß die Frauen ihre physische Beschaffenheit als Folge von Kastration empfinden, so ahnen sie in ihrer Neurose die Wahrheit."[3]

Durch Folter und Feuertod, Verfolgung, Angst und Not – Elend und Gewissensnot – vollzieht sich die endgültige Disziplinierung der Armen. Denn betroffen von der Hexenverfolgung sind allemal die Armen und die ärmeren Bevölkerungsschichten.* Als der Bischof von Bamberg unter den Patriziern zu wüten begann, schickte der Kaiser bald, doch nicht sogleich,** einen Erlaß, er möge dieses einstellen.[6] Betroffen sind die armen Leute, die Analphabetischen, die sich nicht auszudrücken wissen, deren Sprache so verschieden ist, von der ihrer Richter und Folterer, daß sie nur diese – mit wieviel Ver-

* Selbst den Theorien über die Verfolgung fallen sie noch einmal zum Opfer. So wenn der Hexenwahn als Wahn und Massenhysterie und -psychose bezeichnet wird, sind damit allzuleicht nur die als alt und debil vorgestellten Frauen gemeint, mit triefendem Auge und blöde kicherndem Mund (viele wurden so allerdings durch die Pein und den Schrecken der ausgestandenen Folterungen); dem Wahn verfallen sind nach den Theorien die Opfer und die Schichten, aus denen sie sich rekrutieren, mehr denn die gelehrten Richter und Inquisitoren, die Doktoren und Theoretiker des Wahns, die Päpste, die die Verfolgung beginnen und fortsetzen lassen. (Da aber, wo die Frauen als hysterisch erscheinen, sie als Gruppe erklären, vom Teufel besessen zu sein, löst das bei den Verfolgern Befremden aus.[4])
Keinem fiele es ein, die Juden des Massenwahns zu bezichtigen und sich selbst ins KZ gebracht zu haben, denn immerhin waren auch sie von der Existenz des Antisemitismus überzeugt . . .

** Denn es gehört auch die Disziplinierung der Großen zur Herrschaft. „Der zu Großem Berufene darf keine Spur mehr von dem in sich tragen, was die Vernunft in ihrer Selbstkritik vernichtet hat. Er muß die Selbsterhaltung des Schlechten Ganzen inkarnieren, die mit der Destruktion des Menschlichen ganz eins geworden ist. Am Anfang der Geschichte des modernen Rackets stehen die Inquisitoren, am Ende die Führer des faschistischen Apparats. Unter ihnen, die selbst im Angesicht der Katastrophe existieren, muß der Handlanger so lange richtig reagieren, bis er dem vernüftigen Prinzip, keinen zu lange zu behalten, schließlich zum Opfer fällt.“[5]

ständnis wohl? – wiederholen können. Es sind die vom Hunger verkrüppelten, von Krankheit entstellten, von schwerer körperlicher Arbeit deformierten. Mehr denn die Ebenbilder Gottes sind sie die des Teufels★, des hinkenden, stinkenden, schwarzen, in manchem Traum aber auch als schön und strahlend und stolz gedachten.

Es kommen die hysterischen alten Weiber, als die man aufgeklärt und den Teufel für eine Ausgeburt schlimmer Phantasien haltend, die Hexen gerne sieht, die, die nicht wissen wie ihnen geschieht, die Verzweifelten, deren, wie Spee berichtet, einziges Heil nur noch im nahen Tod und im Nachlassen des zugefügten Schmerzes besteht, sie trifft die Verfolgung[8]★★; der Scheiter-

★ „In der repressiven Gesellschaft ist der Begriff des Menschen selber die Parodie der Ebenbildlichkeit. Es liegt im Mechanismus der 'pathischen Projektion', daß die Gewalthaber als Menschen nur ihr eigenes Spiegelbild wahrnehmen, anstatt das Menschliche gerade als das Verschiedene zurückzuspiegeln. Der Mord ist dann der Versuch, den Wahnsinn solcher falschen Wahrnehmung durch größeren Wahnsinn immer wieder in Vernunft zu verstellen: was nicht als Mensch gesehen wurde und doch Mensch ist, wird zum Ding gemacht, damit es durch keine Regung den manischen Blick mehr widerlegen kann."[7]

★★ „Während im Laufe der Lockerungen, die aus dem Zerfall der mittelalterlichen Gesellschaft resultieren, das Bild der Maria Mutter Gottes langsam dem der hohen Frau der Minneliteratur angenähert wird, wobei beide vorsichtig sexualisiert werden, beginnt gegen die weibliche Erweiterung der sexuellen Lüste ein lang anhaltender Terror."[8] Die hohe Frau wird zum erotischen Traumbild, die Gräfin, Fürstin und Maria sind beide gleich unerreichbar (das Bürgertum wird dem noch die exotische Frauengestalt hinzufügen), erotische Traumfigur, wobei Masturbation via Succubus unters Verbrechen der Hexerei fällt. Die permanente sexuelle Frustration der Unterschichten ist ein allemal funktionierender Herrschaftsmechanismus.[9]

„Er (der Terror) trifft die Frauen der beherrschten Klasse, meint aber die sich drohend abzeichnende Möglichkeit eines mann/weiblichen Produktionsverhältnisses insgesamt. Beide zu

haufen der Hexe ist der Tod der armen Frauen.* Und es erscheint, als probiere man an ihnen aus – hat es doch ihrer stets genug und in Überfülle – was der Tod sei und in welchem Ausmaß auch er möglich sei, in geregeltem Verfahren, an einem Ort.**

verfolgen wäre ein Fehler. Divide et impera, sie ist die Hexe, er der Behexte. Es ist von großer Bedeutung, die Tatsache zu verstehen, daß das sich entwickelnde Bürgertum, auch in den 'aufgeklärten' Phasen der italienischen Renaissance und des deutschen 'Humanismus' im 15./16. Jahrhundert den Hexenverfolgungen keinen nennenswerten Widerstand entgegengesetzt hat. Es lag nicht daran, daß es zu schwach dazu war. Es war nicht interessiert, es waren nicht so sehr seine Frauen, die verbrannt wurden. Es war stark genug geworden, um Könige und Kaiser zu finanzieren, sich die Kirche selbst zu wählen, schon bis etwa 1500 weltliche Schulen in fast allen Städten durchzusetzen . . ."[10]

* Auch die Hinrichtungsarten sind in der ständischen Gesellschaft des Mittelalters den gesellschaftlichen Rangstufen angepaßt. Für Adel, Bürger und Bauern, Freie und Unfreie, Ketzer, Hexen und andere, die sich im Sinne des herrschenden Gesetzes strafbar gemacht haben, sind sie je verschieden. Dem Adligen steht die Enthauptung durchs Schwert zu, dies ist der am wenigsten ehrenrührige von allen ehrenrührigen Toden, Bürgern und Freien die Erhängung am Galgen, Bauern werden aufs Rad geflochten, wobei man ihnen vorher die Knochen bricht, Ketzern und Hexen steht der Scheiterhaufen zu (u.a. auch schon als die Vorwegnahme des ewigen Höllenfeuers im zeitlich-menschlichen Machtbereich). Gleicher wurde der Tod für alle erst durch seine Rationalisierung und Mechanisierung, in einer Zeit, die die Gleichheit aller ohnehin auf ihre Fahnen geschrieben; die Französische Revolution bringt auch die Ersetzung der Klassenvielfalt der Todesinstrumente durch die alle gleich (und gleich schnell) köpfende Guillotine.

** Ist es vielleicht nicht so, daß die Mythen, die Monströses zu fassen versuchen (wie die Sage von Kronos und seinen Kindern), nicht zusammenhängend mit harmonischen Formen schon, hervorgebracht während der Evolution, wieder verschlungen, Saurierbewußtsein gleichsam darstellend; ist dieses nicht –

die Fassung des Monströsen im Symbol – gleichsam der Beginn der Kultur? Und daß der Beginn nicht einmalig sei, sich wiederhole, das Monströse, das z. B. aus der Ignoranz der Menschen käme, zu fassen? („Der Schwache: 'Das Böse gibt es nicht, alles ist rein und die Wissenschaft bezeugt es.' Und der Starke: 'Das Böse ist das auf dem Grund der Dinge existierende Unmögliche, das sich auf Umwegen in Lastern, Verbrechen, Kriegen offenbart,' "[11])

In den Berichten über das Verhalten der Menschen in von der Pest heimgesuchten Orten taucht immer wieder die erschreckte Feststellung auf, alle sozialen, familialen, beruflichen, gesellschaftlichen Bindungen, alle moralischen und ethischen, verwandtschaftlichen usw. hätten sich gelöst. Doch „weder die Vorstellung der Straflosigkeit, noch die des nahen Todes (denn der ist jeder Zeit gleich nah, A. D.) motivieren hinreichend so willkürlich absurde Handlungsweisen bei Leuten . . ."[12] Die Anarchie beginnt freilich schon in der Auflösung des von der Pest befallenen Leibs: „Der Zustand des Pestkranken, der ohne Substanzzerstörung stirbt, mit allen Stigmata eines unumschränkten, beinahe abstrakten Leidens an sich . . ."[13]

(„Andere Pestkranke ohne Beulen, ohne Schmerz, ohne Delirium und bösartige Blutflecke . . . stürzten tot zu Boden."[14] „Der geöffnete Leichnam des Pestkranken weist keine Schädigungen auf. Die der Filtrierung der schweren, trägen Abfallprodukte des Körpers dienende Gallenblase ist zum Platzen voll und strotzt von einer klebrigen schwarzen Flüssigkeit . . . das Blut von Arterien und Venen ist schwarz und dickflüssig. Der Körper ist steinhart. Auf den Magenwänden scheinen unzählige Blutquellen erwacht zu sein. Alles deutet auf eine fundamentale Störung der ganzen Sekretion. Aber es gibt keine stoffliche Einbuße oder Zerstörung wie bei der Lepra oder Syphilis. Selbst die Därme . . . zeigen keine organischen Veränderungen . . . In bestimmten Fällen jedoch werden Lungen und Hirn geschädigt; sie werden schwarz und Gangräne tritt ein . . . Daraus ergeben sich notwendig zwei wichtige Beobachtungen, erstens, daß die Symptome der Pest ohne Gangräne von Hirn und Lungen vollständig sind . . . die zweite Beobachtung ist, daß die beiden einzigen wirklich von der Pest befallenen und von ihr geschädigten Organe, das Hirn und die Lunge in direkter Abhängigkeit von

Bewußtsein und Willen stehen.) . . . Die Pest scheint daher in Gegenden aufzutreten, sie scheint eine Vorliebe für Körpergegenden, für alle Stellen im physischen Raum zu haben, wo der menschliche Wille, das Bewußtsein, das Denken nah sind und im Begriff in Erscheinung zu treten.''[15] (Wie wäre es, sähe man die Pest nicht nur als eine Krankheit des Körpers, sondern auch als eine, die die Geisteshaltung, die gesellschaftlichen Beziehungen affiziert – nicht mittelbar, sondern so direkt wie den Körper? Vielleicht, daß es bei der Pest nur am extremsten, am deutlichsten wäre, vielleicht ruft jede Krankheit auch einen entsprechenden Geisteszustand hervor, eine bestimmte, zur Desintegration tendierende (wie der Körper) gesellschaftliche Haltung außer der körperlichen Affektion?)

Dem totalen in Unordnung geraten sein des Körpers entspricht eine in Unordnung geratene Außenwelt. ,, . . . und so wird man in den aufgewühlten Gemütszuständen des Pestkranken, gleichsam die festgewordene stoffliche Seite einer Unordnung sehen, die auf anderen Ebenen, den Konflikten, den Kämpfen, den Katastrophen und Niederlagen entspricht, die die Begebenheiten für uns mit sich bringen . . . Man spürt sehr wohl, daß der spontane Aufruhr, den die Pest entfacht, nichts anderes ist, als eine ungeheure Liquidation. Ein so völliger gesellschaftlicher Zusammenbruch, eine solche organische Unordnung (gleichsam auch die zu Stein erstarrte Unordnung/Ordnung des von der Pest befallenen Körpers, die unveränderliche, unverrückte Ordnung des Todes, die sich nur auflöst in der Anarchie der Verwesung, die hier noch gleichsam aufgehalten erscheint, durch das Erstarren des Körpers zu Stein, was seinen Eintritt in die zweite Welt, die ,,im Grabe zwischen den Zähnen des Wurms''[16] vorbereitet, A. D.), diese Überschwemmung durch Laster, diese Art von totalem Exorcismus, der die Seele bedrängt und bis zum äußersten treibt . . . Die Pest benutzt schlummernde Bilder, eine latent vorhandene Unordnung und treibt sie plötzlich bis zu den äußersten Gebärden . . . die Pest stellt die Kette wieder her, zwischen dem was ist, und dem was nicht ist . . .''[17]

,,Und deshalb sind alle großen Mythen schwarz, deshalb sind alle die großartigen Fabeln, die den Menschen berichten von der ersten Trennung der Geschlechter und dem ersten Gemetzel von Wesenheiten, die in der Schöpfung auftauchen, nur in einer Atmosphäre von Gemetzel, Folterung und vergossenem Blut vorstellbar."[18]

Das Verhalten der Menschen während der Pest ruft z. B. Vorstellungen und Assoziationen orgiastischer Mysterienfeiern hervor, doch stellen diese nicht die totale Desintegration dar, sind selber eingebunden und eingebettet, erhalten ihren Sinn erst durch den bestimmten religiösen Zusammenhang, in den die Menschen sie setzen. Der ebnet den Teilnehmern auch wieder den Weg zurück ins Alltägliche, ins Leben der sozialen Gebundenheit und Bestimmtheit. In der totalen Auflösung der Pest scheint es jedoch nur ein 'vorwärts' zu geben, nur nach vorn zu gehn, in den Tod, der ohnehin wartet. Einmal scheint der Tod ein Unmaß und Übermaß an Affekten auszulösen, doch wahrscheinlicher ist es die Pest, die Krankheit selbst, die sich auch in diesen Formen darstellt, denn was beim Tod immer wieder verblüfft, ist, daß „die Affekte im Angesicht des Todes anderer nicht nur, sondern auch des eigenen vielfach so schwach sind. Wohl sind die Menschen ausnahmslos unterm Bann, keiner zur Liebe schon fähig, und darum meint ein jeder sich zu wenig geliebt".[19]

Auch nehmen die Toten in der Pestzeit überhand, die Bestattung der Leichname übersteigt die Kraft der noch Lebenden und es ist, als sei dies das Signal für die totale gesellschaftliche (und was von der Gesellschaft vom Einzelnen verinnerlicht wurde) Auflösung.

Die alte Angst wird wach, die allen Bestattungsriten und allen Totenkulten in jeder Religion eignet — von der manche annehmen, sie läge ihnen gar zugrunde — ausgelöst durch das tatsächliche, sichtliche Überhandnehmen der Toten, keine Schranke des Christentums vermag sie mehr aufzuhalten (auch nicht die, daß Christus die Toten versöhnte, indem er hinabstieg zur Hölle und ihnen predigte, sein Glaubensbekenntnis und seine Erklärung im Katechismus der protestantischen Kirche), auch nicht das Versprechen der Auferstehung des Leibes und ewigen Lebens nach der Wiederkunft Christi (wobei das Versprechen der leiblichen Auferstehung fast so etwas sein mag wie eine Beschwichtigung der Unruhe des Körpers, der doch der Verwesung anheimfällt). Gleich aber, ob der Körper der Erde überlassen wird zu vollständigem Verfall, dem Feuer, damit er zu Luft verbrannt werde, in Stücke gehackt den Vögeln, die Knochen zu Mehl vermahlen und in den Wind gestreut, oder auch zerstückelt in den Fluß geworfen, dem Wasser preisgegeben, immer geschieht seine Vernichtung durch eines der vier Elemente, die nach altem Glauben seine Bestandteile ausmachen und die Lebenden sind stark genug Beihilfe zur Beseitigung des toten Körpers zu leisten. (Darin unterscheiden sie sich auch von den Tieren, die das ganze Problem offensichtlich nicht haben, soweit sie nicht von Menschen in großer Zahl gezüchtet werden, doch auch dann werden sie von diesen verzehrt.)

Plötzlich aber verschiebt sich das Gleichgewicht, die Körper der Toten vermehren sich so schnell, und die Unfähigkeit der Lebenden die Toten zu beseitigen erweist sich zur gleichen Zeit auch als ihre Unfähigkeit noch länger irgendwelche gesellschaftlichen Bindungen aufrecht zu erhalten, so als wäre Beginn und Ende zwischenmenschlicher, d. h. gesellschaftlicher Beziehungen, die Bestattung der Toten. Wie die Fassung des Monströsen im Symbol als Beginn der Kultur erscheint, so die Bewältigung der Toten als Beginn der Zivilisation, nehmen die Toten überhand, so scheint das gesellschaftliche Gedächtnis der betroffenen Lebenden ausgelöscht, die interpersonellen Beziehungen aufgehoben, nicht existierend. Selbst Geschlechts- und Altersrollen scheinen aufgehoben, auch Inzest und Inzestverbot, Klassenverhältnisse, Herrschaftsverhältnisse; es findet aber keine Umkehrung der Verhältnisse statt (wenn sie in dieser Form auch oft so dargestellt wird), sondern schlicht, es existieren überhaupt keine mehr. Ist die Pest erloschen, wird sie von den Überlebenden auf Pestbereiter zurückgeführt, Angehörigen von Gruppen, denen man geheime Anarchie vorwirft, Juden und Hexen, nächtliche Orgien, Feiern der totalen Auflösung, Negieren der herrschenden Gesetze, Feste, bei denen sich jeder mit jedem vermischt, ohne Alters-, Geschlechts- und Inzestschranken und die das andere große Tabu durchbrechen sollen in ihren schwarzen Riten; schlachten sie denn nicht Kinder und essen Menschenfleisch?

Die Überproduktion von Leichen und das Problem ihrer Beseitigung ist aber auch eines der faschistischen Konzentrations- und Vernichtungslager.[22] Die zufällige Aussortierung der Ankommenden zur Arbeit oder zum Tod – wobei auch die Arbeit nur ein Aufschub zum Tode darstellt, keineswegs Leben. Von der Ankunft im Lager an, sind die Inhaftierten einzig auf ihren Körper reduziert und das Problem für die Wachmannschaften ist, wie dieser sich beseitigen lasse, in Massen, schnell, spurlos. So entsteht in den Lagern eine neue Ordnung, eine in der Herrschaft nahezu ohne jegliche Vermittlung ausgeübt wird. Die sichtbare Grundlage dieser Herrschaft ist die Gewalt über den Körper, die zwiefältig sich zeigt: in körperlichen Strafen wie Auspeitschen, Prügeln überhaupt (es zeigt sich, daß in allen Einrichtungen des Lagers der Körper eingeschränkt wird, in Essen, Schlafen, Verrichtung der Notdurft, Laufschritt, etc.) und in der Vernichtung des Körpers durch Töten. In der Metamorphose der Konzentrationslager zu Vernichtungslagern entsteht eine andere als die vorher Wachmannschaften und Opfern bekannte Gesellschaftsorganisation, eine in der alle Reminiszenzen und Errinnerungsspuren an die alte, vergangene, in der man doch einmal gelebt und nach deren Bilde man geformt war, auslöscht. Die neue Organisation war eine der totalen Herrschaft und Beherrschung. Wenn Naturkatastrophen wie Erdbeben oder Überschwemmungen eintreten, löst das drohende Überhandnehmen von Leichen, bzw. die Unüberschaubarkeit der Situation — wer lebt, wer nicht mehr — Notmaßnahmen aus, die alte Ordnung tritt völlig oder teilweise zu Gunsten einer neuen, einer Katastrophenordnung außer Kraft. Im Krieg verlagert der Angreifer, solange er siegreich bleibt, die Leichenberge außerhalb seiner Grenzen, was sich allerdings verschiebt, gelingt es dem Gegner, die Zivilbevölkerung, die Zurückgebliebenen anzugreifen. Hier tritt eine Kriegsordnung an die Stelle der alten. Macht vermag sich darin auszudrücken, möglichst viel Leichen auf einmal zu produzieren (und sie zu beseitigen). In den Massenverbrennungen von Ketzern, die die Kirche in Spanien veranstaltete, in der Verbrennung der Hexen in Deutschland und anderswo erweist sich die Macht der Kirche. Sie ist mächtig, wie sonst könnte sie so viele ihrer und Gottes Feinde auf einmal verbrennen und vernichten, so viele Körper auf einmal beseitigen, denn Macht manifestiert sich auch in der Macht über die Leichen, der totalen Vernichtung so vieler Körper auf einmal.

Die Vernichtung des Körpers der Hexen wird präludiert von der Beantwortung der Frage, wieviel Qualen er zu dulden vermag, der Schmerz als ein Mittel den Körper zu zerlegen, seine Gesetze herauszufinden, was denn das sei, seine Mechanik, das Zusammenspiel seiner Teile, wo denn das Leben in ihm sich lokalisiere, wo denn die Seele wohne, die Erfahrung der Person über den Körper in der Pein der Marter. Das ist neben seiner Erfahrung durch die Arbeit das Los der Beherrschten. Die Erfahrung des Körpers durch die Lust aber ist Privileg der herrschenden Klasse.*

* Vgl. u. a. die erotischen Romane und Traktate der französischen Aufklärung. Auch hier gehört den Angehörigen der leisure class die Lust, den Unterdrückten eignet auch die sexuelle Unterdrückung; sie sind die Opfer der Lust derer, die Macht über sie haben und dürfen in deren Spielen keine Lust empfinden, ja ein Teil der Lust erwächst den Herren aus der Pein der Opfer ihrer Verfügungsgewalt (z. B. in den Romanen de Sades).

In der körperlichen Lust offenbart sich nach Ansicht der Aufklärung auch die Gesetzmäßigkeit der Natur. „Der Atheismusbegriff der Enzyclopädisten, selbst der schroffe und kompromißlose Holbachs, implizierte stillschweigend die Ersetzung Gottes durch den Begriff der Natur: wie ehedem am Einklang mit dem theologisch vermittelten und erklärten Wort Gottes hat sich nunmehr die selbständig gewordene Vernunft des Menschen im Einklang mit den erkennbaren Gesetzen und Grenzziehungen der Natur zu orientieren. Auf welchem Sektor menschlichen Verhaltens aber ließe sich dieser Zusammenhang paradigmatischer erweisen als in der Liebe . . ."[21] Nach dieser Philosophie kennt die Natur kein sittlich Böses innerhalb ihrer Grenzen, d. h. „daß also eine autonome menschliche Vernunft ihren Begriff von Sittlichkeit aus der Erkenntnis und aus der Nachfolge der naturgegebenen Anlagen zu gewinnen habe . . ."[22] Die Grenzen aber vermag auch hier die Hybris des Menschen zu überschreiten: so in „den finsteren Visionen des Marquis de Sade von der Selbstüberhebung des absoluten Ich über die Natur" mittels Herrschaft.[23]

Aus der aufklärerischen Neunormierung der Sexualität ergibt sich für die bürgerlichen Frauen folgendes: „der neu ent-

Mit der Normierung des Frauenkörpers vollzieht sich gleichzeitig die Ausrichtung auf die genitale Sexualität. ★

stehende gesellschaftliche, wissenschaftliche, politische Öffentlichkeitsraum wird mit sexualisierter Weiblichkeit codiert . . . Es wird ein regelrechter Umbau der Frauen zur Erhöhung ihrer sexuellen Attraktion unternommen, der in Szene gesetzt wird über den Umbau ihres Körpers. Das äußere Bild ihres Körpers ist durchaus nichts festes, die Konturen seines Fleisches sind äußerst variabel und auf viele Weisen manipulierbar (Der Proteuscharakter des Körpers ist ein Phänomen der Herrschaft, mehr der Veränderung unterworfen ist der Körper des beherrschten Geschlechts, das Bild des Männerkörpers in der Geschichte erscheint statischer als das des weiblichen. In den Veränderungsaufforderungen des herrschenden Geschlechts an den Körper der Beherrschten wird noch einmal vermittelt das ständige Bewußtsein der Abhängigkeit wachgehalten[24] A. D.), ebenso die Art der Haltung, der Ablauf der Bewegungen. Dazu kommen die Hilfsmittel, die Schnüre, Stoffe und Farben, die unendliche Modulierbarkeit des Haares und auch die der Sprache, dèren Modulation als Teil des Äußeren betrachtet werden kann. Ziel des Umbaus ist die 'Schönheit'."[25] Das also ist das Resultat der polymorph perversen, letztlich jedoch in der genitalen Sexualität kulminierenden Schäferspiele von Barock und Rokoko für die Bürgersfrau und -tochter.

★ Bei der Neunormierung der Sexualität dreht es sich beileibe nicht um deren Befreiung. Aus den Händen der Kirche geht die Zensur über in die Hände der Psychiatrie. Szasz[26] nennt als erstes Erscheinungsdatum eines Anti-Masturbationsbuchs 1716 Ort: London. „Die Verfolgung der Masturbation wird zu einer Domäne der Psychiatrie. Es ging also nicht um eine allgemeine sexuelle Befreiung, sondern um eine neue spezifische Funktionalisierung der Sexualität, in der die massiv einsetzende (psychiatrische, A. D.) Verfolgung der Masturbation (neues Wort: Masturbationsirresein!) die Möglichkeit schafft, unkontrollierte Sexualisierung in einen neuen effektiven Double bind einzubinden."[27]

Die Masturbation erschöpfe den Leib frühzeitig, verhindere ihn später am Erlangen der für ihn höchst möglichen Lust und führe zu Krankheit, so läßt Mirabeau[28] seinen Vater der Tochter erklären, deren sexuelle und geistige Erziehung er übernommen hat. Er läßt dem jungen Mädchen ein Saffianlederhöschen anmessen, das sie bis zu ihrer ersten Menstruation zu tragen hat, nach der sie dann von ihm in die genitale Sexualität eingeführt wird, bzw. er sie bei ihr einführt.

Odysseus, ausgezogen zur Rächung der Ehre eines Hahnreis, Rückholung der schönsten Frau der Welt, die nun lebt mit dem vielleicht schönsten Mann der Welt, mit ihm das utopisch-paradiesische Paar Helena und Paris bildet, in den eheherrlichen Harem, und zur Eroberung der reichsten Stadt an der kleinasiatischen Küste, deren Struktur der griechisch-patriarchalischen auch nicht ganz ähnlich erscheint, kehrt zurück durch alle Gefahren des Ozeans und der Inseln, die aus dem Wasser sich erheben, aus seinem Schoß erscheinen, Gefahren, die ausgingen vom Versprechen höchster Lust, sei es vermittelt durchs Ohr wie es der Gesang der Sirenen verspricht, durch Geschmack und Rausch des Blütenessens – der Gefesselte, der den Gesang hört wiegt sich in der Vorstellung er habe den gleichen Genuß wie der Freie, den Liebesspielen der Circe entzieht er sich, indem er ein sexual-genitales Beilager mit ihr ausübt, und kehrt heim durch die Gefahren der Meere und Meerengen, der Inseln und Stürme und Abgründe ins Bett der züchtigen Gattin, diese webt allerdings am Schicksalsteppich, d. h. sie webt den Tod, an den die anderen Göttinnen, Vertreterinnen anderer, unendlicher Lust, keine Erinnerung aufkommen ließen.

Daß die schöne Frau dem schönen Mann, die junge, dem jungen angehören müsse erscheint als eine Forderung der Gerechtigkeit seit die Frau Tauschobjekt ist und dem gehört, der ihren Tauschwert hinterlegen, erstatten kann, nicht dem, dem sie 'verwandt' ist. Die schöne Helena fällt Paris als ein Geschenk der Göttin der Liebe zu, die noch nichts weiß von gesellschaftlicher Organisation, von Ehe; für Menelaus aber stellt sie einen Teil seines Reichtums dar.

Die Wut und die Enttäuschung darüber, daß Gleiches nicht zu Gleichem sich gesellen darf, sondern die Verteilung von Tausch und Marktgesetz geregelt wird, schlägt sich nieder im Spott über den Hahnrei (besonders den alten Mann der die junge Frau heiratet), trifft mit seinem Gelächter, den Häßlichen, der die Schöne sich beigesellt, aber auch die große Frau, die mit dem kleineren Mann ein Paar bildet. Das reicht bis in die rassistische Rankūne der Nazis. In dem Bild des Juden, wie sie ihn formten, verwandeln sie den alten Stachel der Ungerechtigkeit in Rassenschande und Pogrom – damit sich an der Verteilung nur nichts ändere.

Der künftigen Gattin, dem jungen Mädchen schreibt die entstehende bürgerliche Moral folgendes vor: „Der Zweck des Ganzen soll sein die Wollust mit dem richtigen Mann. Frauenzimmerlexikon (1715), Stichwort 'Geilheit': Geilheit, denen Medicis Salacitas genannt, ist bey denen Weibes-Bildern eine continuirliche Begierde und steter Appetit nach Liebes-Werk, so von einer hitzigen, saftreichen, zärtlichen und wollüstigen Struktur derer Theile des Leibes herrühret, und sie immer mehr zur Wollust anreizet. Auch kennt dieses Lexikon einen 'Furor uterinus', 'Wüten der Mutter' oder auch 'Mannstollheit' genannt, die aus 'phantastischer einbildung eines schönen männlichen subcieti und untersagtem Beyschlaf' herrühren . . . Da diese Sätze aus einem Erziehungsbuch für heranwachsende Bürgermädchen sind, kann man wohl vom Versuch einer Abrichtung auf sexuelle Funktionen sprechen."[29] Masturbation, Selbst-Befriedigung, das heißt auch Gewinnung und Erzeugung der Lust aus den Möglichkeiten, der Schönheit des eigenen Körpers, Narziß der in Bewunderung seines Bildnisses erstarrt, keines andern Objekts als sich selbst braucht zur Seligkeit, das Ende der Herrschaft über andere. Für das Bürgertum gilt die Abrichtung der Phantasie des Mädchens auf die imago des zukünftigen Manns, die Ausrichtung aufs Sexual-Genitale als dem gesellschaftlich Erwünschten und unter bestimmten Bedingungen Erlaubten. „Es sieht so aus, als sei hier der Prozeß der Hexenverfolgung genau in sein Gegenteil verkehrt: wofür die Frauen des Volkes bisher verbrannt wurden, das wird bürgerlichen Frauen jetzt abverlangt; sie werden zu Darstellerinnen von Sexualitätsgöttinnen modelliert, die soweit sie fleischlich, sexualitätssüchtig zu sein haben."[30] Das mag einige Plausibilität für sich haben auf den ersten Blick, doch wurden die Hexen nicht als Sexgöttinnen verfolgt um als pin up zu enden, auch nicht in einer Eigenschaft als Vertreterinnen genitaler Sexualität. (Weder wurden die Kurtisanen, die großen Liebesgöttinnen der Renaissance und folgender Jahre noch die gemeinen Prostituierten je in dieser ihrer Eigenschaft als Hexen verfolgt.) Die roten Haare als Indiz des Hexeseins verweisen auf anderes, auf die Menstruation von Mutter und Tochter, auch auf das Feuer.[31] Die roten Haare sind Symbol der feurig leidenschaftlichen, entzündenden, frisch menstruierenden Tochter. Nach Groddeck ist der Haß, der der Hexe entgegenschlägt, ein Stück „Haß des Kindes gegen die Mutter". Mutter „und Hexe sind für das Es der märchendichtenden Menschheitsseele dasselbe."[32]

Vielleicht ist es das, was sich in der Doppel- und Zweideutigkeit der Mutter im Märchen spiegelt. Um das Bild der liebenden Mutter zu erhalten, ist sie im Märchen oft in Mutter und Stiefmutter gespalten (Schneewittchen, Hänsel und Gretel, Brüderchen und Schwesterchen, Frau Holle, etc.). In 'Die Sieben Geißlein' ist es dem Wolf leicht möglich die Eigenschaften der Mutter, sanfte Stimme und zarte weiße Arme anzunehmen und sich ihr ähnlich zu machen, tödlich für sechs Geißlein. Die Stiefmutter trachtet zumeist ganz offen nach dem Leben des Kindes, besonders aber nach der (Stief)tochter. Ihr erscheint sie feindlich und tödlich.

Ursprung und Quelle des Hasses wird die mit Blut verknüpfte Geburt des Kinds, in der sie, die Mutter ihr Leben riskiert, indem sie neues Leben gebiert. Sie wird die Todesdrohung, die von seinem in Existenz treten ausging, nicht vergessen, „und tief im Verborgenen lauert hinter allem noch etwas, was dieses Kind mit götterstarken Händen an die Mutter bindet, die Schuld und der Tod. Denn wer Blut vergießt, des Blut soll wieder vergossen werden."[33] Gesellschaftlich aber garantiert die Schuld den Tausch, die Regelung der gesellschaftlichen Beziehungen der Menschen untereinander. „. . . er (Nietzsche in: Die Genealogie der Moral) zögert nicht wie Mauss (in: Essai sur le Don, dt. Die Gabe) zwischen Tausch und Schuld . . . Niemals wurde eindringlicher das grundlegende Problem des primitiven Sozius, das ein solches der Einschreibung, des Code, der Kennzeichnung ist, behandelt. Der Mensch konstituiert sich vermittels der Verdrängung des intensiven germinalen Einwirkens, des umfassenden bio-kosmischen Gedächtnisses, das bei jedem Versuch einer Kollektivität gleich einer Sintflut hereinbrechen würde. Wie aber zugleich ihm ein neues, ein kollektives Gedächtnis machen, das ein solches der Worte, Versprechungen und Heiratsverbindungen ist, das die Heiratsverbindungen mit den umfänglichen Filiationen dekliniert, ihn mit dem Vermögen von Resonanz und Einbehaltung, von Entnahme und Abtrennung ausstattet, und das somit die Codierung der Ströme als konstitutive Bedingung des Sozius ausführt? Die Antwort ist einfach, es ist die Schuld, es sind die offenen, beweglichen und endlichen Schuldblöcke (deren erster und archaischster die Schuld, Blutschuld des Kindes gegenüber der Mutter darstellt, der (sublimierte) Anspruch der Mutter auf das Leben ihres Kinds. A. D.), diese außergewöhnliche Zusammensetzung aus sprechender Stimme, markiertem Körper, und genießendem Auge. Alles das, die Stumpfsinnigkeit und Beliebigkeit der Gesetze, der Schmerz der Initiation, der perverse Apparat der Repression und Erziehung, die harten Maßnahmen und qualvollen Verfahren, hat nur den einen Sinn, den Menschen zu dressieren, ihn tief ins Fleisch zu kennzeichnen, ihn zur Allianz, zur Heiratsverbindung zu befähigen (in der die Frau dann wieder Mutter und Gläubigerin zugleich wird, den Schuldzusammenhang aufs neue wiederholt und herstellt. Solange die Mutterschaft zwanghaft für die Frau sich vollzieht, scheint hieraus kein Entrinnen möglich. A. D.), ihn in der Beziehung Gläubiger-Schuldner auszubilden, die auf beiden Seiten Angelegenheit des Gedächtnisses ist, (eines in die Zukunft gerichteten Gedächtnisses). (Der Ursprung der Schuld erscheint umso verschleierter je weniger das Gedächtnis des Vergangenen gegenwärtig ist; über allem Vergangenen aber muß das Tabu des Vergessens überwunden werden, damit es der Erinnerung zugänglich wird. A. D.) Weit entfernt Schein wieder des Tausches zu sein, stellt die Schuld die unmittelbare Wirkung oder das direkte Mittel der territorialen und körperlichen Einschreibung dar . . . Was das Wesentlichste der primitiven Einschreibungsmaschine ausmachte, die beweglichen, offenen und endlichen Schuldblöcke, die Zukunftsparzellen, findet sich nun in ein ungeheures Räderwerk eingefügt, das die Schuld zur unendlichen umwandelt, und nur mehr ein und dasselbe niederwalzende Verhängnis bildet: 'jetzt soll gerade die Aussicht ein für allemal sich pessimistisch zuschließen, jetzt soll der Blick trostlos vor einer ehernen Unmöglichkeit abprallen, zurückprallen . . .' Die Erde wird am Ende ein Irrenhaus."[34]

Die Hexe sei die Mutter, „die den Vater durch Zauberkünste an sich fesselt, obwohl er eigentlich der Tochter gehört."[35] Das ist nicht ganz einsichtig. So geht es im Märchen der Hexe um den jüngeren Mann, den Sohn und nicht den Vater sozusagen (vgl. Hänsel und Gretel, Brüderchen und Schwesterchen, u. a.). Der ältere Mann ist ihr gleichgültig, auch ihr Partner und Gegenspieler, eine Art Gegenstück. Die Mythen erzählen vom Sohn- und Brudergeliebten der Göttin, die stets ohne Alter erscheint, der Inzest von Vater und Tochter erscheint zunächst eher als ein Problem der erotischen Literatur der Aufklärung, was auch wieder seine Gründe hat.[36] (Vor dem Mutter-Sohn Inzest, der in der psychoanalytischen Konstruktion des Ödipuskomplexes seinen gesellschaftlich ideologischen Ausdruck findet, erscheint der, allerdings mit den Gesetzen der Natur begründete, Vater-Tochter Inzest der Aufklärung.)

Die roten Haare aber der Tochter, wie die rote Kappe des Fuchses und Rotkäppchens, das von der Mutter in die Wildnis und Ausgesetztheit des Walds geschickt wird, der es dann verfällt, sind Indiz für die stattgefundene Menstruation, Indiz für das zur-Hexe geworden sein der Tochter, d. h. Zeichen der Entfaltung ihrer sexuellen Macht. Die Menstruation macht das Mädchen zu Circe, die Reife des Geschlechts gibt ihr Macht über das Verlangen, den Trieb der Männer. Sie wird zur Jungfrau und Jägerin, zur Herrin der Tiere und des Tods. Diana, Anführerin und Mitreiterin der wilden Jagd im Sturm am Winterhimmel; sie ist die Todesjungfrau, noch nicht 'gezähmt' durch die Mutterschaft, Erfahrung des nahen Tods, durch Bindung ans Kind, sublimiert in Mitleid und Fürsorge. Mit der Geburt des Kindes wird die Mutter wieder zur Göttin, Eröffnerin und Beschließerin des Kreises. So signalisieren die roten Haare der Jungfrau ihre ursprüngliche, durch keine Gefühle gezähmte Wildheit, die Gnadenlosigkeit der Jägerin im Gegensatz zur Gnadenmutter, die trauernd den toten Sohn-Geliebten in ihrem Schoß hält. Noch hat die Junge kein Leid erfahren, ist gefeit, das wird sie zur Hexe machen, doch ihre Unberührbarkeit und Unverletzlichkeit werden kein magischer Schurz mehr sein gegen das Feuer und die Flammen des Scheiterhaufens, errichtet in einer Zeit, die wie kaum eine zuvor die Verletzlichkeit des menschlichen Körpers erkundet. „Aus der Angst folgt die Liebe, aus der Liebe die Herrschaft. Nur was wir fürchten, lernen wir lieben, nur was wir lieben, lernen wir kennen. Was wir aber kennen hören wir auf zu lieben und zu fürchten. Das ist die Geschichte der Zivilisation. Jeder der Termini enthält die andern und das Ganze; der mittlere, das Lieben ist die Identifizierung, das Denken. – Bachofen berichtet aufgrund einer Plutarchstelle, daß die lykischen Männer bei Trauerfällen Frauenkleider anziehen mußten, und er interpretiert den Brauch als Identizierung mit der Mutter, die den Heimgegangenen geboren und wieder aufgenommen hat. Nur die Mutter geht der ganze Vorgang etwas an. Nur sie ist eigentlich beteiligt. Ans Sterben denken, hieße demnach an die Mutter denken, und an die Mutter denken, sich zur Mutter machen. Das bürgerliche Kind macht sich zum Vater. Der Vorgang ist primitiver als Freud ihn beschreibt . . . es bedarf nicht des Umwegs über die (aus der Analogie mit der genitalen Beziehung Erwachsener erschlossene) sexuelle Begierde nach der Mutter, um die Angleichung an den Vater zu erklären. Die Angst vor ihm ist die Urtatsache der Zivilisation (er frißt die Kinder, A.D.). Er ist der Eindringling im Verhältnis von Mutter und Kind: das Äußere, die Kälte, die Wirklichkeit (der, der dem Kind seine Schuld nicht verzeiht, denn mit der Gefährdung der Mutter in der Geburt gefährdet es ihm die Geliebte, bedroht ihn mit dem Verlust der so mühsam Errungenen oder Erworbenen. A. D.). Das hat Freud alles richtig gesehen, auch die Zusammengehörigkeit von Mutter, Heimat und Tod. Sein Vorurteil . . . liegt in der dogmatischen Ansetzung des Männlichen und Weiblichen als getrennter Urmächte, während die Sexualliebe des männlichen Kindes zur Mutter wahrscheinlich erst eine Folge der Angleichung an den Eindringling ist."[37]

Die Sexualität der Hexe, deren Gemahl der Teufel ist, (und ihr menschlicher Gatte, der, mit dem die Kirche sie verbunden hat, ist der Hahnrei, getäuscht von dem Scheinbild, daß sie ihm statt ihrer ins eheliche Bett legt, bevor sie ausfährt zu ihrem Sabbath) hat nichts gemeinsam mit der auch noch so verführerischen des bürgerlichen Eheweibchens. Die Sexualität der Hexe wird mit ihr verbrannt, dann tritt an deren Stelle, die durch die Paranoia des eingebildeten Hahnreis geprägte Sexualität der bürgerlichen Frau, deren Phantasie solange sie noch nicht verehelicht sich richten soll auf den zukünftigen, zu erwartenden Gatten. Sie hat nichts zu tun mit der schönen und nichts zu tun mit der verkrüppelten Hexe (deren körperliche Unregelmäßigkeiten selbst schon wieder an andre, verbotne Lust erinnern mögen). „Wehe dem Opfer des tyrannischen Regimes seit dem Beginn des Mittelalters, bei dem der Verfolger auf das Perversionsmotiv verfiel. Es ist keine Marter zu furchtbar, keine den Massen genug, – denn keine ist stark genug, daß sie den Brand in sich löschen können. Keine vermag sie für die eigene Versagung zu entschädigen, die sie nicht überwinden können. Der Genuß, den sie bei der Perversion imaginieren, scheint ihnen so übermenschlich, daß die Qualen, mit denen er vergolten wird, nicht mehr menschlich sein sollen. Und doch gibt es kaum ein Vergehen, das so wenig Leid zufügt wie die Perversion . . ."[38] Die Ehefrau des Bürgers ist die Übriggebliebene, die, die überlebt hat, geschützt in ihrer Durchschnittlichkeit und Unauffälligkeit, Anpassungsbereitschaft, geformt vom Prokrustesbett der Folterinstrumente, die den Leib ihrer Geschlechtsgenossinnen zusammendrückten und auseinanderzogen, versteckt unter der Asche des Herds, damit sich die ihre nicht vermische mit der Asche des Scheiterhaufens. Sie ist die befriedete, die unterworfene Frau, die Frau, die glücklich ist, überleben zu dürfen, ihre Formbarkeit ist ihre Überlebenschance. „Weibern und Juden sieht man es an, daß sie seit Tausenden von Jahren nicht geherrscht haben. Sie leben, obgleich man sie beseitigen könnte, und ihre Angst und Schwäche, ihre größere Affinität zur Natur durch perennierenden Druck ist ihr Lebenselement. Das reizt den Starken . . ."[39]

Zur Erziehung der bürgerlichen Frau gehört auch die Verinnerlichung des Grundsatzes, dem Mann, der sie erwählt, alle Frauen in einer zu sein, was sie dann mit ihrer ganzen Energie, Geilheit und Allpotentialität ihr Lebtag in Atem und beschäftigt hält. In ihrer Konzentration auf den einen Mann verschwindet sie selbst immer mehr und „in dem Maße, wie die Frau verschwindet, gewinnt der Mann an Kontur."[40]

Die Anwendung der von der Aufklärung aufgedeckten Naturgesetze aber werden in ihrer Anwendung auf die Frauen den Männern zu lästig, der männlichen Beschränktheit zur Unbequemlichkeit, die Frau wird in zwei gespalten, die eine Hälfte begrenzt aufs Haus, die Mutter der Kinder, die andere außer Haus geschickt, zur Prostitution, Objekt männlicher Lust.[41] Gleichzei-

Zusammen mit den Hexen werden auch die körperlichen Deformationen beseitigt. Körperliche Unregelmäßigkeiten machen schon als Hexe verdächtig, manche sind signa des Teufels, Erkennungszeichen seiner Geliebten, Erinnerungen der Lust ausserhalb menschlicher Grenzen, am äußersten Abgrund der Welt. Die lange Nase, die noch einmal schnüffelnd zum Boden sich zieht, der krumme Höcker und Buckel zwischen deren hochgezogenen Schultern der Kopf wie ein Vogelkopf hervorsticht, die Deformationen der Armut, die Mißbildungen des Hungers, Verkrüppelungen durch Krankheiten, bevor es der Sicht enzogen wird in eigens dafür konstruierten Häusern und Heimen wirds nochmal riechbar, im schwelenden Geruch verbrennenden menschlichen Fleisches des Scheiterhaufens.*

tig wird der außereheliche Geschlechtsverkehr auch noch mit Tabus belegt: wie schon Masturbieren endet im Irresein, so sexuelle Freizügigkeit und außerehelicher Geschlechtsverkehr in unaufhaltsamer Zersetzung von Körper und Geist; denn die Hure ist zugleich die Blutvergifterin, die Frau, die mit der Ware auch dem Preis verkauft – Syphilis und Tripper, Gehirnerweichung und Verblödung. Die zweite Möglichkeit für die arme Frau, die nicht mit dem Maß des Mannes gemessen werden will, ist die Fabrik; hier wird sie angemessen an die Maschine.

* „Den Stoff für die Fiktionen geben dabei die Frauen der Herrschenden und exotische Frauen ab; die Frauen der unterdrückten Klassen liefern demgegenüber den Stoff für die Ängste der Männer; . . ."[42] Was da verbrannt wird und in eklem Geruch verschwelt sind nicht nur Ängste der Männer (obwohl sie emanieren aus der Kultur, die sie geschaffen, „Kultur als der Deckel überm Unrat"[43]). „Ein Mensch unterscheidet sich vom Tier dadurch, daß ihn bestimmte Empfindungen im Innersten verwunden und treffen. Diese Empfindungen sind verschieden, je nach dem Individuum und je nach den Lebensgewohnheiten. Aber beim Anblick von Blut, beim Geruch von Erbrochenem ergreift uns Todesangst, und wir erfahren manchmal einen Zustand von Ekel, der uns grausamer zusetzt als der Schmerz. Wir ertragen diese mit äußerstem Schwindelgefühl verbundenen Erinnerungen nicht . . ."[44]

„Der Verdacht des Wahnsinns ist die unversiegliche Quelle der Verfolgung. Sie entspringt dem Mißtrauen in die eigene gesäuberte Vernunft* an der die rationale Zivilisation zu Grunde geht. Das Mittel aber, aus jenen intelligiblen Welten zurückzurufen, in die auszuschweifen Kant schon verbot, ist der Schmerz. Er hat seit je am sichersten Raison gelehrt. Er bringt die Widerstrebenden und Schweifenden, Phantasten und Utopisten zu sich selbst, ja er reduziert sie auf den Leib, auf einen

„Wem es gelänge, auf das sich zu besinnen, was ihn einmal aus den Worten Luderbach und Schweinstiege ansprang, wäre wohl näher am absoluten Wissen als das Hegelsche Kapitel, das es dem Leser verspricht, um es ihm überlegen zu versagen. Theoretisch zu widerrufen wäre die Integration des physischen Todes in die Kultur, doch nicht dem ontologisch reinen Wesen Tod zuliebe, sondern um dessentwillen, was der Gestank der Kadaver ausdrückt und worüber deren Transfiguration zum Leichnam betrügt . . . Daß das vergessen wird, was man nicht mehr versteht, was man einmal vorm Wagen des Hundefängers empfand, ist der Triumph der Kultur und deren Mißlingen. Sie kann das Gedächtnis jener Zone nicht dulden . . . sie perhorresziert den Gestank, weil sie stinkt; weil ihr Palast, wie es an einer großartigen Stelle von Brecht heißt, gebaut ist aus Hundescheiße . . ."[45]

* Aufklärung und Hexenverfolgung, zunächst scheinbar zwei sich widersprechende Phänomene einer Zeit. Das eine, die Hexenverfolgung erscheint als Erbe und Rest aus finstrer, dunkler Zeit, ohne Bürger und Ich, die andere, die Aufkärung als Verbreitung des hellen Scheins der Vernunft und doch stellen sie komplementäre Erscheinungsformen derselben Herrschaftsstruktur dar. Die Hexenverfolger, die klerikalen und die zivilen räumen auf mit dem Dunklen, Ungeschiedenen, krötenhaft Eklen, noch nicht (im Geist) Vereinzelten. Unter ihrem Feuer und unter ihrer Folter wird das Irrationale zum Schrulligen, zur neurotischen Besonderheit einiger Frauen. Die nicht der ratio unterstellbaren Warzen und anderen Auswucherungen des Körpers, die gekrümmten Nasen und triefenden Augen werden ebenso wie der Aberglaube der ihnen anhaftet im hellen Licht von Feuer und ratio verbrannt.

Teil des Leibs. Im Schmerz wird alles eingeebnet, jeder wird jedem gleich, Mensch und Mensch, Mensch und Tier. Der Schmerz saugt das ganze Leben des Wesens auf, das er ergriffen hat: sie sind nichts mehr als Hüllen von Schmerz. Es vollzieht sich jene Reduktion des Ichs . . ."[46] Wie den Reichen und Herrschenden die Lust Vehikel zur Erfahrung ihres Körpers war, so den Armen und Beherrschten der Schmerz. Das Ich verliert sich – und was für ein kleines Ich ist es, gedemütigtes, abhängiges, getretenes, verhungertes – in den Wogen des Schmerzes, der die Person überflutet, reduziert und fixiert auf einen Teil ihres Körpers. Wille und Bewußtsein hören auf da zu sein und aus der absoluten Reduzierung und Fast-Vernichtung der Person wird das Geständnis geschunden.* Das Geständnis geschieht im Namen der ganzen Person, in ihrer Einheit, herausgepreßt jedoch aus einem abgelösten, durch die Folter herausgelösten Teil ihres Körpers.

Am reinen und unschuldigen Körper der Isolde prallen alle Marter ab,[48]** weil ohne Schuld, bleibt er unversehrt. Das Gottesgericht erweist die Unschuld des ihm sich unterziehenden Menschen in der Unversehrtheit seines Leibs. Doch der König und Gemahl begnügt sich nicht mit dem einmaligen Beweis der Unschuld vom Ehebruch, er befiehlt die stumpfe Wiederholung der Marter, den blinden, wenn auch gezielten Angriff auf den Körper, immer wieder ersinnt er neue Formen. Trotz bleibender

* „Zumeist aber erachtete es der Scharfrichter für eine Schande, wenn er mit einem alten Weibe nicht zum Ziele kommen, nicht mit ihm 'fertig werden' könnte . . . In einer späteren Periode kannte Spee immer noch Scharfrichter, 'die an etlichen Orten das Ruder führen und ihres Gefallens vorschreiben, wie und auf was Weise man diese oder jene Foltern müsse; und dürfen sich ihrer etliche wohl rühmlich vernehmen lassen, daß sie noch keine unter Händen gehabt welche nicht endlich gewonnen gegeben und geschwätzet habe, – und das seyn dann die besten, dieselbigen werden hingefordert, wo etwan andre Gewissens halber haben aufhören müssen' "[47]

** u.a. muß Isolde ihre schönen Hände in einen Kessel glühenden Eisens tauchen.

Unversehrtheit insistiert der Gatte, dessen Zweifel durch keine Reaktion des Körpers beruhigt werden kann, auf seine dringliche Frage gibt ihm der Frauenkörper keine Antwort und Schlimmeres fürchtend flieht Isolde in den Wald, ins anarchisch Freie, gesellschaftlich noch nicht Organisierte, in die Wildnis, in den Wald, er gibt ihr und dem Geliebten Schutz, er birgt sie wie er auch die wilden Tiere in sich birgt.

Dem Körper des Schuldigen freilich prägen die Martern sich ein. Er trägt die Stigmata von Folter und Schuld, sie reduzieren ihn im Extrem auf den Kadaver, seine Annihilation. Auch steht die Marter nicht vereinzelt, sie ist oft wiederholbarer Teil eines Gesamtverfahrens, sie kann wiederholt werden im äußersten bis der Tod des Gefolterten eintritt. Die Wiederholbarkeit der Marter weist auf ihren mechanischen Anteil. Auf der Folter gehen Körper und Maschine die innigste Verbindung ein. Es ist, als mache sich der Folterer (die gesamte Autorität und Abfolge von Personen die hinter dem ausführenden Henkerknecht stehen) in der Marter durch den gefolterten Körper hindurch auf die Suche nach dem Wesen des Menschen, seiner Seele. Wo ist sie, hat sie ihren Ort? Stück für Stück, Teil für Teil wird der Körper in der Folter abgesucht, eingeschränkt, der Kreis um ihn enger gezogen. Das Wesen freilich konkretisiert und offenbart im flüchtigen Augenblick der Gegenwart sich, sein Ort ist der ganze Körper, auch vertreten in der interdependenten Abhängigkeit der einzelnen Teile, gepeinigt vom Schmerz. Es ist die Wahrheit des gefolterten Menschen hier und jetzt. Die Folter sucht die Ewigkeit, die doch im Augenblick gerinnt, voller Unruhe und systematisch zugleich. Der Gefolterte, der noch nicht bereit zum Geständnis ist, ist noch nicht bereit für die Wahrheit seiner Henker. Im Schweigen und im Schrei drückt er die Qual seiner bisherigen Identität aus, ich bin der ich bin. Der Henker aber sucht, d. h. foltert weiter, seiner Wahrheit, seinem Schema hat die Identität des Gefolterten zu genügen. Den steigenden Schmerz den der Körper empfindet, begleiten Fragen die ans Bewußtsein dessen sich wenden, der gefoltert wird, die es destrukturieren und neu aufbauen, er soll identisch werden mit der verlangten Aussage. Nach der Folter bleibt sein Geständnis und die Narben als die Erinnerungsspuren seiner Pein und seines Schmerzes. In der Folter sucht der Henker die Wahrheit des Körpers, die verknüpft ist mit der Schuld. „Das Böse ist das auf dem Grund der Dinge existierende Unmögliche, das sich auf Umwegen in Lastern, Verbrechen und Kriegen offenbart."[49]

Dem Augenblick des Todes aber mißt man besondere Bedeutung zu. Er wird zum Moment der Wahrheit, der letzten Botschaft des Sterbenden, die Wahrheit über sich und den letzten Sinn seines Lebens offenbaren.[50]★

Die Folter an den Hexen ist Teil des Zerfalls allen körperlichen Lebens. „Dreifach ist zwischen der barocken und der mittelalterlichen Christlichkeit die sachliche Verwandtschaft. Der Kampf gegen die Heidengötter, der Triumph der Allegorie, das Martyrium der Leiblichkeit gilt ihnen gleichermaßen als notwendig."[53]

Die Folter beginnt mit der ersten Preisgebung des Körpers, seinem Erschrecken, die Folterinstrumente werden gezeigt. Danach wird er entblößt. Entblößung, Nacktheit, das ist der Verlust der sozialen Identität, die Kleidung weist auf den gesellschaftlichen Stand des Trägers hin, weist ihn aus als Angehöriger gesellschaftlicher Gruppen, und durch sie wird der Körper der Verwirrung und Hilflosigkeit der Scham ausgeliefert, auch ist der Zustand der Nacktheit in der Verkehrung durch die kirchliche Ideologie zu einem Zustand der Sünde geworden, die Tierischkeit

★ „Wenn das Martyrium den Körper des Lebendigen dergestalt emblematisch zurüstet, so ist doch daneben nicht unwichtig, daß der physische Schmerz schlechtweg als Aktionsmotiv jederzeit dem Dramatiker präsent war . . . Da nämlich der Geist an sich pure, sich selbst treue Vernunft ist, und körperliche Influenzen ganz allein ihn mit der Außenwelt in Verbindung setzen, so lag die Qualgewalt, die er erleidet, als Basis heftiger Affekte näher als sogenannte tragische Konflikte. Wenn dann im Tod der Geist auf Geisterweise frei wird, so kommt nun auch der Körper erst zu seinem höchsten Recht."[51]

„Produktion der Leiche ist vom Tode her betrachtet, das Leben. Nicht erst im Verlust von Gliedmaßen, nicht erst in den Veränderungen des alternden Körpers, in allen Prozessen der Ausscheidung und der Reinigung fällt Leichenhaftes Stück für Stück vom Körper ab".[52]

des Körpers tritt in ihr unverhohlen zutage. Die Nacktheit von Adam und Eva erkannt im Augenblick der Sünde, läßt sie sich mühen vor Gott und vor sich selbst ihre Blöße zu bedecken, sie bezeugt das Herausfallen aus dem paradiesischen Stand in den der Sünde und Arbeit, Mühsal und des Schmerzes. Auch deutet die Nacktheit schon auf den Tod. „Und weil durch die Dämonenangst die verdächtige Leiblichkeit ganz besonders beklemmend erscheinen muß, so ist man schon im Mittelalter an ihre emblematische Bewältigung gegangen. Nacktheit als Emblem ... Erst im Jenseits sollten die Seligen einer unverweslichen Körperlichkeit und eines gegenseitigen Genusses ihrer Schönheit in voller Reine teilhaftig werden.* Bis dahin blieb die Nacktheit ein Zeichen des Unreinen wie es sich allenfalls für griechische Götter, also für höllische Dämonen schickte ...[55] Wie hieraus zu entnehmen ist, wies die allegorische Exegese vor allem in zwei Richtungen: Sie war bestimmt, die wahre, die dämonische Natur antiker Götter christlich festzulegen und galt der frommen Mortifikation des Leibes."[56]

Die Nacktheit der Hexe ist doppelt: sie ist Preisgebung in der Entblößung der Folter und sie ist, in der Vorstellung der Verfolger zumindest, auch das magische Zeichen der Hexe, nackt fährt sie zum Sabbath, nackt huldigt sie ihrem Herrn und Geliebten, nackt übt sie ihren Zauber aus. Die Nacktheit der Hexe ist magische Nacktheit, sie wird der verfolgten Frau zugeschrieben, ihre tatsächliche Nacktheit vor dem Henker freilich liefert sie aus, den Blicken, dem Schmerz, der Vergewaltigung, ist ihr kein Schutz wie es noch die strahlende Nacktheit der Schwanhild war, vor der die Pferde, aber nicht die Menschen scheuten.

Wird die Gefolterte zur Vollstreckung des Urteils geführt zur Hinrichtung, so ist sie wieder bekleidet, jedoch nicht mit ihren eigenen Kleidern, den Lumpen und Fetzen längst in der

* Und doch „Es gibt kein Glück in Gedanken und Phantasie, das sich nicht aus der wie immer entfernten Ahnung realen Genusses herleitete; noch die sublimste Sehnsucht verdankt sich dem natürlichen Trieb."[54] Je mehr jedoch das Wissen darum — aus welchen Gründen auch immer — verdrängt wird, umso größer wird die Ranküne gegen den Körper.

Folter vergangener Identität, sondern zum Zeichen ihrer neuen Identität wird sie neu eingekleidet, mit anderen Kleidern, deren Ornamente die Macht ihrer Henker, die ihr die neue Identität gaben, darstellen.

Das Ritual des Verfahrens und Vollzug kann auf zweierlei Weise durchbrochen werden. Einmal, wenn die als Hexe Angeklagte nach der Folter, während der Folter oder überhaupt im Gefängnis stirbt. Dann hat der Teufel seiner Geliebten beigestanden. Er hat verhindert sie ihrem gerechten Ende, dem Ende in Übereinstimmung mit der Ordnung ihrer Henker zuzuführen, sein Eigen an sich genommen. Das durchbricht den Ablauf. Und zum anderen, wenn aus irgendeinem Grund die Hinrichtung mißlingt, 'wenn alle Stricke reißen', wenn der Verdammte noch im Diesseits gerettet wird.*

* Mißlang die Hinrichtung, so wurde manchmal der Verurteilte begnadigt. Es ist dies eine Art Gewohnheitsrecht, auch sah das Volk darin gern eine Art Gottesurteil, quasi höhere Einwirkung. ,,Das Volk wartete oft auf seine Anwendung, und es gelang ihm, Verurteilte zu retten, die auf diese Weise entronnen waren. Um dieses Gewohnheitsrecht und diese Erwartung zum Verschwinden zu bringen, mußte man sich auf das Sprichwort das Wild läßt seine Beute nicht los' berufen und in die Todesurteile die ausdrückliche Anweisung einfügen 'erhängt und erdrosselt bis zum Eintritt des Todes', 'bis zum Erlöschen des Lebens' . . . Noch lag in der Hinrichtungszeremonie eine Spur von Gottesurteil und Kampfgericht, wobei der Scharfrichter der Vorkämpfer des Königs war. Allerdings ein Vorkämpfer, zu dem man sich nicht bekennen konnte und den man stets verleugnete. . . War der Scharfrichter auch in einem gewissen Sinn das Schwert des Königs, so hatte er doch auch an der Ruchlosigkeit seines Gegners teil . . . Der Souverän ist bei der Hinrichtung nicht nur als die Macht, die das Gesetz rächt, gegenwärtig, sondern auch als die Macht die sowohl das Gesetz wie die Rache suspendieren kann. Er allein vermag die ihm zugefügten Beleidigungen zu tilgen. Zwar hat er den Gerichten die Ausübung seiner Gerichtshoheit anvertraut, doch hat er diese Hoheit nicht veräußert. Er behält sie voll und ganz. – Zur Aufhebung der Strafe

Der Entronnene, der, den der Tod nicht haben wollte, steht außerhalb, an ihm zerbricht die Macht des Königs. Die mißlungene Hinrichtung erscheint als der Augenblick der Wahrheit der Macht des Souveräns, nicht funktionierendes Werkzeug macht sie zuschanden, gibt sie der Lächerlichkeit preis, darauf warten die Beherrschten, auch darum steht und gafft das Volk.* Der Zufall als reitender Bote, der Einbruch des Unwahrscheinlichen, des rettenden Traums in die geregelte Furchtbarkeit (und Langeweile) des Lebens für das schon selbst das Schauspiel der Hinrichtung keine reale Ablenkung, kein Ersatz mehr ist. Rebellen, die gefangenen Bauernführer, Königsmörder, Verschwörer werden auf besondere Art hingerichtet. Ihre Hinrichtung ist Drohung und Einschüchterung (wie noch die Che Guevaras). Scheitert aber der ganze furchterregende Apparat, durch was auch immer, am armen, zerbrechlichen, verletzlichen Leib eines Menschen, dann löst sich das Grauen in der Lächerlichkeit des Instrumentariums, steht die Macht in Frage. Deswegen darf kein Strick reißen. Mit der weiteren

oder auch zu ihrer Verschärfung . . . In jedem Vergehen steckt ein crimen majestatis, und noch im geringsten Verbrecher ein kleiner potentieller Königsmörder."[57]

Das gilt für das säkularisierte Verbrechen und die säkularisierte Anklage. In den Ketzer- und Hexenverbrechen, die Verbrechen gegen Gott sind, ist keiner mehr, das Gnadenrecht auszuüben — außer dem Satan, der die Seinen im Gefängnis zu sich holt. Der Henker hat nicht nur an der Ruchlosigkeit des Verbrechers, den er richtet, teil, sondern er hat teil an der Ruchlosigkeit des Souveräns, repräsentiert deren allerverdrängtesten, schäbigsten Teil. Dadurch ermöglicht er die Illusion von der Gnade, die vom König auszugehn vermag. Die Hexen aber werden verbrannt, um sie im Jenseits der Gnade Gottes auszuliefern, und 'gnade dir Gott', da vermag auch heute noch kein Mensch mehr zu helfen.

* „Das Bewußtsein das Kontinuum der Geschichte aufzusprengen (das Halseisen der Macht, den Strick des Henkers und die Flamme des Scheiterhaufens, A. D.) ist den revolutionären Klassen im Augenblick ihrer Aktion eigentümlich."[58]

Rationalisierung der Herrschaft wird auch die Ausführung ihrer Urteile und Todesurteile unausweichlicher.*

Aus der großen Schau und Vorstellung der Hinrichtung wird nach ihrer Mechanisierung ein Geheimes und Verborgenes; Hinrichtungen werden sich künftig nicht mehr im Tageslicht und auf offenen Plätzen abspielen (als seien die letzten legitimen Hinrichtungen die der französischen Revolution gewesen, dürften keine nachrevolutionären mehr stattfinden), sie werden verlegt ins Morgen-Grauen, in die innersten, geheimsten und unzugänglichsten Kammern und Höfe der Gefängnisse und Kerker, ja manchmal weiß fast niemand, daß sie stattgefunden haben. Schemenhaft, schattenhaft, stumm, kein reitender Bote kommt mehr und winkt mit dem weißen Tuch 'Gnade, Gnade' kein Strick reißt mehr, und risse einer, so stünde ein andrer zur Verfügung oder der Genickschuß (wie in den Vernichtungslagern der Faschisten). Die letzte Entscheidung über den Tod ist endgültig den Massen genommen.

In der Hinrichtung der Hexe wird der Körper der Verurteilten total zunichte gemacht, zu Asche verbrannt. „Ein zunichte gemachter, zu Staub gewordener, in alle Winde zerstreuter Kör-

* „Im großen Verbrecher tritt ihm (dem Staat) diese Gewalt entgegen mit der Drohung: neues Recht zu setzen, vor der das Volk trotz ihrer Ohnmacht in bedeutenden Fällen noch heute wie in Urzeiten schaudert . . . Denn in der Ausübung der Gewalt über Leben und Tod bekräftigt sich mehr als in irgendeinem anderen Recht das Recht sich selbst . . . Eben in ihr (der Todesstrafe) kündigt zugleich irgendetwas Morsches im Recht am vornehmlichsten dem feineren Gefühl sich an, weil dieses sich von Verhältnissen, in welchen das Schicksal in eigner Majestät in einem solchen Vollzug sich gezeigt hätte, unendlich fern weiß."[59] Das Schicksal wird aber mehr und mehr von dem den Menschen von den Göttern zugeteilten Los zu einem den Menschen von den Menschen gemachten (und als solches durchschaut).

„Die Hauptperson bei den Marterzeremonien ist das Volk, dessen wirkliche und unmittelbare Gegenwart zu ihrer Durchführung erfordert wird . . ."[60]

per, ein von der unbegrenzten Macht des Souveräns Stück für Stück zerstörter Körper . . ."[61] Mit dem Körper wird die Tat begangen, er ist das Zeichen des Schuldig seins. Die Hand, die gestohlen hat, wird abgehackt, der Mund, der gelästert, in der Oberlippe gespalten, jedem Teil des Körpers ist sein Verbrechen zugeordnet, und die Strafe geht noch über den Tod hinaus, betrifft es ein Vergehen, das nur mit der Vernichtung des gesamten Körpers gestraft werden kann. „Hält man z.B. nicht in England die Todesstrafe für sehr geschärft durch den Zusatz, daß der Körper nach der Anatomie gebracht werden solle? und an anderen Orten dadurch, daß man den Enthaupteten nicht unter dem Galgen, sondern in einem Winkel des Kirchhofs begräbt?"[62] Die Asche des Ketzers Huss wird in den Rhein gestreut, der Wind verweht die anderer, das Urteil erstreckt sich nicht nur auf die Auslöschung des Lebens, sondern verfügt auch noch über den toten Körper.

Die Auffindung der Hexen bleibt nicht länger mehr wie noch bis zum letzten Viertel des 15. Jahrhunderts dem Zufall überlassen, sondern geschieht nach bestimmten, festgelegten Regeln und Gesetzen. Nicht Willkür, sondern Gesetzmäßigkeit, nicht Lynchjustiz sondern sorgfältig protokollierte Prozesse bestimmen das Bild der Verfolgung. Die Ungeheuerlichkeit ist organisiert. Genau vorgeschriebenes Verfahren soll auf die Spur der sich verwandelnden, die Gestalt wechselnden Zauberinnen führen.* Der Aufruf zur Verfolgung ist öffentlich. Die Prozedur, jeder kennt sie, weiß von ihr, findet unter Ausschluß der Öffentlichkeit im Beisein der Richter statt, ebenso Verhandlung und Urteilsverkündung. Die Vollstreckung des Urteils ist wiederum öffentlich. Das Geheimnis, das die Prozedur umgibt und die Öffentlichkeit der Hinrichtung** erhöhen Schrecken und Entsetzen, die sowohl mit dem Verfahren als auch mit der Hexe

* so wie im Faschismus die Juden oft an ihrer Nase 'erkannt' werden, so die Hexen am Hexenmal. Kennzeichen ihres Körpers sind für beide verräterisch und tödlich.

** „. . . durch das Schauspiel der am Schuldigen wütenden Macht sollte eine Terrorwirkung hervorgerufen werden: 'Der schwierigste Punkt in einem Strafverfahren ist die Vollstreckung

verbunden sind. Zu einem gewissen Grad lebt der Hexenprozeß von der Öffentlichkeit seines Ausgangs. Letzten Endes ist der einzige, der wirkliche Beweis dafür, daß die der Hexerei angeklagten Frau eine Hexe ist, ihre bloße Gegenwart, ihre pure Anwesenheit, ihr Körper. Das Hexenmal, das ihr Körper trägt steht pars pro toto für ihr Da sein. Ihr seelisch-geistiges Vermögen, ihr Verstand hatte sich oft in der Pein der Folter verkehrt und verwirrt, ihre Rede war beschränkt, denn ihr stand nur zu auf die genormten Fragen genormte Antworten zu geben, die ließen keinerlei Spielraum für 'persönliche Erklärungen'; nicht selten war einfach genug auch das physische Sprachvermögen durch die Folter beeinträchtigt, oft auch zerstört.*

So wird zum letztendlichen Beweis dafür, daß eine Frau eine Hexe ist, nicht ihr auf der Folter abgelegtes Geständnis, oder die Zeugenschaft von Denunzianten und Mitangeklagten,

der Strafe: sie ist Zweck und Ende des gesamten Verfahrens und bei guter Arbeit ist sie durch Exempel und Terror die einzige Frucht des Verfahrens.' "[63]

* Im Bereich der Justiz mißtraut man von Anbeginn an der Rede, den Worten, von daher auch der Formalisierung des Verfahrens. Das Gottesurteil, wortloses Geschehen der Wasserprobe, der Feuerprobe etc. entscheidet im Zweifelsfall, nicht Leumund oder mündlicher Unschuldsbeweis. Glaubwürdig und beweiskräftig ist nur das mit den Augen erfaßte, das vom Körper unter Qualen erpreßte. Geständnisse sind, solange der, der gestanden hat noch lebt, widerrufbar. Vernehmung und Lüge werden als untrennbar voneinander angesehen. Richter und Angeklagter stehen sich gegenüber, ersterer im Bewußtsein seiner Legitimation durch die Macht, die er vertritt, der andre im Wissen ums Dunkel, das seine Tat umgibt. Wird die Forderung nach einem verbalen Geständnis unterstützt von der Folter, so ist es, als sollte statt der Zunge der Körper zum Reden gebracht werden, der stumme Zeuge und das ausführende Organ der Tat. Sprache, Erfindung der herrschenden Klasse[64] , wird dem Beherrschten aufgezwungen, immer aber bleibt ihr gegenüber das Mißtrauen der Herrschenden gegen aufgezwungenes, nicht freiwilliges Verhalten.

sondern ihre leibhaftige Gegenwart.* Die Gegenwart des Körpers der Hexe, wird in der Öffentlichkeit der Urteilsvollstrekkung demonstriert. Ihre Anatomie macht sie zur Hexe. Der Beweis des Hexeseins verfällt dann der radikalen Vernichtung, der Körper verbrennt im zerstörenden Feuer, wird zu Staub und Asche, verweht vom Wind, auch er nicht sichtbar, nur spürbar. Nicht mehr zu sehen, nicht mehr zu fassen, nicht mehr zu hören, riechen oder schmecken, verfällt der Körper dem Nichts, eitles Blendwerk, so wie alle Werke des Teufels Blendwerke sind** , nicht wirklich und nicht wahr seine Schöpfungen und Geschöpfe. Ihr Tod wird so äußerster Beweis ihres Hexeseins. Frau-Hexe-Leib löst sich auf in Rauch, verweht, in öffentlicher Demonstration die Macht der Kirche und die Herrlichkeit Gottes beweisend, gegen die alle Werke des Teufels nichtig sind. Die Hölle hat sich nicht aufgetan zum Beistand ihrer Genossin, nichts rettete sie aus höchster Pein. Könnte sie denn etwas retten?[65]

Mit dem Rauch verweht die Tat, ihr Dasein als Hexe. Die Kirche triumphiert über die Macht des Teufels, der Tod der Hexe beweist es. Ihre vollständige Auflösung freilich macht sie auch wieder ungeheuerlich, auch der gewaltsame Tod, der sie traf. Zuschauer wollen einen schwarzen Vogel gesehen haben, der aus Flammen und Rauch aufstieg, in die Luft entfloh, getroffen von keinem Schützen und sei er noch so kunstfertig. Sie wird zum Gespenst. Ihre Nachfolgerinnen aber wird man in gespenstischer Dunkelheit halten, die unglückseligen Leiber angekettet, dahinvegetierend in den Zellen der Gefängnisse und Irrenhäuser, alt, häßlich, verkrüppelt, sonderlich und meschugge werden sie noch immer als Hexen verbrannt[66] oder sie verbringen den Rest ihres armen und armseligen Lebens ausgesperrt

* Wird deshalb auch der Teufel der Leibhaftige genannt, er, der stets durch Rede und Witz überlistbar ist, der in seiner 'Naivität' nicht den Doppelsinn von Worten und Versprechungen erkennt, mit denen Odysseus, der Kulturheld so trefflich umzugehen wußte?

** Der Leichnam der Heiligen erhält sich unversehrt auch im Grab.

und abgesperrt von der Gesellschaft bis zu ihrem klinischen Tod. Mit dem Verschwinden des öffentlichen Tods der Hexe verschwindet auch die Hexe selbst. Ihre Nachfolgerinnen werden den gesellschaftlich zuständigen Stellen zur Behandlung hysterischer oder sonst auffällig gewordener Frauen übergeben.

„Was sie an Ungeheuerlichem in den – eingebildeten oder wirklichen – Nächten der Sabbathe,genau wie in der Einsamkeit des Gefängnisses ausbildete, wo Sade die cent vingt Journeés schrieb, hatte eine allgemeine Gültigkeit. Baudelaire verkündete eine für alle gültige Wahrheit als der schrieb: 'Ich, ich behaupte; Die einzige und höchste Wollust der Liebe liegt in der Gewißheit das Böse zu tun. Mann und Frau wissen beide von Geburt an, daß sich alle Wollust im Bösen findet.' Ich sagte zuerst, daß das Vergnügen sich mit der Übertretung paart. Aber das Böse ist nicht die Übertretung, es ist verurteilte Übertretung. Das Böse ist genau gesagt, die Sünde."[67] Aus der Sünde aber gewinnt sich noch einmal Lust, in der Beichte der Übertretung vor dem Priester.[68]*

Hierin liegt ein Teil des Geheimnisses der großen Hysterien in den Nonnenklöstern, der großen, massenhaften Besessenheiten der Nonnen vom Teufel, und der eindrucksvollen Austrei-

* „Spätestens seit dem Mittelalter haben die abendländischen Gesellschaften das Geständnis unter die Hauptrituale eingereiht, von denen man sich die Produktion der Wahrheit verspricht: Regelung des Bußsakraments durch das Laterankonzil von 1215, die darauffolgende Entwicklung der Beichttechniken, in der Strafjustiz . . . all das hat dazu beigetragen, dem Geständnis eine zentrale Rolle in der Ordnung der zivilen und religiösen Mächte zuzuweisen . . . Lange Zeit hat sich das Individuum durch seine Beziehung zu anderen und durch Bezeugung seiner Bindung an andere (Familie, Gefolgschaft, Schirmherrschaft) ausgewiesen; später hat man es durch den Diskurs ausgewiesen, den es über sich selbst halten konnte oder mußte. Das Geständnis der Wahrheit hat sich ins Herz der Verfahren eingeschrieben, durch die die Macht die Individualisierung betreibt."[69]

Geständnis und erfahrene und/oder imaginierte Lust (denn beide sollen gebeichtet werden) verquicken sich in der unendlichen „Aufgabe, sich selbst oder einem anderen so oft als mög-

bungen.[71] Jede Faser des heiligen Körpers* der Nonnen ist besessen, hat ihren eigenen (perversen) Buhlteufel. So verschmelzen am Ende der Körper der Hexe und der der Besessenen in dem der Hysterischen.** Das Böse ist wie die Perversion nicht länger mehr Angelegenheit von Gott und Kirche sondern der Psychiatrie.*** Als psychologische Kategorie ist das Böse säkularisiert, sein Ursprung ist ins Innere der Menschen verlagert und wird nicht mehr außerhalb ihrer gesucht, z.B. im Teufel. Der Teufel war Gestalt gewordene Projektion, Alptraumbild aus Verbotenem und Verdrängtem. Die Hexe aber ist Brennglas und Brennspiegel, Sammellinse und Reflektor allen menschlichen Leids und seiner Ursachen in der Gesellschaft, die sie gebiert. In ihrer Hexerei, ihren Behexungen, dem Schadenszauber, der ihr zugeschrieben wird, den sie übt, nimmt sie alles Leid auf

lich alles zu sagen, was zum Spiel der Lüste, der zahllosen Gefühle und Gedanken gehört, die in irgendeiner Weise den Körper und die Seele mit dem Sex verbinden . . . Nichts soll mehr der Formulierung entgehen . . .''[70]

* Denn sie sind die aufgesparten Bräute Christi.

** ,,Die Hysterisierung des weiblichen Körpers ist ein dreifacher Prozeß: der Körper der Frau wurde als ein gänzlich von Sexualität durchdrungener Körper analysiert – qualifiziert und disqualifiziert; aufgrund einer ihm innewohnenden Pathologie wurde dieser Körper in das Feld der medizinischen Praktiken integriert; und schließlich brachte man ihn in organische Verbindung mit dem Gesellschaftskörper (dessen Fruchtbarkeit er regeln und gewährleisten muß), mit dem Raum der Familie (den er als substantielles und funktionelles Element mittragen muß), und mit dem Leben der Kinder (das er hervorbringt und das er dank einer die ganze Erziehung währenden biologisch-moralischen Verantwortlichkeit schützen muß): die 'Mutter' bildet mitsamt ihrem Negativbild der 'nervösen Frau' die sichtbarste Form dieser Hysterisierung.''[72]

*** ,,Und schließlich die Psychiatrisierung der perversen Lust: der sexuelle Instinkt ist als autonomer biologischer und psychischer Instinkt isoliert worden; . . . schließlich hat man nach einer Korrekturtechnik für diese Anomalien gesucht''[73]

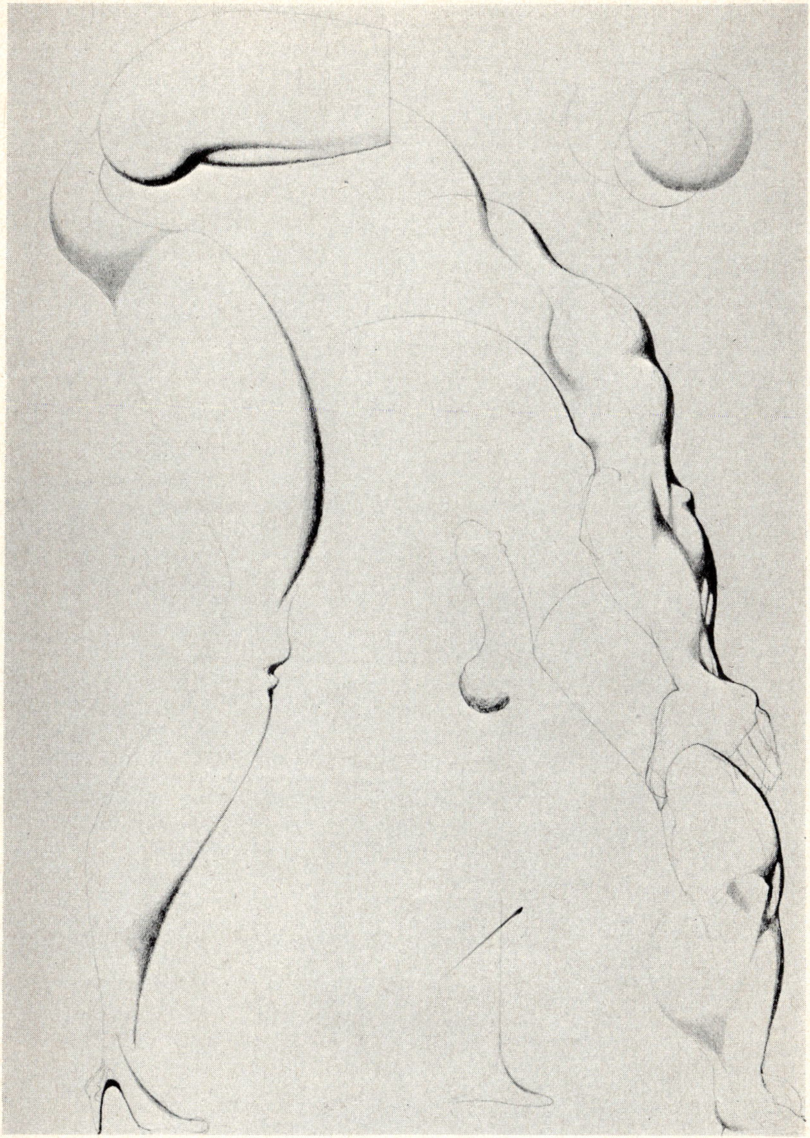

und reflektiert es, was unter den Menschen ihrer Umgebung durch Torheit und Unwissenheit entsteht. Neid, Mißgunst, Haß, Gier, Eifersucht. Die Hexe existiert auf der gesellschaftlich am wenigsten und am höchsten vermittelten Ebene, der untersten Ebene der zwischenmenschlichen Beziehungen in einer Zeit knapper Produktions- und Existenzmittel.

Die einander Liebenden, die Torheit und Neid der Mitmenschen nicht zusammen kommen läßt, sie gehen zur Hexe um Rat und Hilfe; die getäuschte Frau, der getäuschte Mann, der düpierte, übers Ohr gehauene, betrogene, der vom Nachbarn geschädigte, der Neidische, der voller Rachsucht und Haß, alle kommen zur Hexe. Das Böse aber ist der Ausfluß all dieser Gefühle, die Vergegenständlichung der Mißgunst, der Gier, der Eifersucht usw. Hinzu kommen die Frustrationen aus den gesellschaftlich verlangten Triebverzichten und -aufschüben. Der Trug zukünftiger Befriedigung um der Opferung gegenwärtig (erreichbar scheinenden) Glücks, die Frustrationen der Versagung und Vertröstung. Die Triebunterdrückung, die vom Einzelnen geleistet wird, letztendlich um der Kultur willen, permanenter Odysseus, permanent sein Selbst opfernd. Handeln, das gegen die eigene Einsicht sich setzt um der gesellschaftlich hervorgerufenen Angst willen, und die daraus resultierende ständige und stetige Verkrüppelung der Autonomie des Individuums. Das alles tragen die Menschen ihrer Umgebung zur als Hexe designierten Frau. Sie wird zum Focus der daraus entspringenden Gefühle und Wünsche, der Rebellierende erwartet von ihr Hilfe zu seiner Rache, die Liebenden Erfüllung. Weil alles sich bei ihr sammelt, wird sie zum Brennpunkt der Verzweiflung, zur Personifikation des Hasses, des Bösen und der Teufel, ihr Traum- und Rauschgemahl ist der Fürst der Verzweiflung. Als die Figur, die das absolut Böse und Negative verkörpert, wird sie aufgesucht und gemieden. Sie ist umgeben von einer Aura aus Scheu und aus Abscheu. Sie ist Verkörperung des Bösen, das ihre Mitmenschen doch zu ihr gebracht haben, ihrer Wünsche, ihrer Begehren und sie wird zum Medium, zum Mittel es wieder auszuschicken. Sie sammelt die Strahlen wie eine Linse auf daß sie gebündelt anderes entzünden, sie ist Spiegel, Braut des Teufels. An ihr, in ihr kulminierend erscheint das Böse losgelöst, nicht mehr Produkt menschlicher Torheit, sondern sie erscheint als deren Vergegenständlichung nun selber böse, Hexe, Zauberin. Alles Böse, aller Schaden kommt von ihr, sie wird dafür verantwortlich gemacht, daß in den Beziehungen zwischen den Menschen nicht das Glück aufleuchtet, das versprochene. (Nachdem die Kirche die Ehen durchs Sakrament geheiligt hatte, wer war da verantwortlich wenn die Gatten sich nicht vertrugen?) Sie stellt die unüberwindlichen Hindernisse auf zwischen denen, die zusammen kommen wollen und daran gehindert sind, sie macht die Hungersnot, indem sie den Hagel beschwört und den Regen zur unrechten Zeit, sie macht die Krankheiten und holt die Pest über die Stadt. So wiederum wird sie zum geeigneten Objekt der Verfolgung, bemächtigt man sich ihrer, bemächtigt man sich des Bösen, tötet man sie, so tötet man den Schaden, mit ihrem Tod wird die Welt wieder heil. So funktionieren die Hexenverfolgungen lange Zeit und immer wieder, wer an ihr teilnimmt kann seinen Teil an Torheit und Gier, Neid, hier loswerden. Jeder hat Anteil an der Hexe, weil jeder Anteil an der Torheit hat; daß er sich selbst zum Krüppel macht, projiziert er auf sie. In ihr verfolgen die Armen sich selber, die eigene leidige und leidvolle Existenz. Jeder von ihnen weiß im Innersten und Geheimsten um das, was dort geschieht, weiß um seinen Anteil, deswegen ist auch keiner verwundert, wenn die Hexe Gefährtinnen nennt, Gefährten der Verzweiflung und der Unwissenheit. Nicht ein oder zwei, sondern viele gibt sie preis in der Folter. Jeder der an der Verfolgung teilnimmt kann es sein, er weiß, daß er es auch ist, Teil hat; und doch, solange sein Name den Henkern und Richtern noch nicht genannt ist, kann er entkommen, sie freilich wird verbrannt.

Anmerkungen

Einleitung

1) Antonin Artaud, Die Tarahumaras. Revolutionäre Botschaften, München 1975, S. 201
2) s. Sigmund Freud, „Massenpsychologie und Ich-Analyse" in: Gesammelte Werke, Bd. XIII.
3) s. Elias Canetti, Masse und Macht, 1960, 2 Bde.
4) s. George Bataille, Der heilige Eros. Frankfurt a. M. 1974
5) Apulejus, Der goldene Esel. München o. J.
6) Gilles Deleuze, Felix Guattari, Antiödipus, Studienausgabe, S. 207
7) Schon im Jahre 1484, dem Erscheinungsjahr des Hexenhammers, dem Leitfaden der kodifizierten Hexenfindung, Folterung und Aburteilung, erschien Stefan Lanzkrannas, Probst zu St. Dorotheen in Wien, Schrift „Himmelsstraße", in der der Hexenwahn der Inquisition kritisiert wird. Heinrich Cornelius Agrippa von Nettesheim, selber großer Zauberer und Alchemist, nimmt gegen den Hexenwahn und die Verfolgungswut Stellung in seiner Schrift „de incertitudine et vanitate scientiarium declamatio invectiva", Köln 1527 und außerdem in seiner „occulta philosophia", Köln 1510. Johann Weyer, ein Schüler des Agrippa, schreibt „de praestigiis daemonum" zu deutsch: „Von den Blendwerken der Dämonen, von Zauberei und Hexerei", Frankfurt a. M. 1562. Friedrich von Spee, Jesuit und Beichtvater verurteilter Hexen in Köln, Trier und Würzburg verfaßte die „cautio criminalis" oder rechtliches Bedenken wegen der Hexenprozesse.
8) Ernest Bornemann, Das Patriarchat, Frankfurt a. M. 1975, S. 112
9) Karl-Heinz Otto, Deutschland in der Epoche der Urgesellschaft, Berlin 1961, S. 49; vlg. auch: Die Bibel, 1. Mose 30, 29-43 (Die Verse handeln davon wie Jakob, der listige Sohn Isaaks, die weißen und die gefleckten Schafe züchtete und so zu Reichtum gelangt.)
10) s. Levi-Strauss, Anthropologie 1-111
11) M. Foucault, „Nietzsche, die Genealogie, die Historie" in: ders., Von der Subversion des Wissens, hrg. v. W. Seittner, München 1974, S. 91
12) s. Peter Weiss, Ästhetik des Widerstands, Frankfurt 1976
13) vgl. Simone de Beauvoir, Das andere Geschlecht, Hamburg 1951
14) Über die männlichen Identifikationskomponenten in der Frauenbewegung des 19. und beginnenden 20. Jahrhunderts s. u. a. E. Fuchs, Sozialgeschichte der Frau, Frankfurt a. M. 1973
15) Novalis, Die Lehrlinge zu Sais, in: Schriften I, Stuttgart. S. 101
16) Foucault, a. a. O., S. 92
17) a. a. O., S. 104
18) Michel Foucault, Archäologie des Wissens, Frankfurt a. M. 1973, S. 17
19) Claude Levi-Strauss, Strukturale Anthropologie II, „Rasse und Geschichte", Frankfurt a. M. 1975, S. 369
20) Roland Barthes im Vorwort zu: Jules Michelet, Die Hexe, München 1974
21) Foucault, a. a. O., S. 100

22) Novalis, a. a. O., S. 84
23) ebd.
24) vgl. Müller, Schubert, Die schöne Müllerin, Liederzyklus.
25) n. Erich Neumann, Die große Mutter, Freiburg-Olten 1974, ist sie Teil der Symbolik der Großen, Runden, der Weltmutter.
26) Novalis, a. a. O., S. 88
27) s. Max Horkheimer, Theodor W. Adorno, „Odysseus oder der Mathos der Aufklärung" in: dies., Dialektik der Aufklärung, Amsterdam 1955.
28) Gérard de Nérval, Die Frauen von Kairo, Frankfurt a. M. 1973, S. 44
29) vgl. die Überlegungen Freuds in Totem und Tabu, Ges. W. Bd. 9 u. a.; ebenso: Rudolf Bilz, Paläoanthropologie, Bd. I, Frankfurt 1971; ders. Studien über Angst und Schmerz, Frankfurt a. M. 1973
30) Novalis, a. a. O., S. 89
31) s. Horkheimer, Adorno, a. a. O.
32) s. Karl Marx, Pariser Manuskripte, hrg. v. H. Marcuse
33) Novalis, a. a. O., S. 87
34) s. Marcel Mauss, „Theorie der Magie" in: ders. Soziologie und Anthropologie I, München 1974, S. 72ff. u. 86ff.
35) Foucault, a. a. O. 133
36) a. a. O., S. 145
37) a. a. O., S. 147
38) a. a. O., S. 150
39) Deleuze, Guattari, a. a. O., S. 7
40) Martin Heidegger in: Der Spiegel, Nr. 23, 30. Jg., 31. Mai 1976
41) Foucault, a. a. O., S. 172
42) ebd.
43) a. a. O., S. 174
44) ebd.
45) a. a. O., S. 178
46) Jules Michelet, Die Hexe, München 1974, S. 19f.

Magie

1) B. Spinoza, Tractatus theologicao-politicus.
2) Maus, a. a. O., S. 94
3) Géza Róheim, Magic and Schizophrenia, New York 1955, S. 59
4) a. a. O., S. 46
5) vgl. Horkheimer, Adorno, a. a. O.
6) Canetti, a. a. O., S. 66
7) Hermann Hesse, Der Steppenwolf, Frankfurt a. M. 1970, S. 66
8) George Bataille im Nachwort zu Michelet, a. a. O., S. 258
9) Die erste sichere Erwähnung vom Buhlbund Teufel-Hexe stammt aus dem Jahr 1275. s. Jakob Grimm, Deutsche Mythologie, 3 Bde. Göttingen 1836, S. 890
10) Canetti, a. a. O., S. 119
11) ebd.
12) s. James Frazer, The Golden Bough.
13) s. Apulejus, a. a. O. und viele der Grimm'schen Märchen.
14) Grimmelshausen, Der abenteuerliche Simplicissismus, Reclam Bd. 761-66/66a-f, S. 158ff.

15) Horkheimer, Adorno, Mensch und Tier, in: Dialektik der Aufklärung, Amsterdam 1955, S. 295
16) Michel Foucault, Wahnsinn und Gesellschaft, Frankfurt a. M. 1969, S. 550.
17) n. Mauss, a. a. O.
18) a. a. O., S. 61f.
19) a. a. O., S. 62
20) ebd.
21) ebd.
22) Barthes, a. a. O., S. 11
23) vgl. Simone de Beauvoir, Das andere Geschlecht, Rowohlt Enzyclopädie, Bd. 99
24) Mauss, a. a. O., S. 67
25) vgl. Carlos Castaneda, Gespräche mit Don Juan, Frankfurt a. M. 4 Bde.
26) Mauss, ebd.
27) Castaneda, a. a. O.
28) Mauss, a. a. O., S. 69f. (s. auch Margaret Murruy, The Witch-Cult in Western Europe, Oxford 1971, bes. Kap. VIII, The Familiars and Transformation)
29) Mircea Eliade, Schamanismus und archaische Ekstasetechnik, Frankfurt 1975, S. 369
30) Eliade, a. a. O., S. 368
31) Gottfried Wilhelm Hegel, Vorlesungen über die Philosophie der Geschichte, Werkausgabe, Frankfurt a. M. 1970, Bd. 12, S. 121
32) Mauss, a. a. O., S. 96
33) Róheim, a. a. O., S. 46
34) ebd.
35) s. Frazer, a. a. O., Mauss, a. a. O.
36) Mauss, a. a. O., S. 98
37) Foucault, in: Hrg. Seittner, a. a. O., S. 114
38) s. Horkheimer, Adorno, a. a. O., „Interesse am Körper"
39) s. Heinrich von Kleist, die Figur der Kunigunde in „Kätchen von Heilbronn" u. Edgar Allan Poe, „The Man that was Used Up".
40) Mauss, a. a. O., S. 99
41) Horkheimer, Adorno, a. a. O., „Antisemitismus", S. 219
42) Bilz, a. a. O., S. 234
43) George Bataille, Die Aufhebung der Ökonomie, München 1975, S. 86
44) s. Hegel, Phänomenologie des Geistes, a. a. O., Bd. 3, S. 82-107 „Die sinnliche Gewißheit oder das Diese und das Meinen", S. 107 „Die Täuschung des Wahrnehmens".
45) Karl Jaspers, Allgemeine Psychopathologie, 9. Aufl., Berlin-Heidelberg-New York 1973, S. 235
46) ebd.
47) a. a. O., S. 619
48) Bilz, a. a. O., S. 46
49) Horkheimer, Adorno, Antisemitismus, a. a. O., S. 227f.
50) Mauss, a. a. O., S. 116
51) Mauss, a. a. O., S. 152
52) Eliade, Ewige Bilder und Sinnbilder, Olten-Freiburg, S. 213
53) Erich Heumann, Die große Mutter. Freiburg-Olten 1974, S. 286
54) Hugo von Hoffmannsthal, Der Kaiser und die Hexe.
55) s. Goethe, Faust II
56) Eliade, Die Religionen und das Heilige, Salzburg 1954
57) a. a. O., S. 123
58) Eliade, a. a. O., S. 203; vgl. auch die Vermutung Ernst Blochs, das Haupt der

Gorgo sei so schon gewesen, daß jeder, der ihr Gesicht ansah ihrer Schönheit verfiel (und ihre Schrecklichkeit so erwuchs aus der Todesverfallenheit derer, die sie angeschaut).

59) Eliade, Ewige Bilder . . . , a. a. O., S. 15f.
60) Neumann, a. a. O., S. 203
61) ebd.
62) Neumann, a. a. O., S. 204
63) C. G. Jung, 'über die Archetypen des kollektiven Unbewußten', in: ders. Bewußtes und Unbewußtes, Frankfurt a. M., S. 31f.
64) Neumann, a.a.O., S. 206
65) Hermann Kees, Der Götterglaube im alten Ägypten, Mitteilungen der vorderasiatischen ägyptischen Gesellschaft, Bd. 45, Leipzig 1941, S. 353
66) Eliade, a.a.O., S. 14f.
67) Foucault, in: Hrg. Seittner, S. 33
68) a.a.O., S. 36ff.
69) zur Zahlensymbolik und Magie vgl. u.a. Gershom Scholem, Zur Kabbala und ihrer Symbolik, Frankfurt a.M. 1973, u. Matthias Hermann, Das Nationalepos der Tibeter, Gling König Ge Sar, Regensburg 1965, S. 40-52 „Magische Zahlen im Mikro- und Makrokosmos".
70) Hermann, a.a.O., S. 40f; s. auch das Hexeneinmaleins aus Goethes Faust I.
71) Neumann, a.a.O., S. 211
72) a.a.O., S. 212
73) a.a.O., S. 213
74) a.a.O., S. 214
75) Castaneda, a.a.O.
76) Neumann, a.a.O., S. 216
77) Eliade, a.a.O., Murray, a.a.O.
78) Eliade, a.a.O., S. 94
79) Neumann, a.a.O., S. 226
80) a.a.O., S. 216
81) vgl. Bachofen, a.a.O., Bd. II, Index 'Weben'; u. Grimm, a.a.O.
82) Neumann, a.a.O., S. 217
83) a.a.O., S. 216
84) Eliade, a.a.O., S. 114
85) Otto König, Urmotiv Auge, Neu entdeckte Grundzüge menschlichen Verhaltens, München-Zürich 1975, S. 273
86) Neumann, a.a.O., S. 222
87) Goethe, Faust II, V. Akt, Mephisto
88) s. E. Bloch, Prinzip Hoffnung, 3 Bde., Frankfurt a.M. 1973 und ders. Naturrecht und menschliche Würde, Frankfurt 1961
89) F. Otto Walter, Die Götter Griechenlands, Frankfurt a.M., 1947, S. 261
90) Neumann, a.a.O., S. 220
91) ebd.
92) a.a.O., S. 230
93) ebd.
94) a.a.O., S. 232
95) a.a.O., S. 233
96) a.a.O., S. 235
97) zum Folgenden vgl. auch Marianne Staufer, Der Wald, Darstellung und Deutung der Natur im Mittelalter, Zürich 1958
98) Ernst Bloch, Thomas Münzer, Frankfurt 1963, S. 50

99) s. Die Jagd im Odenwald, aus: Der Nibelungen Noth und Klage, VII-IX
100) vgl. Wolfram von Eschenbach, Parzival I
101) s. Gottfried von Strassburg, Tristan
102) s. Frazer, a.a.O.
103) Canetti, a.a.O., S. 190f.
104) s. D.H. Lawrence, Lady Chatterly
105) Bornemann, a.a.O., S. 208
106) vgl. auch Raymond Roussel, Locus Solus, Neuwied-Berlin, S. 134-139
107) Martin Nink, Wotan und germanischer Schicksalsglaube, Jena 1935, S. 191
108) Neumann, a.a.O., S. 238
109) s. Michelet, a.a.O., S. 23
110) a.a.O., S. 79
111) a.a.O., S. 29
112) Neumann, a.a.O., S. 241
113) Ephraim der Syrer, in: Mater ecclesia: Lobpreis der Kirche aus dem ersten Jahrtausend christlicher Literatur, Hrg. v. H. Rahner, Einsiedeln-Köln 1944, S. 118
114) Neumann, a.a.O., S. 242
115) a.a.O., S. 246
116) s. Eliade, Schmiede und Alchemisten, Stuttgart
117) Novalis, a.a.O., S. 245f.
118) s. Michelet, a.a.O., auch B. Ehrenreich, D. English, Witches, Midwifes and Nurses, A History of Women Healers, reprint Detroit 1973
119) Neumann, a.a.O., S. 248; s. auch die Darstellung der Verkündigung an Maria mit dem Symbol der Lilie.
120) C. G. Jung, R. Wilhelm, Das Geheimnis der goldenen Blüte, Olten-Freiburg 1971, S. 122
121) vgl. Bachofen, Das Mutterrecht, Ges. W. Bd. II u. III., Basel 1948
122) a.a.O., Bd. I, S. 114f.
123) Horkheimer, Adorno, Odysseus oder der Mythos der Aufklärung, in: Dialektik . . .a.a.O., S. 80
124) Homer, Odyssee IX, 81-84
125) a.a.O., IX, 94-97
126) Horkheimer, Adorno, a.a.O., S. 81
127) ebd.
128) Homer, Odyssee IX, 98, 99, 105
129) Horkheimer, Adorno, a.a.O., S. 80
130) Neumann, a.a.O., S. 253
131) in: Rudyard Kipling, The Second Jungle Book, Chap. 'Red Dog''
132) vgl. die andere Analogie der Milchstraße.
133) vgl. Neumann, a.a.O., S. 256f.
134) a.a.O., S. 255
135) vgl. Homer, Illias
136) s. Claude Lévi-Strauss, Das wilde Denken, Frankfurt a.M.
137) Neumann, a.a.O., S. 258
138) ebd.
139) Die homerischen Götterhymnen, übers. v. Thassilo von Schäfer, Jena 1927, S. 82
140) Neumann, a.a.O., S. 261
141) a.a.O., S. 265
142) Horkheimer, Adorno, a.a.O., S. 87

143) Ch. Baudelaire, Le Vin du Solitaire
144) Horkheimer, Adorno, a.a.O., S. 88
145) Homer, Odyssee, XI, 218
146) Horkheimer, Adorno, a.a.O., S. 88f.
147) a.a.O., S. 89
148) a.a.O., S. 90
149) a.a.O., S. 72
150) a.a.O., S. 71
151) a.a.O., S. 66
152) a.a.O., S. 66f.
153) Michelet, a.a.O., S. 101
154) Zum Sieg der Gefolgschaftstreue über das Gastrecht s. Nibelungenlied, die Markgraf Rüdiger Episode.
155) Horkheimer, Adorno, a.a.O., S. 58
156) s. Grimms Märchen, a.a.O., Die beiden Brüder
157) s. M. Murray, Witchcraft in Western Europe, a.a.O.
158) Eliade, Schamanismus, a.a.O., S. 105; vgl. auch Jan de Vries, Altgermanische Religionsgeschichte, Berlin-Leipzig 1937, 2 Bde., Bd. II, s. 27ff. u. 51ff.
159) Eliade, ebd.; vgl. auch Castaneda, a.a.O.
160) Eliade, a.a.O., S. 254
161) ebd.
162) aus: Hansen, Quellen u. Untersuchungen zur Geschichte des Hexenwahns und der Hexenverfolgung im Mittelalter, Bonn 1901, S. 123, zit. n. Buch der verbotenen Kunst, Unglaubens und der Zauberei des Dr. Johann Hartlieb.
163) Eliade, a.a.O., S. 443
164) was Pilze betrifft, s.u.a. Levi-Strauss, 'Die Pilze in der Kultur', a.a.O., S. 251-262
165) Neumann, a.a.O., S. 278; vgl. auch Eliade, a.a.O. und H. Fühner, Solanzeen als Berauschungsmittel, eine historisch-ethnologische Studie, Archiv für experimentelle Pathologie und Pharmakologie, Bd. 3, 1926, S. 281-294
166) Neumann, a.a.O., S. 278
167) a.a.O., S. 279
168) a.a.O., S. 281
169) ebd.
170) s. Castaneda, a.a.O.
171) vgl. Eliade, Die Religionen, a.a.O., S. 406
172) a.a.O., S. 408
173) a.a.O., S. 409
174) a.a.O., S. 411
175) Novalis, a.a.O., S. 104
176) ebd.
177) Bataille, Der heilige Eros, Frankfurt a.M. 1974, S. 110
178) vgl. Murray, The God of the Witches, reprint 1973, chap. V. Religious and magical ceremonies; ders. Witchcraft in Western Europe, a.a.O., chap. IV, The Assemblies
179) Bataille, a.a.O., S. 52
180) a.a.O., S. 52f.
181) s. auch Castaneda, a.a.O.
182) Bataille, a.a.O., S. 123
183) a.a.O., S. 121f.
184) s. Scholem, Zur Kabbala und ihrer Symbolik, Frankfurt a.M. 1973, S. 184ff.

185) a.a.O., S. 184
186) n. Scholem, a.a.O., S. 191f.
187) s. König, a.a.O.
188) Scholem, a.a.O., S. 200
189) a.a.O., S. 199
190) a.a.O., S. 200
191) a.a.O., S. 189
192) a.a.O., S. 123
193) ebd.
194) vgl. u.a. H. R. Trevor-Roper, The European Witch-Craze of the 16th an 17th Centuries, Pelican Book A1009
195) Bataille, a.a.O., S. 122
196) zu Schwarze Messe und Bauernaufstand s. u. 4. Kap.; s. auch Michelet, a.a.O., S. 102ff.
197) Bataille, a.a.O., S. 122
198) Eliade, Schamanismus, a.a.O., S. 409
199) zum Salztabu s. Murray, a.a.O.
200) s. Eliade, Schmiede, a.a.O.
201) s. Neumann, a.a.O., S. 291
202) ebd.
203) a.a.O., S. 293
204) s. Frazer, a.a.O., S. 851
205) vgl. Horkheimer, Adorno, a.a.O., S. 64f.
206) ebd.
207) s. Michelet, a.a.O.
208) Bataille in Michelet, a.a.O., S. 262
209) Michelet, a.a.O., S. 24

Kirche

1) Dante, Divina Commedia, Inferno, canto terzo
2) Schenkl, S. Ambrosii opera, Bd. IV, S. 459
3) Horkheimer, 'Montaigne und die Funktion der Skepsis', in: ders. Kritische Theorie, 2 Bde., Frankfurt a.M. 1968, Bd. II, S. 209
4) Roberbau, Die Evangelienmythen, Jena 1910, S. 36
5) Der Apostel Paulus an seine Gemeinde in Korinth (1. Korinth. 7, 29-31).
6) s. Eliade, Die Religionen . . ., a.a.O.
7) Matthäus 28, 19 u. 20
8) Johannes Bühler, Die Kultur des Mittelalters, Stuttgart 1948, S. 16
9) Novalis, a.a.O., S. 300ff.
10) a.a.O., S. 97
11) Horkheimer, Adorno, a.a.O., S. 71
12) Zum Vatermord, s. Horkheimer, Adorno, Elemente des Antisemitismus, Grenzen der Aufklärung, a.a.O., S. 199-245.
13) a.a.O., S. 218
14) Horkheimer, Adorno, Interesse am Körper, in: a.a.O., S. 276-281, S. 276f.
15) a.a.O., S. 277
16) Horkheimer, Adorno, Elemente des Antisemitismus, a.a.O., S. 217
17) Otto Same weist darauf hin, daß G. W. Leibniz diese Zuordnung von Aggressi-

vität und Heiterkeit bekannt war. Man liest in der Tabula definitonum: „Odium eststatus delectandi aliena misera vel imperfectione." In den Elementa juris naturalis (1617) Akad. Vi, 1, 457, 24 schreibt der Philosoph: „Odium rem cuius miseria nobis jucunda est." (Bilz, Urängste im Rahmen der sog. Daseins-Angst (Existenz-Angst) in: ders. Palöoanthropologie, Frankfurt 1971, S. 430-438, S. 434) Bilz ordnet dieses Phänomen einer der Ur-Ängste der Menschen zu, die dem „Ausmerze-Schema" (S. 432) zugeordnet ist, er setzt es in Verbindung mit der Schuld-Angst, die Sünde sei hier die Absonderung. (vgl. S. 432f.)

18) Horkheimer, Adorno, Interesse am Körper, a.a.O., S. 277f.
19) Bataille in Michelet, a.a.O., S. 258
20) Horkeimer, Adorno, Element des Antisemitismus, a.a.O., S. 217
21) Horkheimer, Adorno, Interesse am Körper, a.a.O., S. 277
22) s. Freud, Ges. W. II/III, Die Traumdeutung / Über den Traum.
23) E. Fromm, Das Christusdogma und andere Essays, München 1965, S. 45
24) 2. Korinth. 2, 15 u. 16
25) K.-H. Deschner, Das Kreuz mit der Kirche. Düsseldorf-Wien 1974, S. 85f.
26) vgl. ebd.
27) ebd.
28) a.a.O., S. 87
29) s. die Aristotelesche Theorie von der Urzeugung.
30) Bataille, a.a.O., S. 52
31) a.a.O., S. 53
32) s. ebd.
33) ebd.
34) a.a.O., S. 57
35) Aurelius Augustinus, Bekenntnisse, Einsiedeln 1948, S. 388, 311
36) a.a.O., S. 311-314. Es folgen Abschnitte über den „Reiz des Geruchssinns", „Reiz des Gehörsinns", „Begierlichkeit der Augen", etc.
37) s.u.a. E. Fromm, Anatomie der menschlichen Destruktivität, Studienausgabe, 1974
38) s.u.a. M. Foucault, Gesellschaft und Wahnsinn, Frankfurt a.M. 1969
39) A. Artaud, Das Theater und sein Double, Frankfurt 1969, S. 95
40) Zu den Spezialitäten des Drills, s. Klaus Theweleit, Männerphantasien Bd. II, Frankfurt a.M. 1978
41) vgl. Deschner, a.a.O., S. 98
42) aus: Marienlied, Melker Handschrift, 12. Jahrh. in: Älteste deutsche Dichtung, Insel Verlag, S. 60
43) Melker Handschrift, a.a.O.
44) Handschrift aus Muri, in: Älteste deutsche Dichtung, a.a.O.
45) E. Fromm, Christusdogma . . ., a.a.O., S. 59
46) Aurelius Augustinus, a.a.O., S. 345-430
47) Fromm, a.a.O., S. 66
48) Freud, 'Gross ist die Diana der Epheser' in: Ges. W. Bd. VIII, S. 360-361
49) Fromm, a.a.O., S. 68
50) Bühler, a.a.O., S. 17
51) Harnack, Lehrbuch der Dogmengeschichte I, 1909, S. 155
52) Fromm, a.a.O., S. 69
53) vgl. Bilz, a.a.O.
54) Bilz, a.a.O., S. 431
55) a.a.O., S. 430

56) E. Bloch, Das Prinzip Hoffnung, 3 Bde. Frankfurt a.M. 1973, Bd. II, S. 548; vgl. Hans Sachs, Das Schlaraffenland.
57) Sachs, a.a.O.
58) s. Augustinus, a.a.O.
59) Sandor Rado, Problem der Melancholie, Internationale Zeitschrift für Psychoanalyse, XIII, S. 439ff.
60) Fromm, a.a.O., S. 70f.
61) vgl. dazu u.a. Wilhelm Fraenger, Hieronymus Bosch, Das Tausendjährige Reich, Amsterdam o.J.; Niklaus Lenau, Die Albigenser, in: ders. Ges. W. 2 Bde., Leipzig 1970, Bd. I
62) zu Chiliasmus und Bauernkrieg, s. E. Bloch, Thomas Münzer, Frankfurt a.M. 1963
63) Bachofen, a.a.O., S. 108
64) J. Schnitzer, Der Tod Alexanders VI, S. 87
65) Michelet, a.a.O., S. 46
66) Horkheimer, Notizen, 1950-1969, Frankfurt a.M. 1974, S. 192
67) Plato, Politea 10, 6 IIC
68) Zum Verhältnis von Kirche und Eheschließung, vgl. Ingeborg Weber-Kellermann, Die deutsche Familie, Versuch einer Sozialgeschichte, Frankfurt a.M. 1975, S. 18-60.
69) a.a.O., S. 51
70) ebd. (s. auch: Wilhelm Ruddeck, Geschichte der öffentlichen Sittlichkeit in Deutschland, Moralhistorische Studien, Jena 1897; auch Deschner, a.a.O.)
71) Bornemann, a.a.O., S. 266
72) Aus der Venezianischen Renaissance datiert eine Darstellung der Vermählung der hl. Theresia mit Christus.
73) Michelet, a.a.O., Kap. VI u. VII
74) s. Aldous Huxley, The Devils of Loudon, 1972 (auch zu den politischen Dimensionen dieser Vorfälle)
75) s. Huxley, a.a.O. und Michelet, a.a.O.
76) s. Karl Jaspers, Allgemeine Psychopathologie, neunte unveränderte Aufl., Berlin-Heidelberg-New York 1973, S. 616
77) ebd.
78) a.a.O., S. 615f.
79) zum Fall Gauffridi, s. Michelet, a.a.O., S. 144-158
80) a.a.O., S. 183-203
81) a.a.O., S. 181
82) P. Klemm, Träumer, Ketzer und Rebellen, Berlin o.J., S. 67
83) s. Fraenger, a.a.O., S. 27
84) zit. nach: Danelou, Bible et Liturgie, Paris 1951, S. 56
85) Eliade, Bilder . . ., a.a.O., S. 198
86) Fraenger, a.a.O., S. 28
87) s. Kellermann, a.a.O. und Bühler, a.a.O.
88) a.a.O., S. 291; vgl. auch Arno Borst, Lebensformen des Mittelalters, Frankfurt a.M.-Berlin 1973
89) Bloch, Das Prinzip Hoffnung, a.a.O. Bd. II, S. 590f.
90) a.a.O., S. 595f.
91) Fraenger, a.a.O., S. 30
92) Paul Frédéricq, Corpus documentorum inquisitionis haereticae pravitatis Neerlandiae, Gent-Gravenhage 1899, Dokument No. 249 (S. 269-279)
93) s. Fraenger, a.a.O., S. 41f.

94) J. B. Russel, Witchkraft in the Middle Ages.
95) Bühler, a.a.O., S. 324
96) Horkheimer, Vernunft und Selbsterhaltung, in: ders., Autoritärer Staat, u.a. Amsterdam 1968,.S. 119
97) Zur Inquisition, s. Henry C. Lea, The History of the Inquisation in the Middle Ages, 3 Bde. New York-London 1880-1890; ders., The History of the Inquisation in Spain, 4 Bde. New York 1906-1907
98) n. Charles de Coster, Ulenspiegel, München 1973, S. 146
99) Horkheimer, a.a.O., S. 118
100) ebd.
101) vgl. die Darstellung Dantes, a.a.O.
102) Michelet, a.a.O., S. 63
103) a.a.O., S. 25
104) a.a.O.
105) a.a.O., S. 63
106) a.a.O., S. 60
107) Bühler, a.a.O., S. 50
108) a.a.O., S. 329
109) Zur Judenverfolgung im Mittelalter, s.u.a. Paul Hilberg, The Destruction of the European Jews, Chicago 1961; Cecil Roth, Marranos and Racial Anti-Semitism, A Study in Parallels, Jewish Social Studies IV, 1940 S. 234-248; Otto Stobbe, Die Juden in Deutschland während des Mittelalters, Leipzig 1902; zur Parallelität von Hexen- und Judenverfolgung, s. auch Trevor-Ropper, a.a.O.
110) Bühler, a.a.O., S. 330
111) L. Beirnaert, S. J. La dimension mystique de le sacramentalisme chretien, Eranos Jahrbuch 1949, Bd. XVIII, Zürich 1956, S. 255-286
112) Soldan-Heppe, Geschichte der Hexenprozesse, Nachdruck, Hanau 1968, 2 Bde., Bd. I, S. 1
113) Scholem, a.a.O., S. 203f.
114) zit. n. J. M. Schwager, Versuche einer Geschichte der Hexenprozesse, Berlin 1784, S. 23ff.
115) n. Soldan-Heppe, a.a.O., S. 258ff.
116) ebd.
117) a.a.O., S. 260
118) a.a.O., S. 261
119) a.a.O., S. 262
120) a.a.O., S. 262f.
121) Handschrift aus Muri, a.a.O.
122) Reik, Der eigene und der fremde Gott, Frankfurt a.M. 1972, S. 38
123) a.a.O., S. 50ff.
124) s. Lukas 2, 7 u. Apostelgeschichte 1, 4
125) aus der Mariensequenz der Handschrift aus Muri, a.a.O.
126) Reik, a.a.O., S. 40
127) a.a.O., S. 53
128) a.a.O., S. 54
129) Eduard Meyer, Ursprung und Anfänge des Christentums, Bd. I, Die Evangelien, Stuttgart-Berlin 1921, S. 77f.
130) Reik, a.a.O., S. 59f.
131) a.a.O., S. 63f
132) ebd.
133) Scholem, a.a.O., S. 188
134) a.a.O., S. 143

135) s. ebd.
136) Reik, a.a.O., S. 66f.; vgl. auch Freud, Beiträge zur Psychologie des Liebeslebens, I, Über einen besonderen Typus der Objektwahl beim Manne; II, Über die allgemeinste Erniedrigung des Liebeslebens, in ders. Ges. W. Bd. VIII, S. 66-91.
137) Schriften der Heiligen Hildegard von Bingen, Ausgewählt und übertragen von Johannes Bühler, Leipzig 1922; „Sequenz zu Ehren Mariens", a.a.O., S. 305f.

Der Schatz der Nibelungen

1) Der Nibelungen Noth und Klage, X
2) Das Lied vom Drachenhort, in: Edda, Hamburg-Stuttgart-München, S. 156
3) s. Michelet, a.a.O., S. 45
4) zit. n. Klemm, a.a.O., S. 67f.
5) Werner Sombart, Luxus und Kapitalismus, Bd. I, Studien zur Entwicklungsgeschichte des modernen Kapitalismus, München-Leipzig 1913, S. 6
6) ebd.
7) ebd.
8) G. Bataille, Gilles de Rais, Leben und Prozeß eines Kindermörders, Hamburg, S. 355
9) a.a.O., S. 350f
10) s.a.a.O., S. 352f.
11) a.a.O., S. 46
12) Michelet, a.a.O., S. 55
13) Bataille, a.a.O., S. 62
14) vgl. dazu Max Weber, Die protestantische Ethik und der Geist des Kapitalismus.
15) Bataille, a.a.O., S. 63
16) ebd.
17) Horkheimer, Adorno, Interesse am Körper, a.a.O., S. 276
18) F. Nietzsche, Zur Genealogie der Moral, in: ders. Werke, München 1967, 2 Bde., Bd. II, S. 175-289, S. 187
19) a.a.O., S. 185
20) E. Fromm, Anatomie der menschlichen Destruktivität, a.a.O., S. 250
21) Bataille, a.a.O., S. 44f.
22) a.a.O., S. 14
23) aus 'Blaubart' in: Kinder- und Hausmärchen der Brüder Grimm, Vollständige Ausg. in der Urfassung, hrg. v. F. Panger, Wiesbaden-Berlin, S. 222-224
24) F. Nietzsche, Jenseits von Gut und Böse, a.a.O., S. 65
25) Zur pathologiegeschichtlichen Trennung von Vernunft und Wahnsinn, s. M. Foucault, Wahnsinn . . ., a.a.O., S. 177f.
26) ebd.
27) Horkheimer, Notizen . . ., a.a.O., S. 5
28) vgl. Horkheimer, Adorno, Le Prix du Progres, in: a.a.O., S. 273-274
29) a.a.O., S. 274
30) Horkheimer, Adorno, a.a.O., S. 123
31) Maurice Dobb, Entwicklung des Kapitalismus, Köln-Berlin 1970, S.
32) Foucault, a.a.O., S. 81
33) a.a.O., S. 83

34) vgl. F. W. Kampschulte, Johann Calvin, Seine Kirche und sein Staat in Genf, Leipzig 1869, S. 424 ff.
35) Soldan-Heppe, a.a.O., I, S. 539f.
36) 1. Mose 6, 5-7
37) 1. Mose 8, 21/22
38) 1. Mose 9, 11-14
39) Die Bibel,Neues Testament
40) zit. n. Horkheimer, Adorno, a.a.O., S. 123
41) Horkheimer, Vernunft . . ., a.a.O., S. 81
42) ebd.
43) a.a.O., S. 84
44) a.a.O., S. 86
45) ebd.
46) a.a.O., S. 87
47) a.a.O., S. 94
48) Horkheimer, Adorno, a.a.O., S. 110
49) a.a.O., S. 111
50) Horkheimer, Notizen, a.a.O., S. 79, Fazit der großen deutschen Philosophie – in abstracto.
51) s. Foucault, a.a.O.
52) Horkheimer, Adorno, Mensch und Tier, a.a.O., S. 295-305, S. 296
53) Horkheimer, Notizen, a.a.O., 'Mensch und Rhinozeros', S. 72f.
54) Horkheimer, Adorno, a.a.O., S. 298
55) a.a.O., S. 299
56) ebd.
57) a.a.O., S. 296
58) Soldan-Heppe, a.a.O., II, S. 153
59) Horkheimer, Vernunft und Selbsterhaltung, a.a.O., S. 119
60) Bataille, Die Aufhebung der Ökonomie, München 1975, S. 85
61) ebd.
62) Bernhardino de Sahagun, Buch IV, Kap. III, zit. n. Bataille a.a.O., S. 84
63) Zur Funktion des Königsopfers, s. Canetti, Masse und Macht, a.a.O., II, S. 151-167
64) in: Murray, The God of the Witches, a.a.O., Kap. 'The Divine Victim', S. 160-198
65) s. Bataille, a.a.O.
66) ebd.
67) vgl. 1. Mose 22, 1-20
68) 1. Mose 22, 12/13
69) Horkheimer, Adorno, a.a.O., S. 295
70) aus: Oratio Fausti ad Studiosus, in: Historia von Dr. Johann Faustus, dem weltbeschreyten Zauberer und Schwarzkünstler, 1587, in: Deutsche Volksbücher, rororo Bd. 510/511, S. 141ff.
71) s. Michelet, a.a.O.
72) s. Thomas Mann, Dr. Faustus, Das Leben und Werk des deutschen Tonsetzers Adrain Leverkühn erzählt von einem Freund, Frankfurt a.M. 1965, S. 650f.
73) s. Martin Warnke, Bau und Überbau, Soziologie der mittelalterlichen Architektur nach den Schriftquellen, Frankfurt a.M. 1976 (a.a.O., S. 20)
74) ebd.
75) a.a.O., S. 25
76) a.a.O., S. 22

77) a.a.O., S. 21
78) a.a.O., S. 157
79) a.a.O., S. 15f.
80) a.a.O., S. 22
81) a.a.O., S. 23
82) ebd.
83) a.a.O., S. 94
84) a.a.O., S. 14f.
85) a.a.O., S. 15
86) Bataille, a.a.O., S. 155
87) vgl. R. H. Tawney, Religion and the Rise of Capitalism, 2. Aufl. New York 1974, S. 270f.
88) Bataille, a.a.O., S. 158
89) Dobb, a.a.O., S. 224
90) Bataille, a.a.O., S. 156
91) ebd.
92) a.a.O., S. 157
93) a.a.O., S. 159
94) a.a.O., S. 169
95) Karl Marx, Das Kapital, I. Kap. 1, Abschnitt IV: Der Fetisch-Charakter der Ware und sein Geheimnis.
96) Bataille, a.a.O., S. 164
97) Shakespeare, Hamlet, IV, 4
98) Walter Benjamin, Ursprung des deutschen Trauerspiels, Frankfurt a.M. 1969, S. 149f.

Frÿheit

1) Lied vom bayrischen Krieg
2) Ullsteins Weltgeschichte, hrg. v. Pflugk-Harttung, Bd. Geschichte des Mittelalters, 1909, S. 265
3) Jaspers, a.a.O., S. 616
4) Karl Ploetz, Hauptdaten der Weltgeschichte, 1950, 26. Aufl. S. 89
5) Friedrich Hölderlin, 'Kolomb', zit. n. ders. Sämtliche Werke, Frankfurter Ausgabe, Einleitung, S. 114
6) Brief des Kolumbus an Dona Juana de la Torre, zit. n. Bloch, a.a.O., S. 908
7) Aus der Ansprache der Hebamme an den Aztekenjungen beim Durchtrennen der Nabelschnur, n. Sahagun, Buch II, Kap. XXXIII (Einige Kapitel aus dem Geschichtswerk des Frey Bernardino de Sahagun, von Eduard Seler, Stuttgart 1925, S. 203).
8) Foucault, a.a.O., S. 41
9) Pflugk-Harttung, a.a.O., S. 520f. Eine detaillierte Beschreibung der im Mittelalter auftretenden Krankheiten und ihrer Behandlung gibt J. F. C. Hecker, Die großen Volkskrankheiten des Mittelalters, Berlin 1865
10) Pflugk-Harttung, ebd.
11) Jaspers, a.a.O., S. 616
12) vgl. Hecker, a.a.O.
13) Pflugk-Harttung, a.a.O., S. 390
14) ebd.

15) Hecker, a.a.O.
16) a.a.O.
17) a.a.O.
18) Foucault, a.a.O., S. 23
19) Michelet, a.a.O., S. 83
20) a.a.O., S. 87
21) a.a.O., S. 86
22) s. Thomas S. Szasz, Das Ritual der Drogen, Wien-München-Zürich 1978, S. 82f.
23) a.a.O., S. 83
24) ebd.
25) Michelet, a.a.O., S. 101
26) Szasz, a.a.O., S. 83f.
27) Michelet, a.a.O., S. 96
28) Basileus von Cäsarea, 2. Jahrh. n. Christus
29) aus Francois Villon (1431 geboren und gestorben nach 1463), Ballade und Gebet für Jean Cotard.
30) so der große Ketzerjäger Bernhard von Clairevaux, zit. n. Klemm, a.a.O., S. 71
31) zit. n. Klemm, a.a.O., S. 71
32) Aneas Sylvius, der spätere Papst Pius II in seiner 'Geschichte Böhmens', zit. n. Klemm, a.a.O., S. 100
33) Michelet, a.a.O., S. 101
34) a.a.O., S. 100
35) vgl. a.a.O., S. 101ff.
36) Michelet, a.a.O., S. 108ff.
37) s. Murray, a.a.O.; Michelet, a.a.O.; Baroja, a.a.O.; Russel, a.a.O.
38) Michelet, a.a.O., S. 103f.
39) Klemm, a.a.O., S. 120
40) ebd.
41) J. Unbehaun, Die Nacht im Mittelalter, Berlin 1975, S. 47
42) Horkheimer, Notizen, a.a.O., S. 142f.
43) zit. n. Unbehaun, a.a.O., S. 49
44) Die Sage vom Kaiser Friedrich, n. Pflugk-Harttung, a.a.O., S. 246
45) Bloch, Thomas Münzer, a.a.O., S. 58f.
46) zit. n. F. Engels, Der Deutsche Bauernkrieg, in: Marx-Engels Werke Bd. 7, S. 329-408, S. 365f.
47) a.a.O., S. 382
48) Bloch, a.a.O., S. 100
49) Klemm, a.a.O., S. 182f.
50) Ricarda Huch, Der Dreißigjährige Krieg, 2 Bde., Frankfurt a.M. 1974, Bd. I, S. 212
51) a.a.O., Bd. II, S. 1050ff.
52) Facsimile-Ausgabe der Original-Handschrift aus dem Kehlheimer Stadtarchiv, München-Allach, o. J.
53) Soldan-Heppe, a.a.O., I, S. 281
54) a.a.O., I, S. 283. Hier und im folgenden vgl. Murray, Witchcraft . . ., a.a.O.; Baroja, a.a.O.
55) a.a.O., S. 282
56) a.a.O., S. 281
57) vgl. ebd.
58) n. a.a.O., S. 280
59) vgl. a.a.O., S. 282
60) a.a.O., S. 286f.

61) a.a.O., S. 283
62) a.a.O., S. 284ff.
63) a.a.O., S. 297
64) s. a.a.O., S. 80
65) s. a.a.O., S. 128, 136, 218, 226, u.a.
66) a.a.O., S. 148
67) a.a.O., S. 272ff.
68) a.a.O., S. 281f.
69) a.a.O., S. 287
70) a.a.O., S. 311
71) Kurt Baschwitz, Hexen und Hexenprozesse. München 1966, S. 336f.
72) Soldan-Heppe, a.a.O., S. 315f.
73) a.a.O., S. 317
74) a.a.O., S. 318
75) Delrio, Vizekanzler und Generalstaatsanwalt von Brabant, Professor zu Löwen, veröffentlichte 1596 sein Buch 'Untersuchung über Zauberei in sechs Büchern'; s. Baschwitz, a.a.O., S. 129ff.
76) Soldan-Heppe, a.a.O., S. 318f.
77) a.a.O., S. 322
78) a.a.O., S. 327
79) a.a.O., S. 335
80) a.a.O., S. 322
81) a.a.O., S. 339
82) a.a.O., S. 339f.
83) a.a.O., S. 342-344
84) a.a.O., S. 348
85) a.a.O., S. 385
86) a.a.O., S. 386
87) a.a.O., S. 389f.
88) Jaspers, a.a.O., S. 617
89) Spee, s.a.a.O.
90) n. Soldan-Heppe, a.a.O., S. 431
91) ebd.
92) vgl. a.a.O., S. 432ff.
93) a.a.O., S. 435
94) vgl. a.a.O., S. 438f.
95) Weyer, zit. n. Soldan-Heppe, a.a.O., S. 456f.
96) a.a.O.; zum Thema Hexen, Krankenheilung und Verfolgung, vgl. auch Ehrenreich, English; a.a.O., Michelet; a.a.O., S. 83f.; Szasz, a.a.O., u.a.
97) D. Balthasar Bekker, 1654-1698 „Die Bezauberte Welt" (De betoverde Wereld, synde een groudig onderzoek van't gemeene gevoelen, . . . 1. Buch Leeuw. 1691; dt. Übersetzung 1693)
98) Christian Thomasius, 1655-1728, Philosoph und Jurist, vertrat die Lehre vom Naturrecht, kämpfte gegen Intoleranz und Folter.
99) Soldan-Heppe, a.a.O., II, S. 248
100) s. E. Bloch, Naturrecht und menschliche Würde, Frankfurt a.M. 1961, S. 344
101) vgl. J. B. Russel, a.a.O.,; auch Baroja, a.a.O.
102) Soldan-Heppe, a.a.O., S. 289
103) zur Transformation der germanischen Götter und Göttinnen in die Dämonen der Christen, s. Grimm, a.a.O.
104) s. Murray, a.a.O.

105) Walter Benjamin, Das Kunstwerk im Zeitalter seiner technischen Reproduzierbarkeit, Frankfurt a.M. 1973, S. 49
106) vgl. Weber-Kellermann, a.a.O., S. 51-61, 'Wandel des Familienrechts' (So wurde erst im Verlauf des 16. Jahrhunderts . . . dann der gesamte Trauungsakt in das Gotteshaus verlegt . . . . (a.a.)., S. 52f.)
107) Bataille, Der heilige Eros, a.a.O., S. 121f.
108) Michelet, a.a.O., S. 103
109) Pflugk-Harttung, a.a.O., S. 512
110) s. Scholem, a.a.O., Frazer, a.a.O.
111) Trevor-Ropper, a.a.O., S. 33f.
112) Aus der Chronik des Matthias von Kemnat, Hofkaplan Friedrichs des Siegreichen von der Pfalz, der auch schreibt, daß er viele Hexen zu Heidelberg und anderen Orten verbrennen gesehen habe, zit. n. Soldan-Heppe, a.a.O., I, S. 245f.
113) a.a.O., S. 251
114) vgl. Trevor-Ropper, The European Witch Craze of the 16th and 17th Centuries, Pelican Book No. A 1009, S. 12
115) ebd.
116) Soldan-Heppe, a.a.O., S. 486
117) n.a.a.O., S. 486f.
118) a.a.O., S. 489
119) zu diesem besondern Fall, s.a.a.O., S. 490
120) a.a.O., S. 499f.
121) a.a.O., S. 507
122) a.a.O., S. 499
123) a.a.O., S. 509
124) n.a.a.O., S. 514
125) a.a.O., S. 509
126) n.a.a.O., S. 510f.
127) a.a.O., S. 511
128) a.a.O., S. 512
129) a.a.O., S. 512f.
130) zit. n.a.a.O., S. 513
131) n.a.a.O., S. 513f.
132) n.a.a.O., S. 519f.
133) a.a.O., S. 514
134) a.a.O., S. 516
135) a.a.O., S. 523
136) a.a.O., S. 525f.
137) zit. n.a.a.O., S. 527
138) n.a.a.O., S. 528
139) n.a.a.O., S. 529
140) aus der Chronik von Thann, zit. n.a.a.O., S. 529
141) a.a.O., S. 535
142) n.a.a.O., S. 549
143) zit. n.a.a.O., S. 553
144) a.a.O., II, S. 2
145) zit. n.a.a.O., S. 3
146) n.a.a.O., S. 4
147) ebd.
148) n.a.a.O., S. 4f.
149) ebd.

150) ebd.
151) zit. n.a.a.O., S. 13
152) Diefenbach, Der Hexenwahn, Mainz 1886, S. 132
153) ebd.
154) n. Soldan-Heppe, a.a.O., II, S. 6-12
155) a.a.O., S. 16
156) ebd.
157) n.a.a.O., S. 17-20, Soldan-Heppe geben auch die Namen all dieser Menschen.
158) a.a.O., S. 19
159) n.a.a.O., S. 25
160) a.a.O., S. 26
161) a.a.O., S. 27
162) a.a.O., S. 41
163) aus einem Brief des Pfarrers Duren zu Alfter über die Verhältnisse in Köln an den Grafen Werner von Salm, zit. n.a.a.O., S. 51
164) n.a.a.O., S. 55f.
165) a.a.O., S. 60
166) n.a.a.O., S. 61
167) n.a.a.O., S. 62
168) zit. n.a.a.O., S. 62
169) a.a.O., S. 73
170) n.a.a.O., S. 78f.
171) n.a.a.O., S. 81
172) a.a.O., S. 121f.
173) n.a.a.O., S. 106
174) n.a.a.O., S. 96ff.

Die Ordnung der Menschen und Dinge

1) Jean Paul, 'Die Vernichtung', aus: Dr. Katzenbergers Badereise
2) T. W. Adorno, Unmaß für Unmaß, in: minima moralia, Frankfurt a.M. 1964, S. 133
3) a.a.O., S. 120
4) s. Paderborn
5) Horkheimer, Vernunft und Selbsterhaltung, a.a.O., S. 100
6) s. Soldan-Heppe, a.a.O., S. 15; Kaiser Ferdinand rügt im Besonderen die Güterkonfiskation.
7) Adorno, a.a.O., S. 134, 'Menschen sehen dich an', S. 133f.
8) K. Theweleit, Männerphantasien, Bd. I, Frankfurt a. M. 1977, S. 384 f.
9) siehe auch: W. Reich, Massenpsychologie des Faschismus, Ffm 1972
10) Theweleit, a. a. O.
11) Bataille, 'Das Böse', in: ders. Das obszöne Werk, Reinbeck 1977, S. 117
12) A. Artaud, 'Das Theater und die Pest', in: ders. Das Theater und sein Double, Frankfurt a.M. 1969, S. 26
13) a.a.O., S. 27
14) a.a.O., S. 26
15) a.a.O., S. 22ff.
16) Jean Paul, a.a.O., S. 260
17) a.a.O., S. 28ff.

18) a.a.O., S. 33
19) Adorno, Negative Dialektik, Frankfurt a.M. 1966, S. 356
20) vgl. Eugen Kogon, Der SS Staat, Das System der deutschen Konzentrationslager, Frankfurt a.M. 1946
21) Norbert Miller, Nachbemerkungen zu Mirabeau, Der gelüftete Vorhang oder Lauras Erziehung, Frankfurt a.M. 1971, S. 222
22) a.a.O., S. 214f.
23) a.a.O., S. 215
24) vgl. Pauline Reage, Die Geschichte der O
25) Theweleit, a.a.O., S. 424f.
26) s. Szasz, Die Fabrikation des Wahnsinns, 1974
27) Theweleit, a.a.O., S. 433
28) a.a.O.
29) a.a.O., S. 432f.
30) a.a.O., S. 433
31) vgl. Georg Groddeck, Das Buch vom Es, Leipzig-Wien-Zürich 1923, S. 79f.
32) ebd.
33) a.a.O., S. 72
34) Deleuze, Guattari, S. 244f.
35) Groddeck, a.a.O., S. 79
36) vgl. de Sade's Schriften, Mirabeau, a.a.O., u.a.
37) Horkheimer, 'Jenseits des Geschlechtsprinzips', in: Notizen, a.a.O., S. 6f.
38) Horkheimer, 'Schreckbild Perversion', in: Notizen, a.a.O., S. 30
39) Horkheimer, Adorno, 'Juliette oder Aufklärung und Moral', in: Dialektik der Aufklärung, a.a.O., S. 135
40) Theweleit, a.a.O., S. 54
41) s. Freud, 'Beiträge zur Psychologie des Liebeslebens', in: Ges. W. Bd. 8, a.a.O. und ders. 'Drei Abhandlungen zur Sexualtheorie', in: Ges. W. Bd. 5, u.a.
42) Theweleit, a.a.O., S. 377
43) Adorno, Negative Dialektik, a.a.O., S. 359
44) Bataille, Vorwort zu 'Madame Edwarda', in: Der heilige Eros, a.a.O., S. 263; vgl. auch ders. Abbe C', Frankfurt a.M. 1976; Die Geschichte des Auges, in: ders. Das obszöne Werk, Reinbeck 1977; vgl. auch: Artaud, Heliogabal oder der Anarchist auf dem Thron, München 1972
45) Adorno, a.a.O., S. 357
46) Horkheimer, Vernunft . . ., a.a.O., S. 117f.
47) Spee, a.a.O., XX 10, zit. n. Soldan-Heppe, a.a.O., I, S. 362
48) s. Gottfried von Strassburg, Tristan und Isolde
49) Bataille, 'Das Böse', a.a.O., S. 177
50) vgl. W. Benjamin, Ursprung des deutschen Trauerspiels, Frankfurt a.M. 1969, S. 243-248
51) a.a.O., S. 245
52) a.a.O., S. 245f.
53) a.a.O., S. 249
54) Horkheimer, Notizen, a.a.O., S. 117
55) n. Augustinus, de civitate dei, XXII, 24
56) Benjamin, a.a.O., S. 150f.
57) M. Foucault, Überwachen und Strafen, Die Geburt des Gefängnisses, Frankfurt a.M. 1976, S. 69-71
58) Benjamin, 'Geschichtsphilosophische Thesen', in: Kritik der Gewalt, a.a.O., Nr. 14

59) a.a.O., S. 39ff.
60) Foucault, a.a.O., S. 75
61) a.a.O., S. 67
62) G.L. Lichtenberg, Der Weg der Buhlerin, Frankfurt a.M. 1969, S.
63) Foucault, a.a.O., S. 75
64) s. Nietzsche, Zur Genealogie der Moral, a.a.O.
65) vgl. Heinrich von Kleist, Das Erdbeben in Chili
66) s. Spees Bericht, a.a.O.
67) Bataille, Der heilige Eros, a.a.O., S. 124
68) Foucault, Sexualität und Wahrheit, Frankfurt a.M. 1977
69) a.a.O., S. 75f.
70) a.a.O., S. 31
71) vgl. Huxley, a.a.O.
72) Foucault, a.a.O., S. 126
73) a.a.O., S. 127

Literaturverzeichnis

Adorno, Theodor W., minima moralia, Frankfurt a.M. 1964
– Negative Dialektik, Frankfurt a.M. 1966
– u. Max Horkheimer, Dialektik der Aufklärung, Amsterdam 1955
Apulejus, Der goldene Esel, München o. J.
Artaud Antonin, Das Theater und sein Double, Frankfurt a.M. 1969
– Heliogabal oder der Anarchist auf dem Thron, München 1975
– Die Tarahumaras. Revolutionäre Botschaften, München 1975
Augustinus, Aurelius, Bekenntnisse, Einsiedeln 1948
Älteste deutsche Dichtung, Insel-Bücherei Nr. 432
Bachofen, Johann J., Das Mutterrecht, Stuttgart 1861
Baetke, Walter, Die Aufnahme des Christentums durch die Germanen, Darmstadt 1959
Baroja, Julio C., The World of the Witches, Chicago 1964
Baschwitz, Kurt, Hexen und Hexenprozesse, München 1966
Bataille, George, Der heilige Eros, Frankfurt a.M. 1974
– Die Aufhebung der Ökonomie, München 1975
– Abbe C', Frankfurt a.M.-Berlin-Wien 1976
– Das obszöne Werk, Reinbek 1977
– Gilles de Rais. Leben und Prozeß eines Kindermörders, Hamburg o. J.
Beauvoir, Simone de, Das andere Geschlecht. Sitte und Sexus der Frau, Hamburg 1951
Benjamin, Walter, Ursprung des deutschen Trauerspiels, Frankfurt a.M. 1969
– Das Kunstwerk im Zeitalter seiner technischen Reproduzierbarkeit, Frankfurt a.M. 1973
– Kritik der Gewalt, Frankfurt a.M.
Bilz, Rudolf, Palöoanthropologie, Bd. I, Frankfurt a.M. 1971
Bloch, Ernst, Naturrecht und menschliche Würde, Frankfurt a.M. 1961
– Thomas Münzer, Frankfurt a.M. 1963
– Das Prinzip Hoffnung, 3 Bde., Frankfurt a.M. 1973
– Atheismus im Christentum, Frankfurt a.M. 1968
Bornemann, Ernst, Das Patriarchat, Frankfurt a.M. 1975
Borst Arno, Lebensformen des Mittelalters, Frankfurt a.M.-Berlin 1973
Brant, Sebastian, Das Narrenschiff, Reclam Bd. 899/900/00a-d
Bühler, Johannes, Die Kultur des Mittelalters, Stuttgart 1948
Byloff, Fritz, Hexenglaube und Hexenverfolgung in den österreichischen Alpenländern, Berlin-Leipzig 1934
Canetti, Elias, Masse und Macht, 2 Bde., 1960
Castaneda, Carlos, Gespräche mit Don Juan, 4 Bde., Frankfurt a.M. 1974-1976
Childe, V. G., Vorgeschichte der europäischen Kultur, Hamburg 1960
Coster, Charles de, Ulenspiegel, München 1975
Croissant Werner, Die Berücksichtigung Geburts- und berufsständischer Unterschiede im deutschen Hexenprozeß, Mainz 1953
Deleuze, Gilles, u. Guattari, Felix, Antiödipus, Studienausgabe.

Deschner, Karl-Heinz, Das Kreuz mit der Kirche. Eine Sexualgeschichte des Christentums, Düsseldorf-Wien 1974
Deutsche Lyrik des Mittelalters, Zürich 1962
Deutsche Volkssagen, Heidelberg 1956
Diefenbach, Der Hexenwahn, Mainz 1886
Dobb, Maurice, Entwicklung des Kapitalismus, Köln-Berlin 1970
Die Edda, Hamburg-Stuttgart-München, o. J.
Ehrenreich, Barbara u. Deidre English, Witches, Midwifes and Nurses. A History of Women Healers, reprint Detroit 1973
Eliade, Mircea, Die Religionen und das Heilige, Salzburg 1954
– Schmiede und Alchimisten, Stuttgart o. J.
– Das Heilige und sein Symbol, o.O., o. J.
– Ewige Bilder und Sinnbilder, Olten-Freiburg o. J.
– Schamanismus und archaische Ekstasetechnik, Frankfurt a.M. 1975
Elias, Norbert, Der Prozeß der Zivilisation, 2 Bde., Frankfurt a.M.
Engels, Friedrich, der Deutsche Bauernkrieg, in: Marx-Engels-Werke, Bd. 7, Berlin 1969
Erasmus von Rotterdam, Das Lob der Torheit, Reclam Bd. 1907/08
Erikson, Erik H., Identität und Lebenszyklus, Frankfurt a.M. 1973
Eschenbach von, Wolfram, Parcival, in: Gesammelte Werke, Berlin-Leipzig 1926
Foucault, Michel, Von der Subversion des Wissens (hrg. v. W. Seittner), München 1974
– Wahnsinn und Gesellschaft, Frankfurt a.M. 1969
– Archäologie des Wissens, Frankfurt a.M. 1973
– Überwachen und Strafen. Die Geburt des Gefängnisses, Frankfurt a.M. 1976
– Sexualität und Wahrheit, Frankfurt a.M. 1977
Fraenger, Wilhelm, Hieronymus Bosch. Das tausendjährige Reich, Amsterdam o. J.
Frazer, J., The Golden Bough, o.O., o. J.
Fredericq, Paul, corpus documentorum inquisitionis heareticae pravitatis Neerlandiae, Gent-Gravenhage 1899
Freud, Sigmund, Gesammelte Werke, Frankfurt a.M.
Fromm, Erich, Das Christusdogma und andere Essays, München 1965
– Anatomie der menschlichen Destruktivität, Studienausgabe 1974
Fuchs, Eduard, Sozialgeschichte der Frau, Frankfurt a.M. 1973
Gardener, Gerald B., Ursprung und Wirklichkeit der Hexen, Wertheim 1965
Goethe, Johann Wolfgang, Faust
Grimm, Jakob, Deutsche Mythologie, 3 Bde., Göttingen 1835
Grimm, die Brüder, Kinder- und Hausmärchen der Brüder Grimm, Vollständige Ausgabe in der Urfassung, hrg. v. Friedrich Panger, Wiesbaden-Berlin
Groddeck, Georg, Das Buch vom Es, Leipzig-Wien-Zürich 1923
Grimmelshausen, Der abenteuerliche Simplicissimus, Reclam Bd. 761-66/66a-f
Hansen, Joseph, Zauberwahn, Inquisition und Hexenprozeß im Mittelalter und die Entstehung der großen Hexenverfolgung, München 1900
– Quellen und Untersuchungen zur Geschichte des Hexenwahns und der Hexenverfolgung im Mittelalter, Bonn 1901
Harnack, (Hrg.), Lehrbuch der Dogmengeschichte I, 1909
Hecker, J.F.C., (hrg. v. August Hirsch), Die großen Volkskrankheiten des Mittelalters, Berlin 1865
Hegel, G.W.F., Vorlesungen über die Philosophie der Geschichte, Werkausgabe, Bd. 12, Frankfurt a.M. 1970
– Phänomenologie des Geistes, Werkausgabe, Bd. 3
Helbig, Franz, Die Tortur – Geschichte der Folter im Kriminalverfahren aller Völker und Zeiten, Berlin 1902

Hermann, Matthias, Das Nationalepos der Tibeter, Gling König Ge Sar, Regensburg 1965
Hesse, Hermann, Der Steppenwolf, Frankfurt a.M. 1970
Hilberg, Paul, The Destruction of the European Jews, Chicago 1961
Hildegard von Bingen, Schriften der Heiligen (hrg. v. Johannes Bühler), Leipzig 1922
Hölderlin, Friedrich, Sämtliche Werke, Frankfurter Ausgabe, Einleitungsband, Frankfurt a.M. 1975
Hoverta, O. von, A. Kronfeld, Vergleichende Volksmedizin, Stuttgart 1908
Horkheimer, Max, Autoritärer Staat, Amsterdam 1968
– Kritische Theorie, 2 Bde., Frankfurt a.M. 1968
– Notizen 1950 bis 1969, Frankfurt a.M. 1974
– u. Adorno, T. W., Dialektik der Aufklärung, Amsterdam 1955
Huch, Ricarda, Der dreißigjährige Krieg, 2 Bde., Frankfurt a.M. 1974
Hughes, Muriel J. Women Healers in Medival Life and Literature, New York 1943
Huxley, Aldous, The Devils of Loudon, 1972
Homer, Odyssee
Jaspers, Karl, Allgemeine Psychopathologie, 9. unv. Aufl., Berlin-Heidelberg-New York 1973
Jung, C. G., u. Wilhelm R., Das Geheimnis der goldenen Blüte, Olten-Freiburg 1923
– Bewußtes und Unbewußtes, Frankfurt a.M.
Kampschulte, F. W., Johann Calvin. Seine Kirche und sein Staat in Genf, Leipzig 1869
Kees, Hermann, Der Götterglaube im alten Ägypten. Mitteilungen der vorderasiatischen Gesellschaft, Bd. 45, Leipzig 1941
Der Kehlheimer Hexenhammer, Facsimile Ausgabe der Original Handschrift aus dem Kehlheimer Stadtarchiv, München-Allach, o. J.
Kisch, Guido, Jews in Medival Society, Chicago 1949
Kleist, Heinrich von, Das Erdbeben in Chile.
Klemm, Peter, Träumer, Ketzer und Rebellen, Berlin, o. J.
König, Otto, Urmotiv Auge. Neuentdeckte Grundzüge menschlichen Verhaltens, München-Zürich 1975
Kogon, Eugen, Der SS Staat. Das System der deutschen Konzentrationslager, Frankfurt a.M. 1965
Kraus, Karl, Die Dritte Walpurgisnacht, München 1967
Lancre, P. de, Tableau de l' Inconstance des Mauvais Anges, ed. 1613
Lea, Henry, C. The History of the Inquisition in the Middle Ages, 3 Bde., New York 1888-1890
– The History of the Inquisition in Spain, 4 Bde., New York 1906-1907
– Materials Towards a History of Witchcraft (hrg. v. A. C. Harland), 3 Bde., New York 1957
Lehmann, Alfred, Aberglaube und Zauberei, Stuttgart 1898
Lenau, Nikolaus, Die Albigenser, in: Gesammelte Werke, Bd. I, Leipzig 1970
Lévi-Strauss, Claude, Das wilde Denken, Frankfurt a.M.
– Strukturale Anthropologie II, Frankfurt a.M. 1975
Lichtenberg, G., Der Weg der Buhlerin, Frankfurt a.M. 1969
Luther, Martin, Von den Jueden und Iren Luegen, 1543
Marx, Karl, Das Kapital, 3 Bde.
– Pariser Manuskripte (hrg. v. H. Marcuse, Hamburg, o. J.)
Mauss, Marcel, Soziologie und Anthropologie I, München 1974
Meyer, Eduard, Ursprung und Anfänge des Christentums, Bd. I, Die Evangelien, Stuttgart-Berlin 1921
Michelet, Jules, Die Hexe, München 1974

Mirabeau, Der gelüftete Vorhang oder Lauras Erziehung, Frankfurt a.M. 1971
Morgan, L. W., Die Urgesellschaft, 2. Aufl. 1908
Murray, Margaret, The Witchcult in Western Europe, Oxford 1971
– The God of the Witches, Oxford, 1973
Nerval, Gérard de, Die Frauen von Kairo, Frankfurt a.M.
Neumann, Erich, Die große Mutter, Olten-Freiburg 1974
Das Nibelungenlied
Nietzsche, Friedrich, Jenseits von Gut und Böse in: Ges. W. Bd. 3
– Zur Genealogie der Moral, in: Werke in zwei Bänden, München, Bd. II
Ninck, Martin, Wodan und germanischer Schicksalsglaube, Jena 1935
Novalis (Friedrich Freiherr von Hardenberg), Ges. W. I
Otto, Karl-Heinz, Deutschland in der Epoche der Urgesellschaft, Berlin 1961
Otto, W. F., Die Götter Griechenlands, Frankfurt a.M. 1947
Paul, Jean, Dr. Katzenbergers Badereise, in: Ges. W. Bd. 11, München-Wien 1975
Peuckert, Will-Erich, Geheimkulte, Heidelberg 1951
Pflugk-Harttung, Ullsteins Weltgeschichte, Bd. Geschichte des Mittelalters, 1909
Ploetz, Karl, Hauptdaten der Weltgeschichte, 1950, 26. Aufl.
Preisker, Das Ethos des Urchristentums, 1949
Rahner, H. (Hrg), Mater ecclesia: Lobpreis der Kirche aus dem ersten Jahrtausend christlicher Literatur, Einsiedeln-Köln, 1944
Radó, Sandór, Problem der Melancholie, Internationale Zeitschrift für Psychoanalyse, Bd. XIII
Rasmussen, Knud, Thulefahrt, Frankfurt a.M. 1925
Reich, Wilhelm, Massenpsychologie des Faschismus, Frankfurt a.M. 1972
Reik, W., Der eigene und der fremde Gott, Frankfurt a.M. 1972
Roberbau, Die Evangelienmythen, Jena 1910
Róheim, Géza, Psychoanalysis and Anthropology, New York 1950
– Magic and Schizophrenia, New York 1955
Roth, Cecil, Marranos and Racial Anti-Semitism. A Study in Parallels, Jewish Social Studies IV, 1940
Rudeck, Wilhelm, Geschichte der öffentlichen Sittlichkeit in Deutschland, Jena 1897
Rühle-Gerstel, Alice, Die Frau und der Kapitalismus, Leipzig 1932
Russell, J. B., Witchcraft in the Middle Ages, Ithaca-London 1972
Sahagun, Bernardino de, Wahrsagerei, Himmelskunde und Kalender der alten Azteken aus dem aztekischen Urtext von, B. d. S., (hrg. v. L. Schulze), Jena-Stuttgart 1950
Sade, Marquis de, Juliette, Philosophie des Boudoirs
Scheffer, Thassilo v., (Übers.), Die homerischen Götterhymnen, Jena 1927
Schnitzer, J., Der Tod Alexanders VI, o. J.
Scholem, Gersholm, Zur Kabbala und ihrer Symbolik, Frankfurt a.M. 1973
Schwager, J. M., Versuche einer Geschichte der Hexenprozesse, Berlin 1784
Sedlmayer, Hans, Die Entstehung der Kathedrale, 1950
Seligmann, S., Der böse Blick und Verwandtes, 2 Bde., Berlin 1910
Snell, Otto, Hexenprozesse und Geistesstörung. Psychiatrische Untersuchungen, München 1961
Soldan-Heppe, Hexenprozesse, 2 Bde. Hanau 1948
Sombart, Werner, Luxus und Kapitalismus, München–Leipzig 1913
Spee, Friedrich von, Cautio criminalis oder rechtliches Bedenken wegen der Hexenprozesse, Weimar 1939
Stauffer, Marianne, Der Wald. Darstellung und Deutung der Natur im Mittelalter, Zürich 1958
Stobbe, Otto, Die Juden in Deutschland während des Mittelalters, Leipzig 1902
Otto von Straßburg, Tristan und Isolde

Montague Summers, The History of Witchcraft and Demonology, New York 1956
Szasz, Thomas, Das Ritual der Drogen, Wien-München 1978
Tawney, R. H., Religion and the Rise of Capitalism, 2. Aufl., New York 1947
Theweleit, Klaus, Männerphantasien, Frankfurt a.M. 1977, Bd. I
Thompson, George, Frühgeschichte Griechenlands und der Ägäis, Berlin 1960
Trevor-Ropper, H. R., The European Witch-Craze of the 16th. and 17th. Centuries, pelican book No. A 10009
Troeltsch, Ernst, Soziallehren der christlichen Kirchen, Tübingen 1919
Unbehaun, Jochen, Die Nacht im Mittelalter, Berlin 1975
Villon, Francois, Sämtliche Dichtungen, Heidelberg 1972
Vries, Jan de, Altgermanische Religionsgeschichte, 2 Bde., Berlin-Leipzig 1937
Warnke, Martin, Bau und Überbau. Soziologie der mittelalterlichen Architektur nach den Schriftquellen, Frankfurt a.M. 1976
Weber-Kellermann, Ingeborg, Die deutsche Familie. Versuch einer Sozialgeschichte, Frankfurt a.M. 1975
Walter, O. F., Die Götter Griechenlands, Frankfurt a.M. 1947
Weber, Max, Wirtschaft und Gesellschaft, 2 Bde. Studienausgabe.
Weiss, Peter, Die Ermittlung, Frankfurt a.M.
Weyer, Johann, de praestigiis daemonum (Von den Blendwerken der Dämonen, von Zauberei und Hexerei), Frankfurt a.M. 1562
Wittgenstein, Ludwig, Tractatus logico-philosophicus, logisch-philosophische Abhandlung, Frankfurt a.M. 1963
Wunderer, Richard (pseud. F. Bornheim), Erotik und Hexenwahn. Eine Studie der Entstehung des Hexenwahns in der vorchristlichen Zeit bis zu den Pogromen unserer Vergangenheit, Stuttgart 1963
Zimmermann, Geschichte des Bauernkriegs, Stuttgart 1856

zu den Bildern

Mit freundlicher Genehmigung der Erben sind Zeichnungen von Karl Kunz (1905 - 1971) aus dem Zyklus „Kammerspiele" in diesem Band gedruckt:

S. 17 *Aufbruch zum Hexenritt*, 1971, signiert, 51 x 72 cm
S. 45 *Blatt 12*, 1968, signiert, 36 x 51 cm
S. 113 *Stig*, Blatt 21, 1968, signiert, 51 x 72 cm
S. 141 *Marylin Monroe*, 1970, signiert, 36 x 51 cm
S. 173 *Blatt 10*, 1968, signiert, 36 x 51 cm
S. 223 ohne Titel, 1971, (ohne Signatur, vmtl. letzte Arbeit), 36 x 51 cm
S. 299 ohne Titel, 1971, ohne Signatur, 36 x 51 cm

„... Der Mann und die Darstellung seiner Körperlichkeit blieben für Kunz zeitlebens eine pathetische Angelegenheit, ein Strohfeuer, weit entfernt von den Möglichkeiten, aus ihm eine erotische Erlöserfigur zu machen. Genau besehen hat Kunz ausschließlich weibliche Erlöserfiguren gemalt, auch dort, wo er noch der Ikonografie des Kreuzes und der Kreuzigung verhaftet blieb und wo ihn seine Vorstellung eines verführerischen weiblichen Christus, einer Christin und überhaupt eines weiblichen vulvischen Gottes geradewegs in die Häresie und Diabolik eines Félicien Rops führte. Das Bild des Mannes fällt immer auf die Seite der Bedrohung und des Todes. Erlösen kann nur, wer mich als Liebhaber in die Arme nimmt. Von dieser Erlösungserotik ist bekanntlich das Christentum überfordert. Wer sie dennoch versinnlicht wie Karl Kunz, erhält trotz aller Religiosität das Stigma des Satanischen.

Die aufreizende Mannequinpuppe war nicht zufällig ständiger Gast und Muse in Kunzens Atelier. Jeder alternde und kranke Künstler kennt und benutzt die Ausweichmöglichkeit, ja den Trost des sexuellen Fetischismus. Er hat auch dem erstaunlichen Alterswerk von Kunz, ich meine die Serie der – „Kammerspiele" betitelten – Zeichnungen von 1968 - 71, ihre besondere Prägung verliehen. Besser noch als der perfekteste Fetischist wurde Kunz zu einem Meister des Akzentuierens und der Wirklichkeitsannullierung. Er steigerte sich schließlich von einer kalligrafischen Typisierung des realistischen Aktbildes in bewußter Einseitigkeit zu einer H y p e r t r o p h i e r u n g w e n i g e r D e t a i l s. Die Prägnanz und Penetranz, mit welcher der Altersfetischist im Kult des realistischen Details aufging, sind es, die seinem zeichnerischen Spätstil einen manieristischen Charakter verleihen und ihn mit Vorrang in den kleinen Formaten (36 x 51 cm) vom pathetischen Totalitäts- und Monumentalitätsanspruch des malerischen Werks abgrenzbar macht. Mit dem erotischen Zyklus der „Kammerspiele", der mehr als die heute bei den Erben noch befindlichen 66 Blätter umfassen muß, hat Karl Kunz noch einmal alle überrascht, die ihn längst zu kennen glaubten und nach 1968, als die Kunst auf die Straße ging, aus den Augen verloren hatten."

– Peter Gorsen, „Rückblickend auf Karl Kunz", in: Karl Kunz. Blasphemisches und Erotisches, 1975, Ausstellungskatalog des Frkft. Kunstvereins